遼寧省第二批珍貴古籍名録圖録

第四册

《遼寧省第二批珍貴古籍名録圖録》編委會 編

國家圖書館出版社

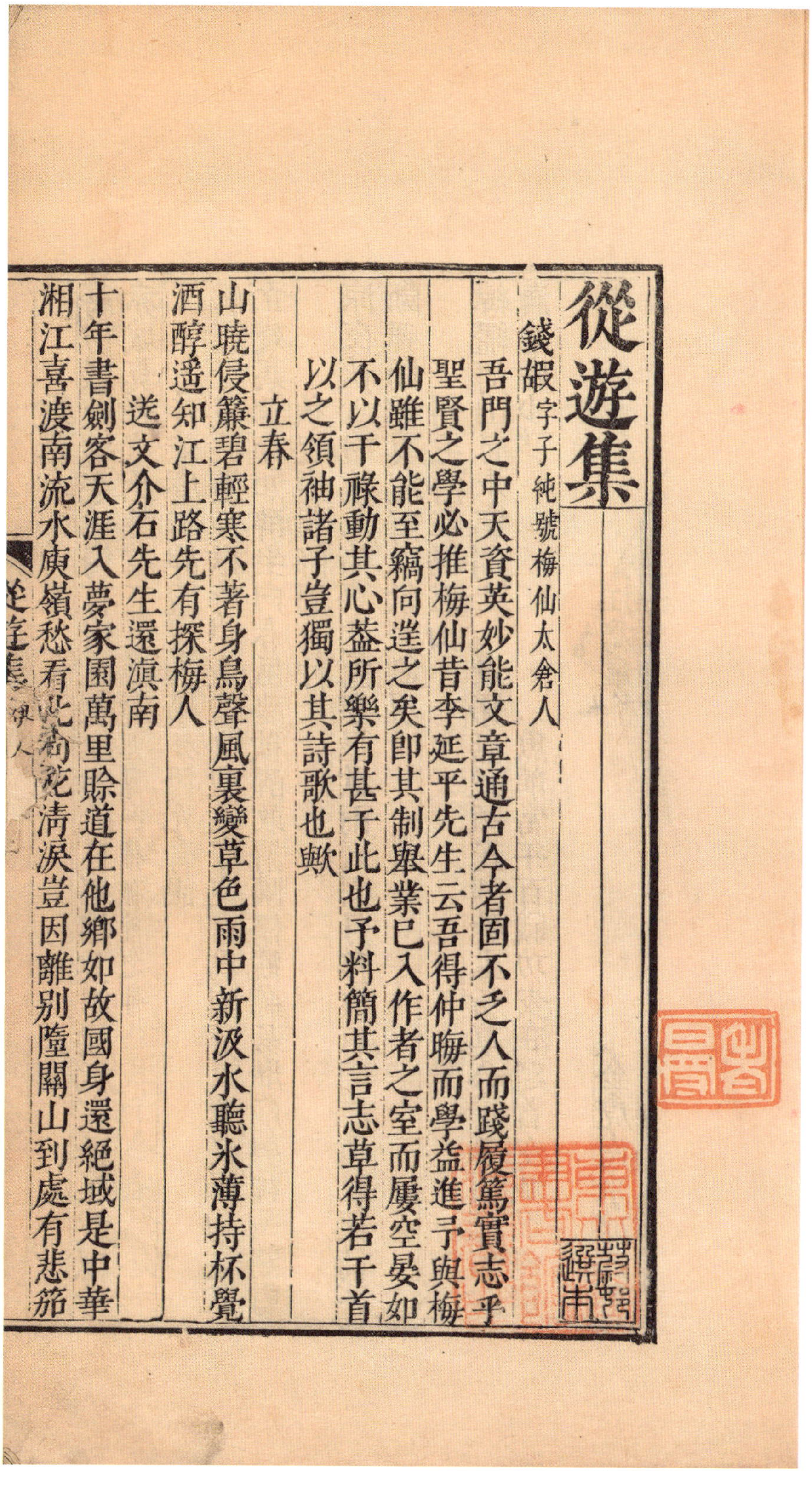

從遊集

錢嘏 字子純號梅仙太倉人

吾門之中天資英妙能文章通古今者固不乏人而踐履篤實志乎聖賢之學必推梅仙昔李延平先生云吾得仲晦而學益進予與梅仙雖不能至竊向望之矣即其制舉業已入作者之室而屢空晏如不以干祿動其心葢所樂有甚于此也予料簡其言志草得若干首以之領袖諸子豈獨以其詩歌也歟

立春

山曉侵簾碧輕寒不著身鳥聲風裏變草色雨中新汲水聽氷薄持杯覺酒醇遥知江上路先有探梅人

送文介石先生還滇南

十年書劍客天涯入夢家園萬里賒道在他鄉如故國身還絕域是中華湘江喜渡南流水庾嶺愁看北向花清淚豈因離別墮關山到處有悲笳

20799　從遊集二卷　（明）陳瑚輯　清初刻本　遼寧省圖書館

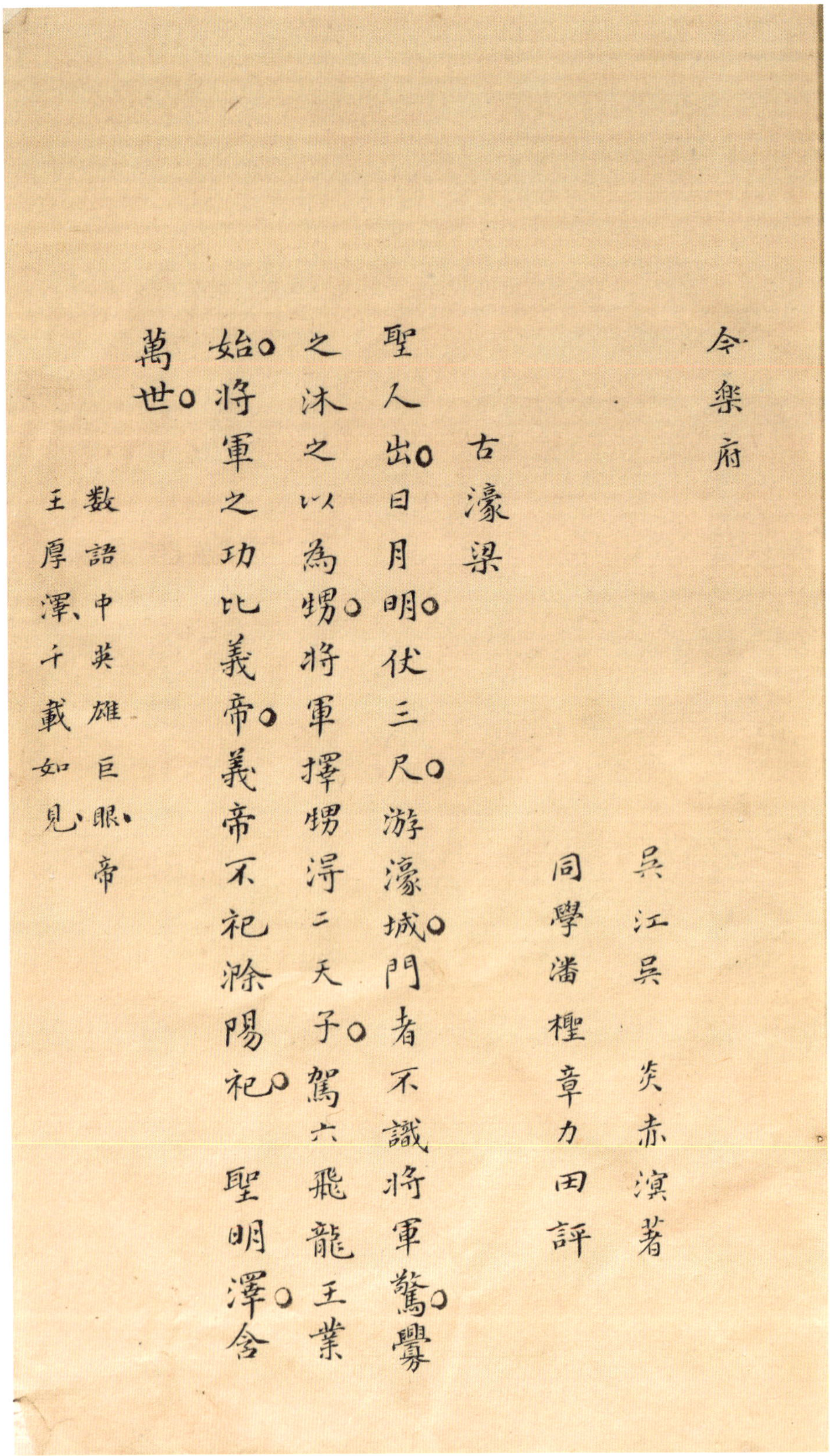
令樂府
吳江吳炎赤溟著
同學潘檉章力田評
古濠梁
聖人出。日月明。伏三尺。游濠城。門者不識將軍驚。釁之沐之以為甥。將軍擇甥得二天子。駕六飛龍王業始。將軍之功比義帝。義帝不祀滁陽祀。聖明澤。含萬世。
數語中英雄巨眼、帝王厚澤、千載如見、

20800 **今樂府二卷** （清）吴炎 潘檉章評 清抄本 遼寧省圖書館

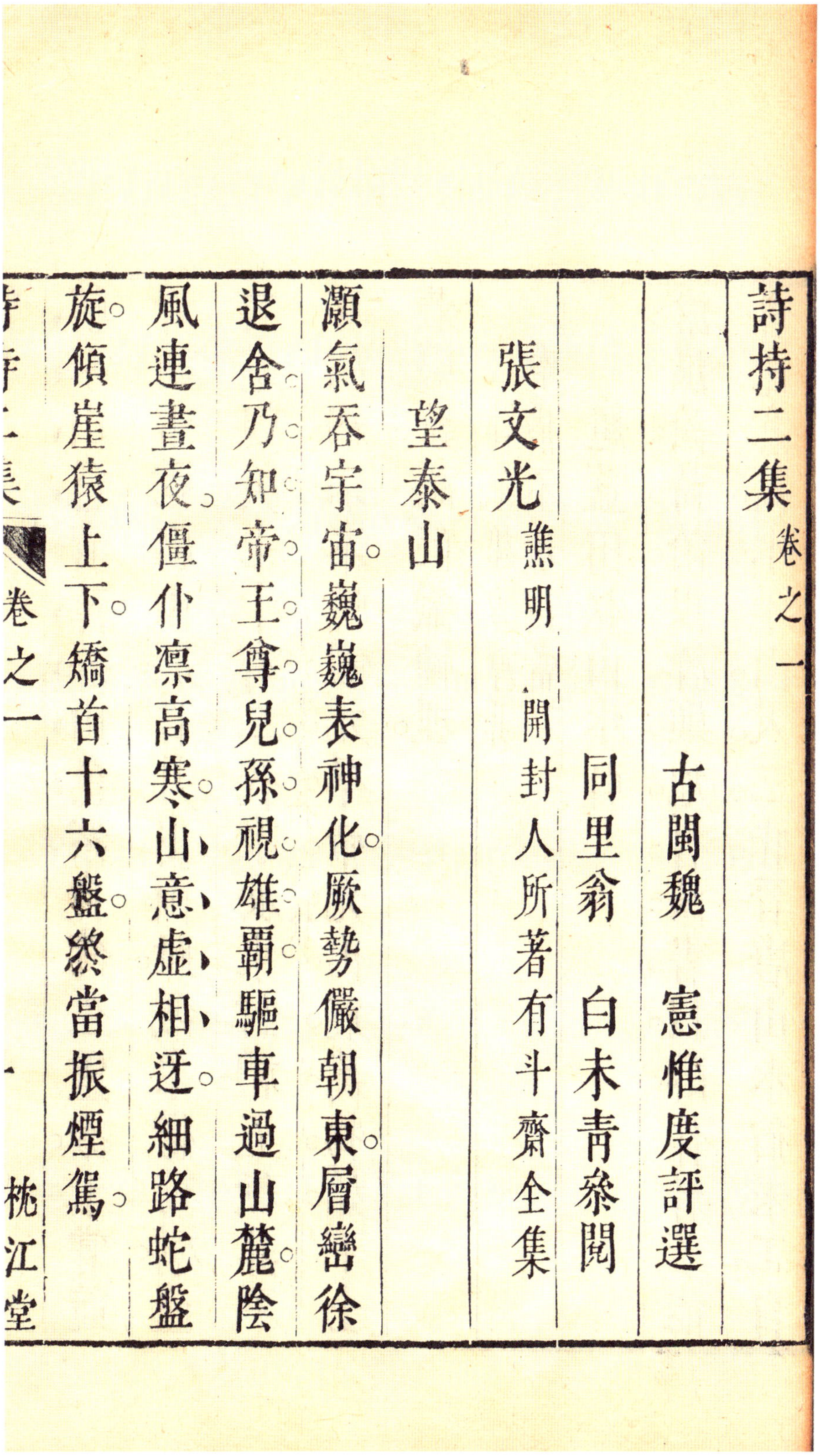
詩持二集　卷之一
古閩魏　憲惟度評選
同里翁　白未青參閱
張文光譙明　開封人所著有斗齋全集
望泰山
灝氣呑宇宙巍巍表神化厥勢儼朝東層巒徐退舍乃知帝王尊兒孫視雄霸驅車過山麓陰風連晝夜偃仆凛高寒山意虛相迓細路蛇盤旋傾崖猿上下矯首十六盤煞當振煙駕
詩持二集　卷之一　一　枕江堂

20801　詩持一集四卷二集十卷三集十卷　（清）魏憲輯　清康熙九年（1670）魏憲枕江堂刻本　大連圖書館

存二十卷（二集十卷、三集十卷）

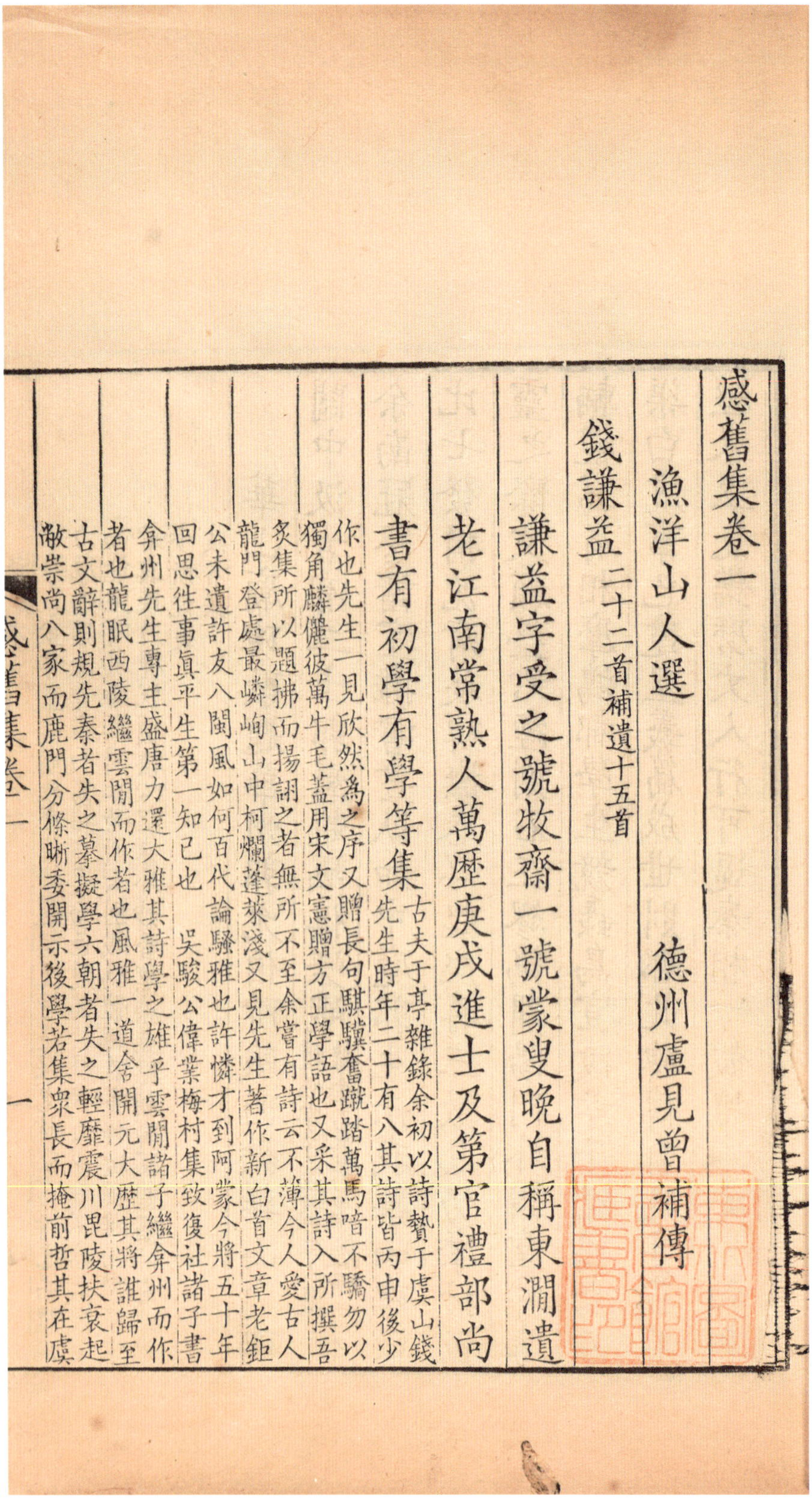
感舊集卷一
漁洋山人選　德州盧見曽補傳
錢謙益 二十二首補遺十五首
謙益字受之號牧齋一號蒙叟晚自稱東澗遺老江南常熟人萬歷庚戌進士及第官禮部尚書有初學有學等集 古夫于亭雜錄余初以詩贄于虞山錢先生時年二十有八其詩皆丙申後少作也先生一見欣然為之序又贈長句騏驥奮蹴踏萬馬喑不驕勿以獨角麟儷彼萬牛毛蓋用宋文憲贈方正學語也又采其詩入所撰吾炙集所以題拂而揚詡之者無所不至余嘗有詩云不薄今人愛古人龍門登處最嶙峋山中柯爛蓬萊淺又見先生著作新白首文章老鉅公未遺許友入閩風如何百代論騷雅也許憐才到阿蒙今將五十年回思往事眞平生第一知己也 吳駿公偉業梅村集致復社諸子書弇州先生專主盛唐力還大雅其詩學之雄乎雲間諸子繼弇州而作者也龍眠西陵繼雲間而作者也風雅一道舍開元大歷其將誰歸至古文辭則規先秦者失之摹擬學六朝者失之輕靡震川毘陵扶衰起敝崇尚八家而鹿門分條晰委開示後學若集衆長而掩前哲其在虞
感舊集卷一　一

20802　感舊集十六卷　（清）王士禛輯　（清）盧見曽補傳　清乾隆十七年（1752）刻本　遼寧省圖書館

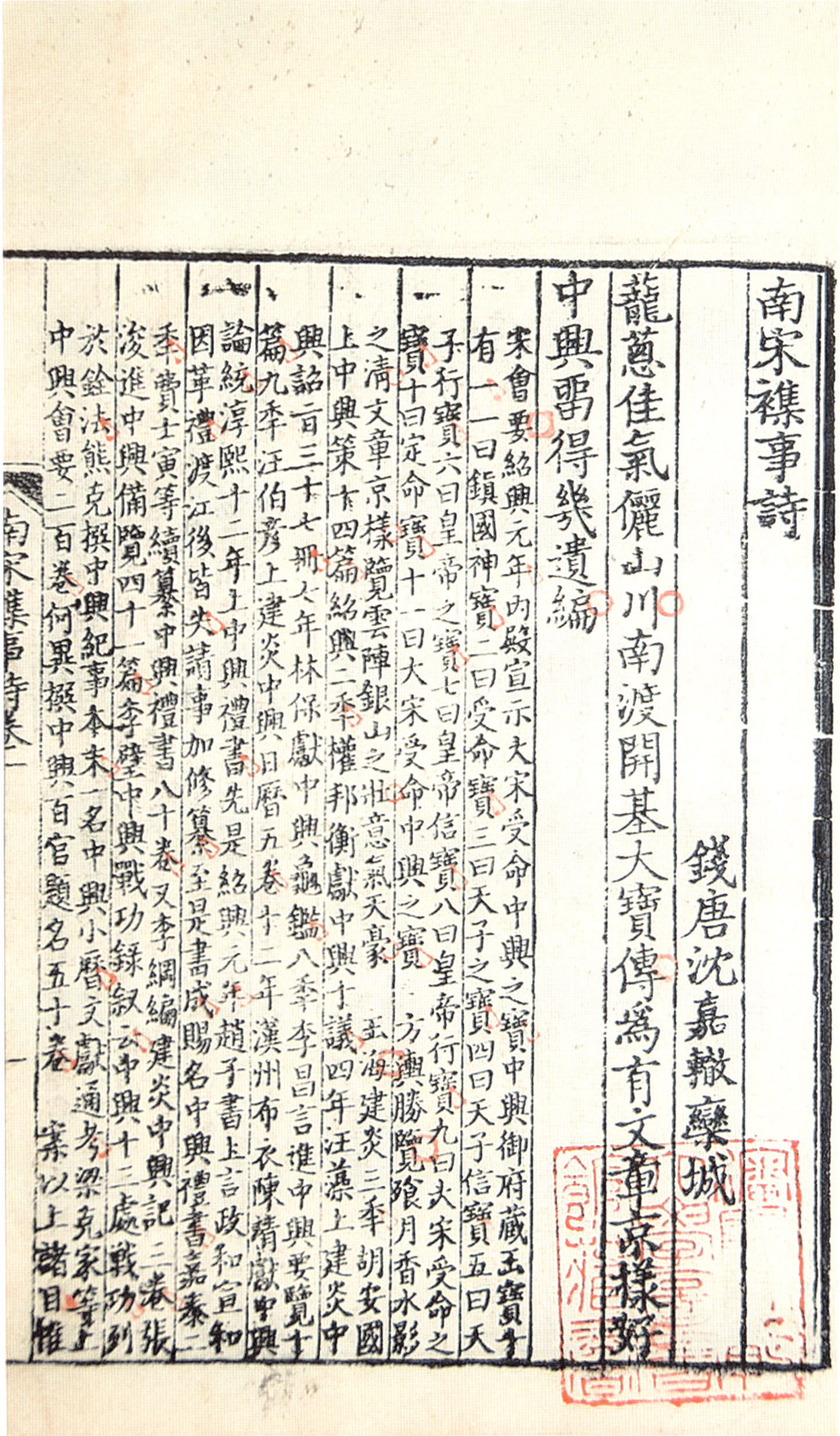
南宋襍事詩
錢唐沈嘉轍纍城
龍蔥佳氣儷山川南渡開基大寶傳爲有文章京樣好
中興覇得幾遺編
宋會要紹興元年內殿宣示大宋受命中興之寶中興御府藏玉寶十
有一一曰鎮國神寶二曰受命寶三曰天子之寶四曰天子信寶五曰天
子行寶六曰皇帝之寶七曰皇帝信寶八曰皇帝行寶九曰大宋受命之
寶十曰定命寶十一曰大宋受命中興之寶　一方輿勝覽夜月香水影
之清文章京樣覽見雲陣銀山之壯意氣天豪　玉海建炎三年胡安國
上中興策十四篇紹興二年權邦衡獻中興十議四年汪藻上建炎中
興詔旨三十七冊七年林保獻中興龜鑑八年李昌言進中興要覽十
篇九年汪伯彥上建炎中興日曆五卷十二年漢州布衣陳精獻中興
論統淳熙十二年上中興禮書先是紹興元年趙子書上言政和宣和
因革禮渡江後皆失請事加修纂至是書成賜名中興禮書嘉泰二
年賈士寅等續纂中興禮書八十卷又李綱編建炎中興記二卷張
浚進中興備覽四十一篇李璧中興戰功錄叙云中興十三處戰功列
於銓法熊克撰中興紀事本末一名中興小曆文獻通考梁克家等上
中興會要二百卷何異類中興百官題名五十卷　案以上諸目惟
南宋襍事詩卷一　一

20803　南宋襍事詩七卷　（清）沈嘉轍等撰　清康熙武林芹香齋刻本

瀋陽師範大學圖書館

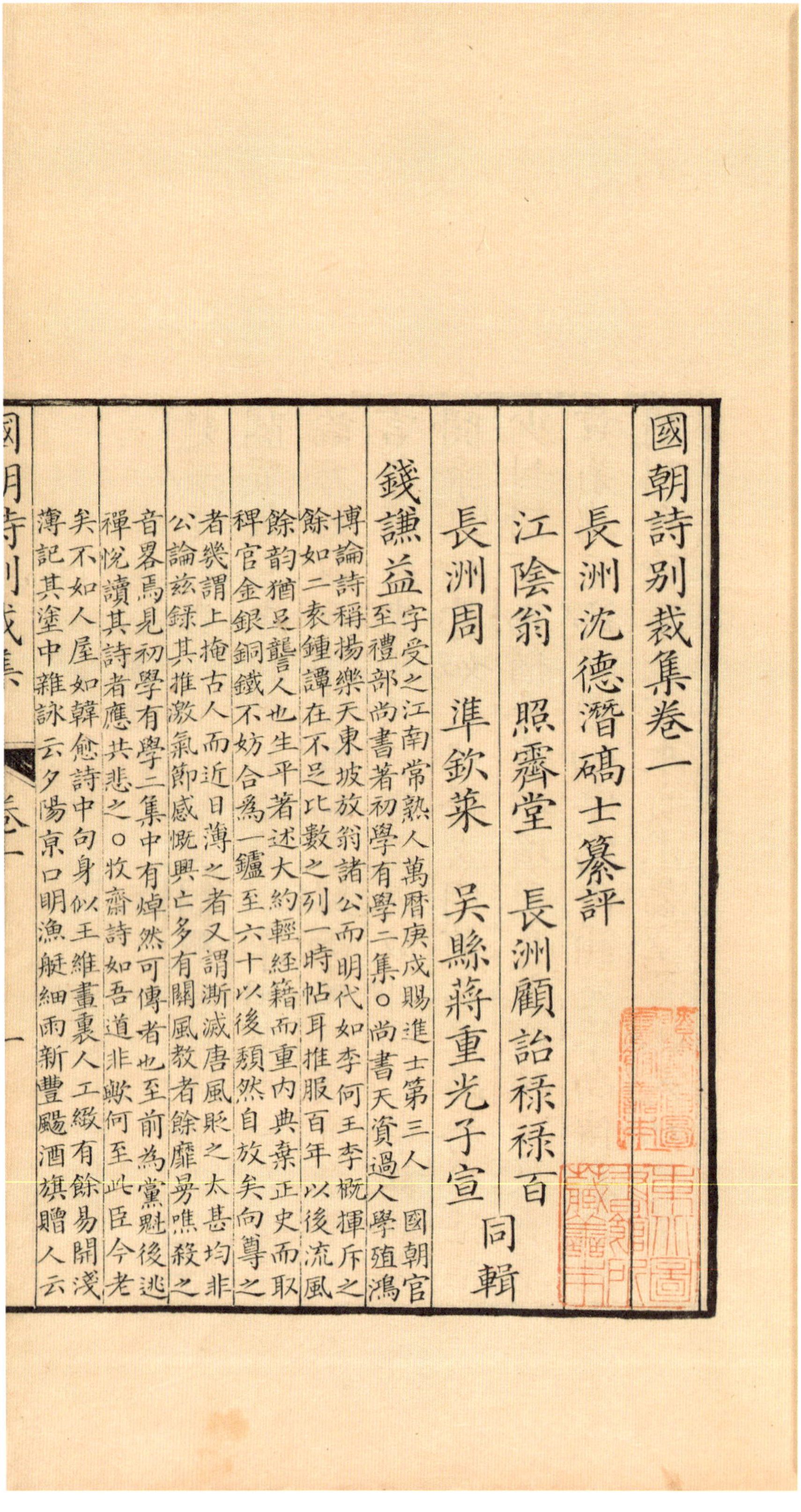
國朝詩别裁集卷一

長洲沈德潛碻士纂評

江陰翁照霽堂　長洲顧詒禄禄百

長洲周準欽萊　吴縣蔣重光子宣　同輯

錢謙益字受之江南常熟人萬曆庚戌賜進士第三人國朝官至禮部尚書著初學有學二集○尚書天資過人學殖鴻博論詩稱揚樂天東坡放翁諸公而明代如李何王李概揮斥之餘如二袁鍾譚在不足比數之列一時帖耳推服百年以後流風餘韵猶足讋人也生平著述大約輕經籍而重内典棄正史而取稗官金銀銅鐵不妨合爲一鑪至六十以後頽然自放矣向尊之者幾謂上掩古人而近日薄之者又謂澌滅唐風貶之太甚均非公論玆録其推激氣節感慨興亡多有關風教者餘靡曼噍殺之音畧焉見初學有學二集中有焯然可傳者也至前爲黨魁後逃禪悦讀其詩者應共悲之○牧齋詩如吾道非歟何至此臣今老矣不如人屋如韓愈詩中句身似王維畫裏人工綴有餘易開淺薄記其途中雜詠云夕陽京口明漁艇細雨新豐颺酒旗贈人云

國朝詩别裁集　卷一　一

20804　國朝詩别裁集三十六卷　（清）沈德潛輯　清乾隆二十四年（1759）刻本　遼寧省圖書館

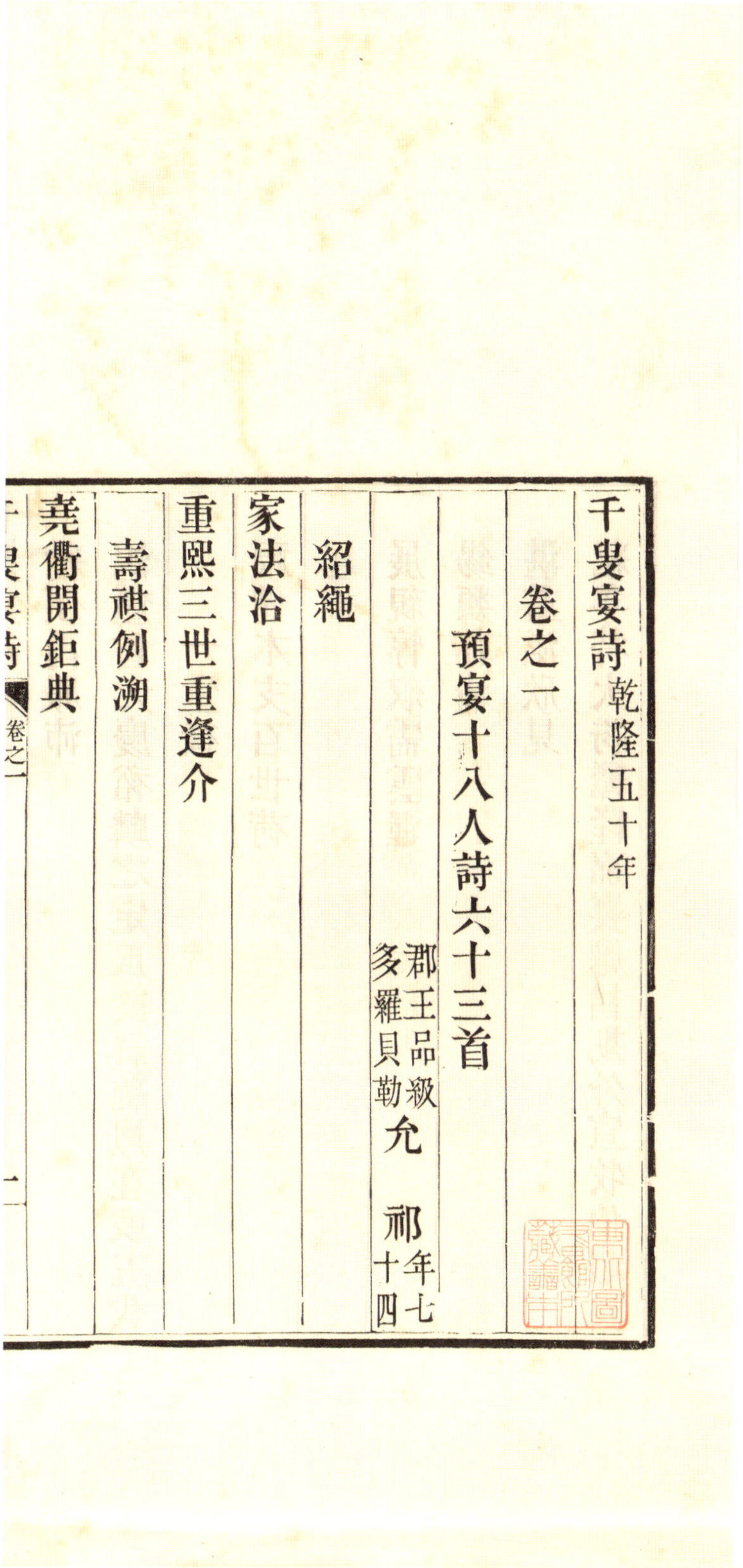

千叟宴詩 乾隆五十年
卷之一
預宴十八人詩六十三首
郡王品級多羅貝勒允祕 年七十四
紹繩
家法洽
重熙三世重逢介
壽祺例溯
堯衢開鉅典

千叟宴詩 卷之一 一

20805　千叟宴詩三十四卷首二卷　（清）高宗弘曆等撰　清乾隆五十年（1785）武英殿刻本　遼寧省圖書館

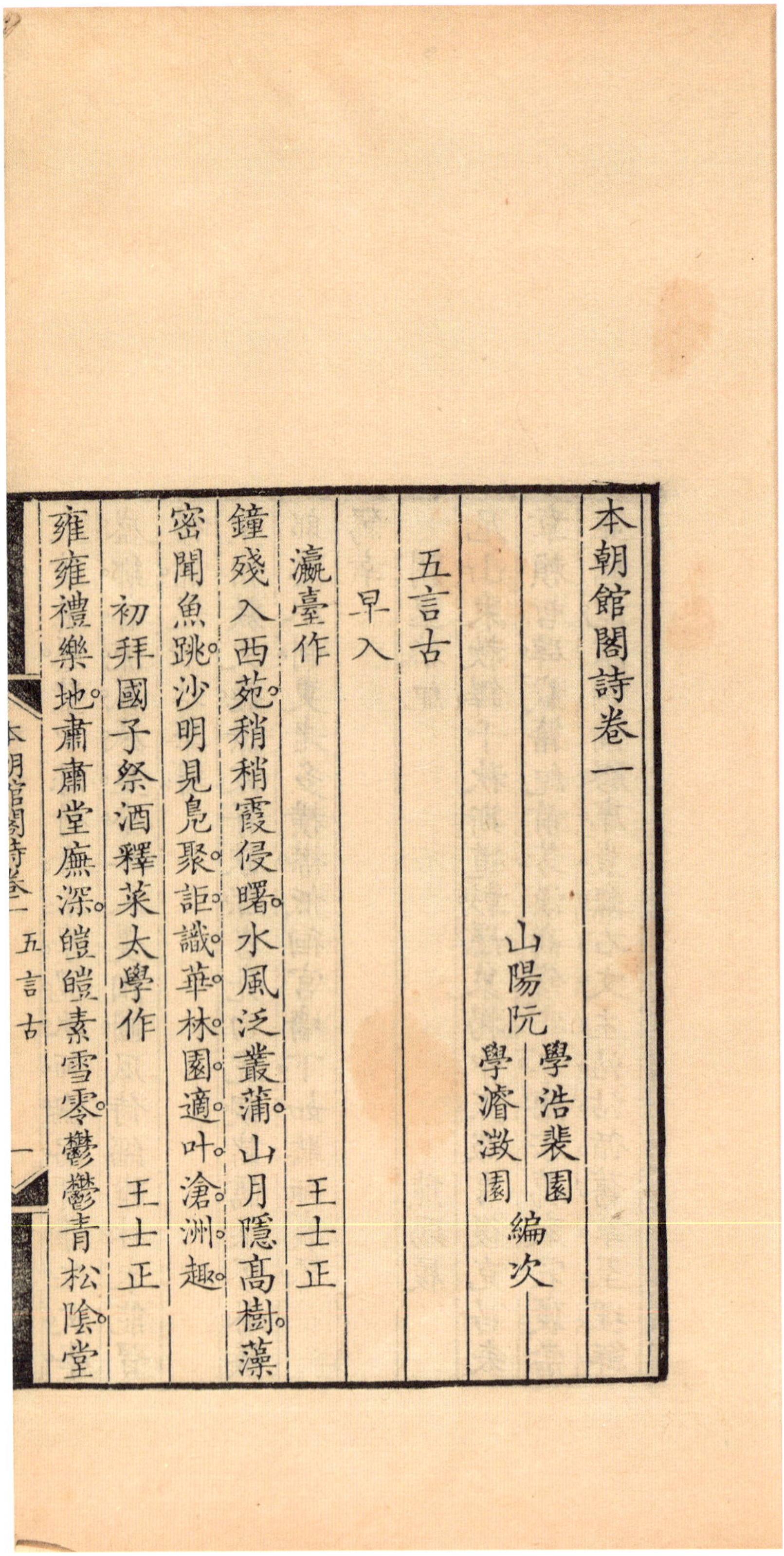
本朝館閣詩卷一
山陽阮學浩裴園
學濬澂園 編次
五言古
早入
瀛臺作 王士正
鐘殘入西苑。稍稍霞侵曙。水風泛叢蒲。山月隱高樹。藻
密聞魚跳。沙明見凫聚。詎識華林園。適叶滄洲趣。
初拜國子祭酒釋菜太學作 王士正
雍雍禮樂地。肅肅堂廡深。皚皚素雪零。鬱鬱青松陰。堂
本朝館閣詩卷一 五言古 一

20806 本朝館閣詩二十卷附錄一卷 （清）阮學浩 阮學濬輯 清乾隆二十三年（1758）困學書屋刻本 遼寧省圖書館

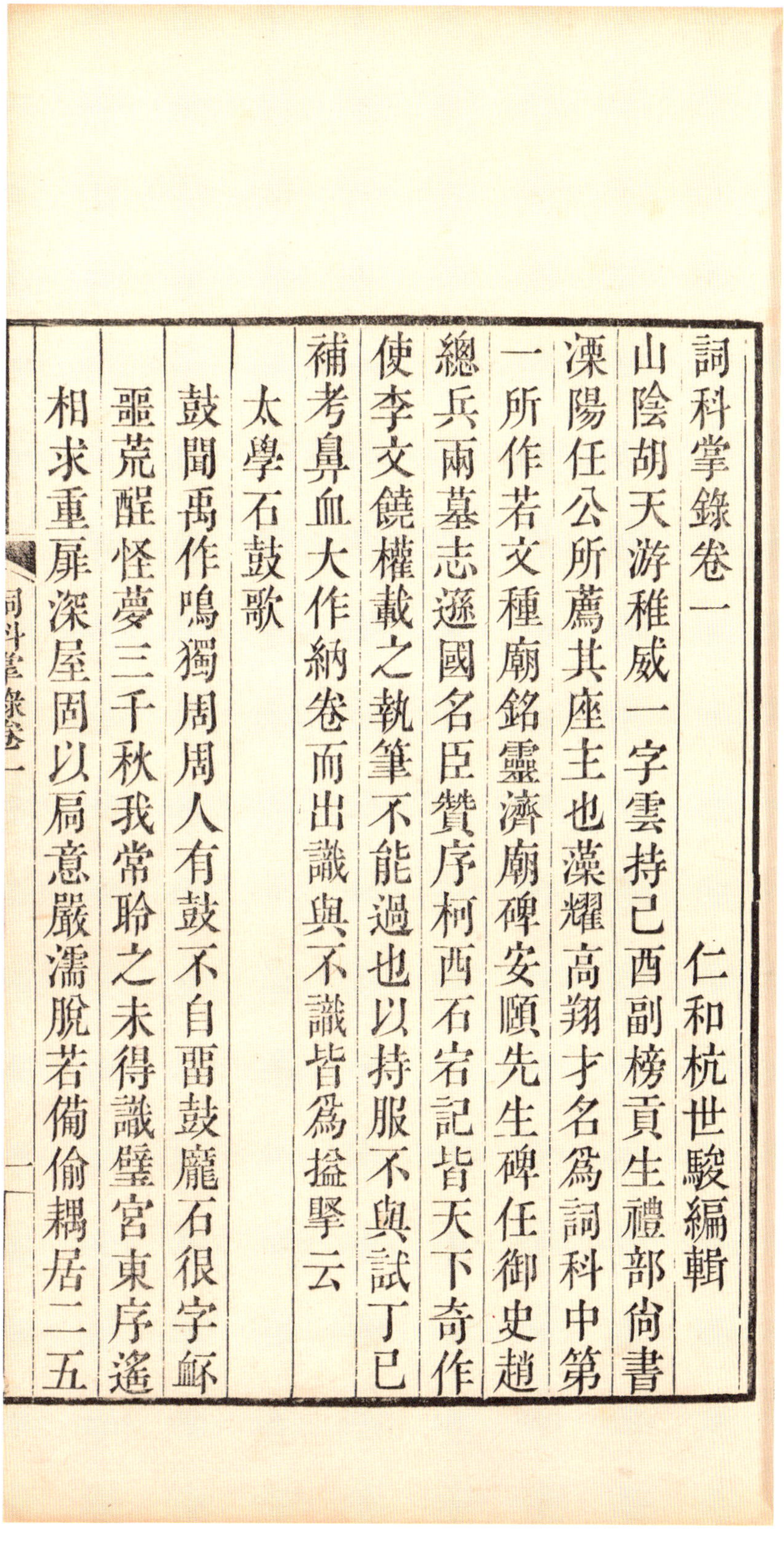
詞科掌錄卷一　　仁和杭世駿編輯
山陰胡天游稚威一字雲持己酉副榜貢生禮部尚書
溧陽任公所薦其座主也藻耀高翔才名爲詞科中第
一所作若文種廟銘靈濟廟碑安頤先生碑任御史趙
總兵兩墓志遜國名臣贊序柯西石宕記皆天下奇作
使李文饒權載之執筆不能過也以持服不與試丁巳
補考鼻血大作納卷而出識與不識皆爲搤腕云
太學石鼓歌
鼓聞禹作鳴獨周周人有鼓不自雷鼓龐石很字衃
噩荒醒怪夢三千秋我常聆之未得識璧宮東序遙
相求重扉深屋固以扃意嚴濡脫若備偷耦居二五

詞科掌錄卷一　一

20807　詞科掌錄十七卷詞科餘話七卷　（清）杭世駿輯　清乾隆道古堂刻本　遼寧省圖書館

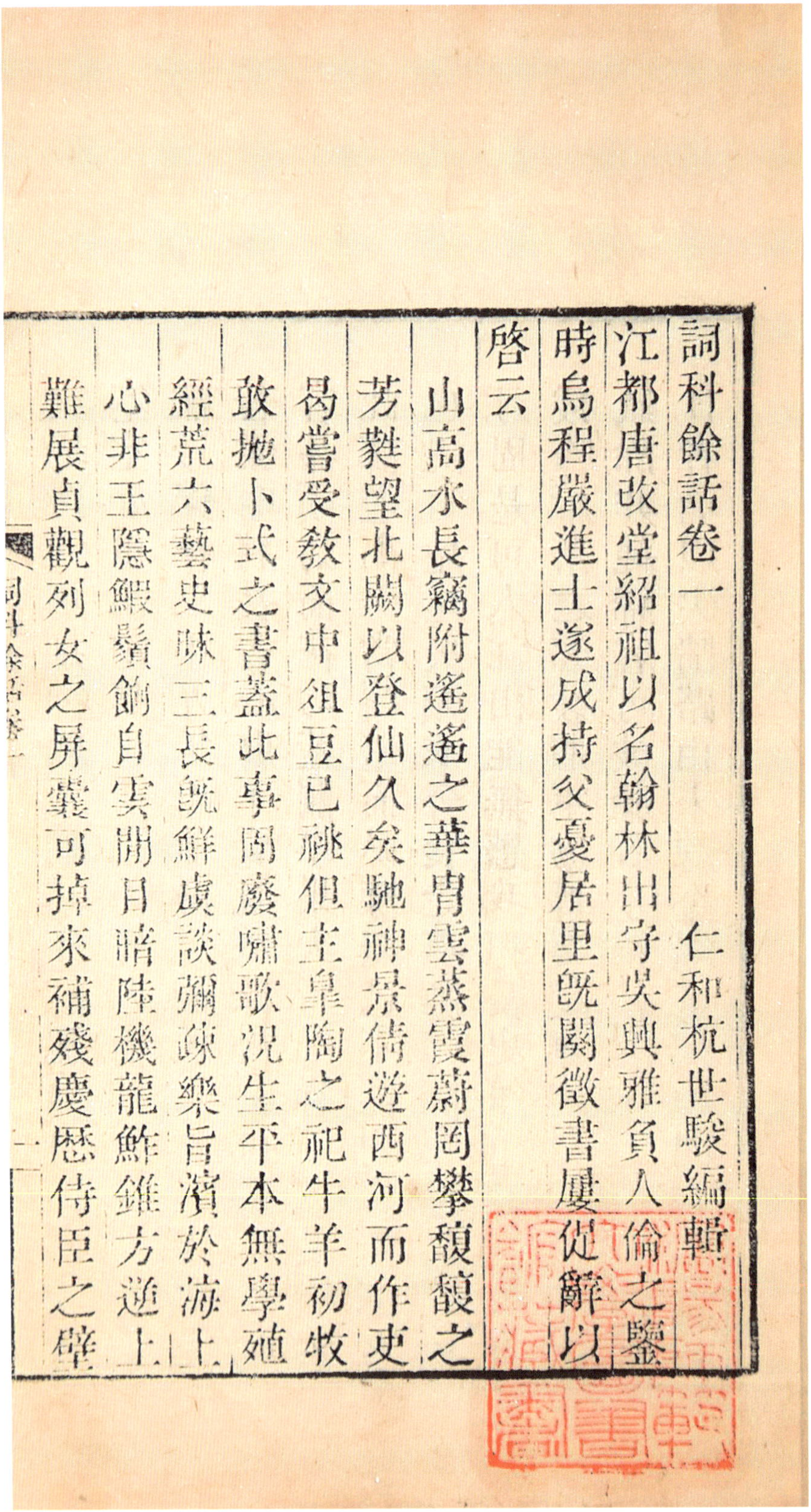
詞科餘話卷一　　仁和杭世駿編輯
江都唐改堂紹祖以名翰林出守吳興雅負人倫之鑒
時烏程嚴進士遂成持父憂居里旣闕徵書屢促辭以
啓云
山高水長竊附遙遙之華冑雲蒸霞蔚罔攀馥馥之
芳蕤望北闕以登仙久矣馳神景倩遊西河而作吏
曷嘗受教文中俎豆已祧但主皐陶之祀牛羊初牧
敢拋卜式之書蓋此事固屬嘯歌況生平本無學殖
經荒六藝史昧三長旣鮮處談彌疎樂旨濱於海上
心非王隱鰕鬚餬自寔開日睹陸機龍鮓雖方逆上
難展貞觀列女之屛囊可掉來補殘慶歷侍臣之璧
詞科餘話卷一

20808　詞科掌錄十七卷詞科餘話七卷　（清）杭世駿輯　清乾隆道古堂刻本　瀋陽師範大學圖書館

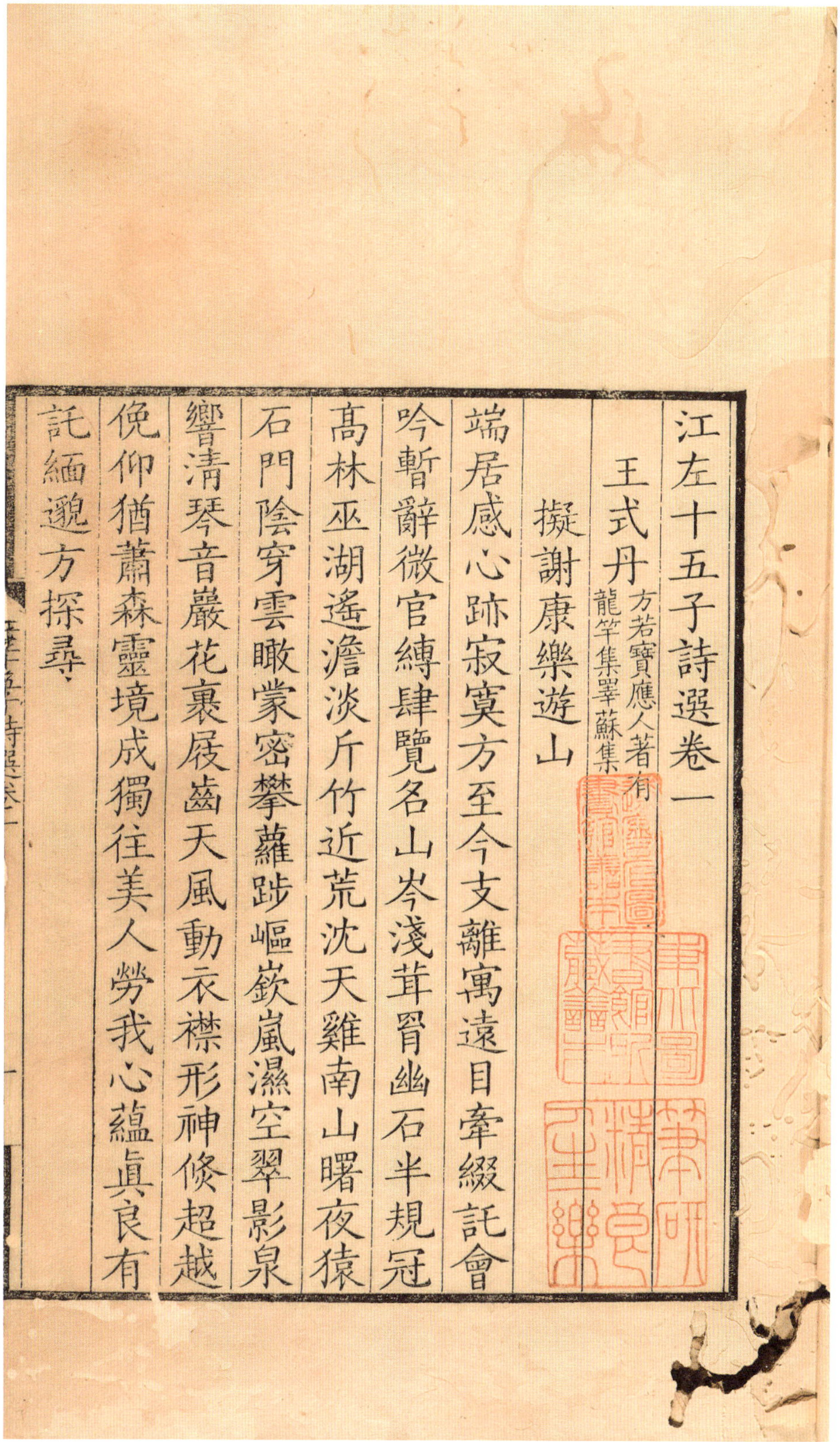
江左十五子詩選卷一
王式丹 方若寶應人著有龍竿集羣蘇集
擬謝康樂遊山
端居感心跡寂寞方至今支離寓遠目牽綴託會
吟暫辭微官縛肆覽名山岑淺茸冐幽石半規冠
高林巫湖遙澹淡斤竹近荒沈天雞南山曙夜猿
石門陰穿雲瞰蒙密攀蘿踄嶇嶔嵐濕空翠影泉
響清琴音巖花裹屐齒天風動衣襟形神倏超越
俛仰猶蕭森靈境成獨往美人勞我心蘊眞良有
託緬邈方探尋

20809　江左十五子詩選十五卷（清）宋犖輯　清康熙四十二年（1703）宋氏宛委堂刻本　遼寧省圖書館

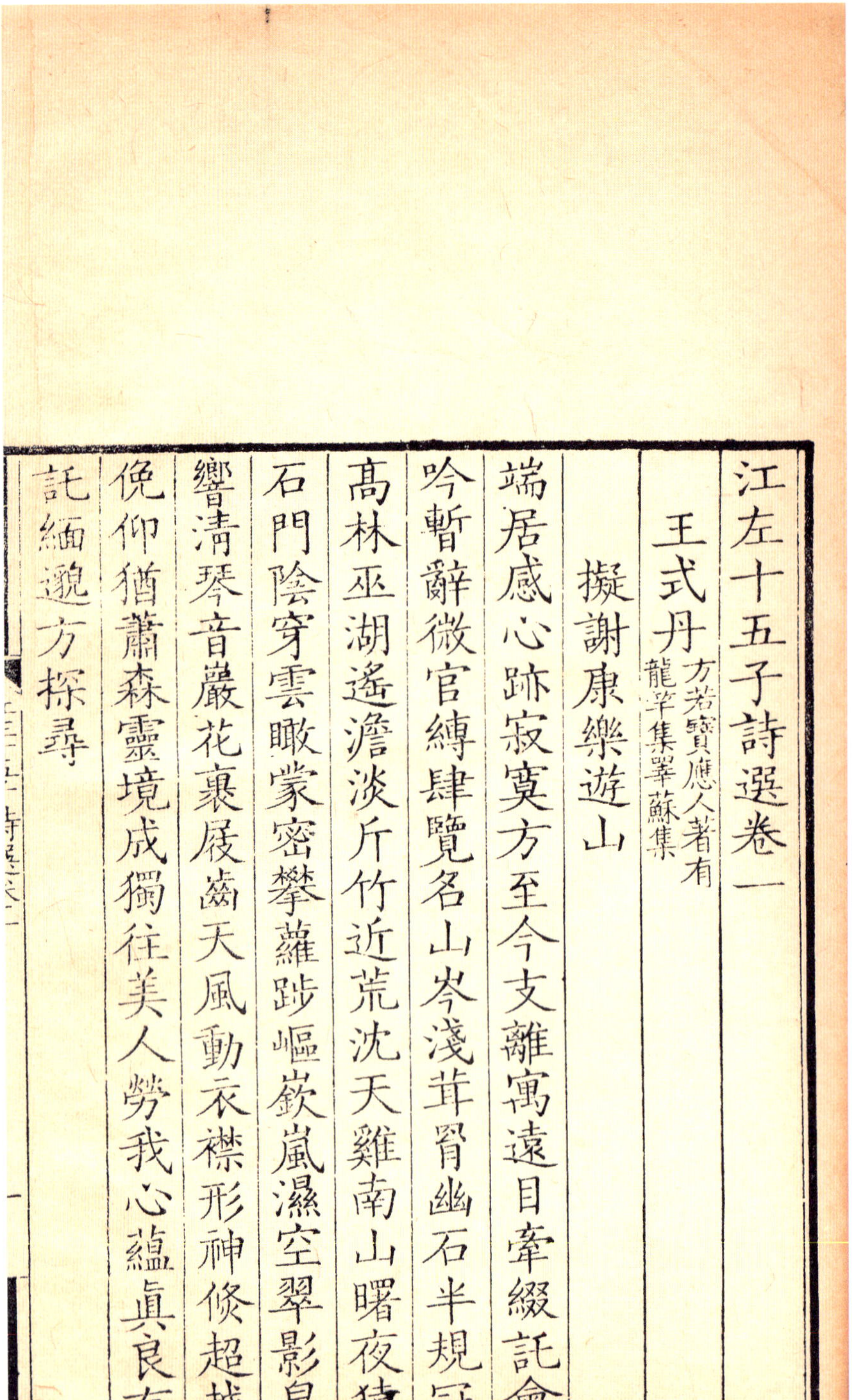
江左十五子詩選卷一
王式丹方若寶應人著有龍竿集峯蘇集
擬謝康樂遊山
端居感心跡寂寞方至今文離寓遠目牽綴託會
吟暫辭微官縛肆覽名山岑淺茸胥幽石半規冠
高林巫湖遙澹淡斤竹近荒沈天雞南山曙夜猿
石門陰穿雲瞰蒙密攀蘿跡嶇嶔嵐濕空翠影泉
響清琴音巖花裹屐齒天風動衣襟形神倏超越
俛仰猶蕭森靈境成獨往美人勞我心藴眞良有
託緬邈方探尋

20810　江左十五子詩選十五卷　（清）宋犖輯　清康熙四十二年（1703）宋氏宛委堂刻本　大連圖書館

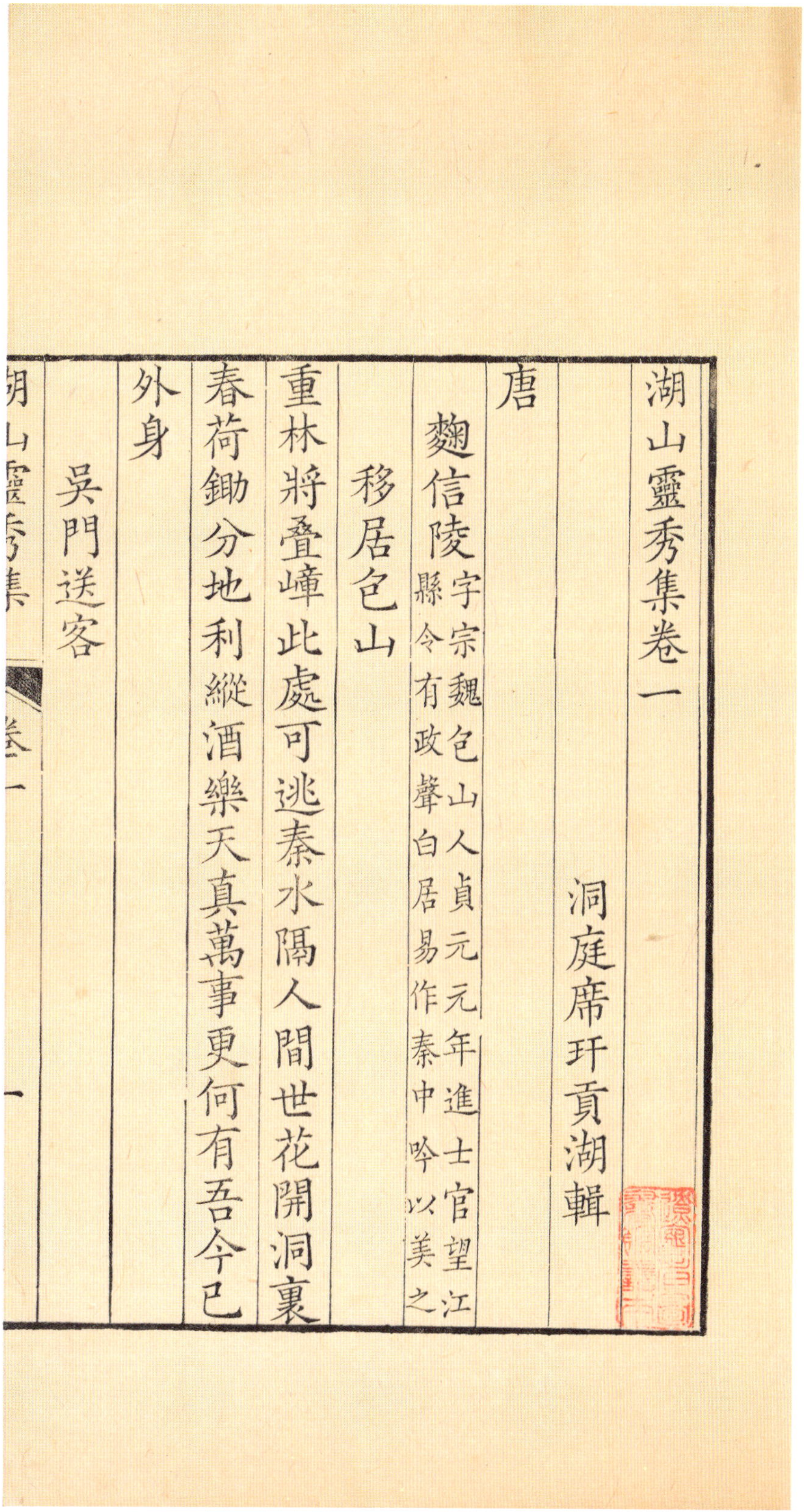

湖山靈秀集卷一

洞庭席玗貢湖輯

唐

麴信陵 字宗魏包山人貞元元年進士官望江縣令有政聲白居易作秦中吟以美之

移居包山

重林將疊嶂此處可逃秦水隔人間世花開洞裏春荷鋤分地利縱酒樂天真萬事更何有吾今已外身

吳門送客

湖山靈秀集 卷一 一

20811 湖山靈秀集十六卷 (清)席玗輯 清乾隆二十一年(1756)凝和堂刻本 遼寧省圖書館

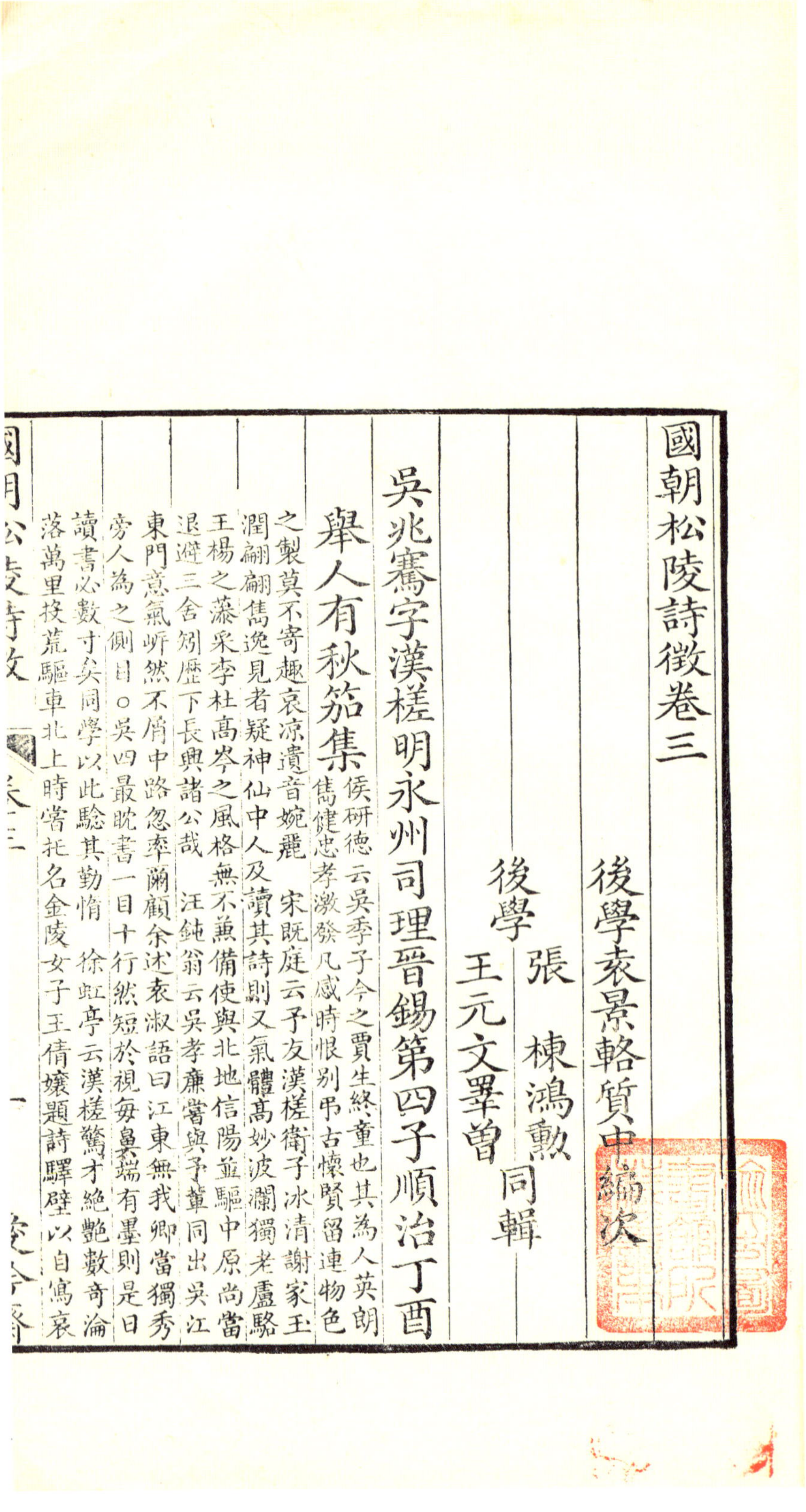

國朝松陵詩徵卷三

後學袁景輅質中編次

後學張　棟鴻勳
王元文睪曾　同輯

吳兆騫字漢槎明永州司理晉錫第四子順治丁酉舉人有秋笳集　侯研德云吳季子今之賈生終童也其為人英朗雋健忠孝激發凡感時恨別弔古懷賢留連物色之製莫不寄趣哀涼遺音婉麗　宋既庭云予友漢槎備子冰清謝家王潤翩翩雋逸見者疑神仙中人及讀其詩則又氣體高妙波瀾獨老盧駱王楊之藻采李杜高岑之風格無不兼備使與北地信陽並驅中原尚當退避三舍剏歷下長興諸公哉　汪鈍翁云吳孝廉嘗與予輩同出吳江東門意氣岸然不屑中路忽率爾顧余述袁淑語曰江東無我卿當獨秀旁人為之側目○吳四最耽書一目十行然短於視每鼻端有墨則是日讀書必數寸矣同學以此驗其勤惰　徐虹亭云漢槎驚才絕艷數奇淪落萬里投荒驅車北上時嘗托名金陵女子王倩孃題詩驛壁以自寫哀

國朝松陵詩徵　卷三　一　愛吟齋

20812　國朝松陵詩徵二十卷　(清)袁景輅輯　清乾隆三十二年(1767)愛吟齋刻本　大連圖書館

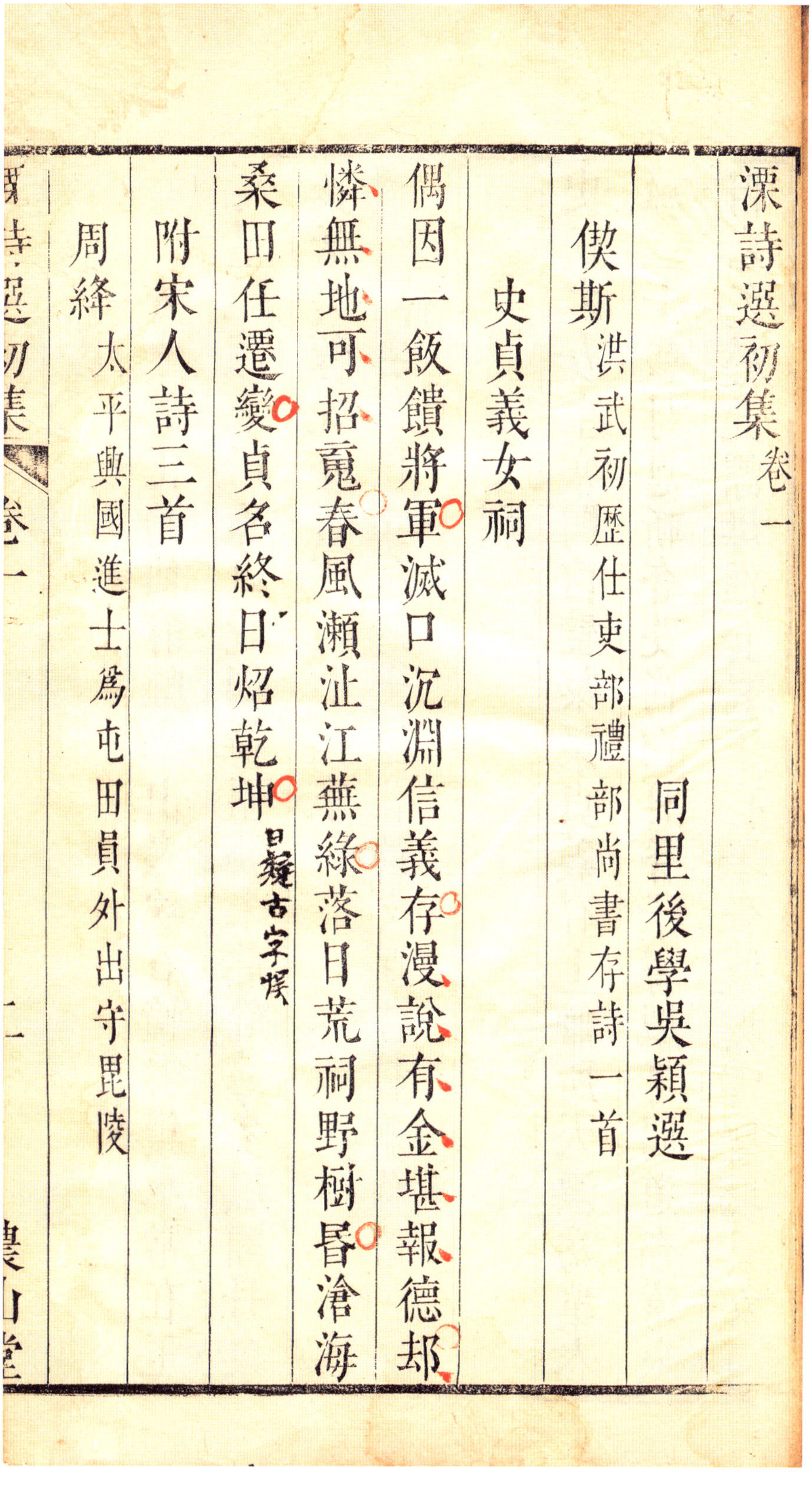
溧詩選初集卷一
同里後學吳穎選
僎斯洪武初歷仕吏部禮部尚書存詩一首
史貞義女祠
偶因一飯饋將軍滅口沉淵信義存漫說有金堪報德却
憐無地可招寃春風瀨沚江蕪綠落日荒祠野樹昏滄海
桑田任遷變貞名終日炤乾坤 日疑古字誤
附宋人詩三首
周絳太平興國進士爲屯田員外出守毘陵
溧詩選初集 卷一 二 農山堂

20813　溧詩選初集八卷　（清）吴穎輯　清初吴氏農山堂刻本　大連圖書館

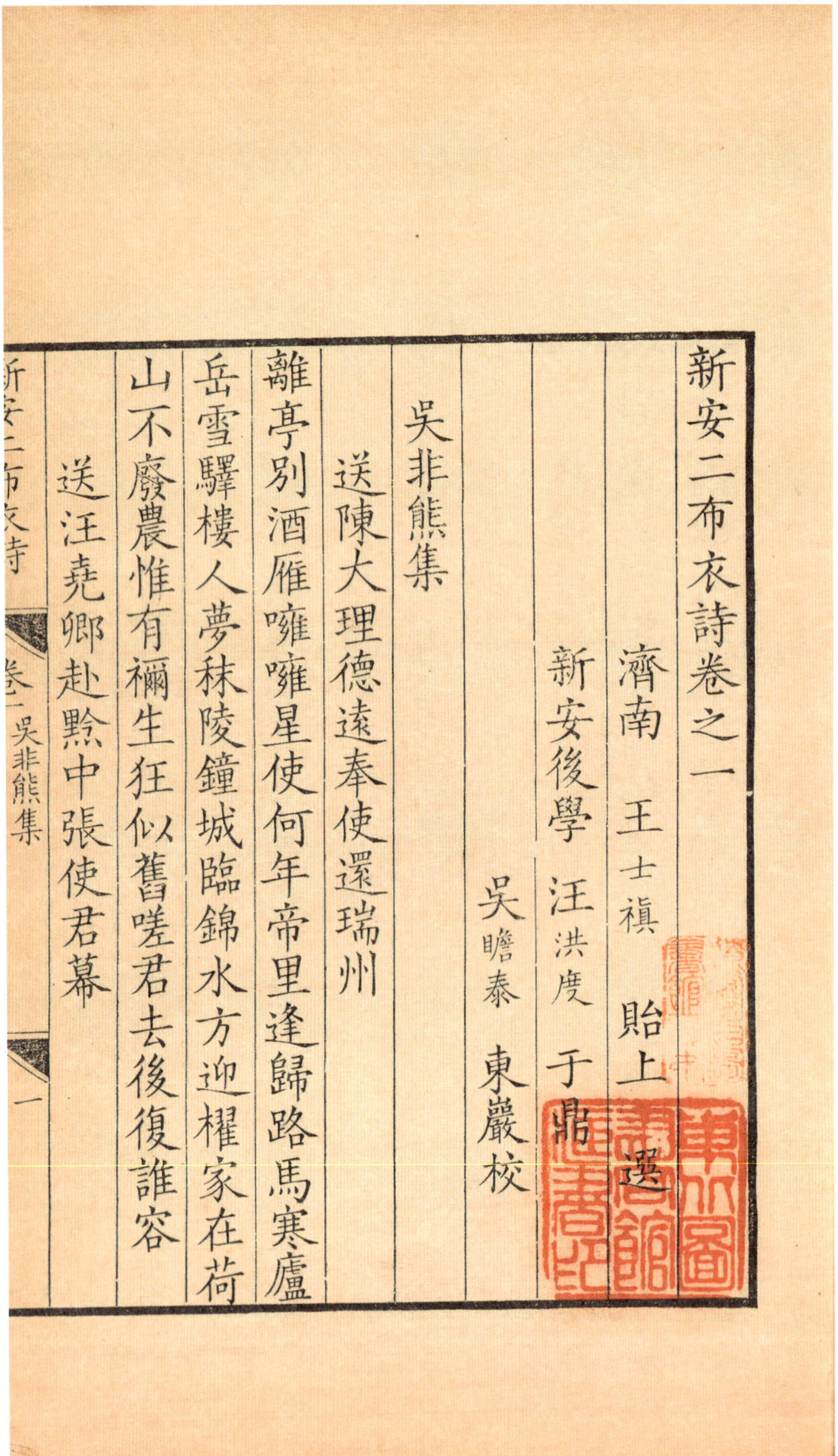

新安二布衣詩卷之一
濟南 王士禛 貽上 選
新安後學 汪洪度 于鼎
吴瞻泰 東巖 校
吴非熊集
送陳大理德遠奉使還瑞州
離亭别酒雁嗈嗈星使何年帝里逢歸路馬寒廬
岳雪驛樓人夢秣陵鐘城臨錦水方迎櫂家在荷
山不廢農惟有禰生狂似舊嗟君去後復誰容
送汪堯卿赴黔中張使君幕
新安二布衣詩
卷一 吴非熊集
一

20814　新安二布衣詩八卷　（清）王士禛輯　清康熙四十三年（1704）汪洪度等刻本　遼寧省圖書館

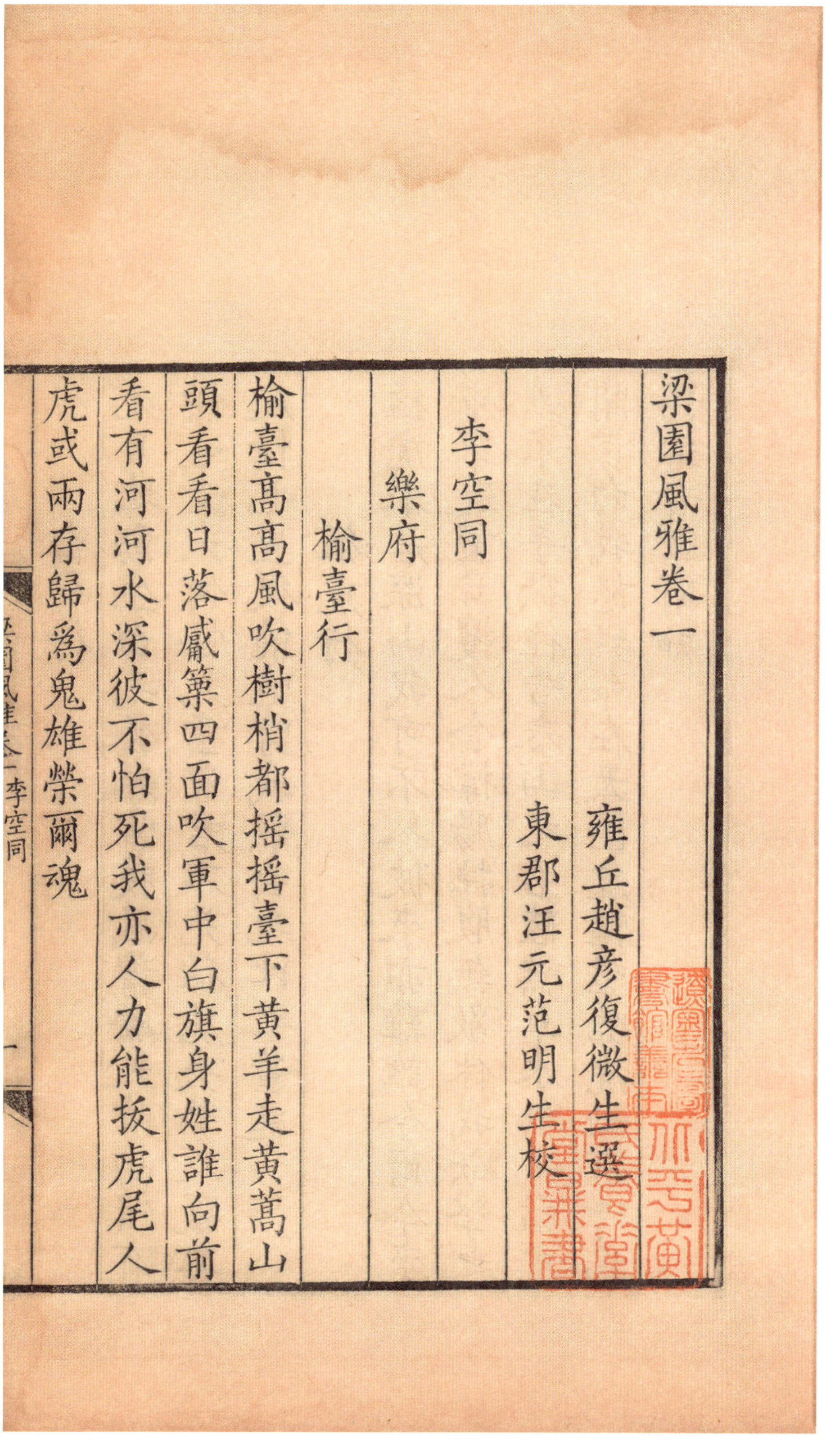

梁園風雅卷一

雍丘趙彦復微生選
東郡汪元范明生校

李空同

樂府

榆臺行

榆臺高高風吹樹梢都揺揺臺下黄羊走黄蒿山頭看看日落觱篥四面吹軍中白旗身姓誰向前看有河河水深彼不怕死我亦人力能拔虎尾人虎或兩存歸爲鬼雄榮爾魂

梁園風雅卷一　李空同　一

20815　梁園風雅二十七卷　（明）趙彦復輯　清康熙四十三年（1704）陸廷燦刻本　遼寧省圖書館

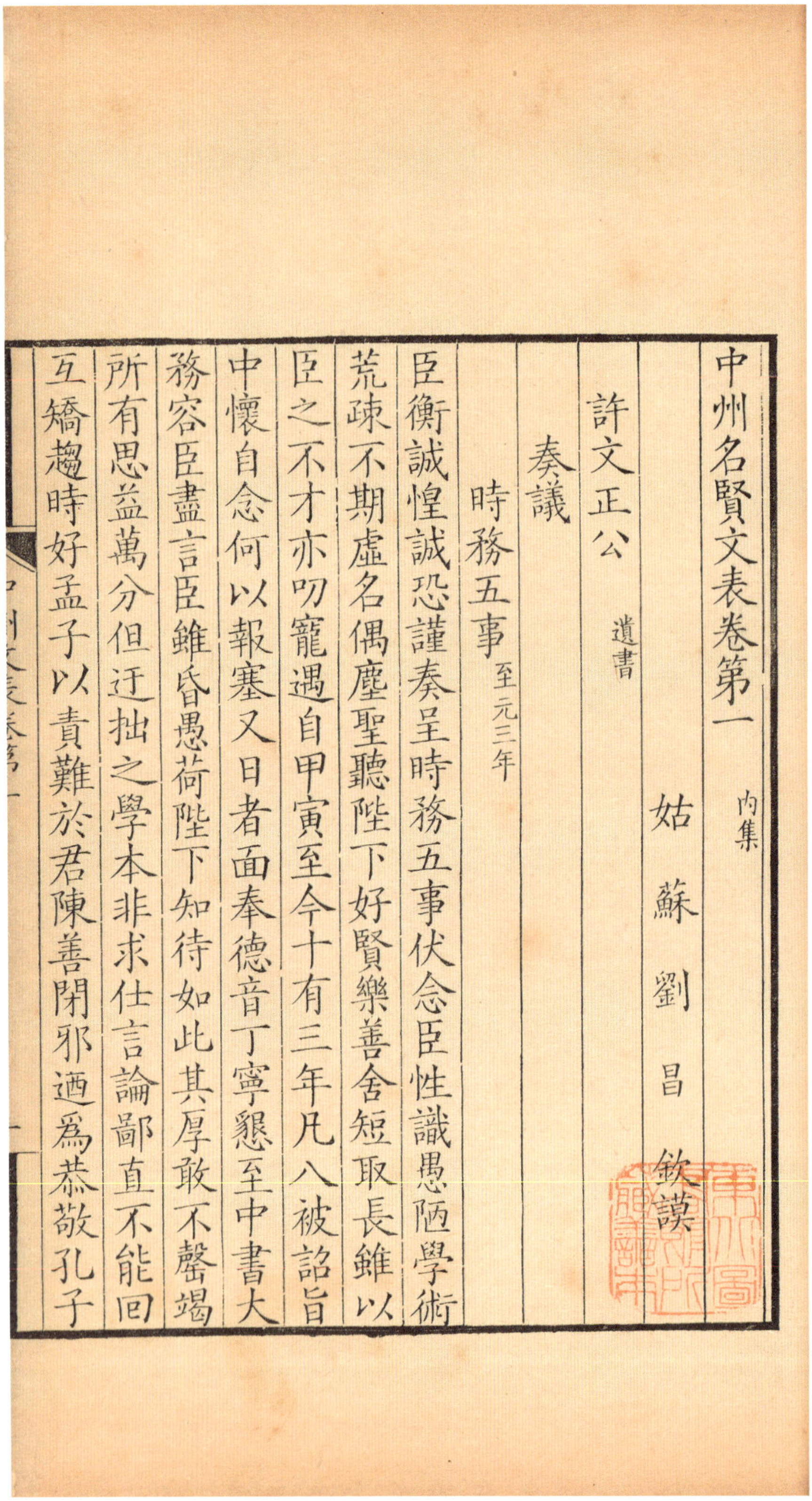
中州名賢文表卷第一　內集
姑蘇劉昌欽謨
許文正公　遺書
奏議
時務五事 至元三年
臣衡誠惶誠恐謹奏呈時務五事伏念臣性識愚陋學術
荒疎不期虛名偶塵聖聽陛下好賢樂善舍短取長雖以
臣之不才亦叨寵遇自甲寅至今十有三年凡八被詔旨
中懷自念何以報塞又日者面奉德音丁寧懇至中書大
務容臣盡言臣雖昏愚荷陛下知待如此其厚敢不罄竭
所有思益萬分但迂拙之學本非求仕言論鄙直不能回
互矯趨時好孟子以責難於君陳善閉邪適爲恭敬孔子

20816　中州名賢文表三十卷　（明）劉昌輯　清康熙四十五年（1706）錢塘汪立名刻本　遼寧省圖書館

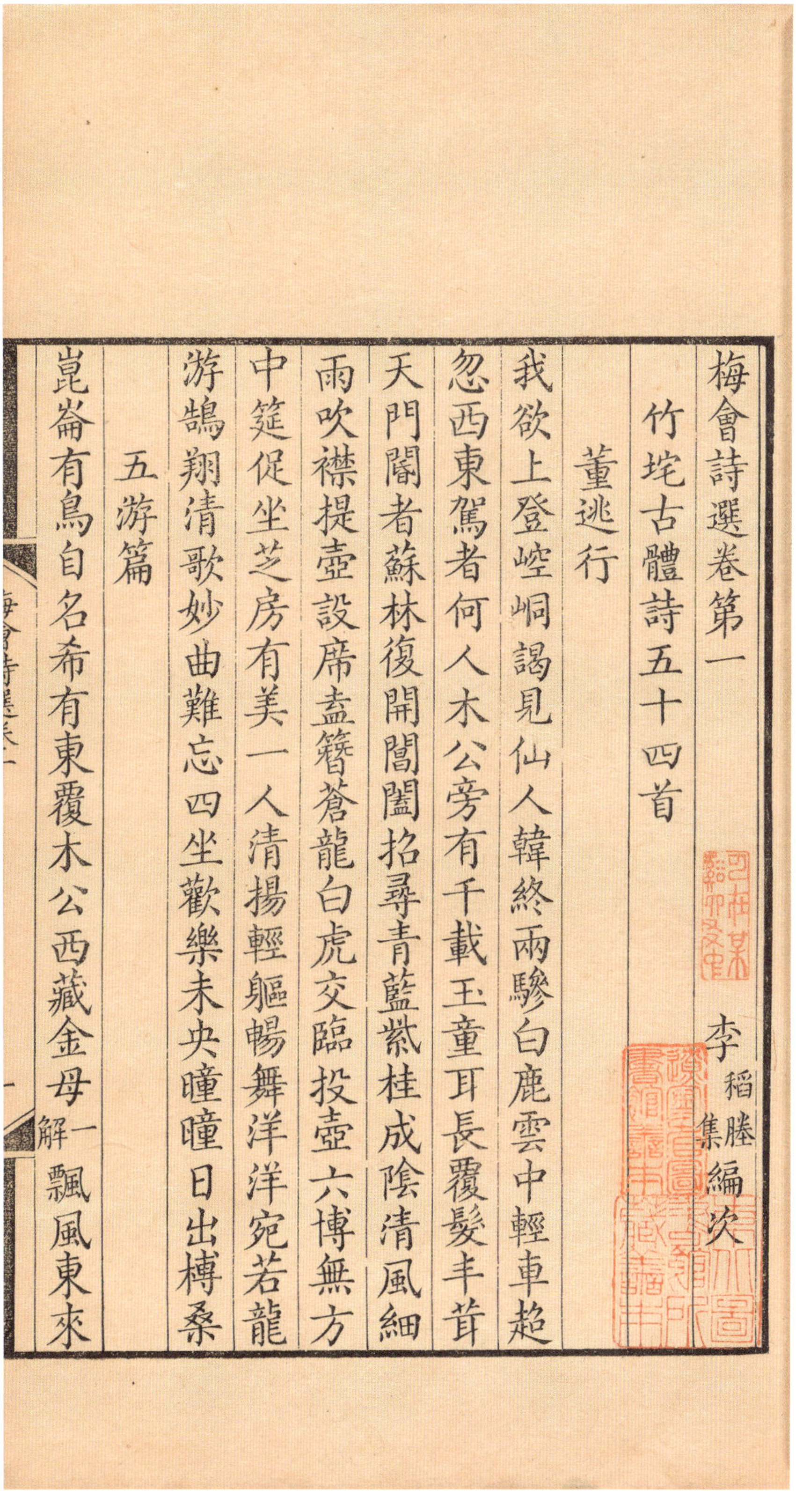
梅會詩選卷第一
竹垞古體詩五十四首　　李稻塍集編次
董逃行
我欲上登崆峒謁見仙人韓終兩驂白鹿雲中輕車超
忽西東駕者何人木公旁有千載玉童耳長覆髮丰茸
天門闔者蘇林復開閶闔招尋青藍叢桂成陰清風細
雨吹襟提壺設席盍簪蒼龍白虎交臨投壺六博無方
中筵促坐芝房有美一人清揚輕軀暢舞洋洋宛若龍
游鵠翔清歌妙曲難忘四坐歡樂未央曈曈日出榑桑
五游篇
崑崙有鳥自名希有東覆木公西藏金母一解飄風東來

20817　梅會詩選十二卷二集十六卷三集四卷附刻一卷　（清）李稻塍 李集輯　清乾隆三十二年（1767）寸碧山堂刻本　遼寧省圖書館

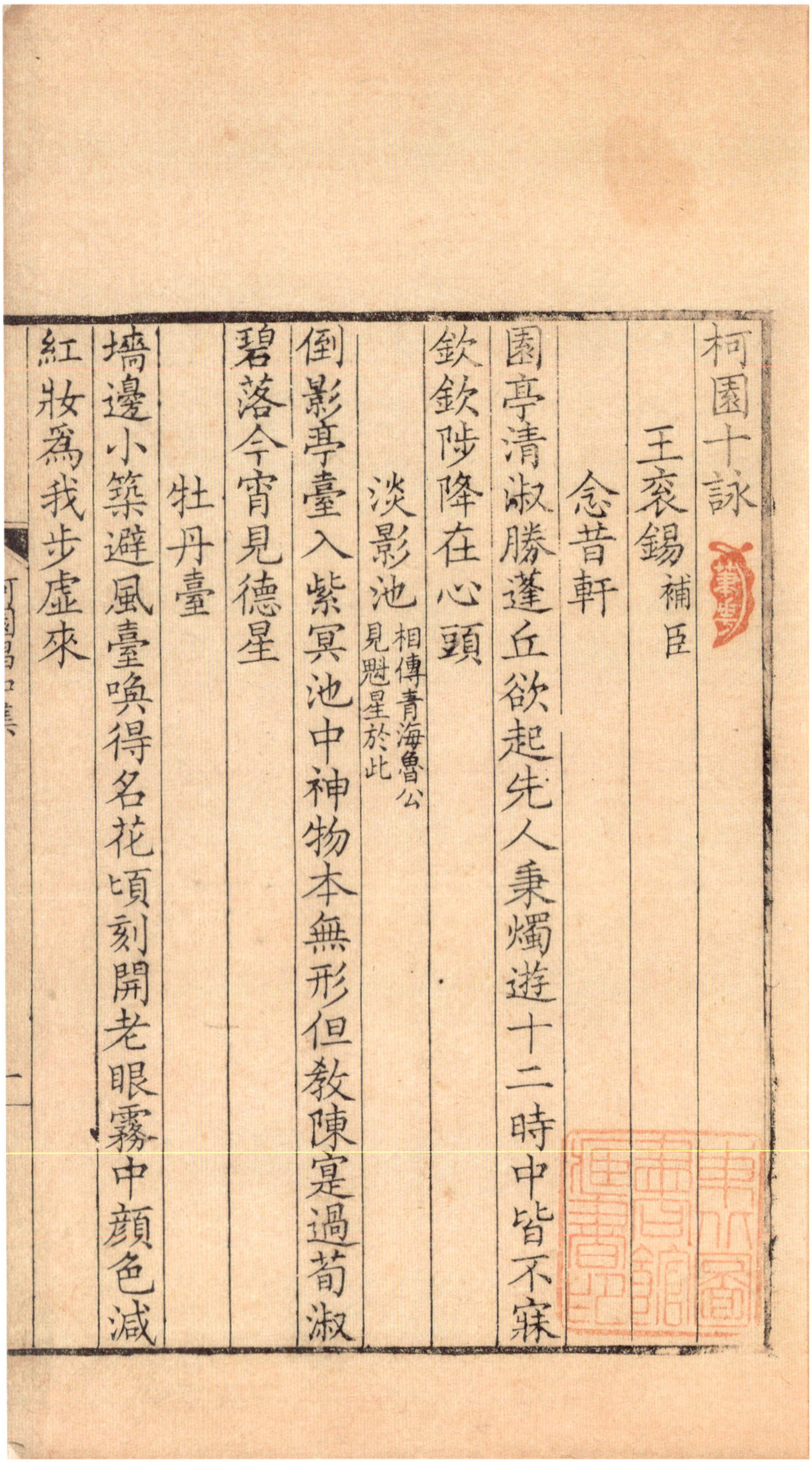
柯園十詠
王袞錫 補臣
念昔軒
園亭清淑勝蓬丘欲起先人秉燭遊十二時中皆不寐
欽欽陟降在心頭
淡影池 相傳青海魯公見魁星於此
倒影亭臺入紫冥池中神物本無形但教陳寔過荀淑
碧落今宵見德星
牡丹臺
墻邊小築避風臺喚得名花頃刻開老眼霧中顏色減
紅妝為我步虛來

20818 柯園十詠不分卷 （清）沈櫄元輯 清刻本 遼寧省圖書館

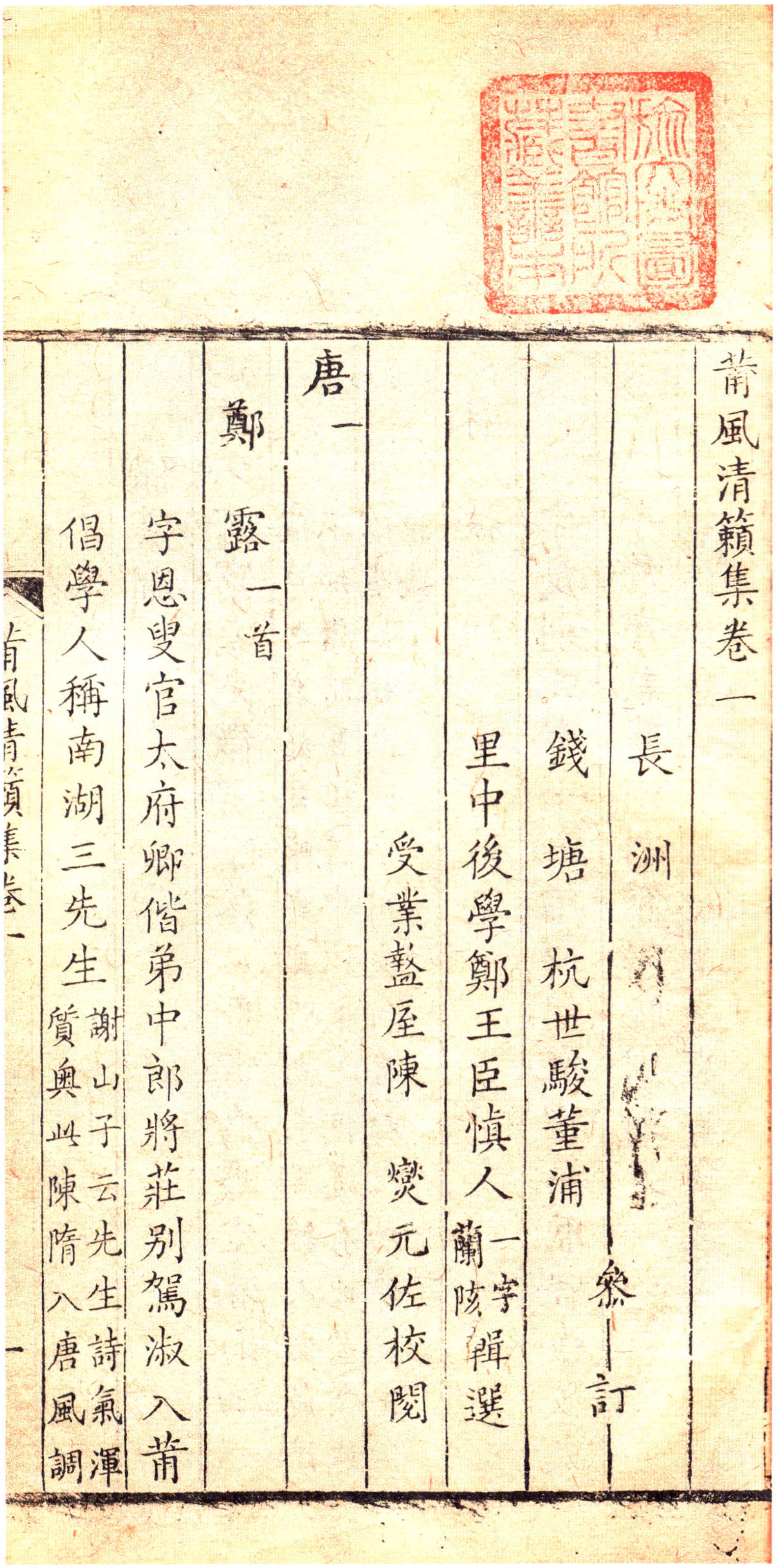
莆風清籟集卷一
長洲　　參訂
錢塘杭世駿堇浦
里中後學鄭王臣愼人一字蘭陔輯選
受業盩厔陳爕元佐校閱
唐一
鄭露一首
字恩叟官太府卿偕弟中郎將莊別駕淑入莆
倡學人稱南湖三先生謝山子云先生詩氣渾質與此陳隋入唐風調
莆風清籟集卷一　一

20819　莆風清籟集六十卷　（清）鄭王臣輯　清乾隆刻本　大連圖書館

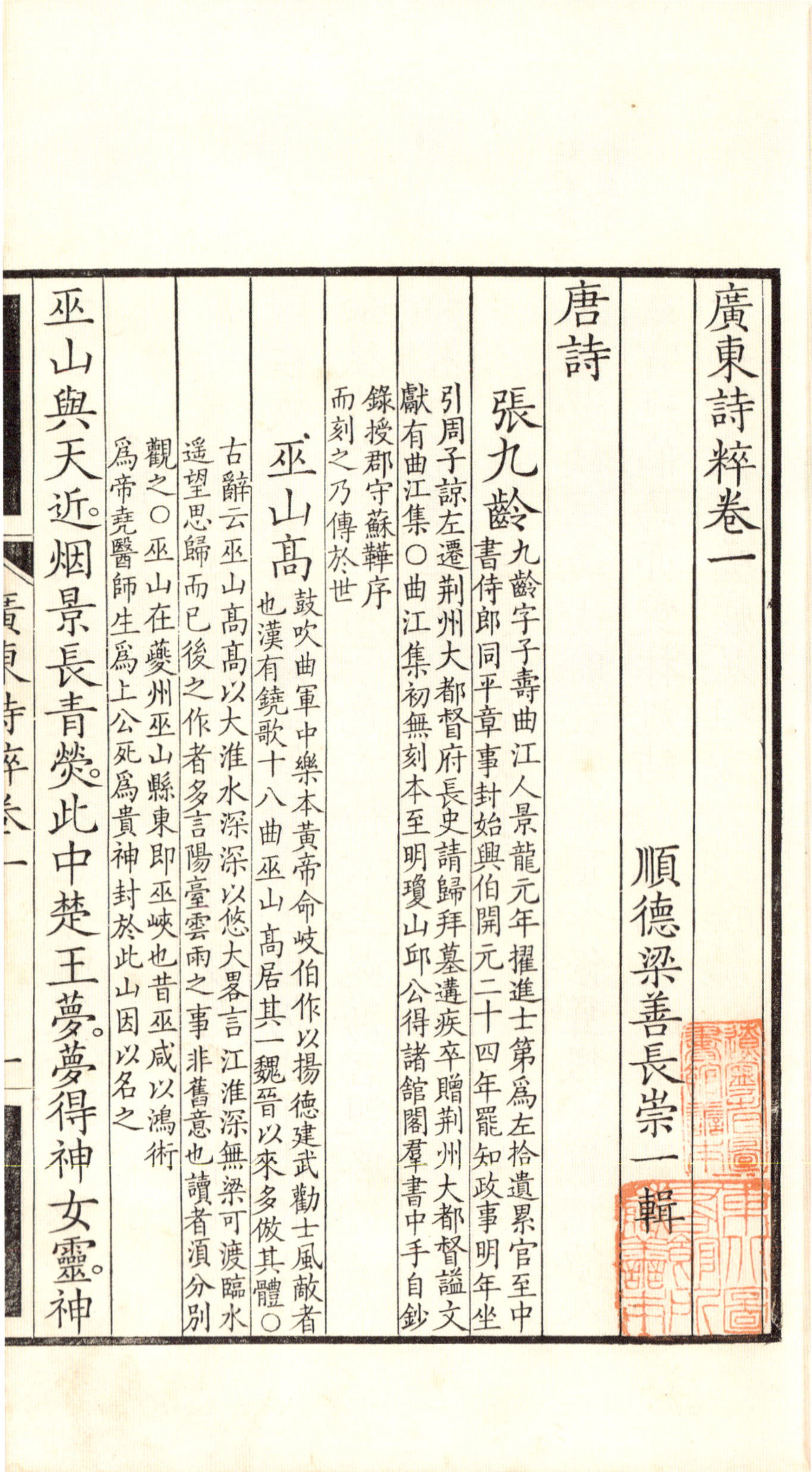
廣東詩粹卷一

順德梁善長崇一輯

唐詩

張九齡 九齡字子壽曲江人景龍元年擢進士第爲左拾遺累官至中書侍郎同平章事封始興伯開元二十四年罷知政事明年坐引周子諒左遷荊州大都督府長史請歸拜墓遘疾卒贈荊州大都督謚文獻有曲江集〇曲江集初無刻本至明瓊山邱公得諸館閣羣書中手自鈔錄授郡守蘇韡序而刻之乃傳於世

巫山高 鼓吹曲軍中樂本黃帝命岐伯作以揚德建武勸士風敵者也漢有鐃歌十八曲巫山高居其一魏晉以來多倣其體〇古辭云巫山高高以大淮水深深以悠大畧言江淮深無梁可渡臨水遥望思歸而已後之作者多言陽臺雲雨之事非舊意也讀者須分別觀之〇巫山在夔州巫山縣東即巫峽也昔巫咸以鴻術爲帝堯醫師生爲上公死爲貴神封於此山因以名之

巫山與天近。烟景長青熒。此中楚王夢。夢得神女靈。神

廣東詩粹卷一　一

20820　廣東詩粹十二卷補編一卷（清）梁善長輯　清乾隆十二年（1747）達朝堂刻本　遼寧省圖書館

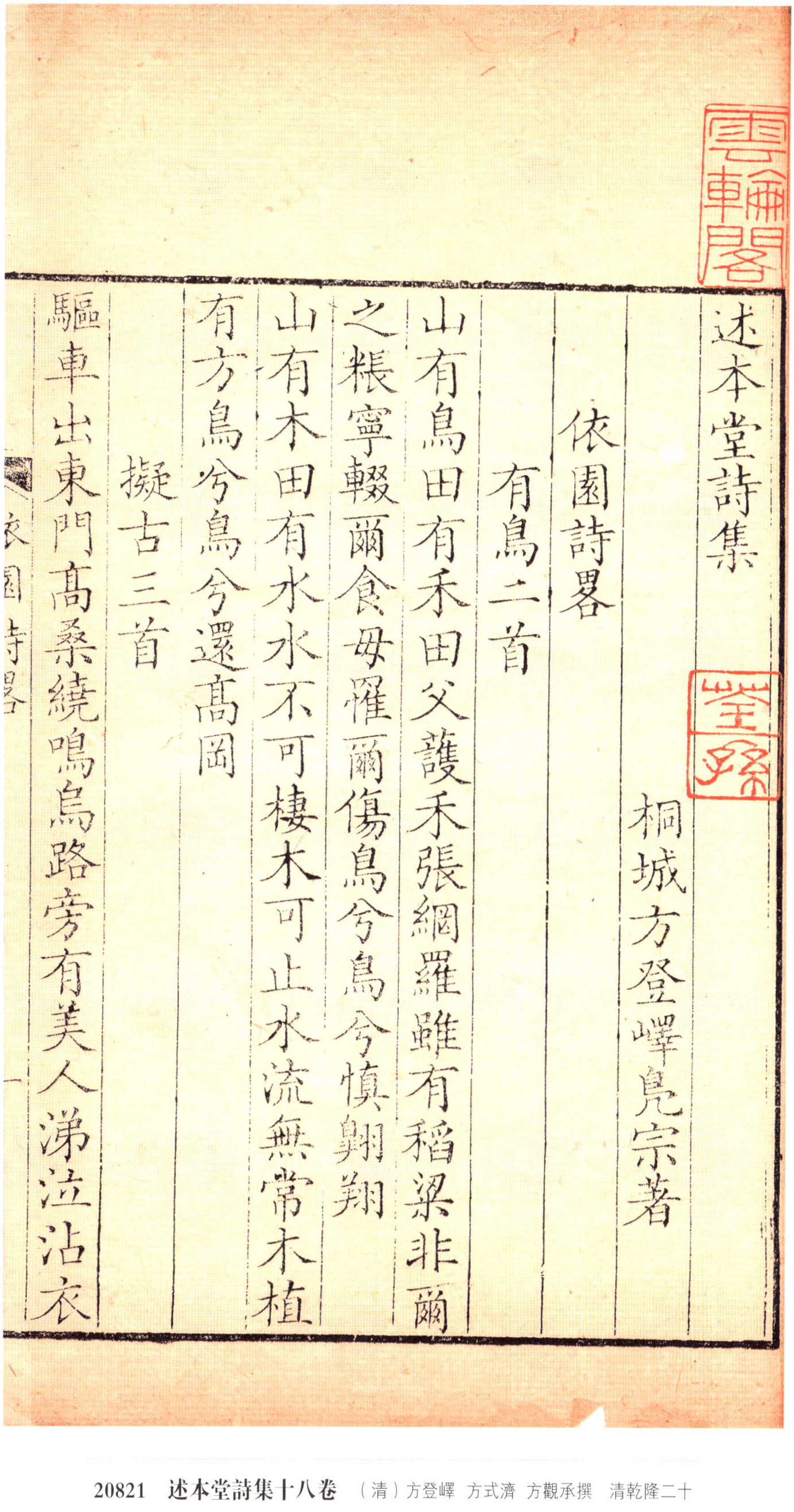

述本堂詩集

桐城方登嶧鳧宗著

依園詩畧

有鳥二首

山有鳥田有禾田父護禾張網羅雖有稻粱非爾之粻寧輟爾食毋罹爾傷鳥兮鳥兮慎翱翔

山有木田有水水不可棲木可止水流無常木植有方鳥兮鳥兮還髙岡

擬古三首

驅車出東門髙桑繞鳴烏路旁有美人涕泣沾衣

依園詩畧　一

20821　述本堂詩集十八卷　（清）方登嶧　方式濟　方觀承撰　清乾隆二十年（1755）刻本　大連圖書館

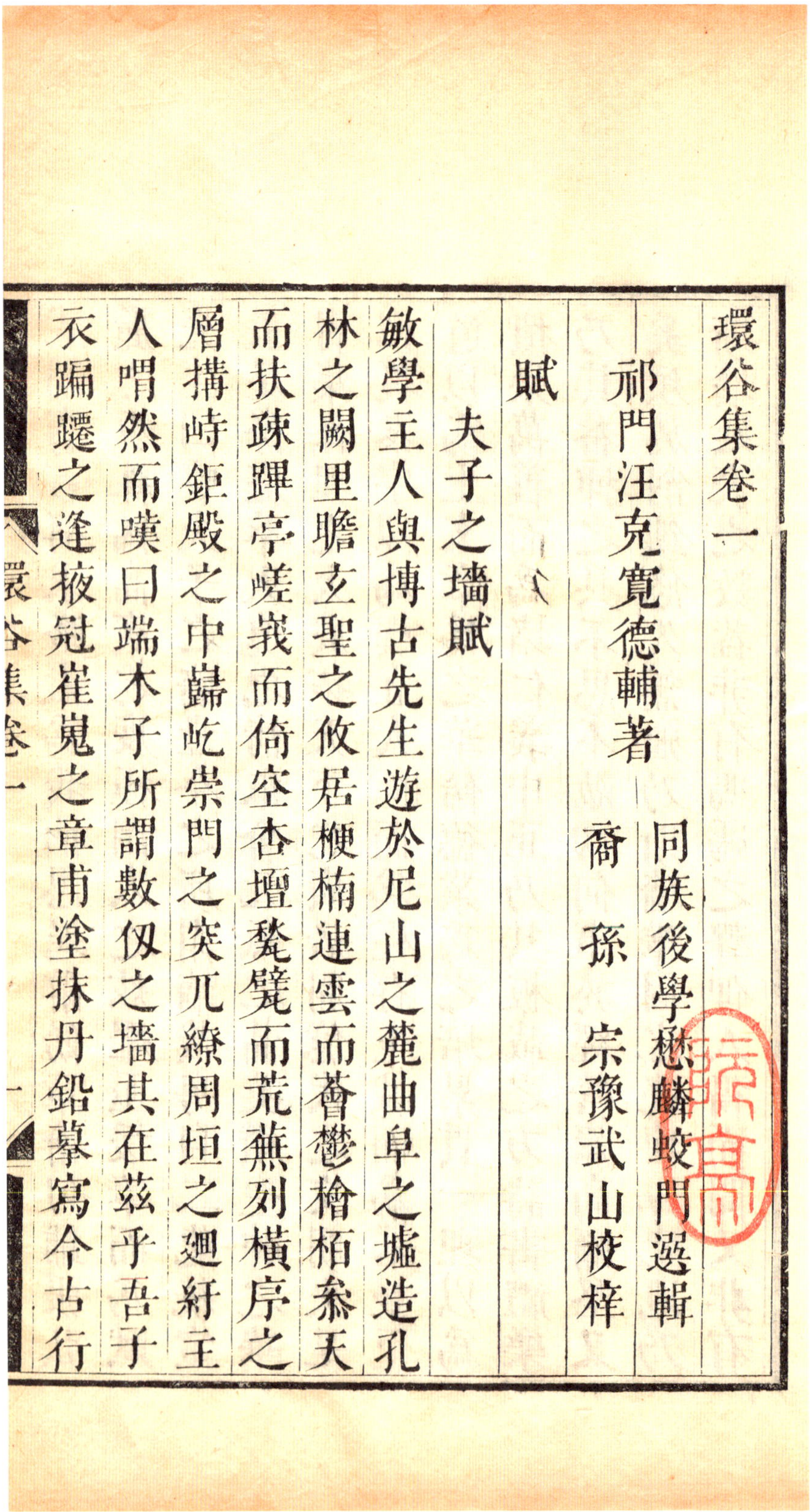
環谷集卷一
祁門汪克寬德輔著　同族後學懋麟蛟門選輯
裔　孫　宗豫武山校梓
賦
夫子之墻賦
敏學主人與博古先生遊於尼山之麓曲阜之墟造孔
林之闕里瞻玄聖之攸居楩柟連雲而蓊鬱檜栢參天
而扶踈碑亭嵯峩而倚空杏壇甃甓而荒蕪列横序之
層搆峙鉅殿之中巋屹崇門之突兀繚周垣之迴紆主
人喟然而嘆曰端木子所謂數仞之墻其在茲乎吾子
衣蹁躚之逢掖冠崔嵬之章甫塗抹丹鉛摹寫今古行

環谷集卷一　一

20822　汪氏家集十九卷附一卷　（清）汪懋麟編　清康熙十八年（1679）刻本　大連圖書館

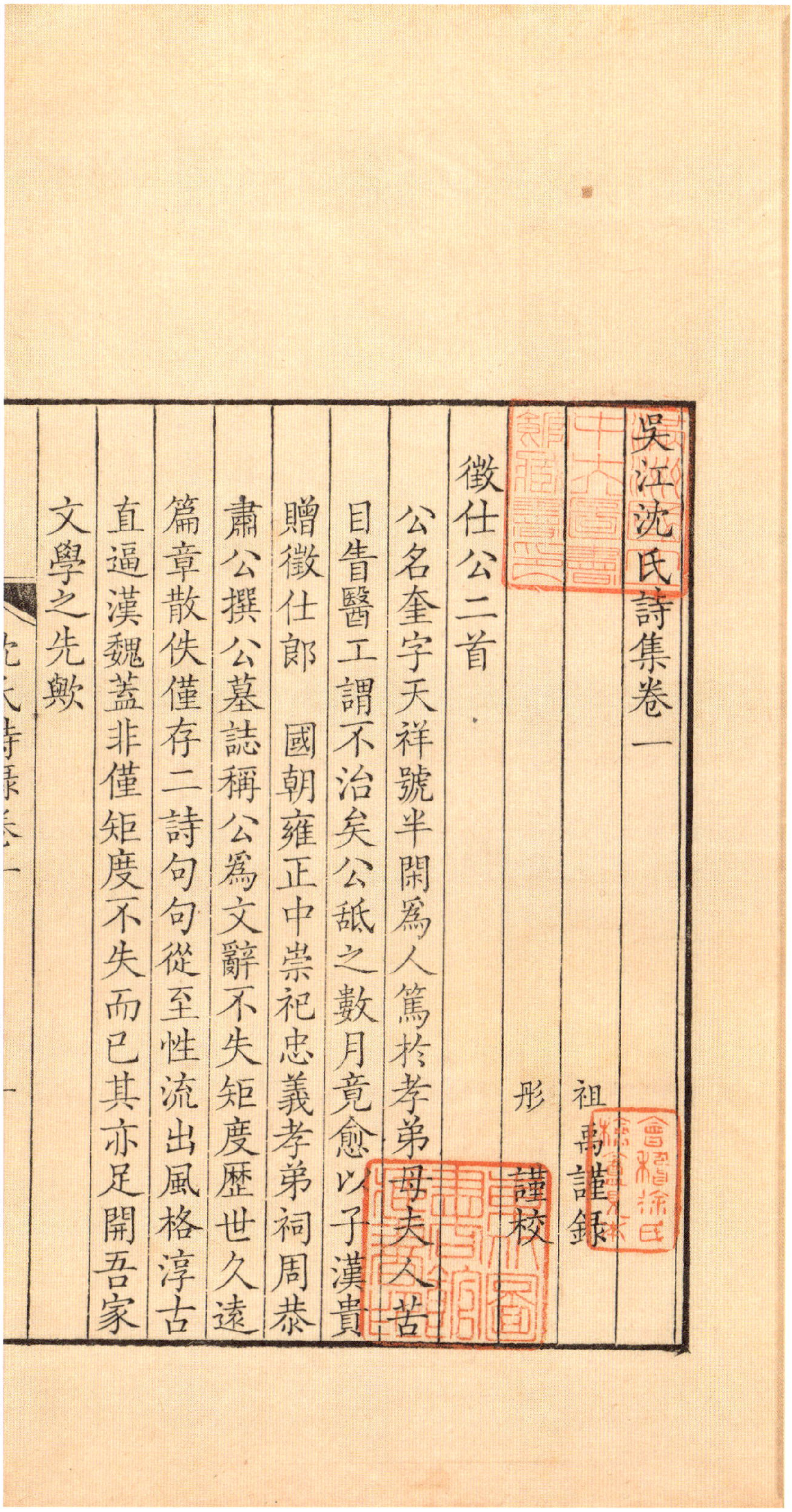
吳江沈氏詩集卷一
祖禹謹錄
彤謹校
徵仕公二首
公名奎字天祥號半閑爲人篤於孝弟母夫人苦目眚醫工謂不治矣公舐之數月竟愈以子漢貴贈徵仕郎 國朝雍正中崇祀忠義孝弟祠周恭肅公撰公墓誌稱公爲文辭不失矩度歷世久遠篇章散佚僅存二詩句句從至性流出風格淳古直逼漢魏蓋非僅矩度不失而已其亦足開吾家文學之先歟

20823　吳江沈氏詩集十二卷　（清）沈祖禹輯　清乾隆五年（1740）刻本
遼寧省圖書館

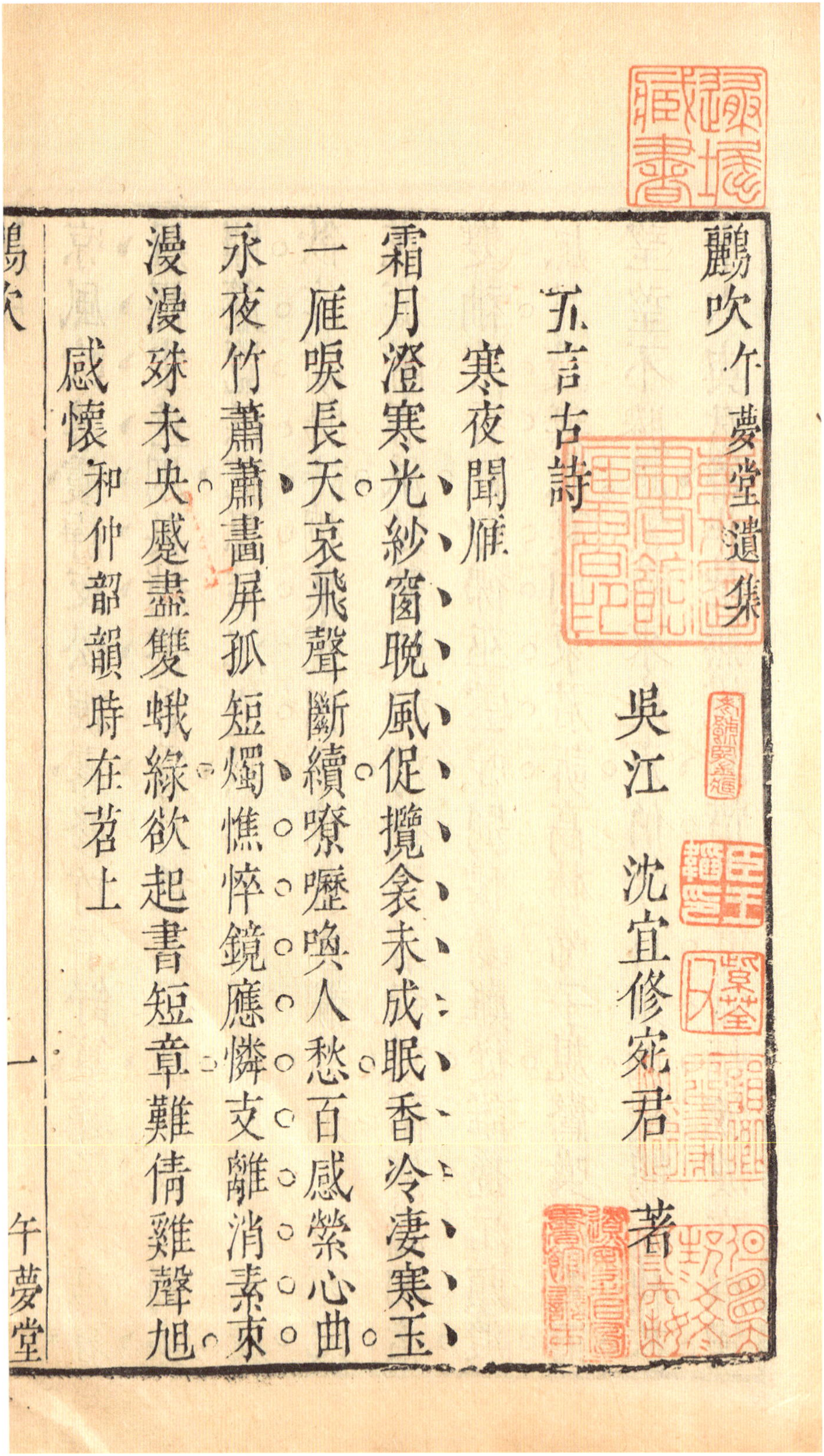
鸝吹午夢堂遺集
五言古詩
吳江　沈宜修宛君　著
寒夜聞雁
霜月澄寒光、紗窗晚風促、攬衾未成眠、香冷淒寒玉、
一雁唳長天。哀飛聲斷續。嘹嚦喚人愁。百感縈心曲。
永夜竹蕭蕭。畫屏孤短燭。憔悴鏡應憐。支離消素束。
漫漫殊未央。處盡雙蛾綠。欲起書短章。難倩雞聲旭。
感懷和仲韶韻時在茗上

鸝吹　一　午夢堂

20824　午夢堂集九卷　（明）葉紹袁輯　清乾隆二十三年（1758）葉恒椿刻本　遼寧省圖書館

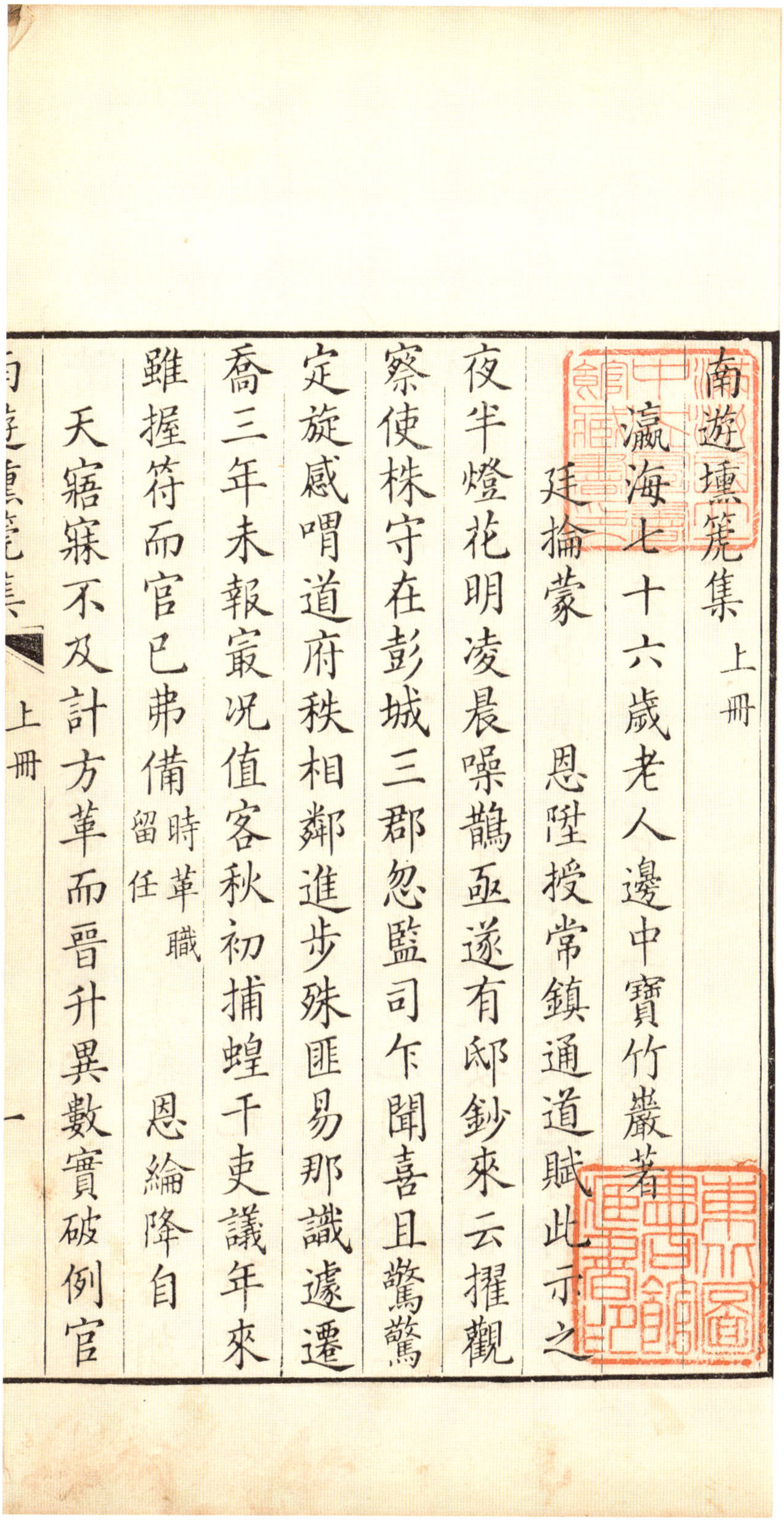

南遊壎箎集 上册
瀛海七十六歲老人邊中寶竹巖著
廷掄蒙 恩陞授常鎮通道賦此示之
夜半燈花明凌晨噪鵲亟遂有郵鈔來云擢觀
察使株守在彭城三郡忽監司乍聞喜且驚驚
定旋慼喟道府秩相鄰進步殊匪易那識遽遷
喬三年未報冣況值客秋初捕蝗干吏議年來
雖握符而官已弗備時革職留任 恩綸降自
天寤寐不及計方革而晉升異數實破例官
南遊壎箎集 上册 一

20825　南遊壎篪集二卷　（清）邊中寶　邊連寶撰　清乾隆刻本　遼寧省圖書館

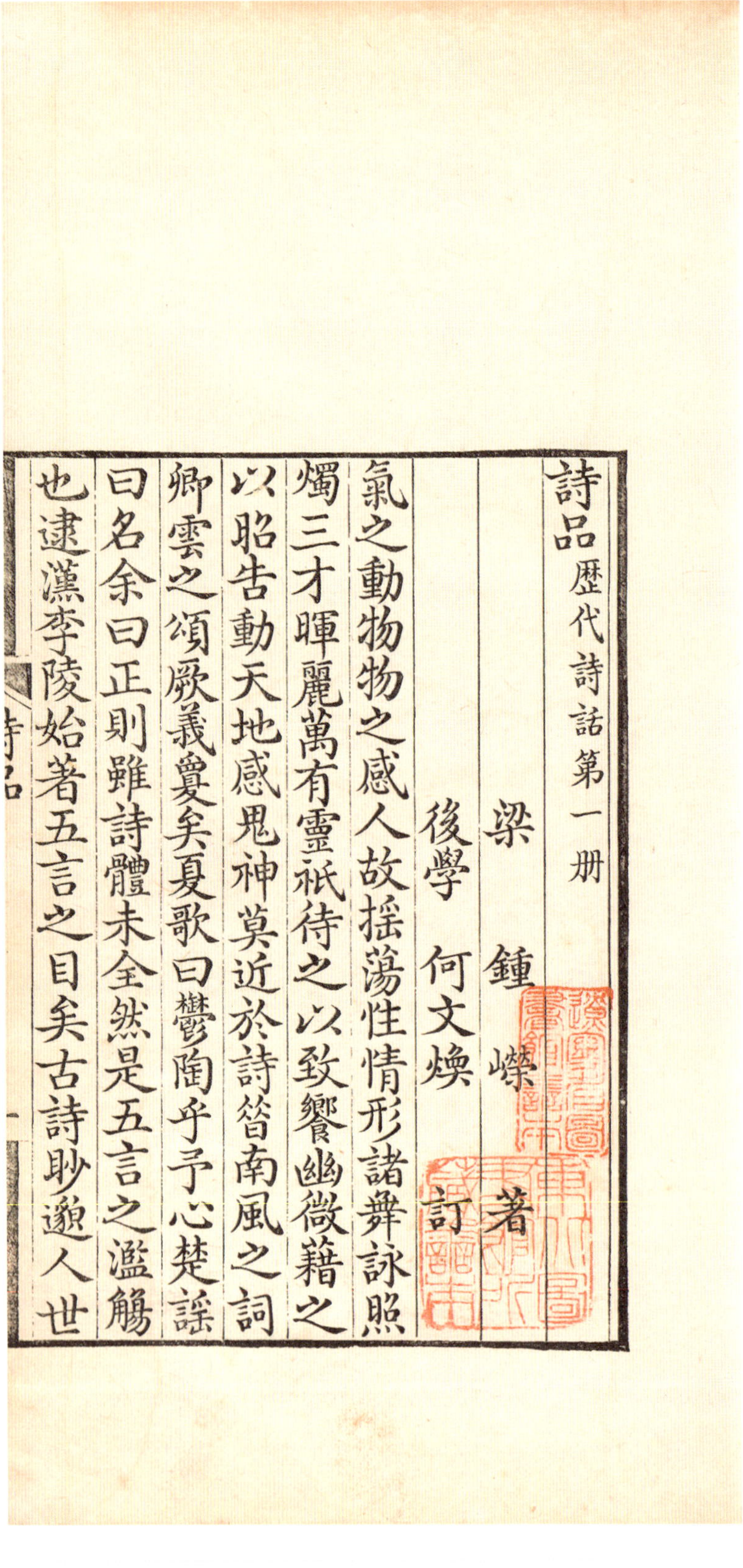

詩品　歷代詩話第一冊
梁　鍾嶸　著
後學　何文煥　訂
氣之動物物之感人故搖蕩性情形諸舞詠照
燭三才暉麗萬有靈祇待之以致饗幽微藉之
以昭告動天地感鬼神莫近於詩昔南風之詞
卿雲之頌厥義敻矣夏歌曰鬱陶乎予心楚謠
曰名余曰正則雖詩體未全然是五言之濫觴
也逮漢李陵始著五言之目矣古詩眇邈人世

20826　歷代詩話五十七卷考索一卷　（清）何文煥编　清乾隆三十五年（1770）刻本　遼寧省圖書館

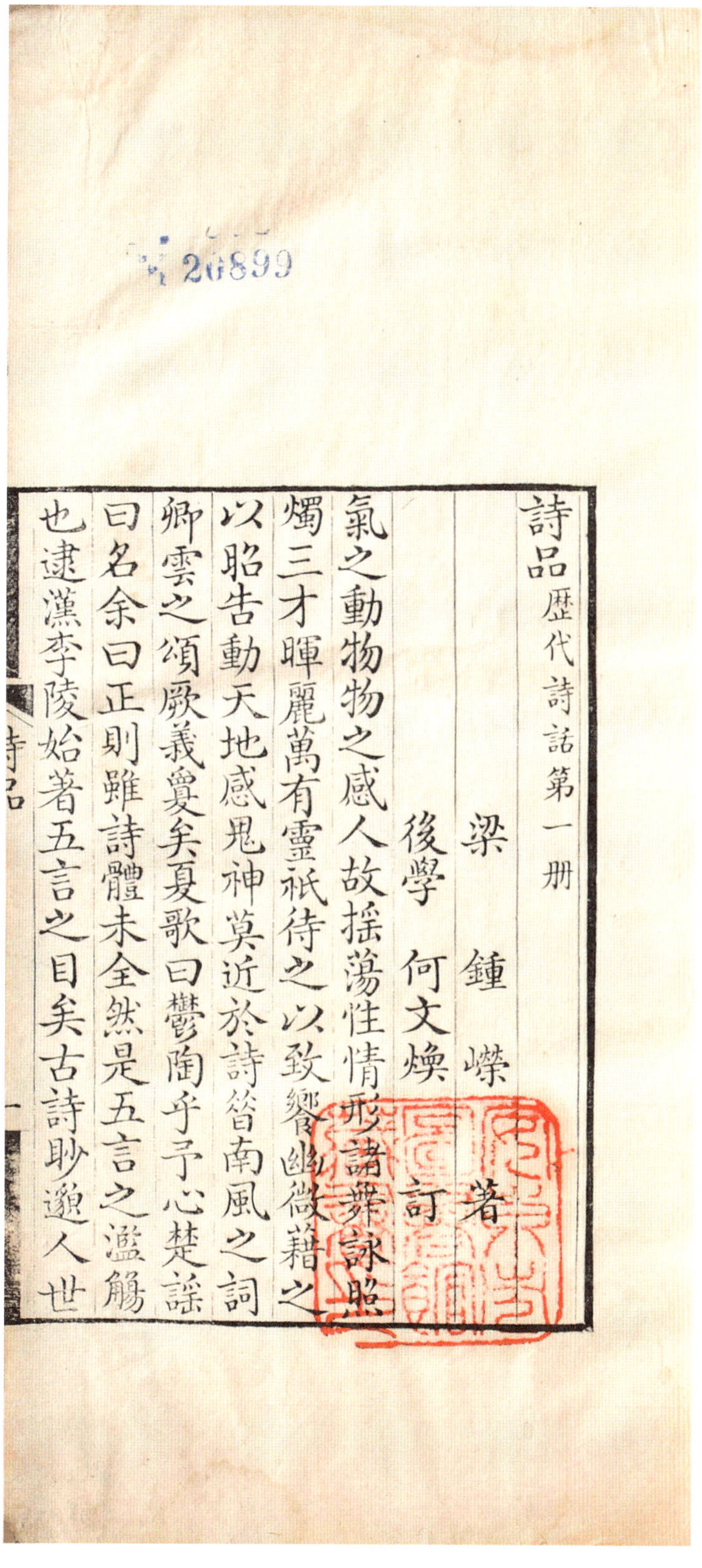

詩品歷代詩話第一冊
梁　鍾嶸　著
後學　何文煥　訂
氣之動物物之感人故搖蕩性情形諸舞詠照
燭三才暉麗萬有靈祇待之以致饗幽微藉之
以昭告動天地感鬼神莫近於詩昔南風之詞
卿雲之頌厥義夐矣夏歌曰鬱陶乎予心楚謠
曰名余曰正則雖詩體未全然是五言之濫觴
也逮漢李陵始著五言之目矣古詩眇邈人世

20827　歷代詩話五十七卷考索一卷　（清）何文煥編　清乾隆三十五年（1770）刻本　丹東市圖書館

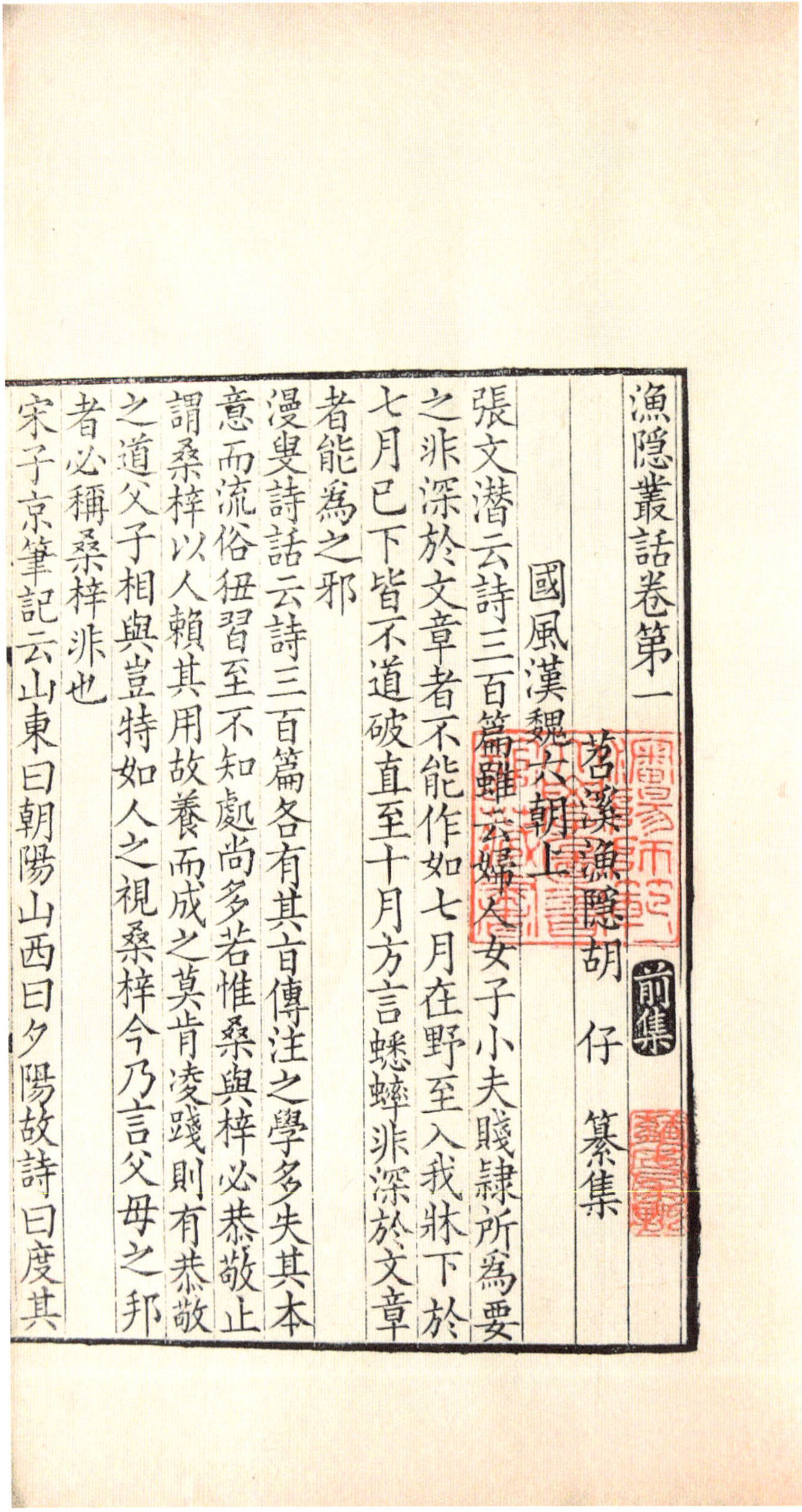

漁隱叢話卷第一　前集

苕溪漁隱胡　仔　纂集

國風漢魏六朝上

張文潛云詩三百篇雖云婦人女子小夫賤隸所爲要之非深於文章者不能作如七月在野至入我牀下於七月已下皆不道破直至十月方言蟋蟀非深於文章者能爲之邪

漫叟詩話云詩三百篇各有其旨傳注之學多失其本意而流俗毋習至不知處尚多若惟桑與梓必恭敬止謂桑梓以人賴其用故養而成之莫肯淩踐則有恭敬之道父子相與豈特如人之視桑梓今乃言父母之邦者必稱桑梓非也

宋子京筆記云山東曰朝陽山西曰夕陽故詩曰度其

20828　漁隱叢話前集六十卷後集四十卷　（宋）胡仔輯　清乾隆五年至六年（1740–1741）楊佑啓耘經樓刻本　瀋陽師範大學圖書館

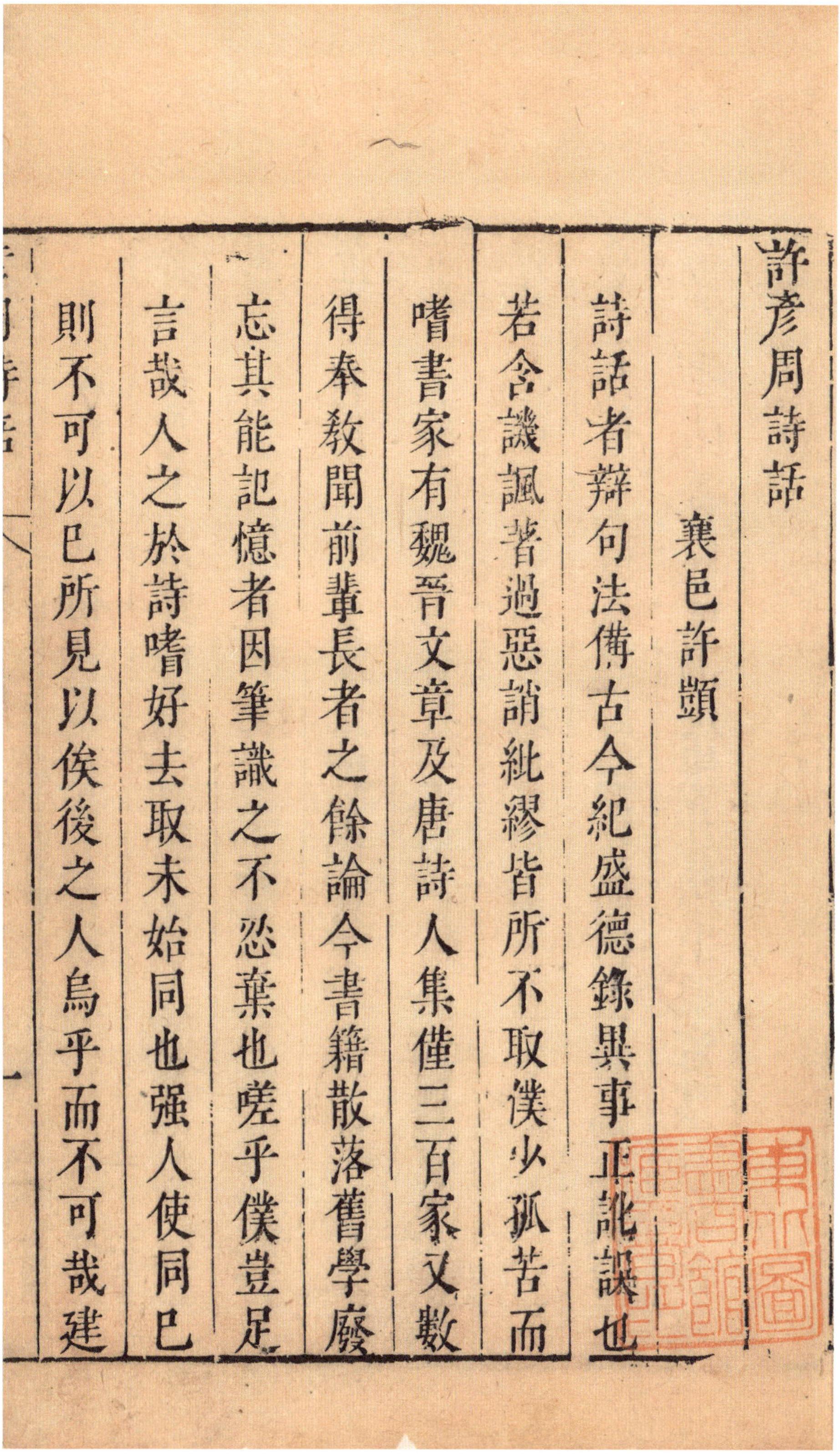
許彥周詩話
襄邑許顗
詩話者辯句法備古今紀盛德錄異事正訛誤也若含譏諷著過惡誚紕繆皆所不取僕少孤苦而嗜書家有魏晉文章及唐詩人集僅三百家又數得奉教聞前輩長者之餘論今書籍散落舊學廢忘其能記憶者因筆識之不忍棄也嗟乎僕豈足言哉人之於詩嗜好去取未始同也强人使同己則不可以己所見以俟後之人烏乎而不可哉建

20829　古今詩話八卷　（明）陳繼儒輯　清初刻本　遼寧省圖書館

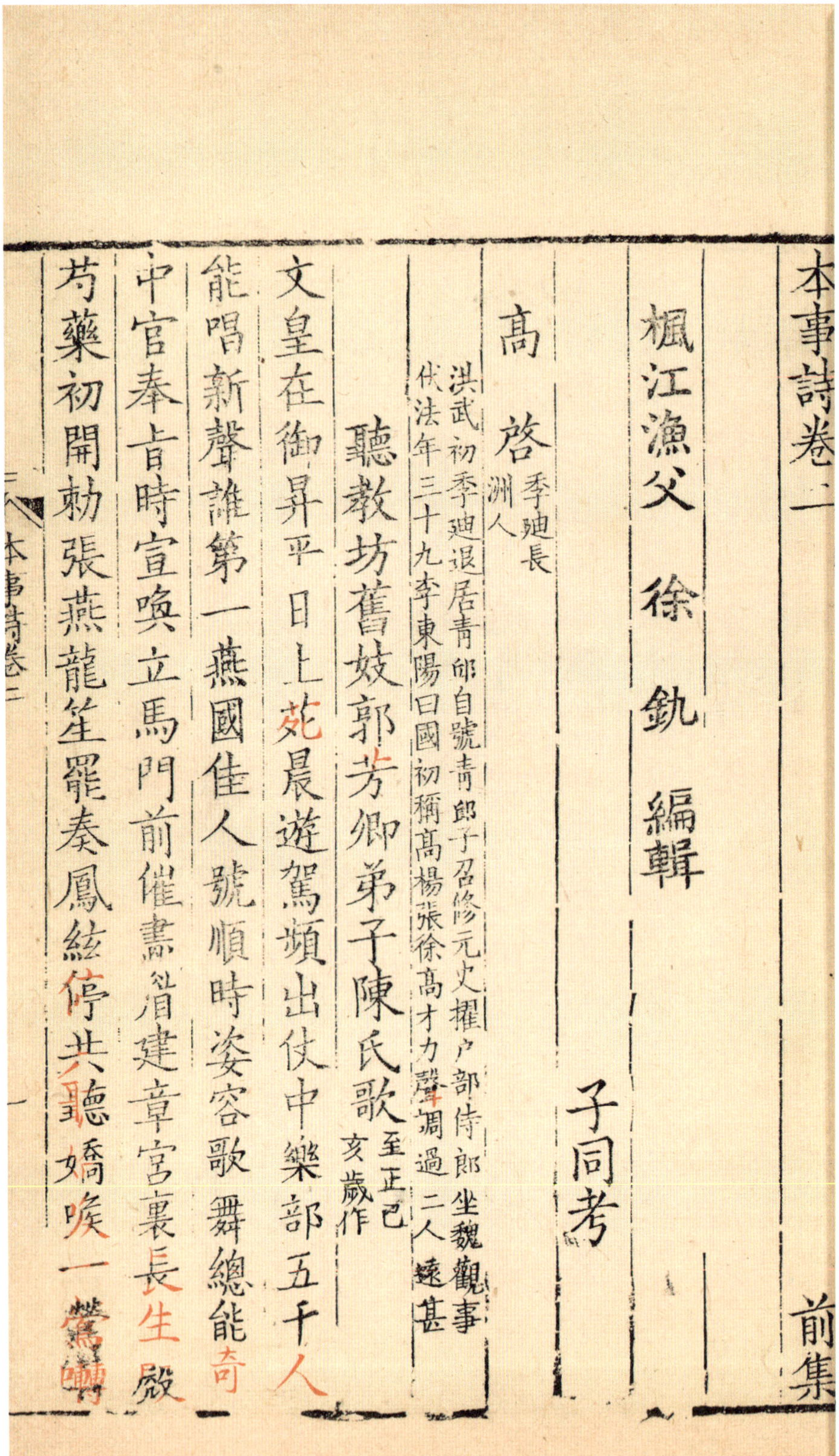

本事詩卷二　前集

楓江漁父徐釚編輯

子同考

高啓 季廸長洲人

洪武初季廸退居青邱自號青邱子召修元史擢戶部侍郎坐魏觀事伏法年三十九李東陽曰國初稱高楊張徐高才力聲調過三人遠甚

聽教坊舊妓郭芳卿弟子陳氏歌 至正己亥歲作

文皇在御昇平日上苑晨遊駕頻出仗中樂部五千人
能唱新聲誰第一燕國佳人號順時姿容歌舞總能奇
中官奉旨時宣喚立馬門前催畫眉建章宮裏長生殿
芍藥初開勅張燕龍笙罷奏鳳絃停共聽嬌喉一鶯囀

本事詩卷二　一

20830　本事詩十二卷　（清）徐釚輯　清康熙四十三年（1704）蠶尾山房刻雍正十三年（1735）重修本　遼寧省圖書館

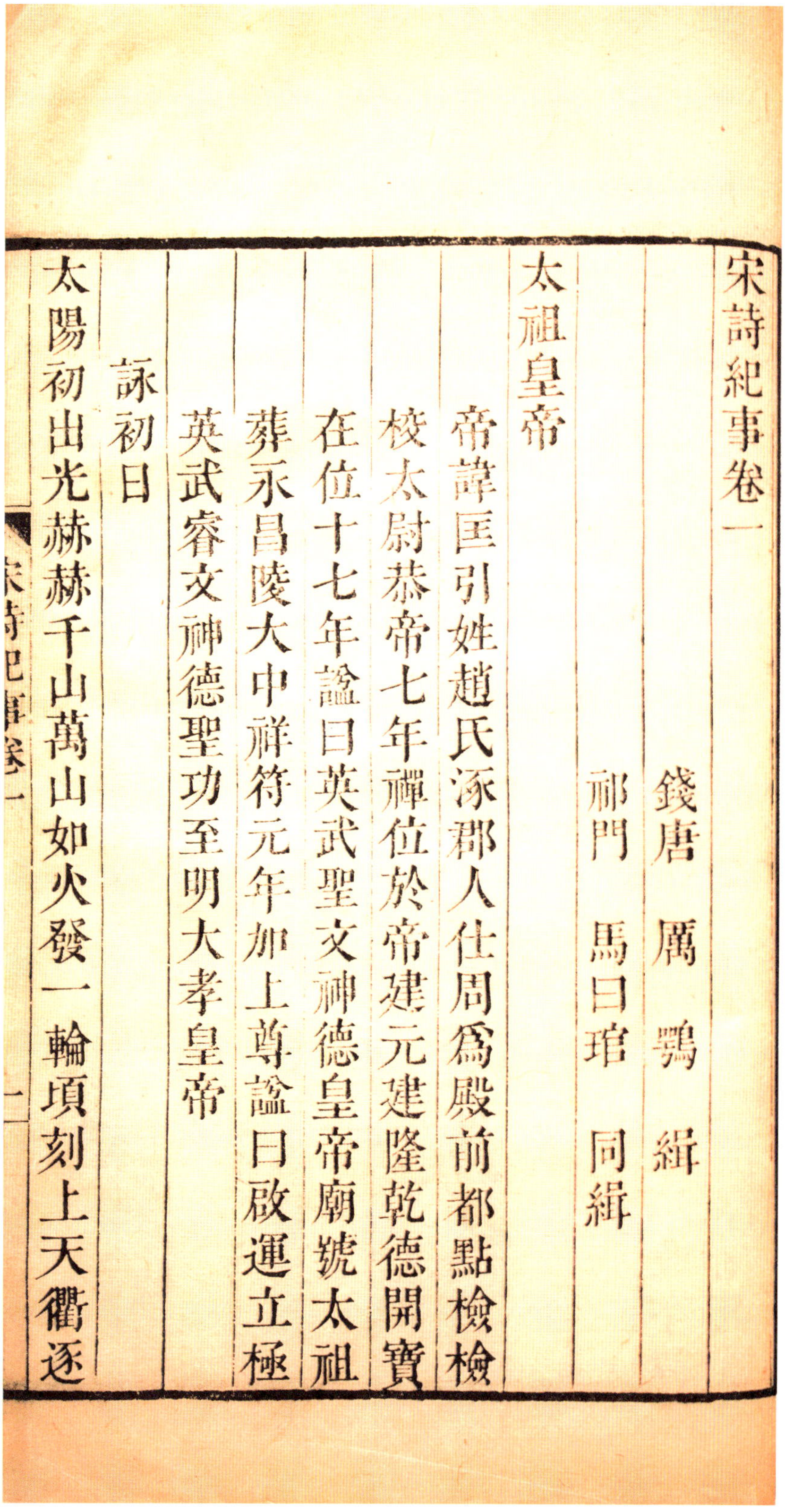
宋詩紀事卷一
錢唐　厲鶚　緝
祁門　馬曰琯　同緝
太祖皇帝
帝諱匡引姓趙氏涿郡人仕周爲殿前都點檢檢
校太尉恭帝七年禪位於帝建元建隆乾德開寶
在位十七年謚曰英武聖文神德皇帝廟號太祖
葬永昌陵大中祥符元年加上尊謚曰啟運立極
英武睿文神德聖功至明大孝皇帝
詠初日
太陽初出光赫赫千山萬山如火發一輪頃刻上天衢逐
宋詩紀事卷一　二

20831　宋詩紀事一百卷　（清）厲鶚輯　清乾隆十一年（1746）樊榭山房刻本　瀋陽大學圖書館

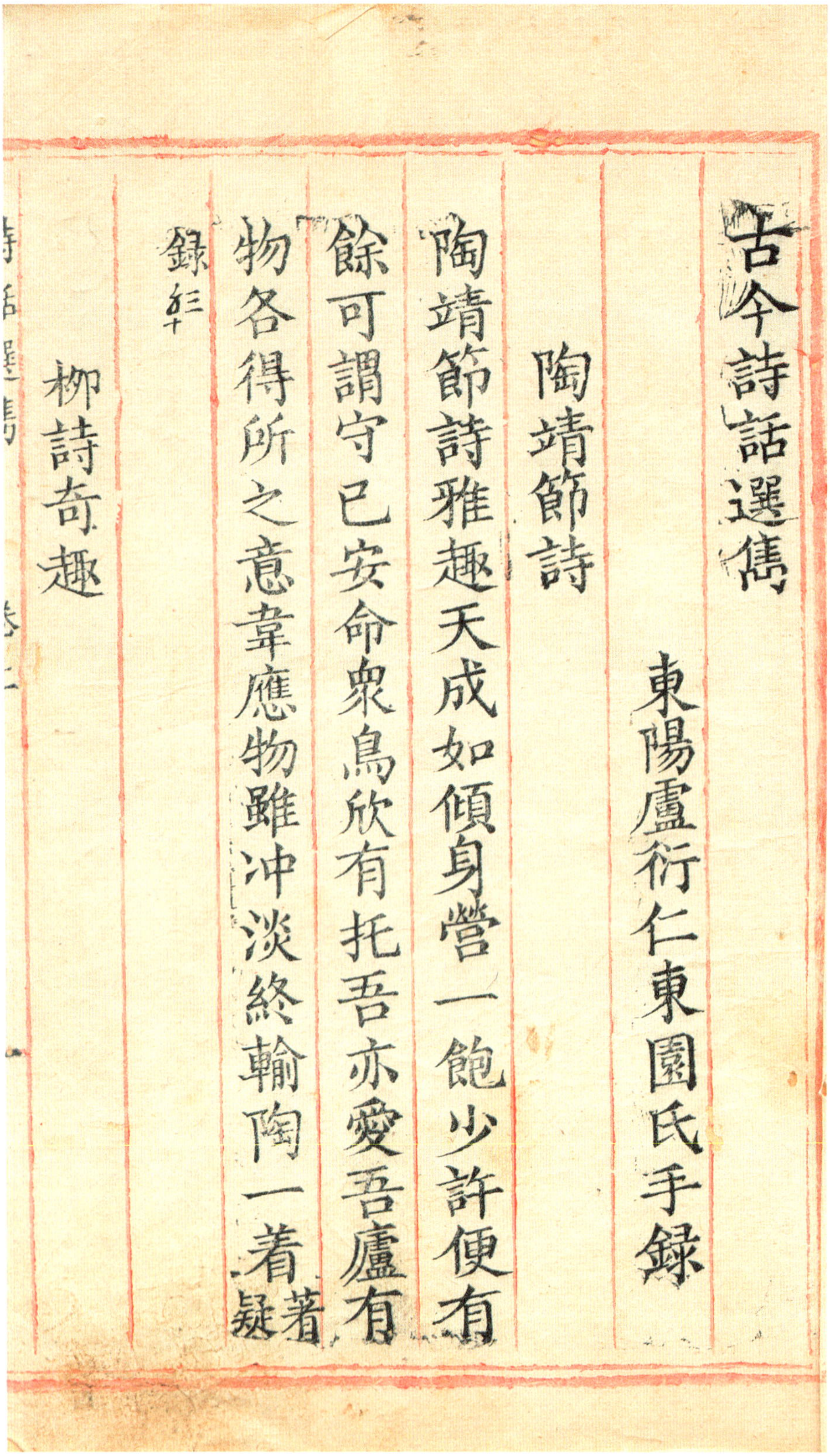
古今詩話選雋
東陽盧衍仁東園氏手録
陶靖節詩
陶靖節詩雅趣天成如傾身營一飽少許便有
餘可謂守已安命衆鳥欣有托吾亦愛吾廬有
物各得所之意韋應物雖冲淡終輸陶一着著疑
録紅
柳詩奇趣
詩話選雋　卷二

20832　古今詩話選雋二卷　（清）盧衍仁輯　清乾隆抱青閣刻本　遼寧大學圖書館

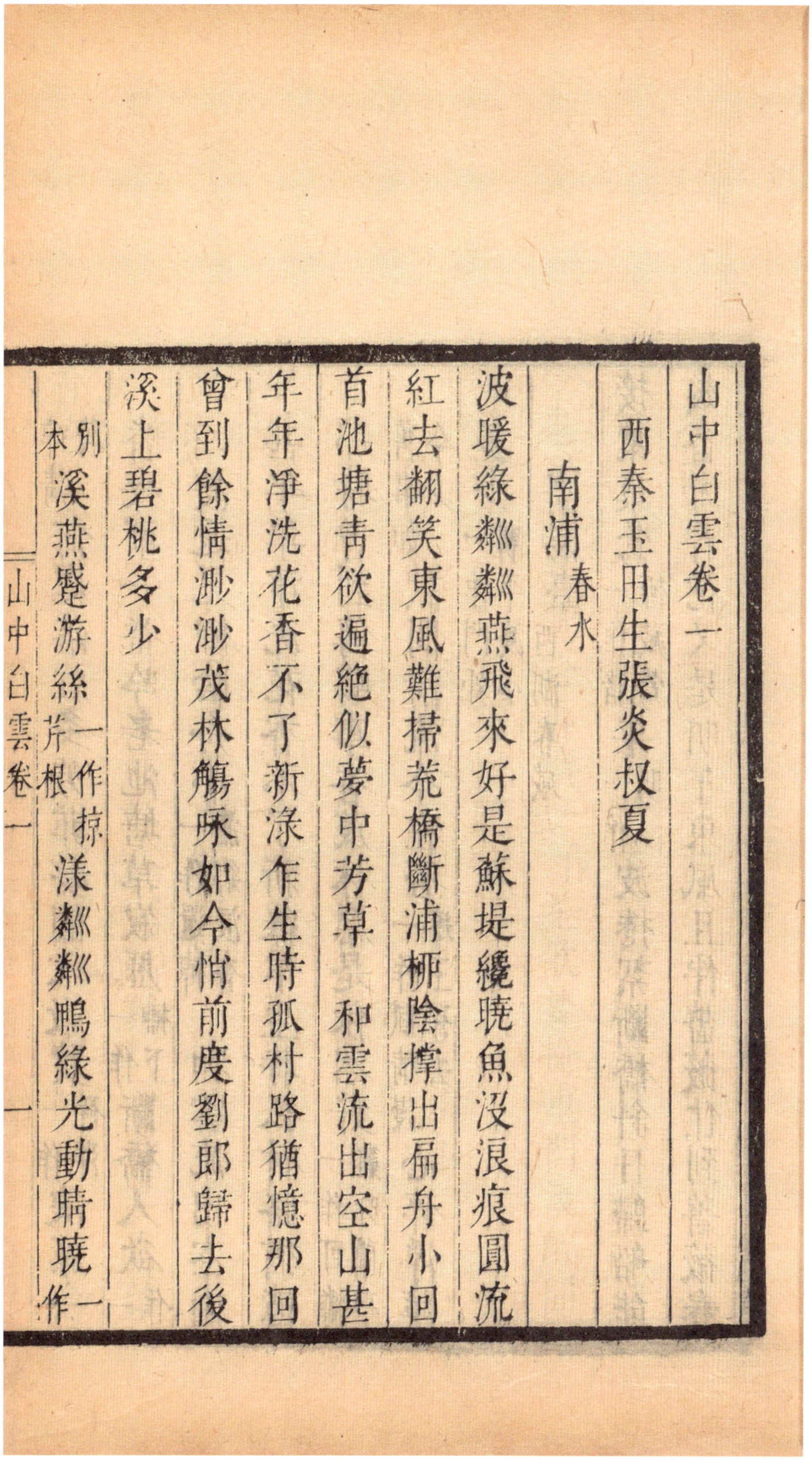
山中白雲卷一
西秦玉田生張炎叔夏
南浦 春水
波暖綠粼粼燕飛來好是蘇堤纔曉魚沒浪痕圓流紅去翻笑東風難掃荒橋斷浦柳陰撑出扁舟小回首池塘青欲遍絕似夢中芳草和雲流出空山甚年年淨洗花香不了新淥乍生時孤村路猶憶那回曾到餘情渺渺茂林觴咏如今悄前度劉郎歸去後溪上碧桃多少
別本溪燕蹙游絲一作掠芹根漾粼粼鴨綠光動晴曉一作
山中白雲卷一 一

20833 山中白雲八卷 （宋）張炎撰 清康熙龔氏玉玲瓏閣刻本 遼寧省圖書館

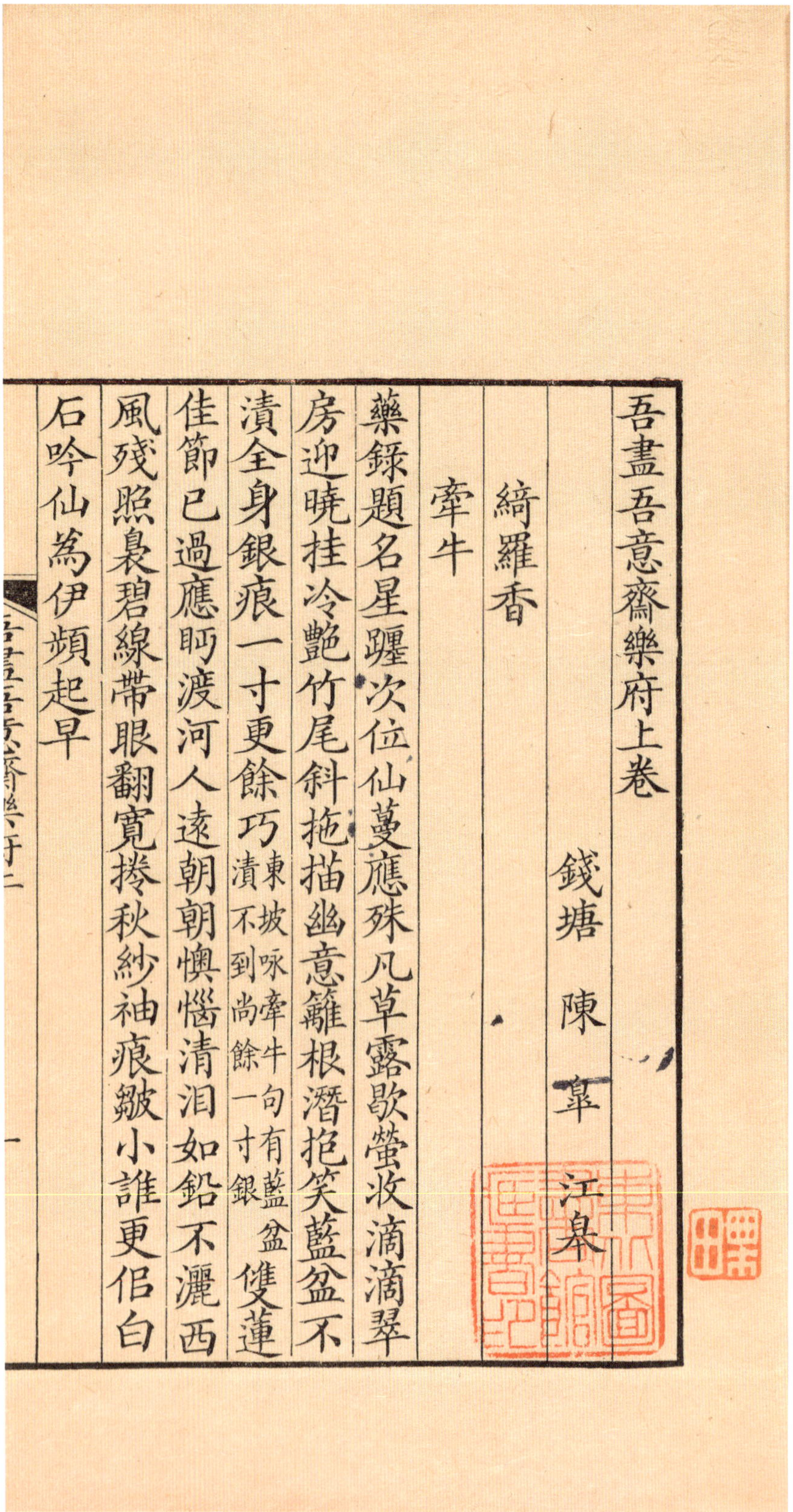
吾盡吾意齋樂府上卷

錢塘　陳皋　江皋

綺羅香

牽牛

藥錄題名星躔次位仙蔓應殊凡草露歇螢妝滴滴翠房迎曉挂冷艷竹尾斜拖描幽意籬根潛抱笑藍盆不漬全身銀痕一寸更餘巧（東坡咏牽牛句有藍盆漬不到尚餘一寸銀）傻蓮佳節已過應[illegible]渡河人遠朝朝懊惱清淚如鉛不灑西風殘照裊碧線帶眼翻寬搼秋紗袖痕皺小誰更侶白石吟仙爲伊頻起早

20834　**吾盡吾意齋樂府二卷**　（清）陳皋撰　清乾隆刻本　遼寧省圖書館

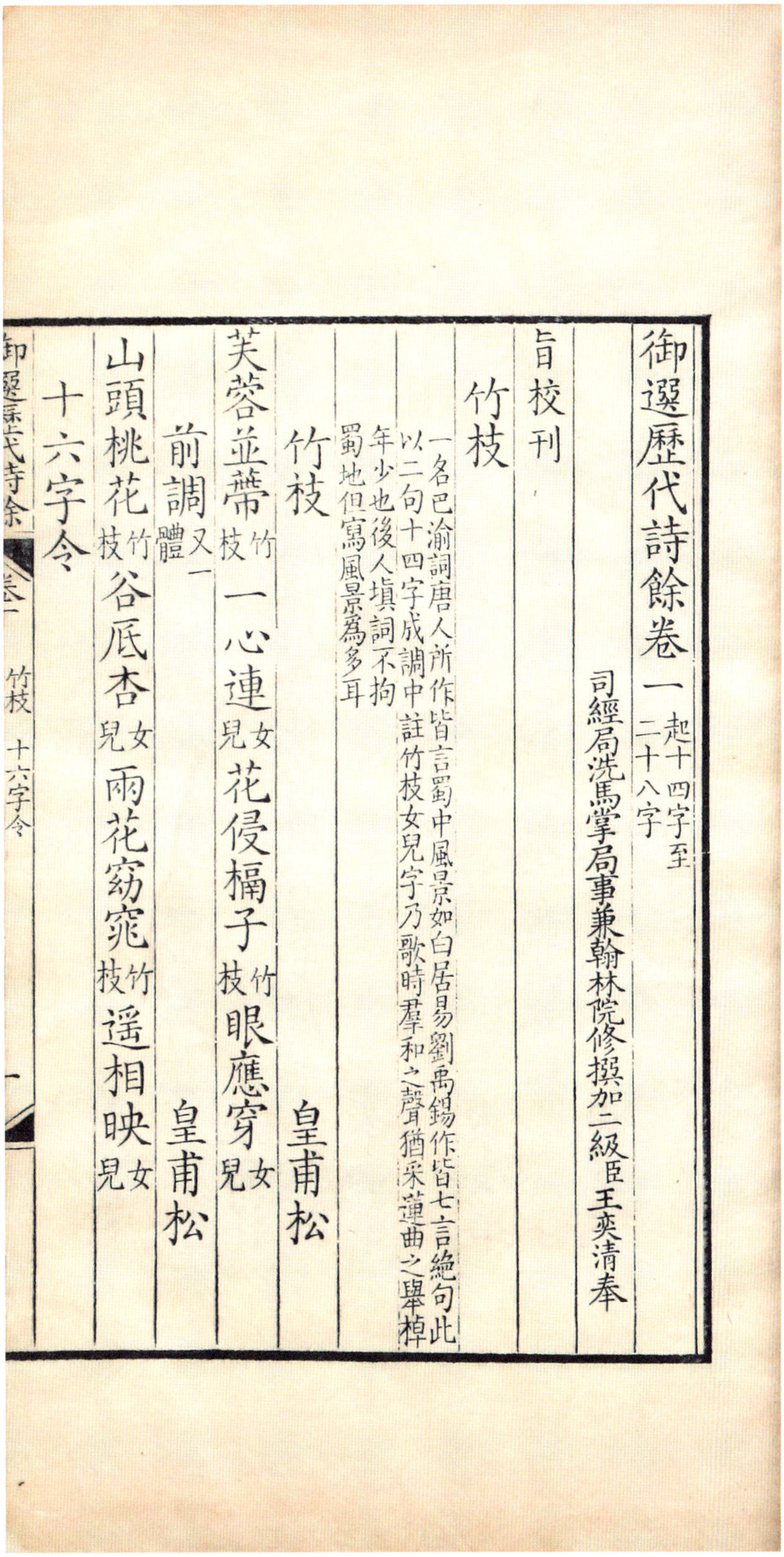
御選歷代詩餘卷一 起十四字至二十八字
司經局洗馬掌局事兼翰林院修撰加二級臣王奕清奉
旨校刊
竹枝
一名巴渝詞唐人所作皆言蜀中風景如白居易劉禹錫作皆七言絕句此以二句十四字成調中註竹枝女兒字乃歌時羣和之聲猶采蓮曲之舉棹年少也後人填詞不拘蜀地但寫風景爲多耳
竹枝　皇甫松
芙蓉並蔕竹枝一心連女兒花侵槅子竹枝眼應穿女兒
前調又一體　皇甫松
山頭桃花竹枝谷底杏女兒兩花窈窕竹枝遥相映女兒
十六字令
御選歷代詩餘　卷一　竹枝　十六字令　一

20835　御選歷代詩餘一百二十卷　（清）聖祖玄燁選　（清）沈辰垣　王奕清等輯　清康熙四十六年（1707）內府刻本　遼寧師範大學圖書館

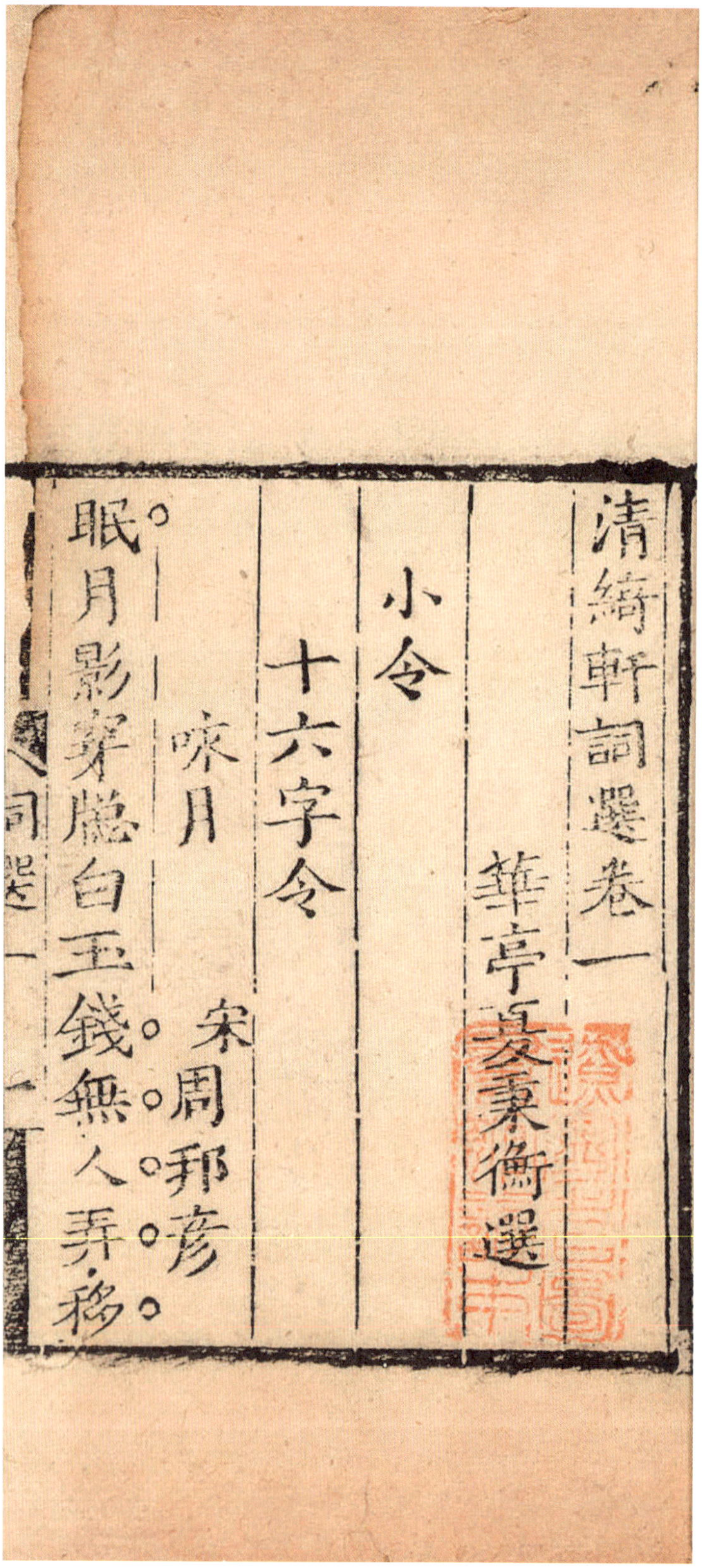
清綺軒詞選卷一
華亭夏秉衡選
小令
十六字令
咏月　宋周邦彦
眠。月影穿牕白玉錢。無人弄。移

20836　清綺軒詞選十三卷　（清）夏秉衡輯　清乾隆刻本　遼寧省圖書館

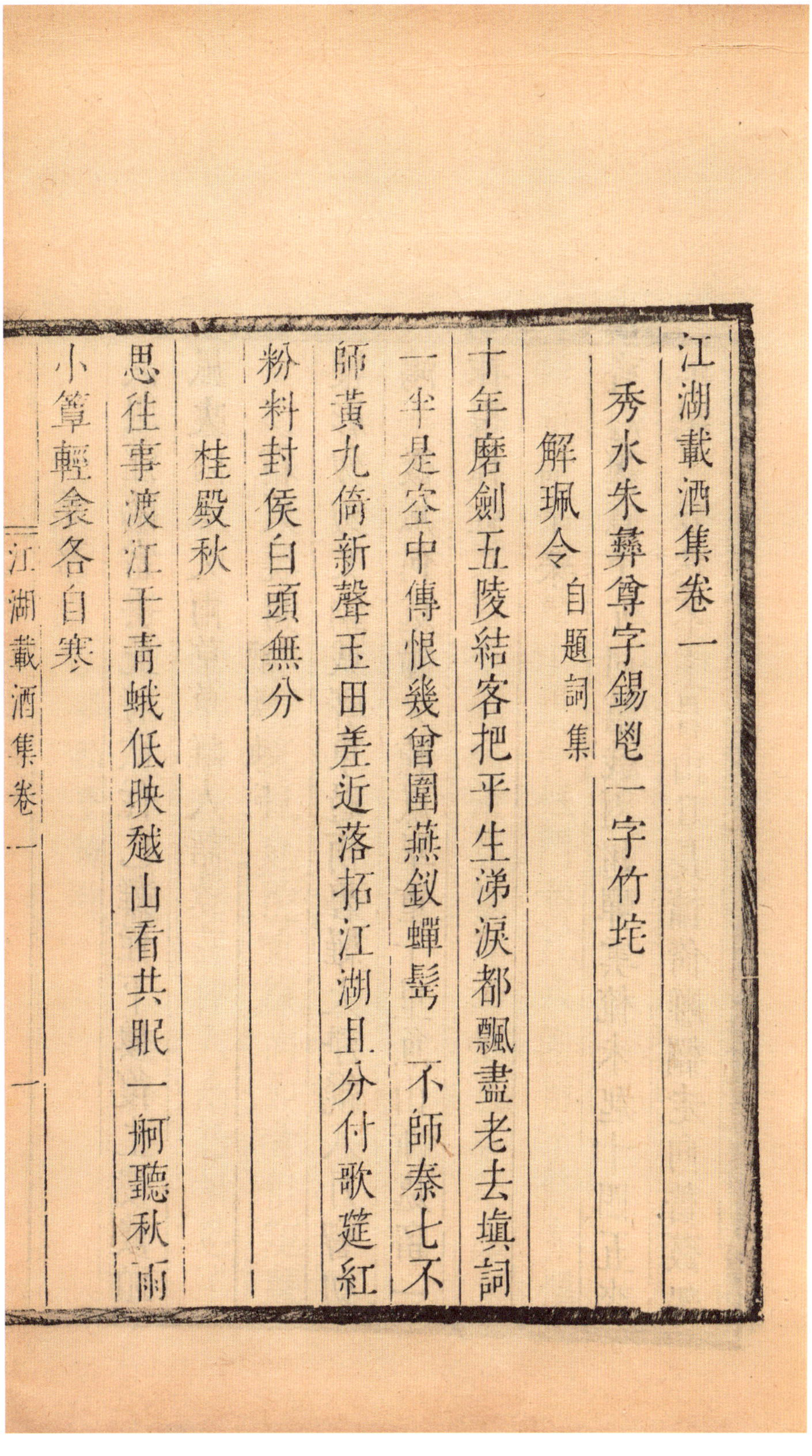
江湖載酒集卷一
秀水朱彝尊字錫鬯一字竹垞
解珮令 自題詞集
十年磨劍五陵結客把平生涕淚都飄盡老去塡詞
一半是空中傳恨幾曾圍燕釵蟬鬢 不師秦七不
師黃九倚新聲玉田差近落拓江湖且分付歌筵紅
粉料封侯白頭無分
桂殿秋
思往事渡江干青蛾低映越山看共眠一舸聽秋雨
小簟輕衾各自寒
江湖載酒集卷一 一

20837 浙西六家詞十一卷 （清）龔翔麟編 清康熙龔氏玉玲瓏閣刻本
遼寧省圖書館

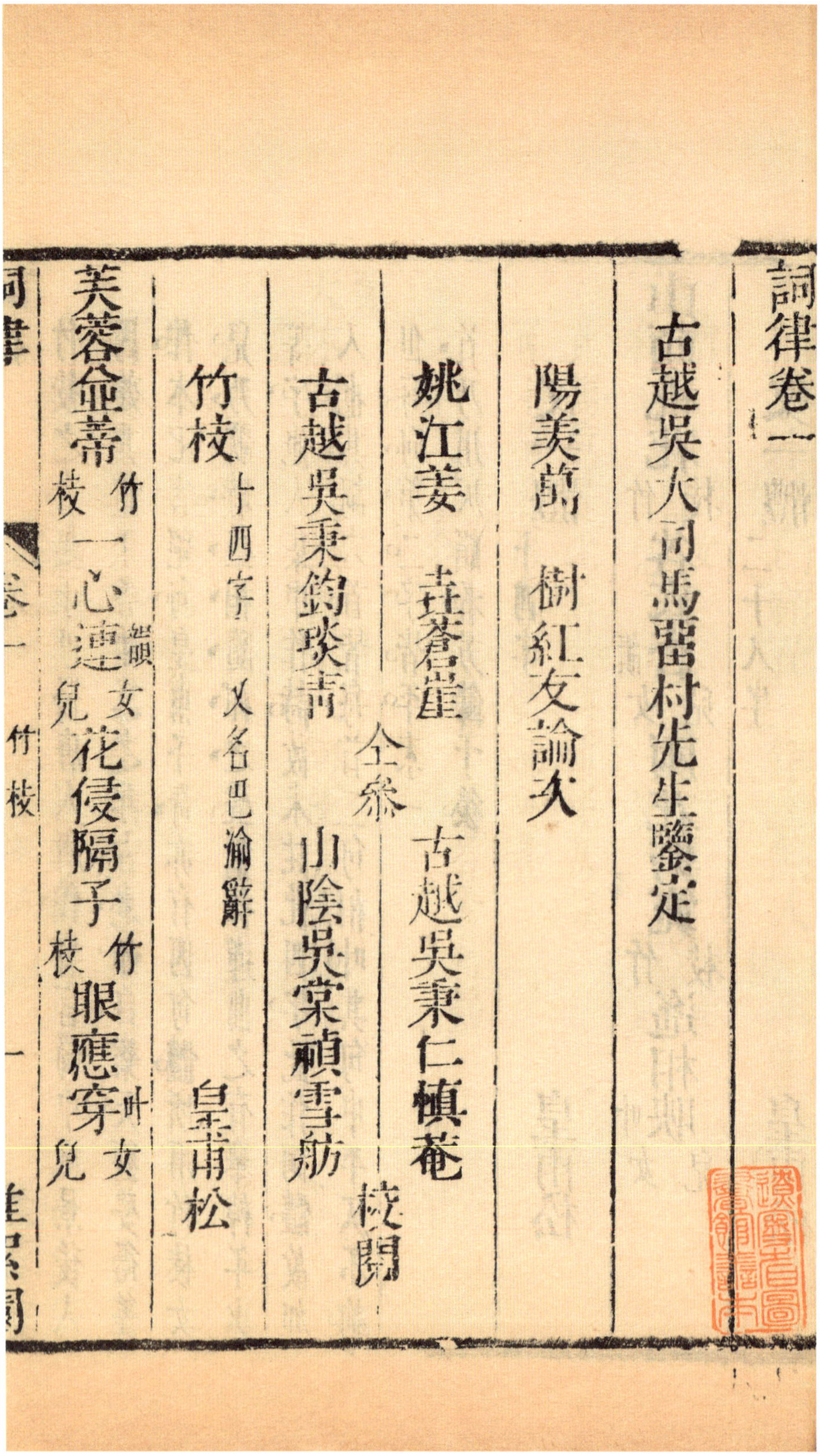
詞律卷一
古越吳大司馬留村先生鑒定
陽羨萬樹紅友論次
姚江姜垚蒼崖　古越吳秉仁慎菴
古越吳秉鈞琰青　仝參　山陰吳棠禎雪舫　校閱
竹枝　十四字　又名巴渝辭　皇甫松
芙蓉並蒂竹枝一心連女兒韻　花侵隔子竹枝眼應穿女兒叶
詞律　卷一　竹枝　一　堆絮園

20838　詞律二十卷　（清）萬樹撰　清康熙二十六年（1687）萬樹堆絮園刻保滋堂印本　遼寧省圖書館

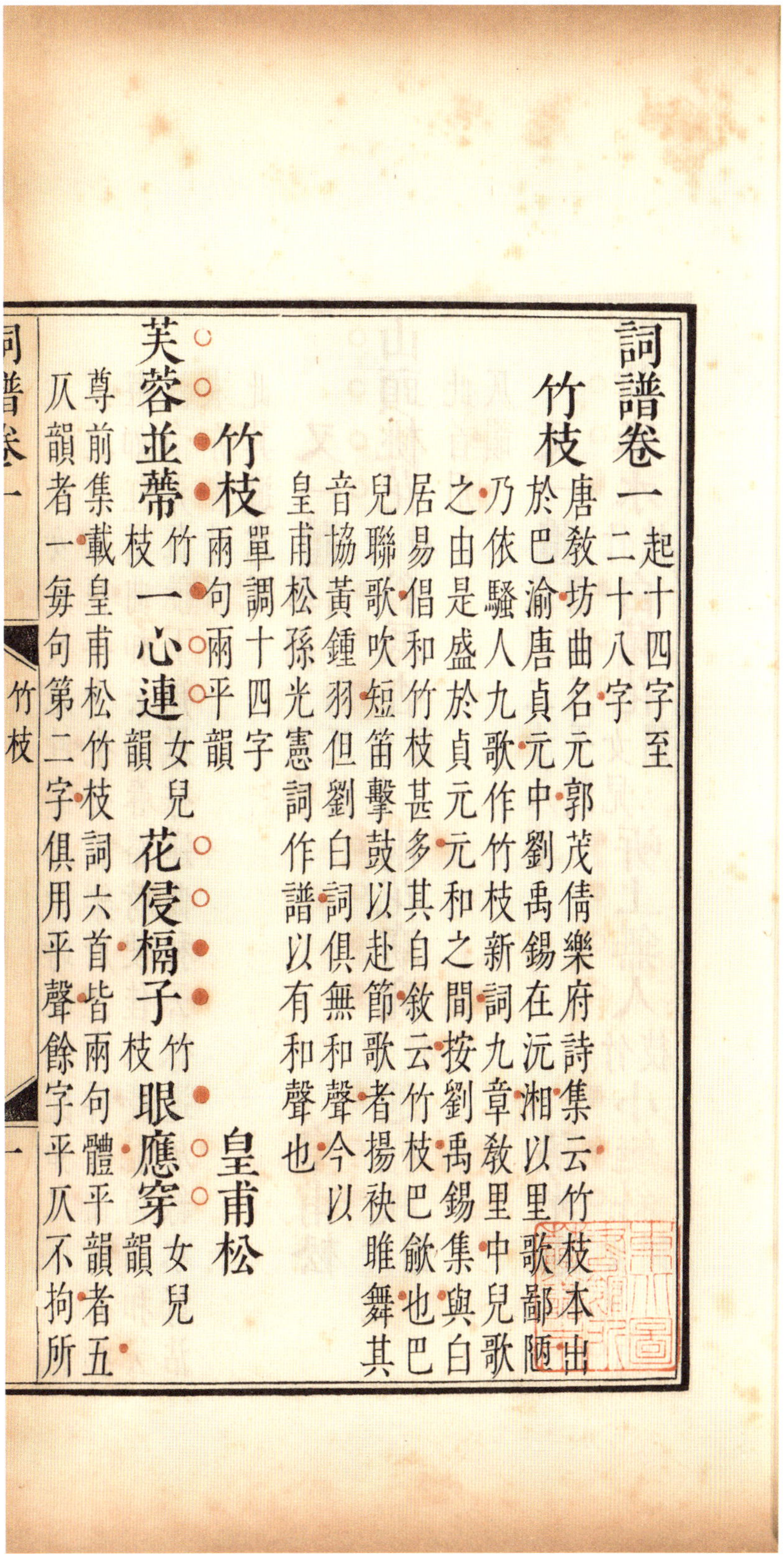

詞譜卷一 起十四字至二十八字

竹枝

唐教坊曲名元郭茂倩樂府詩集云竹枝本出於巴渝唐貞元中劉禹錫在沅湘以里歌鄙陋乃依騷人九歌作竹枝新詞九章敎里中兒歌之由是盛於貞元元和之間按劉禹錫集與白居易倡和竹枝甚多其自敘云竹枝巴歈也巴兒聯歌吹短笛擊鼓以赴節歌者揚袂睢舞其音協黃鍾羽但劉白詞俱無和聲今以皇甫松孫光憲詞作譜以有和聲也

竹枝 單調十四字 兩句兩平韻 皇甫松

芙蓉並蔕竹枝一心連女兒 花侵槅子竹枝眼應穿女兒

尊前集載皇甫松竹枝詞六首皆兩句體平韻者五仄韻者一每句第二字俱用平聲餘字平仄不拘所

詞譜卷一 竹枝 一

20839 詞譜四十卷 （清）王奕清等撰 清康熙五十四年（1715）內府刻朱墨套印本 遼寧省圖書館

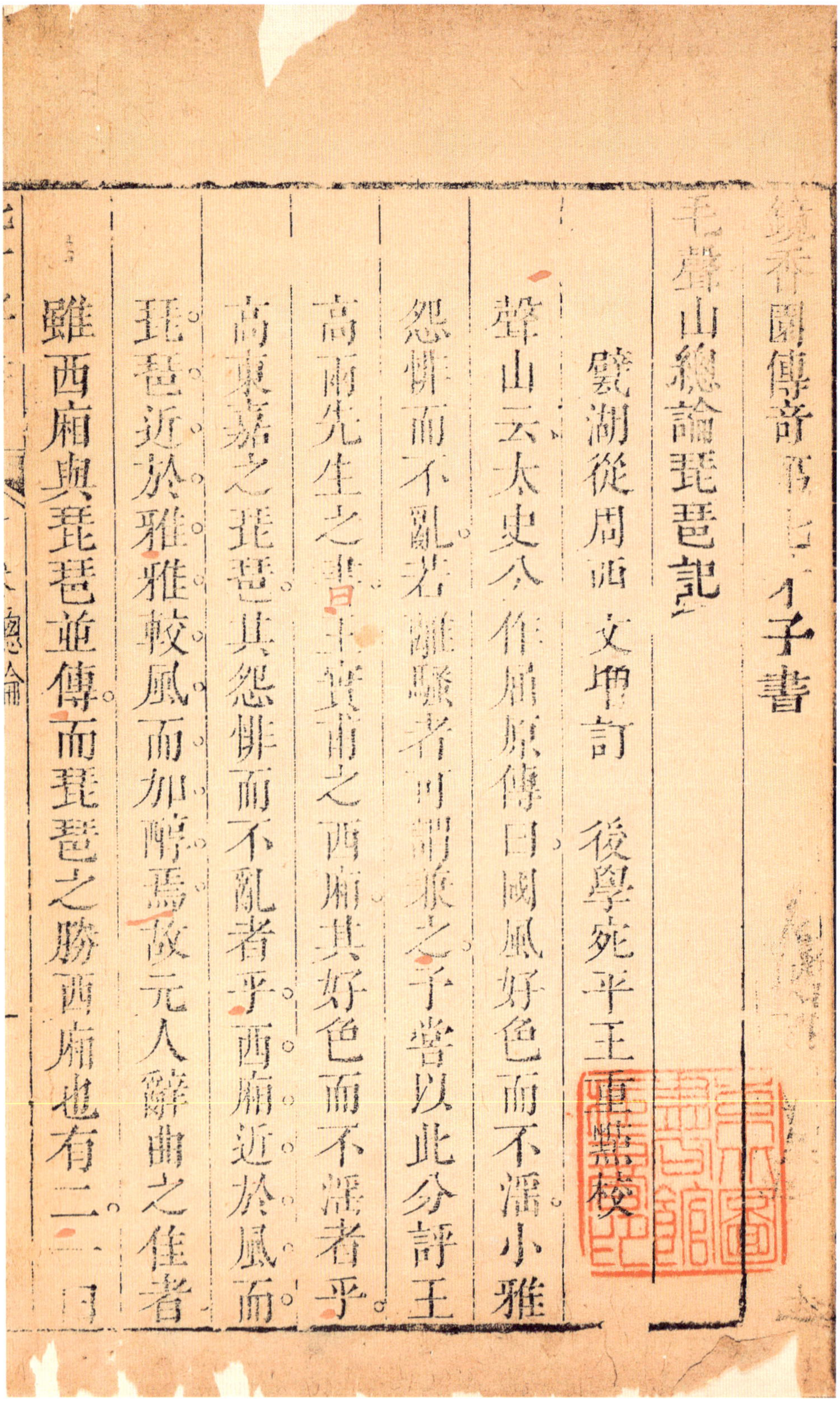
鏡香園傳奇第七才子書
毛聲山總論琵琶記
甓湖從周西 文坤訂　後學宛平王重熹校
聲山云太史公作屈原傳曰國風好色而不淫小雅
怨誹而不亂若離騷者可謂兼之予嘗以此分評王
高兩先生之書王實甫之西廂其好色而不淫者乎
高東嘉之琵琶其怨誹而不亂者乎西廂近於風而
琵琶近於雅雅較風而加醇焉故元人詞曲之佳者
雖西廂與琵琶並傳而琵琶之勝西廂也有二一曰

20840　鏡香園毛聲山評第七才子書十二卷首一卷　（元）高明撰
（清）毛宗崗評　清張元振刻聚錦堂印本 遼寧省圖書館

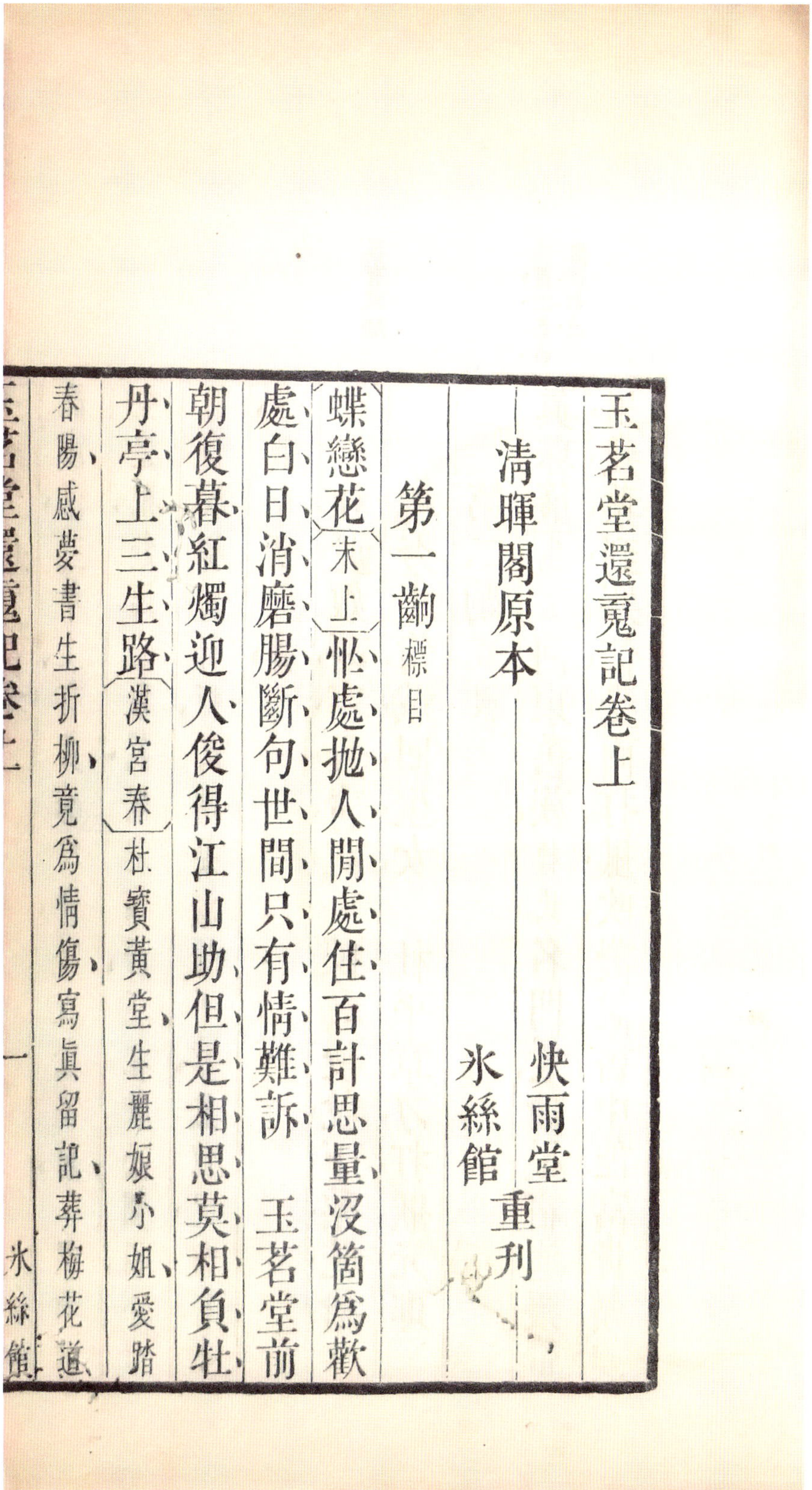
玉茗堂還魂記卷上

清暉閣原本　快雨堂 冰絲館 重刊

第一齣 標目

蝶戀花（末上）忙處拋人閒處住百計思量沒箇爲歡處白日消磨腸斷句世間只有情難訴　玉茗堂前朝復暮紅燭迎人俊得江山助但是相思莫相負牡丹亭上三生路（漢宮春）杜寶黃堂生麗娘小姐愛踏春陽感夢書生折柳竟爲情傷寫眞留記葬梅花道

玉茗堂還魂記卷上　一　冰絲館

20841　玉茗堂還魂記二卷　（明）湯顯祖撰　清乾隆五十年（1785）冰絲館刻本　錦州市圖書館

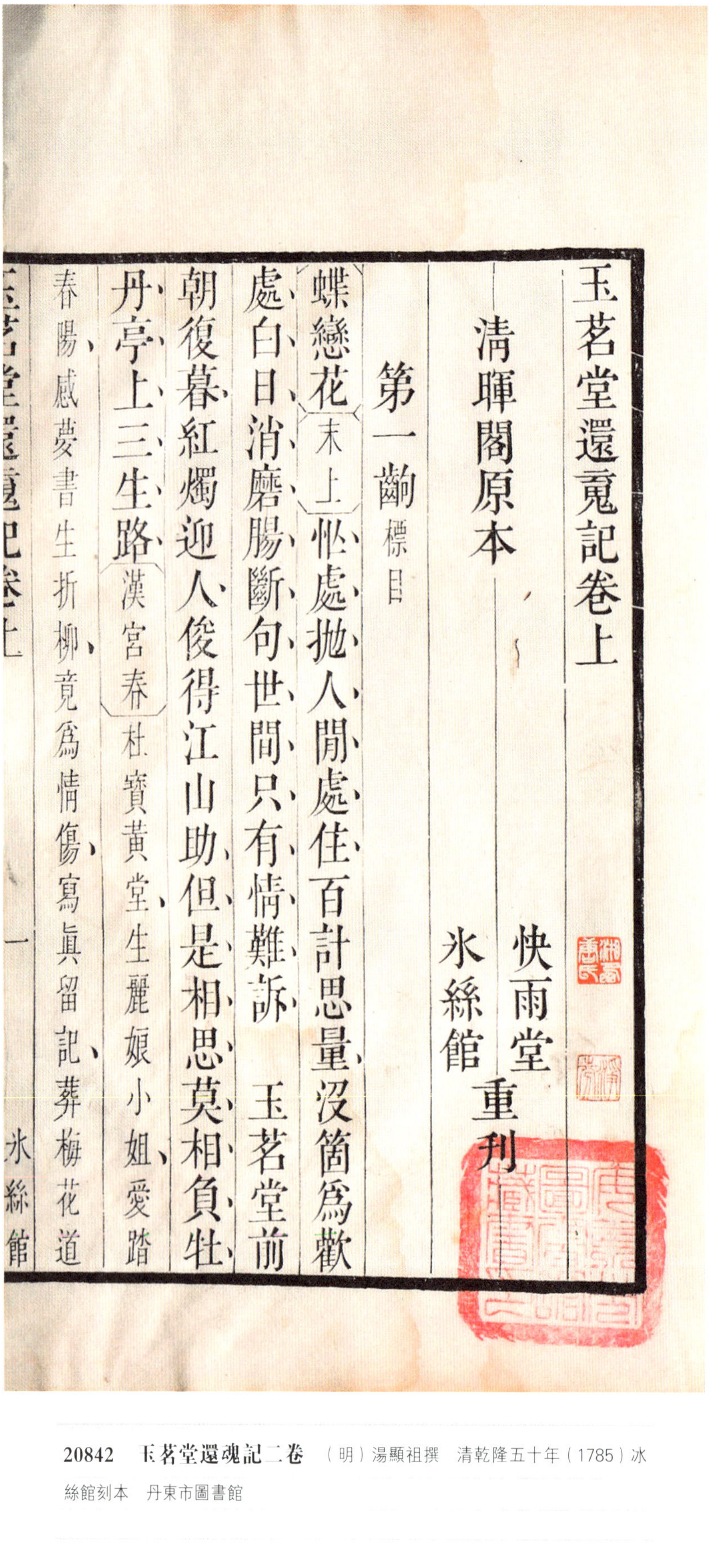
玉茗堂還魂記卷上
清暉閣原本　　快雨堂
冰絲館　　重刊
第一齣　標目
蝶戀花（末上）忙處拋人閒處住百計思量沒箇爲歡
處白日消磨腸斷句世間只有情難訴　玉茗堂前
朝復暮紅燭迎人俊得江山助但是相思莫相負牡
丹亭上三生路（漢宮春）杜寶黃堂生麗娘小姐愛踏
春陽感夢書生折柳竟爲情傷寫真留記葬梅花道
玉茗堂還魂記卷上　一　冰絲館

20842　玉茗堂還魂記二卷　（明）湯顯祖撰　清乾隆五十年（1785）冰絲館刻本　丹東市圖書館

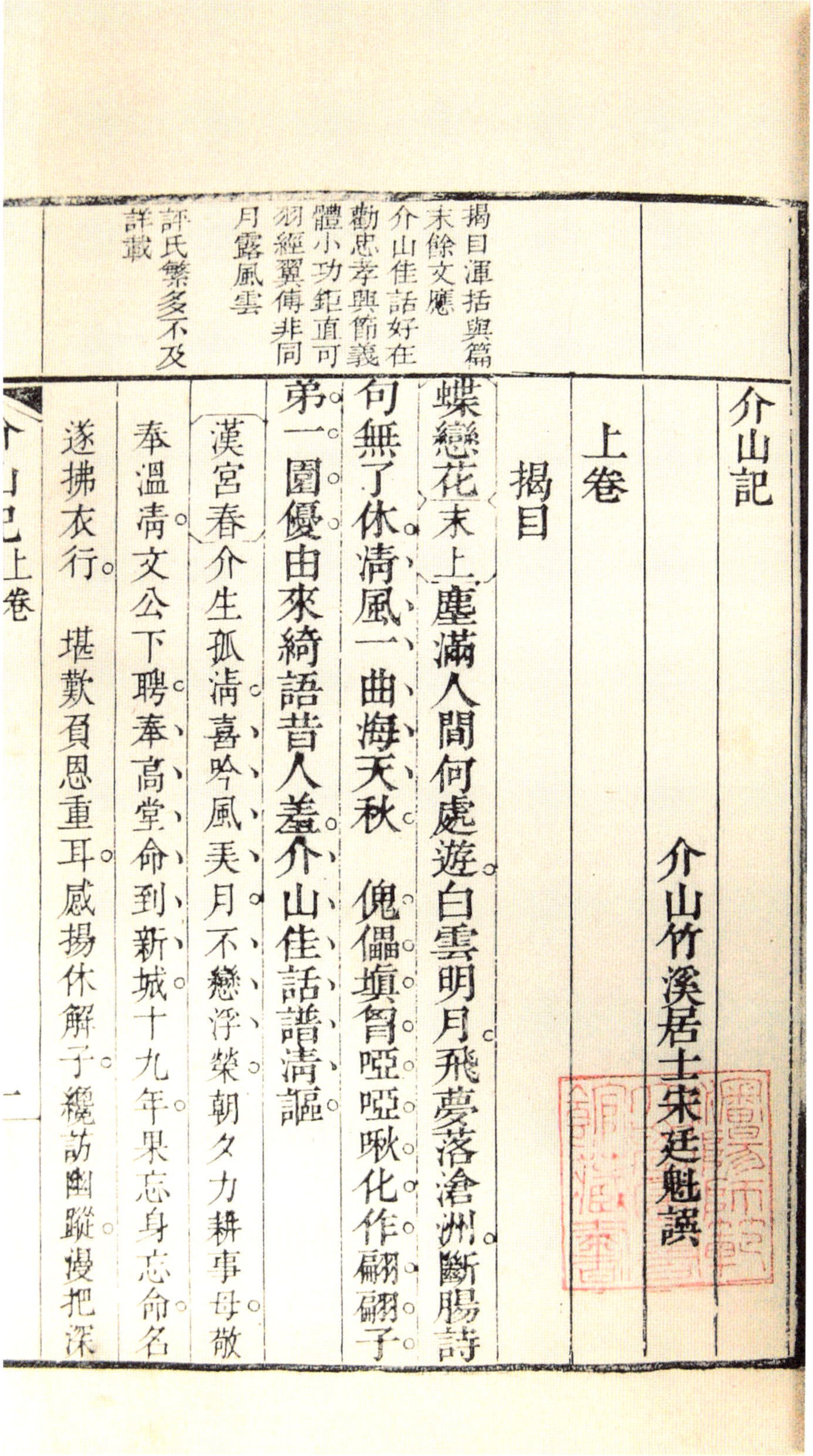

揭目渾括與篇末餘文應介山佳話好在勸忠孝與節義體小功鉅直可羽經翼傳非同月露風雲評氏繁多不及詳載

介山記

上卷

介山竹溪居士宋廷魁譔

揭目

蝶戀花（末上）塵滿人間何處遊白雲明月飛夢落滄洲斷腸詩句無了休凊風一曲海天秋　傀儡塡胷啞啞啾化作翩翩子弟一圓優由來綺語昔人羞介山佳話譜凊謳

漢宮春　介生孤凊喜吟風美月不戀浮榮朝夕力耕事母敬奉溫凊文公下聘奉高堂命到新城十九年果忘身忘命名遂拂衣行　堪歎負恩重耳感揚休解子纔訪幽蹤漫把深

介山記上卷　二

20843　介山記二卷　（清）宋廷魁撰　清乾隆刻本　瀋陽師範大學圖書館

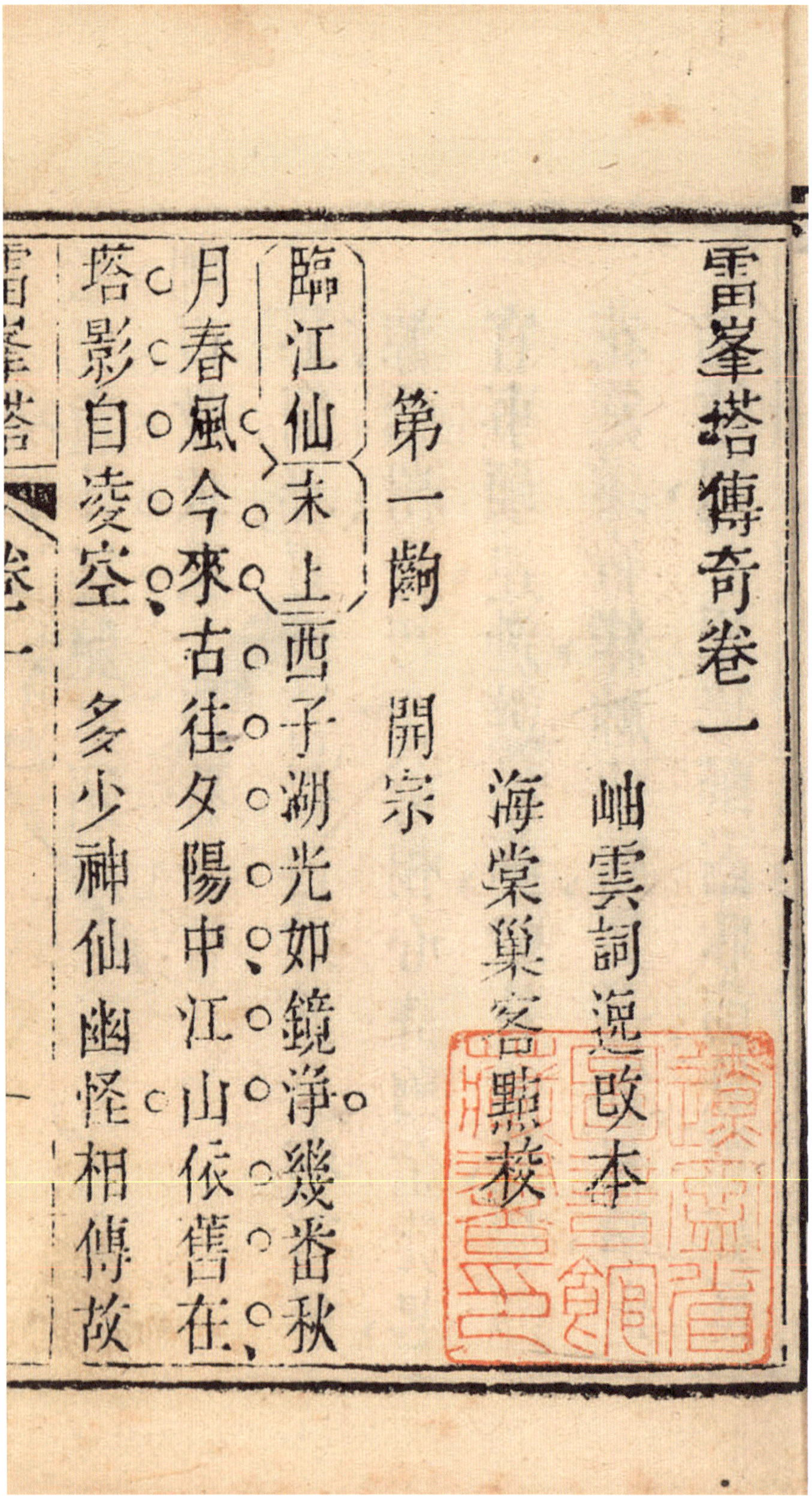
雷峯塔傳奇卷一
岫雲詞逸改本
海棠巢客點校
第一齣 開宗
臨江仙（末上）西子湖光如鏡淨幾番秋
月春風今來古往夕陽中江山依舊在
塔影自凌空 多少神仙幽怪相傳故
雷峯塔 卷一 一

20844 雷峯塔傳奇四卷 （清）方重培撰 清乾隆三十七年（1772）水竹居刻本 遼寧省圖書館

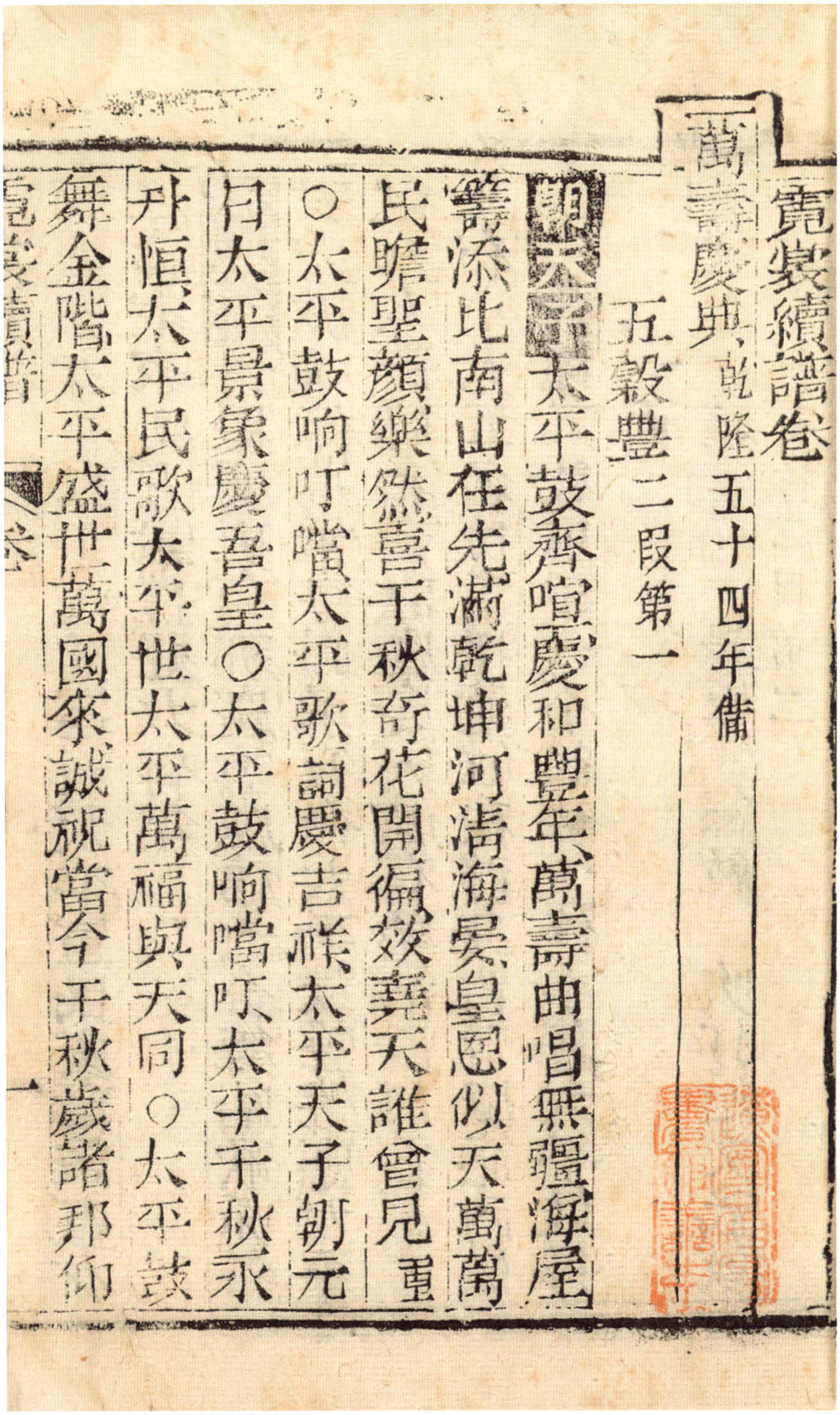
霓裳續譜卷一
萬壽慶典乾隆五十四年備
五穀豐二段第一
賀太平太平鼓齊喧慶和豐年萬壽曲唱無疆海屋
籌添比南山在先滿乾坤河清海晏皇恩似天萬萬
民瞻聖顏樂然喜千秋奇花開徧效堯天誰曾見重
○太平鼓响叮噹太平歌詞慶吉祥太平天子朝元
日太平景象慶吾皇○太平鼓响噹叮太平千秋永
升恒太平民歌太平世太平萬福與天同○太平鼓
舞金階太平盛世萬國來誠祝當今千秋萬歲諸邦仰
霓裳續譜　卷一　一

20845　霓裳續譜八卷　（清）王延紹輯　清乾隆六十年（1795）集賢堂刻本　遼寧省圖書館

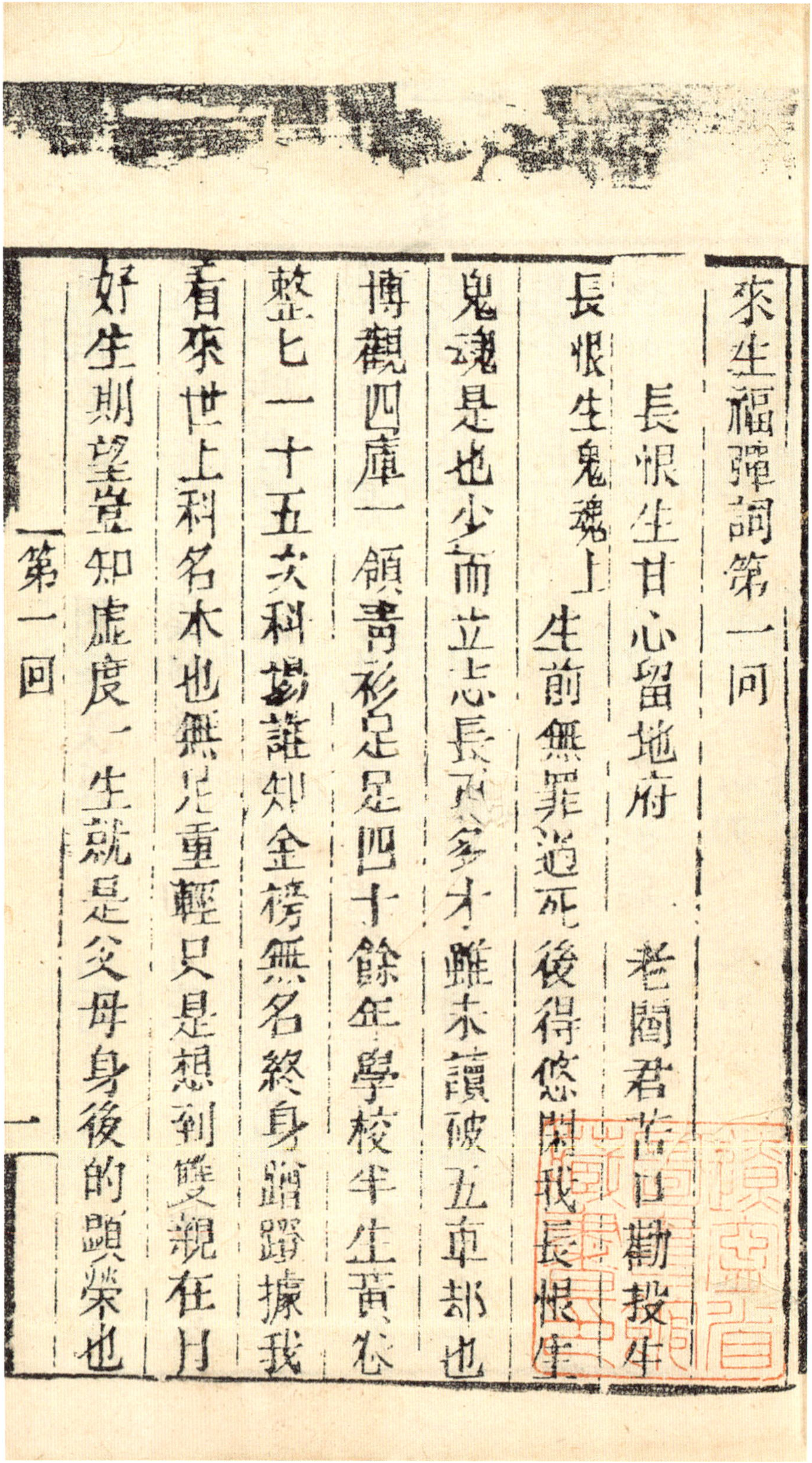

來生福彈詞第一回

長恨生甘心留地府　老閻君苦口勸投生

長恨生鬼魂上　生前無罪道死後得您閑叫我長恨生

鬼魂是也少而立志長而多才雖未讀破五車却也

博觀四庫一領青衫足足四十餘年學校半生黄卷

整七一十五次科場誰知金榜無名終身蹭蹬據我

看來世上科名本也無足重輕只是想到雙親在日

好生期望豈知虛度一生就是父母身後的顯榮也

第一回　一

20846　來生福彈詞三十六回　題（清）橘中逸叟撰　清刻本　遼寧省圖書館

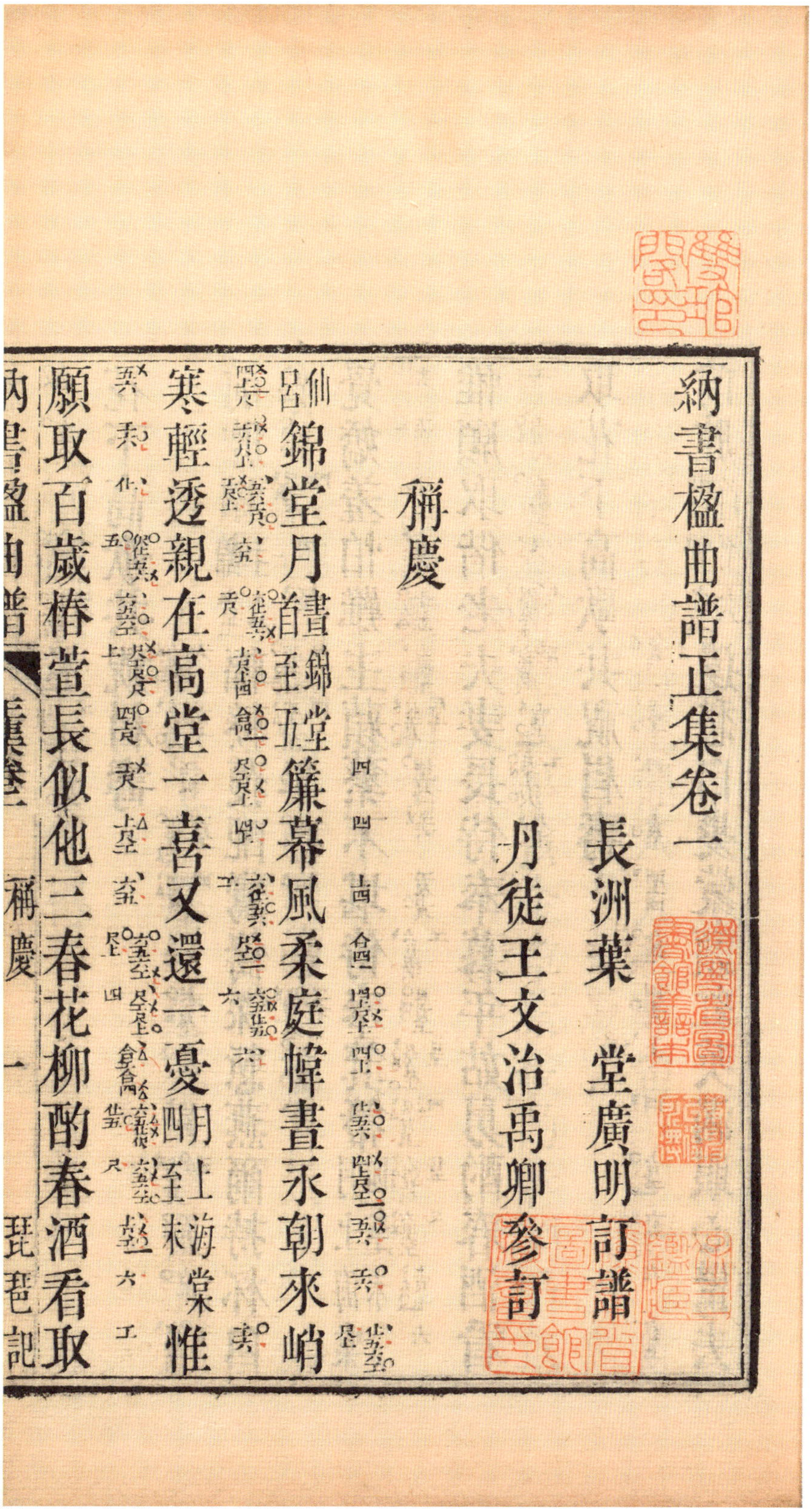
納書楹曲譜正集卷一
長洲葉　堂廣明訂譜
門徒王文治禹卿參訂
稱慶
仙呂　錦堂月　晝錦堂首至五　簾幕風柔庭幃晝永朝來峭
寒輕透親在高堂一喜又還一憂　月上海棠四至末　惟
願取百歲椿萱長似他三春花柳酌春酒看取
納書楹曲譜　正集卷一　稱慶　一　琵琶記

20847　納書楹曲譜正集四卷續集四卷補遺四卷外集二卷納書楹玉茗堂四夢全譜八卷　（清）葉堂撰　清乾隆五十七年至五十九年（1792–1794）葉氏納書楹刻本　遼寧省圖書館

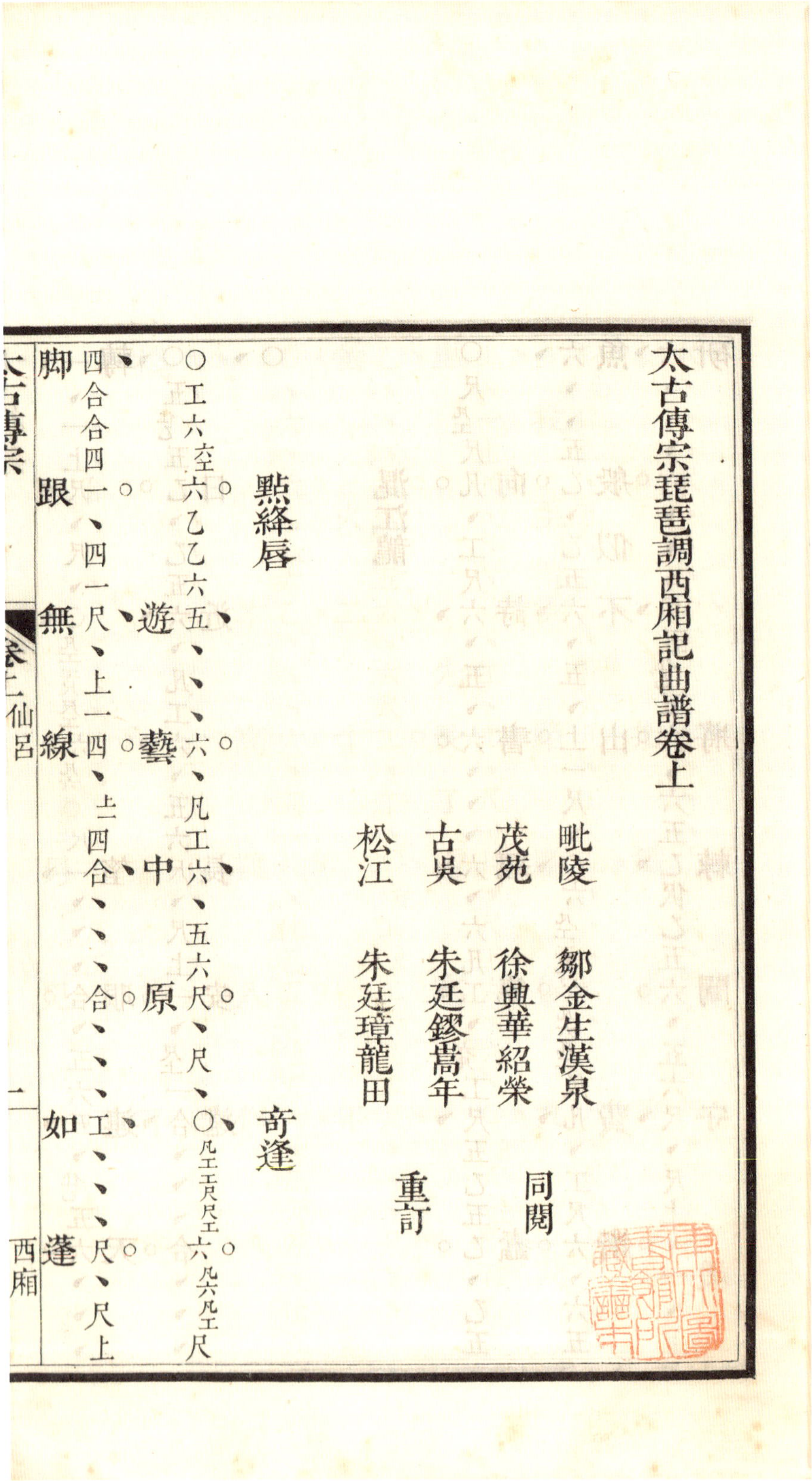
太古傳宗琵琶調西廂記曲譜卷上

毗陵　鄒金生漢泉　同閱
茂苑　徐興華紹榮
古吳　朱廷鏐嵩年　重訂
松江　朱廷璋龍田

點絳唇　奇逢

遊藝中原

○工六六乙乙六五、、、六、凡工六、五六尺、尺、○凡工工尺尺工六凡六凡工尺

脚跟無線如蓬

四合合四一、四一尺、上一四、上四合、、、合、、、工、、、尺、尺上

太古傳宗　卷上　仙呂　二　西廂

20848　太古傳宗琵琶調西廂記曲譜二卷宮詞曲譜二卷弦索調時劇新譜二卷　（清）湯斯質輯　（清）朱廷鏐　朱廷璋重訂　清乾隆十四年（1749）允禄刻本　遼寧省圖書館

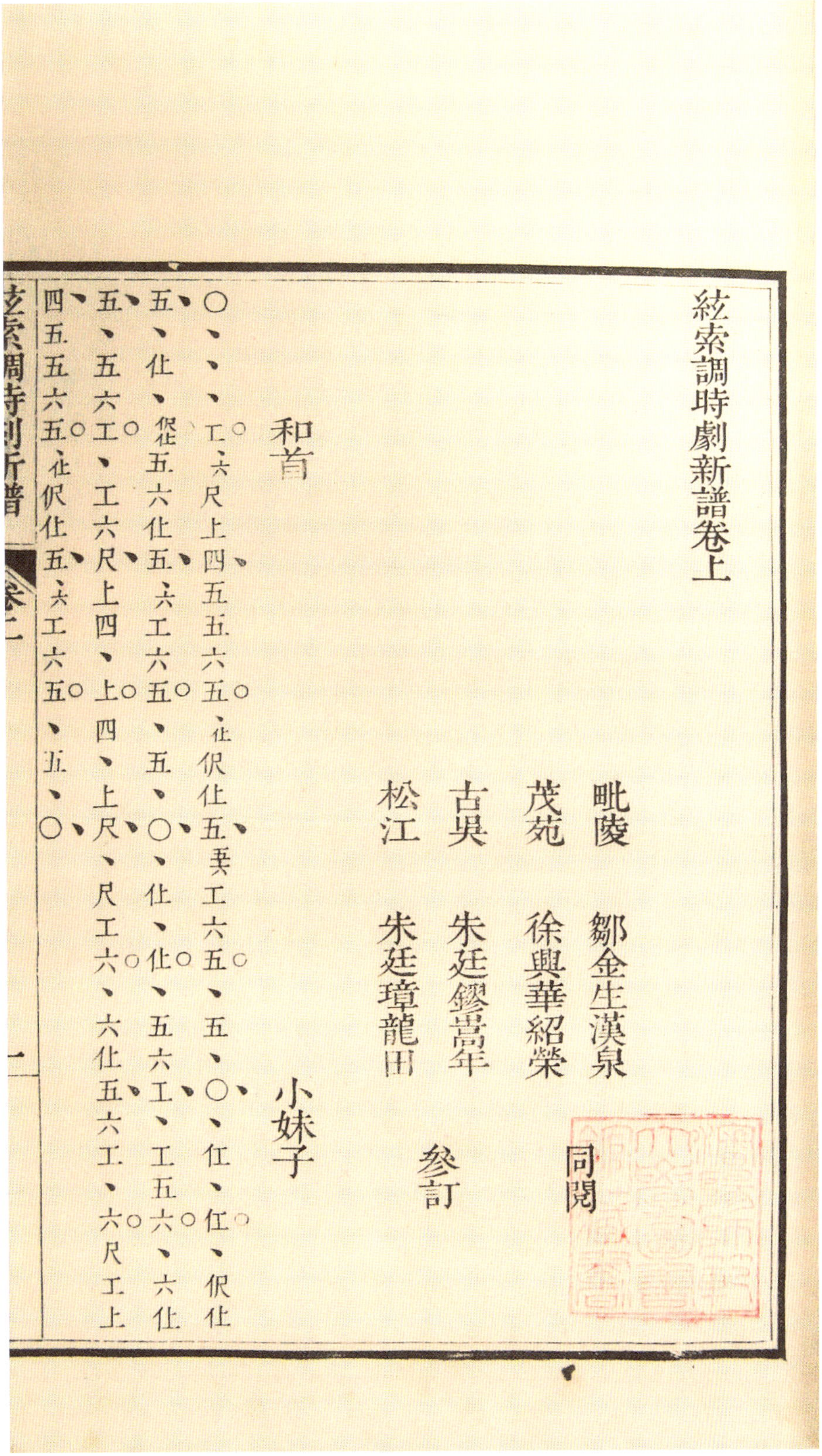

絃索調時劇新譜卷上

毗陵　鄒金生漢泉
茂苑　徐與華紹榮　同閱
古吳　朱廷鏐嵩年
松江　朱廷璋龍田　參訂

和首

小妹子

20849　太古傳宗琵琶調西厢記曲譜二卷宮詞曲譜二卷弦索調時劇新譜二卷　(清)湯斯質輯　(清)朱廷鏐　朱廷璋重訂　清乾隆十四年(1749)允禄刻本　瀋陽師範大學圖書館

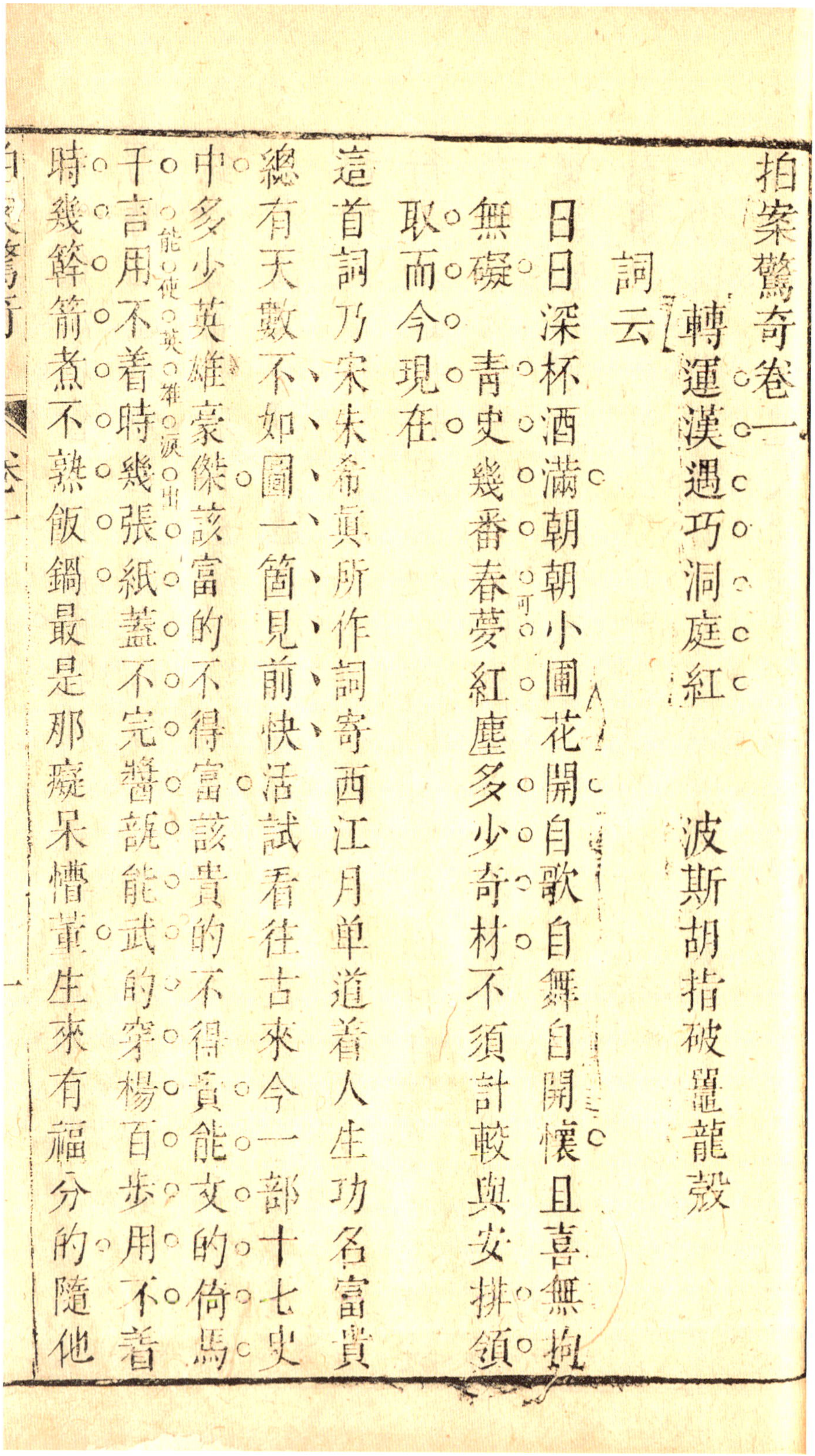
拍案驚奇卷一
轉運漢遇巧洞庭紅　波斯胡指破鼉龍殼
詞云
日日深杯酒滿朝朝小圃花開自歌自舞自開懷且喜無拘
無礙　青史幾番春夢紅塵多少奇材不須計較與安排領
取而今現在
這首詞乃宋朱希真所作詞寄西江月單道着人生功名富貴
總有天數不如圖一箇見前快活試看往古來今一部十七史
中多少英雄豪傑該富的不得富該貴的不得貴能文的倚馬
千言用不着時幾張紙蓋不完醬瓿能武的穿楊百步用不着
時幾簳箭煮不熟飯鍋最是那癡呆懵董生來有福分的隨他
拍案驚奇　卷一　一

20850　拍案驚奇三十六卷　（明）凌濛初撰　清消閑居刻本　大連圖書館

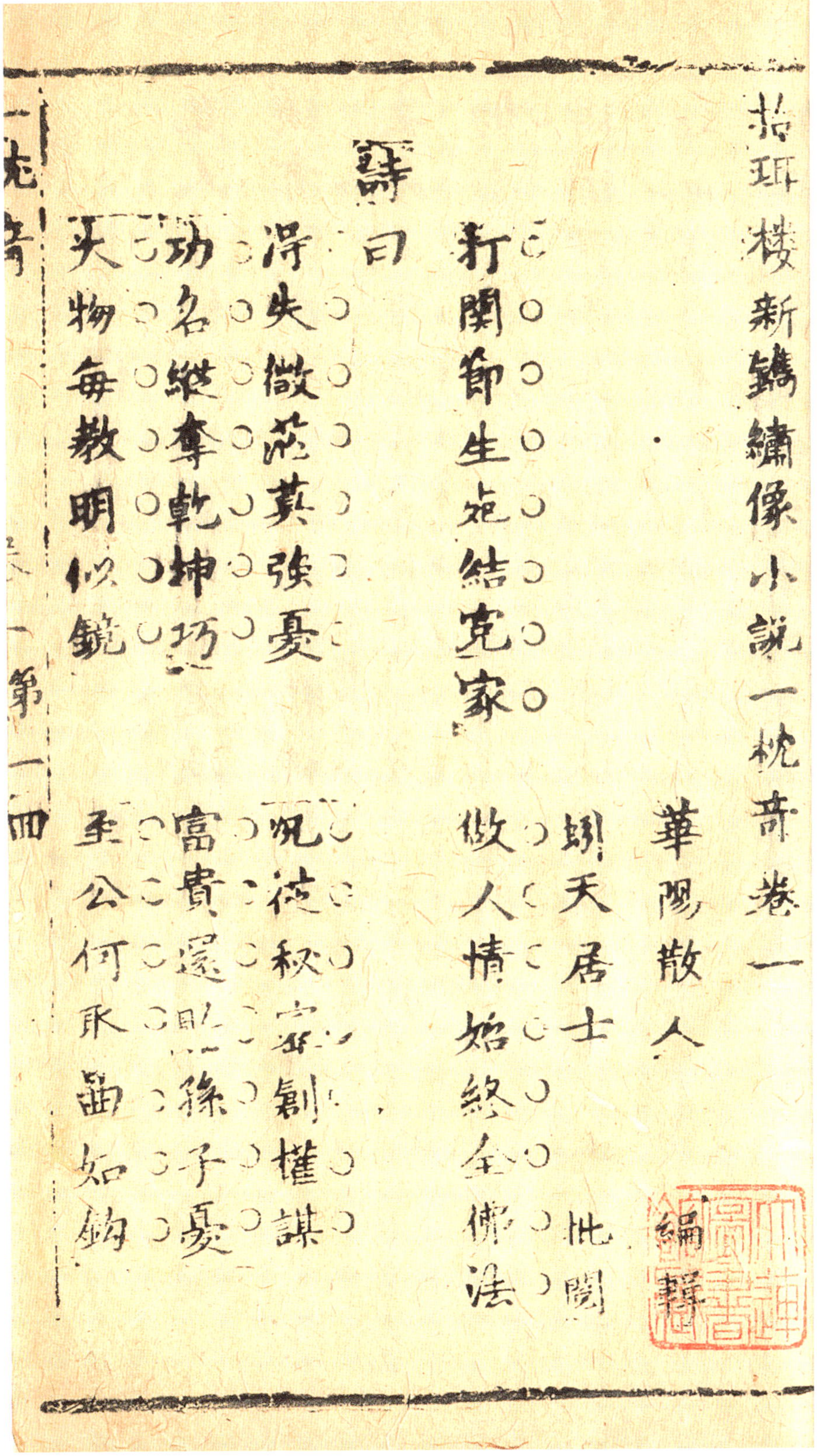
拾珥樓新鐫繡像小說一枕奇卷一
華陽散人 編輯
明天居士 批閱
打○開○節○生○疙○結○究○家○ 做○人○情○始○終○全○佛○法○
詩曰
得○失○微○茫○莫○張○憂○ 況○從○秘○密○劃○權○謀○
功○名○縱○奪○乾○坤○巧○ 富○貴○還○貽○孫○子○憂○
天○物○每○數○明○似○鏡○ 至○公○何○取○曲○如○鉤○

20851　拾珥樓新鐫繡像小說一枕奇二卷八回　題（明）華陽散人輯

清粵東坊刻本　大連圖書館

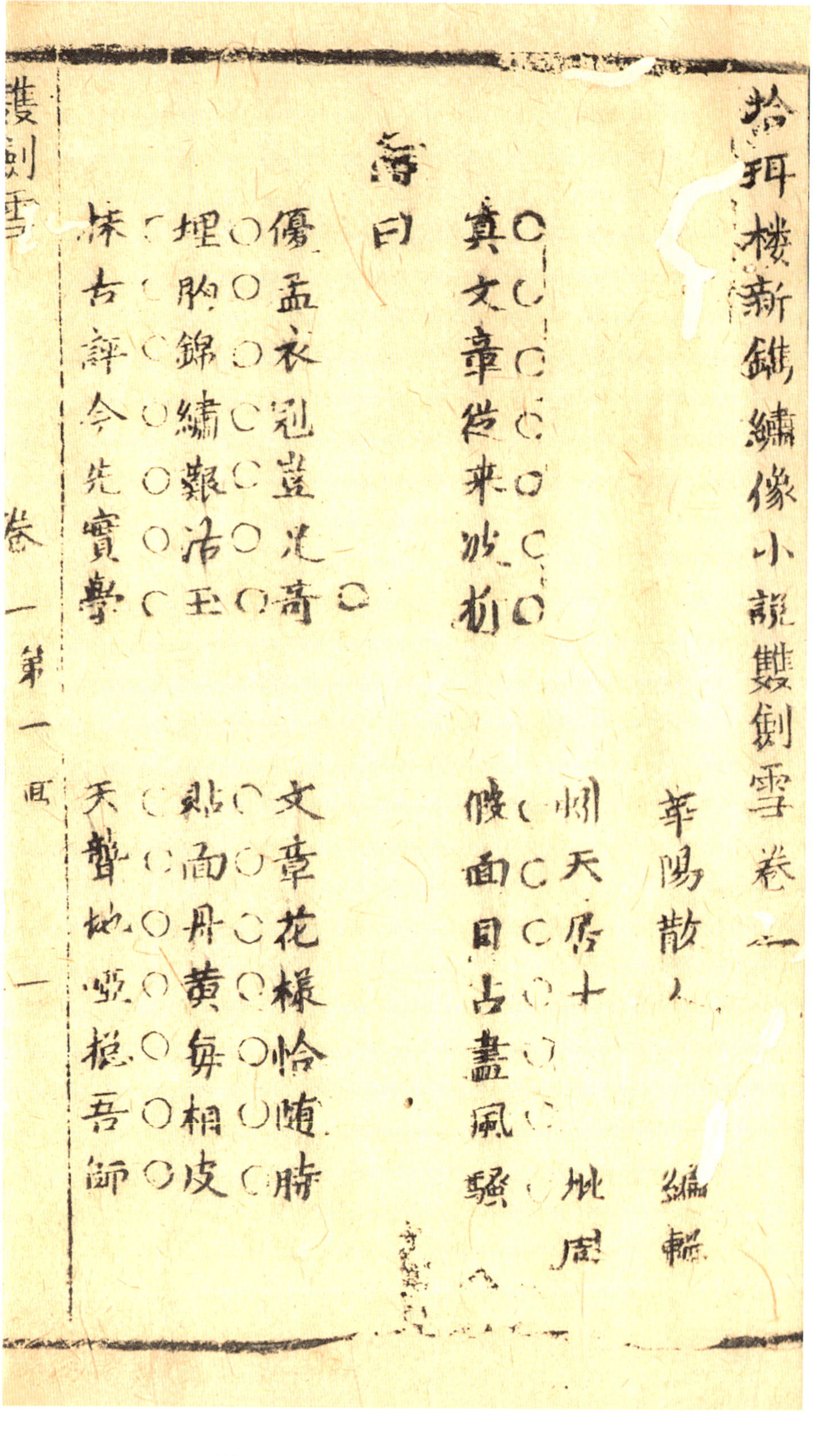

20852　拾珥樓新鐫繡像小說雙劍雪二卷八回　題（明）華陽散人輯

清東吴赤緑山房刻本　大連圖書館

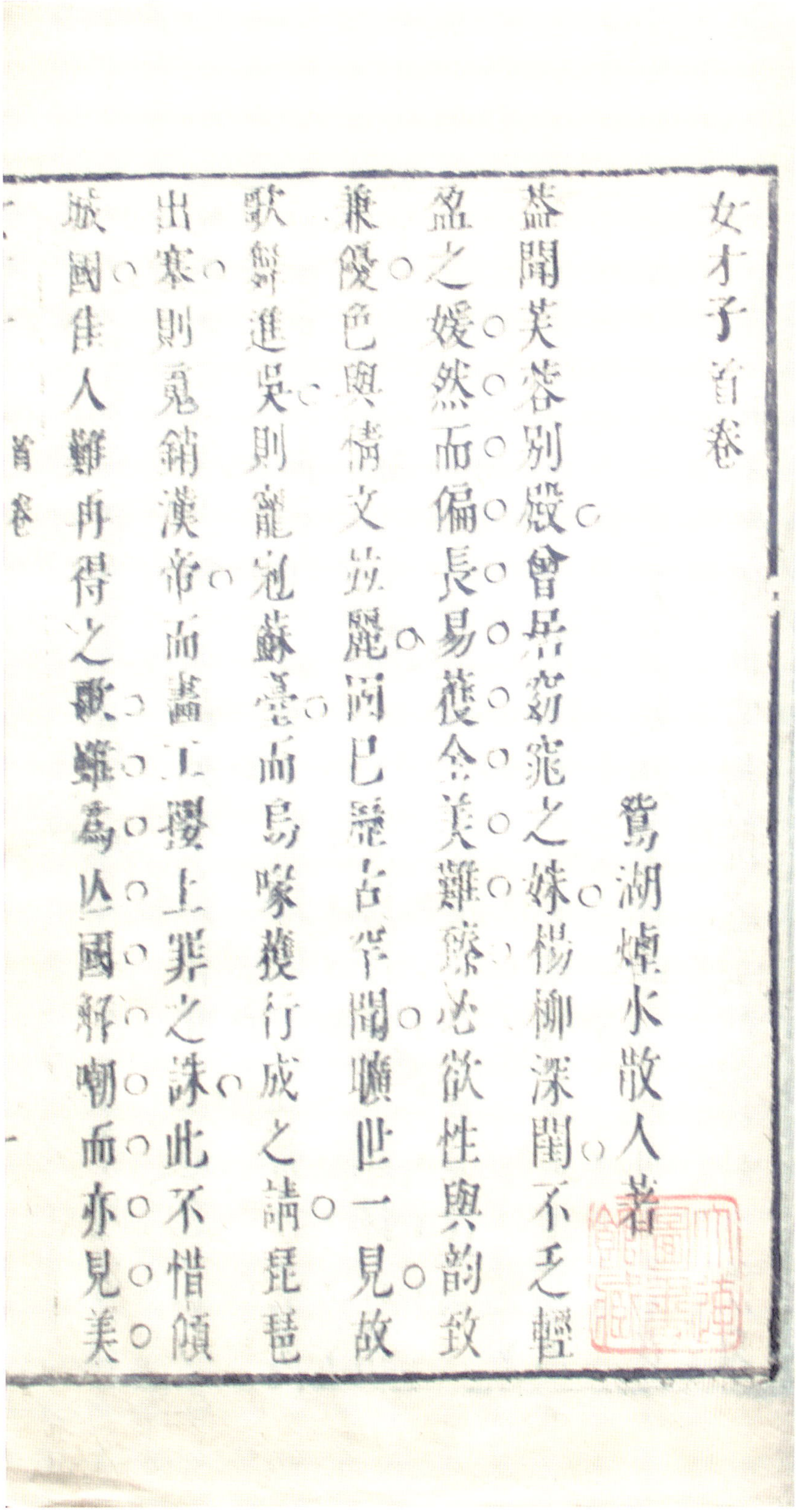
女才子首卷
鴛湖煙水散人著
蓋聞芙蓉別殿曾吊窈窕之姝楊柳深閨不乏輕
盈之媛然而偏長易獲全美難逢必欲性與韻致
兼優色與情文並麗兩已曠古罕聞曠世一見故
歌舞進吳則寵冠蘇臺而烏喙獲行成之請琵琶
出塞則魂銷漢帝而畫工攖上罪之誅此不惜傾
城國佳人難再得之歌雖為亡國解嘲而亦見美
首卷　一

20853　女才子十二卷首一卷　（清）徐震撰　清乾隆大德堂刻本　大連圖書館

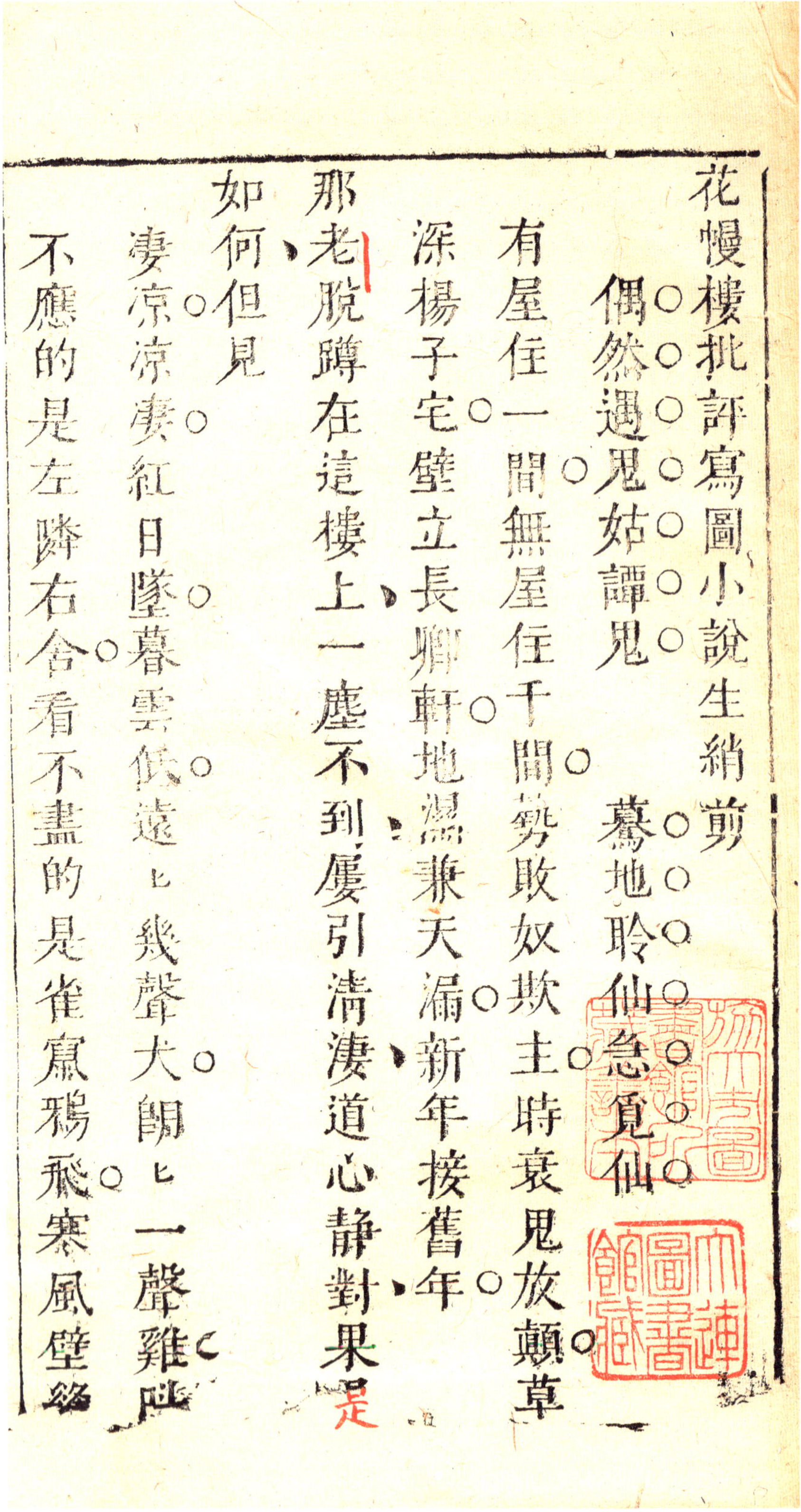
花幔樓批評寫圖小說生綃剪
偶然遇鬼姑譚鬼　驀地聆仙急覓仙　一
有屋住一間無屋住千間勢敗奴欺主時衰鬼放顛草
深楊子宅壁立長卿軒地濕兼天漏新年接舊年
那老脫蹲在這樓上一塵不到屢引清淒道心靜對果是
如何但見
淒涼涼淒紅日墜暮雲低遠ㄥ幾聲犬朗ㄥ一聲雞出
不應的是左蹐右合看不盡的是雀鬨鴉飛寒風壁縫

20854　花幔樓批評寫圖小說生綃剪十九回　題（清）谷口生等撰　題集芙主人批評　清初活字印本　大連圖書館

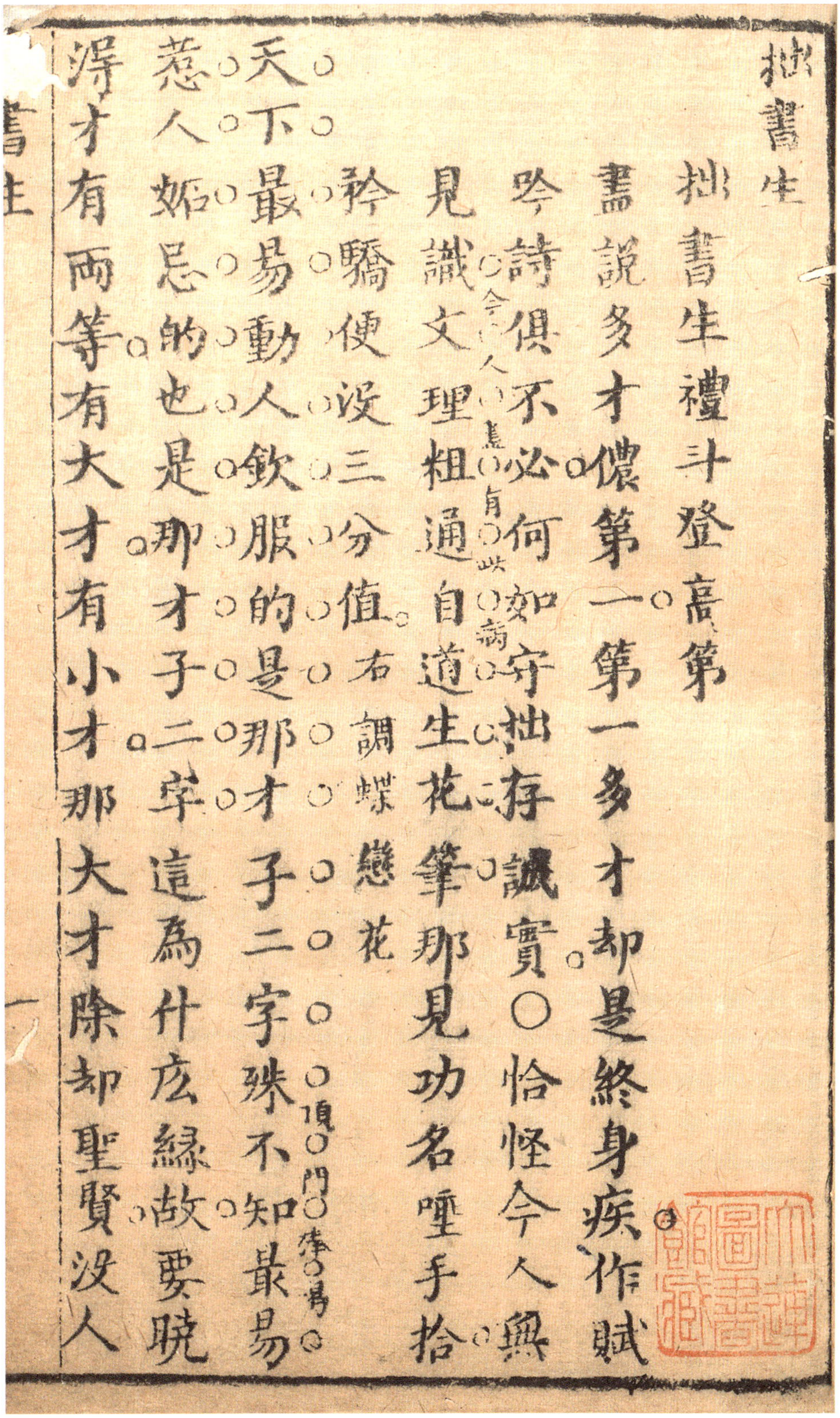
拙書生

拙書生禮斗登高第

書說多才儂第一第一多才却是終身疾作賦吟詩俱不必何知守拙存誠實恰怪今人與（今人皆有此病）見識文理粗通自道生花筆那見功名唾手拾矜驕便没三分值。右調蝶戀花（頂門棒喝）

天下最易動人欽服的是那才子二字殊不知最易惹人妬忌的也是那才子二字這為什么緣故要曉得才有两等有大才有小才那大才除却聖賢没人

書生　一

20855　雲仙嘯五種　題（清）天花主人编　清刻本　大連圖書館

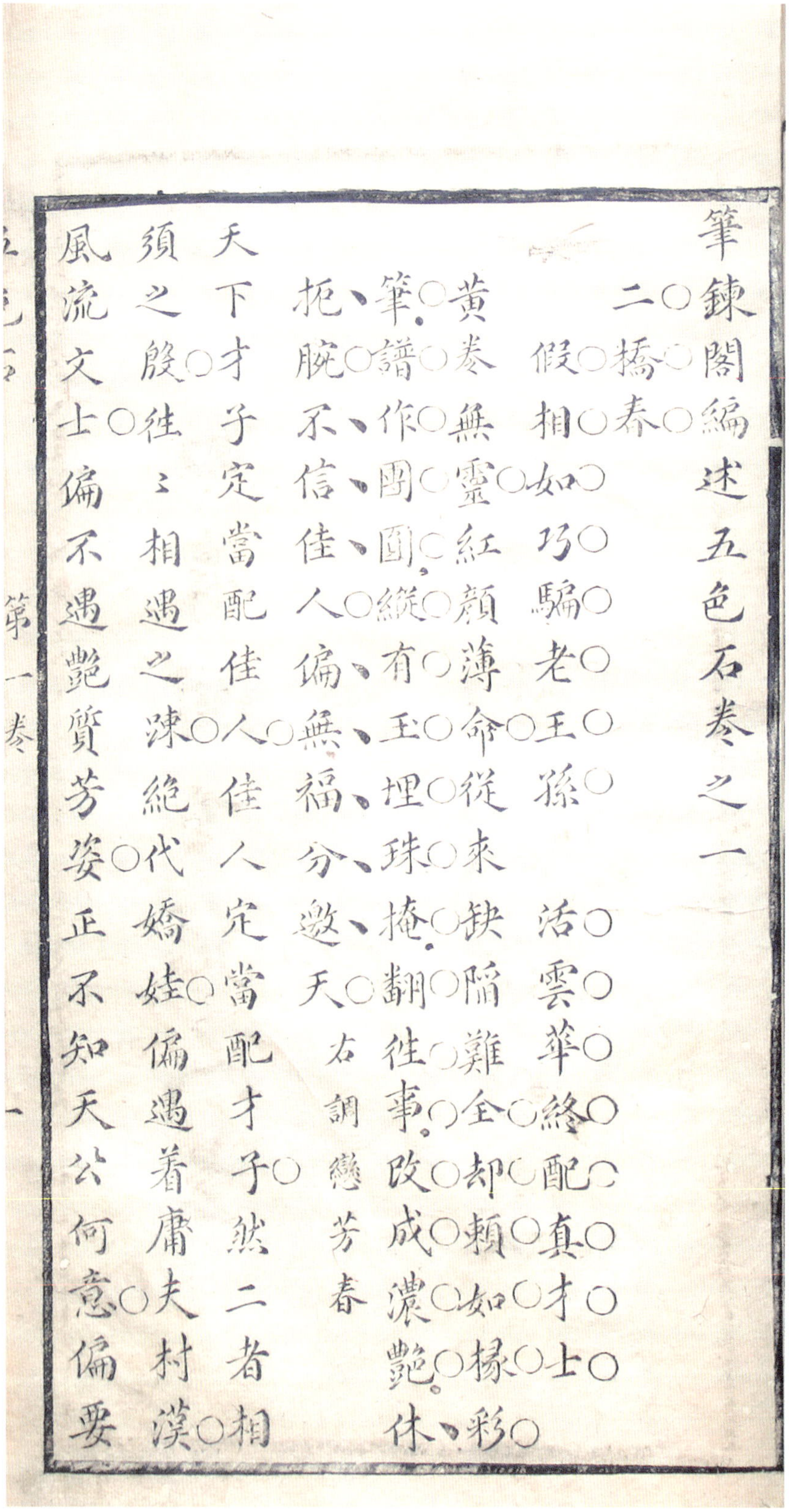
筆錬閣編述五色石卷之一
二○橋○春○
假○相○如○巧○騙○老○王○孫○活○雲○華○終○配○真○才○士○
黄卷無靈○紅顔薄命○從來鉄隔難全○却○頼○如○椽○彩○
筆○譜○作○圖○圓○縱○有○玉○埋○珠○掩○翻○往○事○改○成○濃○艷○休、
扼、腕○不、信、佳、人○偏、無、福、分、邀、天○　右調戀芳春
天下才子定當配佳人○佳人定當配才子○然二者相
須之殷○往々相遇之踈○絶代嬌娃○偏遇着庸夫村漢○
風流文士○偏不遇艷質芳姿○正不知天公何意○偏要

20856　筆錬閣編述五色石八卷　（清）筆錬閣主人輯　清初刻本　大連圖書館

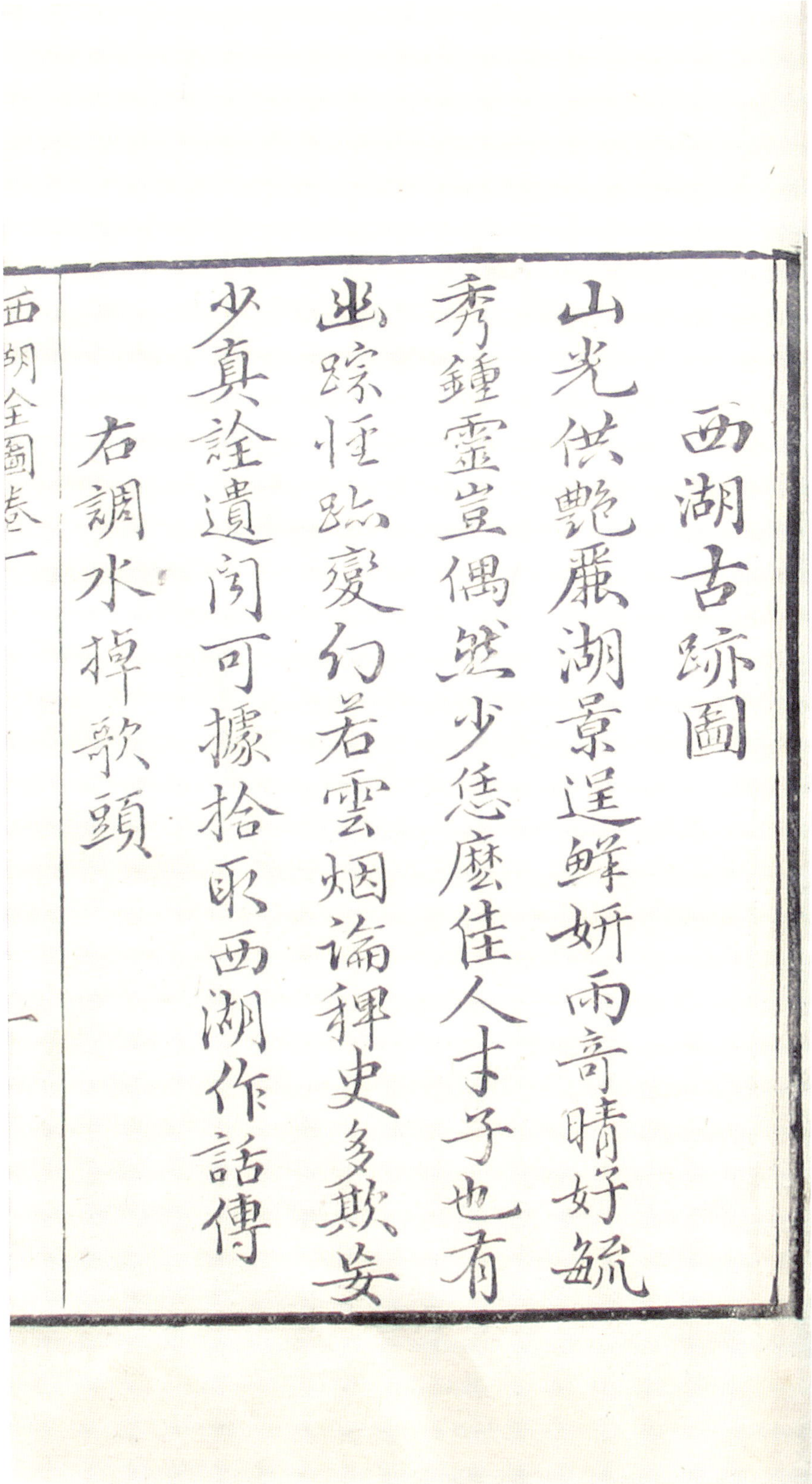

西湖古跡圖

山光供艷麗湖景逞鮮妍雨奇晴好毓秀鍾靈豈偶然少恁麽佳人才子也有幽蹤怪跡變幻若雲烟論稗史多欺妄少真詮遺聞可據拾取西湖作話傳

右調水棹歌頭

西湖全圖卷一　一

20857　西湖拾遺四十八卷　（清）陳樹基輯　清乾隆五十六年（1791）自愧軒刻本　大連圖書館

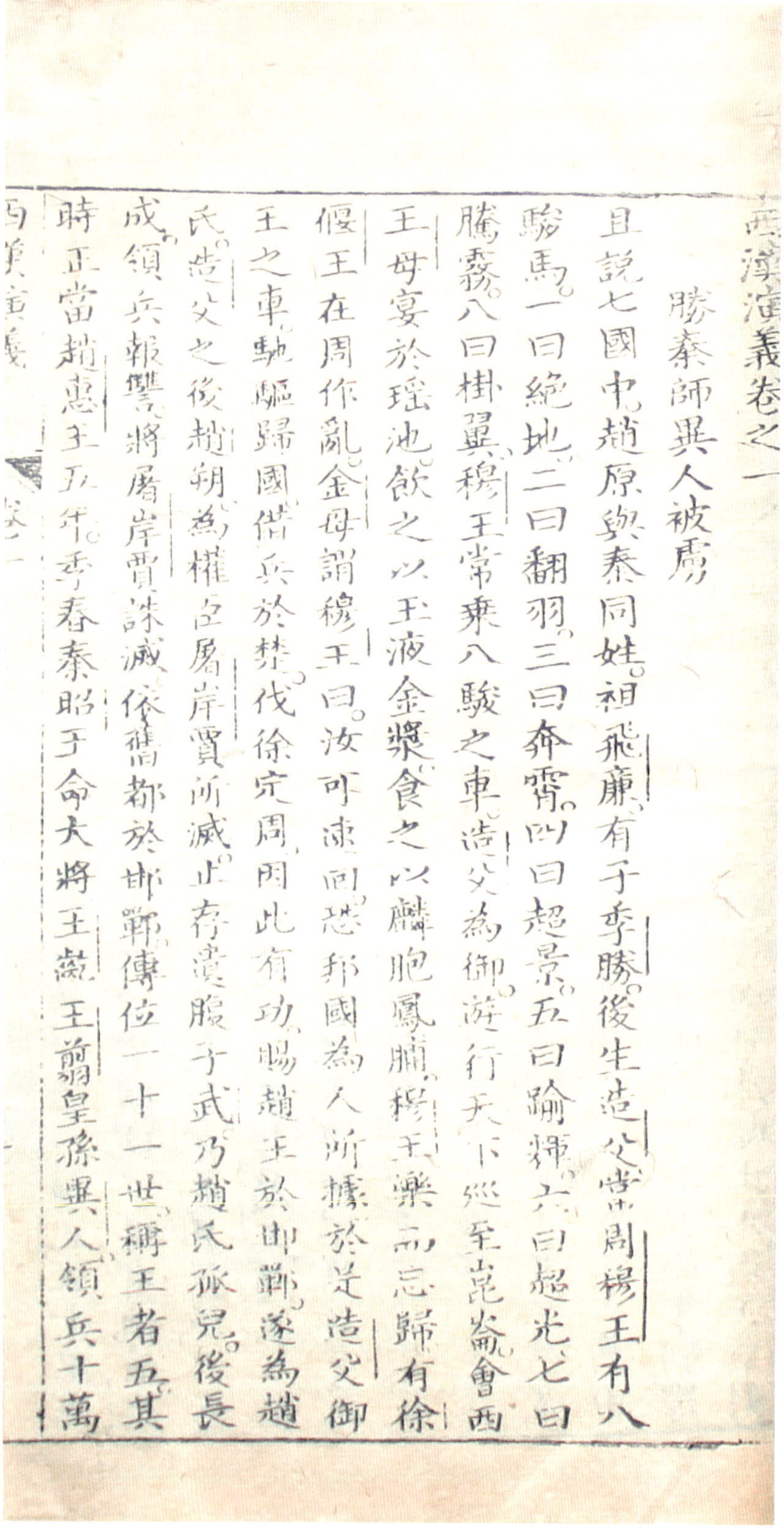

西漢演義卷之一

勝秦師異人被虜

且説七國中。趙原與秦同姓。祖飛廉。有子季勝。後生造父。嘗周穆王有八駿馬。一曰絶地。二曰翻羽。三曰奔霄。四曰超景。五曰踰輝。六曰超光。七曰騰霧。八曰掛翼。穆王嘗乘八駿之車。造父為御。遊行天下。巡至崑崙。會西王母宴於瑶池。飲之以玉液金漿。食之以麒麟胞鳳脯。穆王樂而忘歸。有徐偃王在周作亂。金母謂穆王曰。汝可速回。恐邦國為人所據。於是造父御王之車。馳驅歸國。借兵於楚。伐徐定周。因此有功。賜趙王於邯鄲。遂為趙氏。造父之後趙朔為權臣屠岸賈所滅。止存遺腹子武。乃趙氏孤兒。後長成。領兵報讐。將屠岸賈誅滅。依舊都於邯鄲。傳位一十一世。稱王者五。其時正當趙惠王五年。季春秦昭王命大將王齕。王翦皇孫異人領兵十萬

西漢演義 卷一

20858　西漢演義六卷　（明）甄偉撰　**東漢演義四卷**　（明）謝詔撰 清初拔茅居刻本　大連圖書館

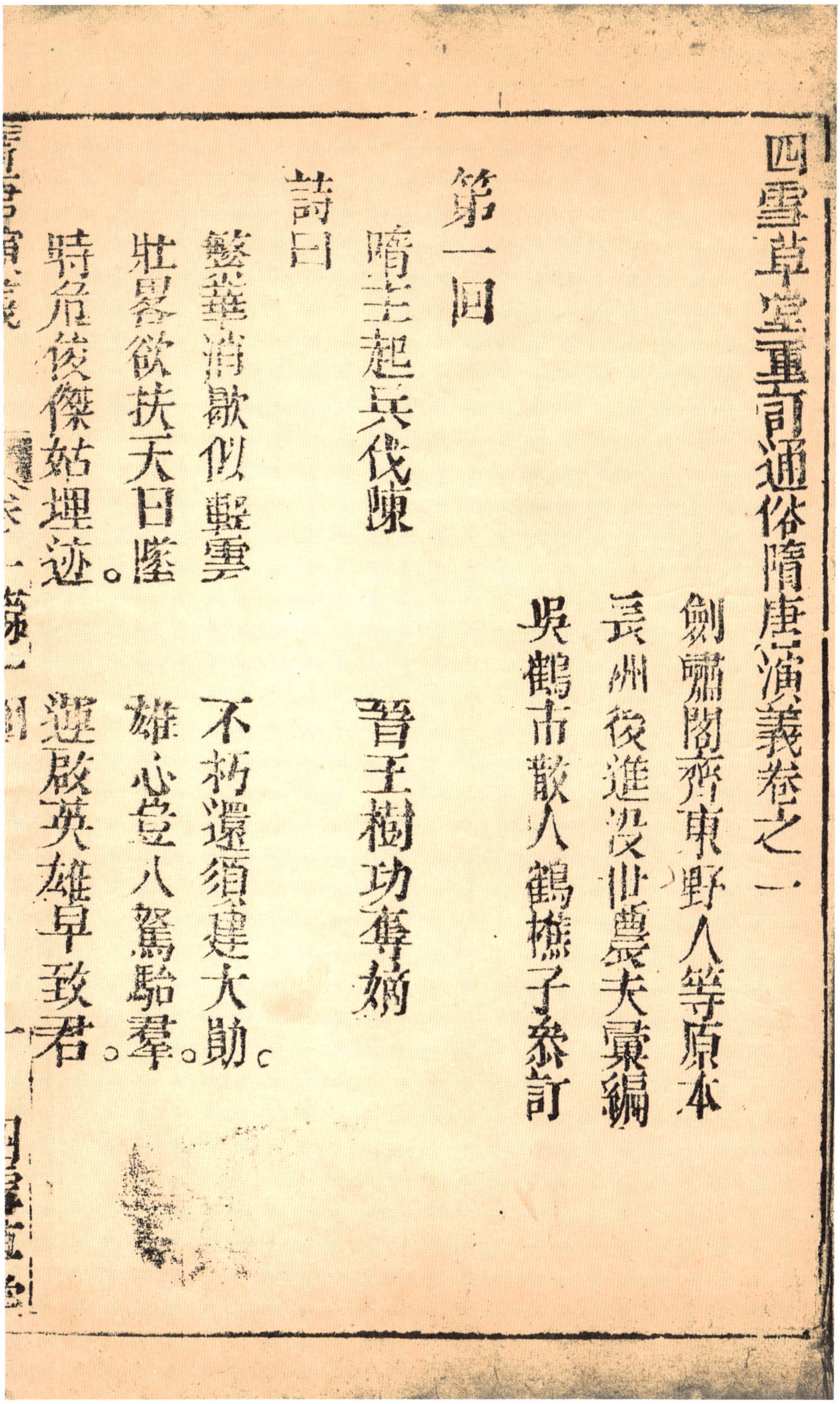
四雪草堂重訂通俗隋唐演義卷之一
劍嘯閣齊東野人等原本
長洲後進沒世農夫彙編
吳鶴市散人鶴樵子參訂
第一回
隋主起兵伐陳　晉王樹功奪嫡
詩曰
繁華消歇似輕雲。不朽還須建大勛。
壯略欲扶天日墜。雄心豈入駑駘羣。
時危俊傑姑埋迹。運啟英雄早致君。
隋唐演義　卷一　第一回　一　四雪草堂

20859　四雪草堂重訂通俗隋唐演義二十卷一百回　（清）褚人獲撰
清康熙四雪草堂刻本　錦州市圖書館

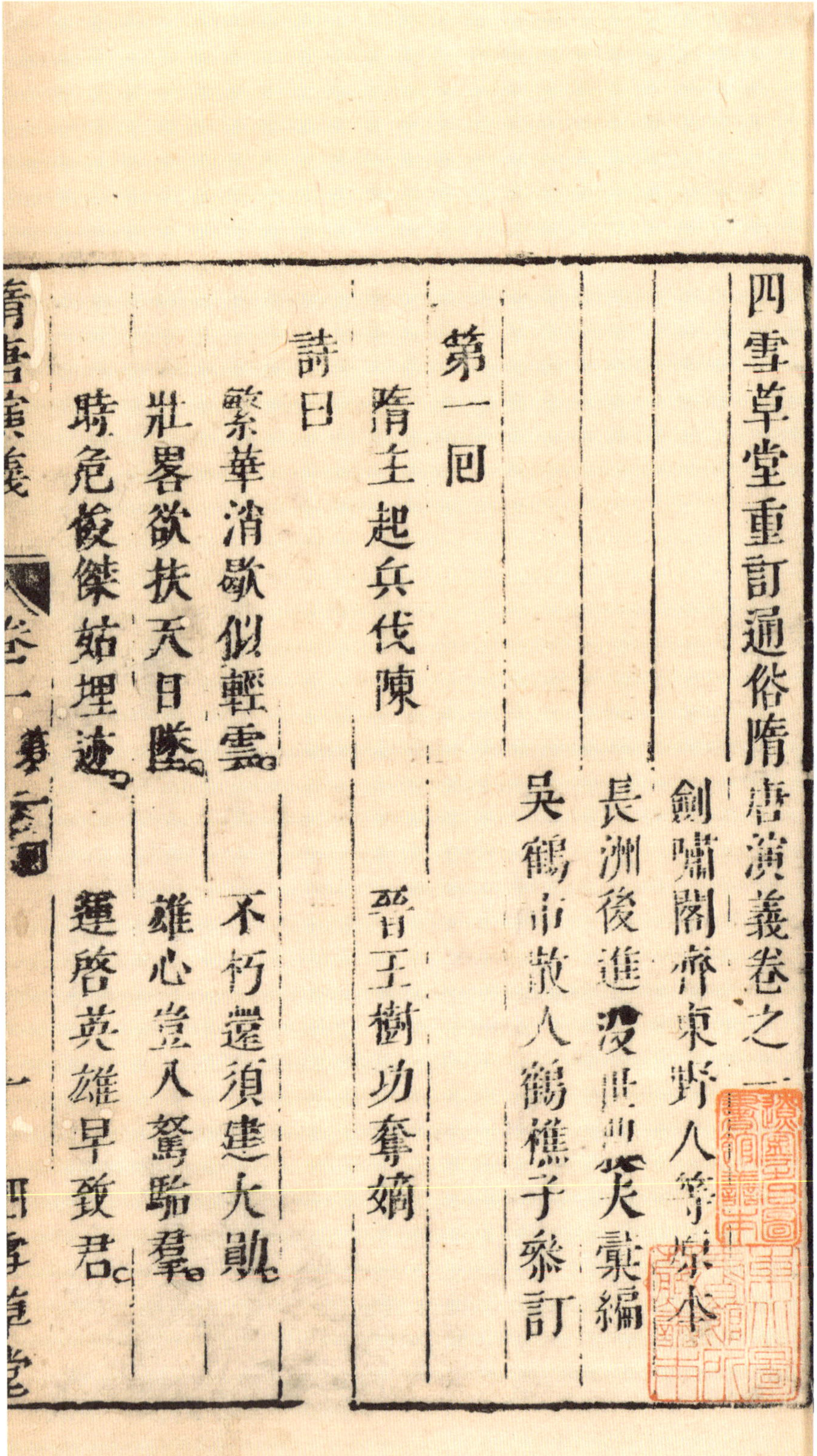
四雪草堂重訂通俗隋唐演義卷之一
劍嘯閣齊東野人等原本
長洲後進沒世農夫彙編
吴鶴市散人鶴樵子參訂
第一回
隋主起兵伐陳　晉王樹功奪嫡
詩曰
繁華消歇似輕雲　不朽還須建大勳
壯略欲扶天日墜　雄心豈入弩駘羣
時危俊傑姑埋迹　運啓英雄早致君
隋唐演義　卷一　第一回　一　四雪草堂

20860　四雪草堂重訂通俗隋唐演義二十卷一百回　（清）褚人獲撰

清康熙文盛堂刻本　遼寧省圖書館

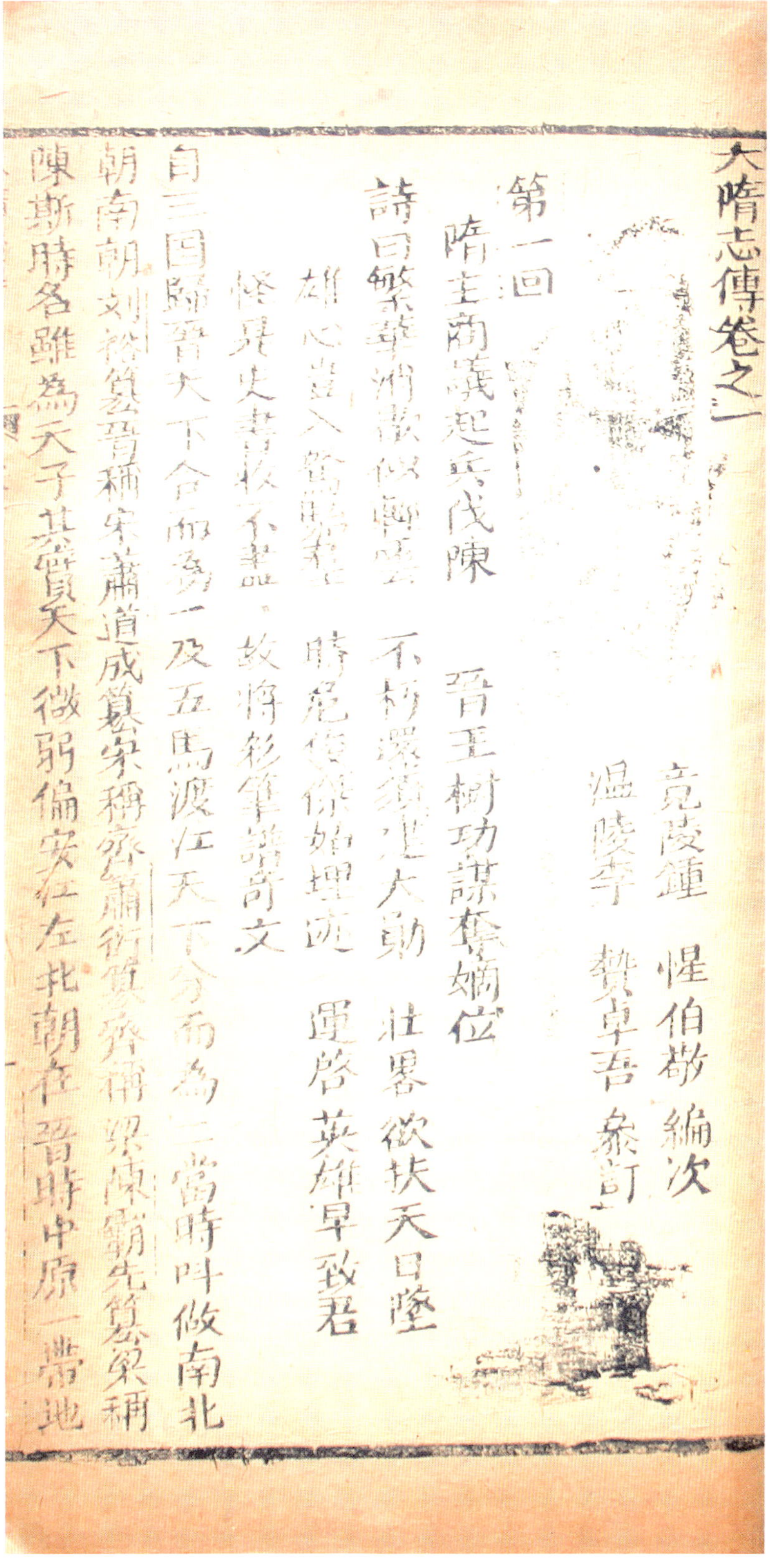
大隋志傳卷之一
竟陵鍾　惺伯敬編次
温陵李　贄卓吾參訂
第一回
隋主商議起兵伐陳　晋王樹功謀奪嫡位
詩曰繁華消歇似輕雲　不朽還須建大勛　壯畧欲扶天日墜
雄心豈入弩駘羣　時危俊傑始埋迹　運啓英雄早致君
怪是史書收不盡　故將彩筆譜奇文
自三國歸晋天下合而爲一及五馬渡江天下分而為二當時叫做南北
朝南朝劉裕簒晋稱宋蕭道成簒宋稱齊蕭衍簒齊稱梁陳霸先簒梁稱
陳斯時各雖爲天子其實天下微弱偏安在左北朝在晋時中原一帶地

20861　大隋志傳四卷四十六回　題（明）鍾惺編次　清刻本　大連圖書館

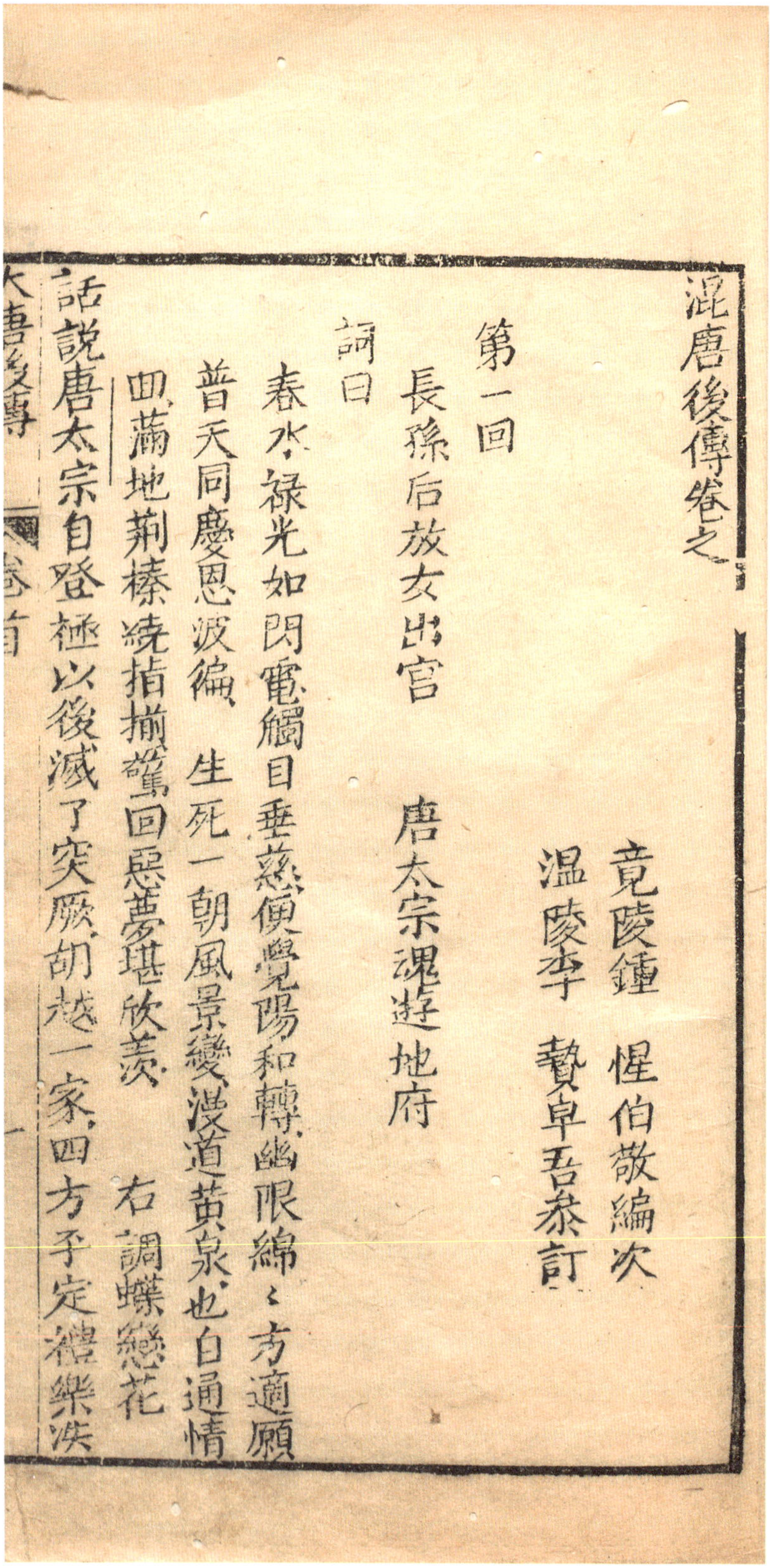
混唐後傳卷之
竟陵鍾　惺伯敬編次
温陵李　贄卓吾參訂
第一回
長孫后放女出宫　唐太宗魂遊地府
詞曰
春水綠光如閃電觸目垂慈便覺陽和轉幽限綿綿方適願
普天同慶恩波徧　生死一朝風景變漫道黃泉也自通情
四滿地荊榛繞指揃鶯回思夢堪欣羨　右調蝶戀花
話說唐太宗自登極以後滅了突厥胡越一家四方予定禮樂洪
大唐後傳　卷首　一

20862　混唐後傳八卷三十二回首一卷五回　題（明）鍾惺編次　清芥子園刻本　大連圖書館

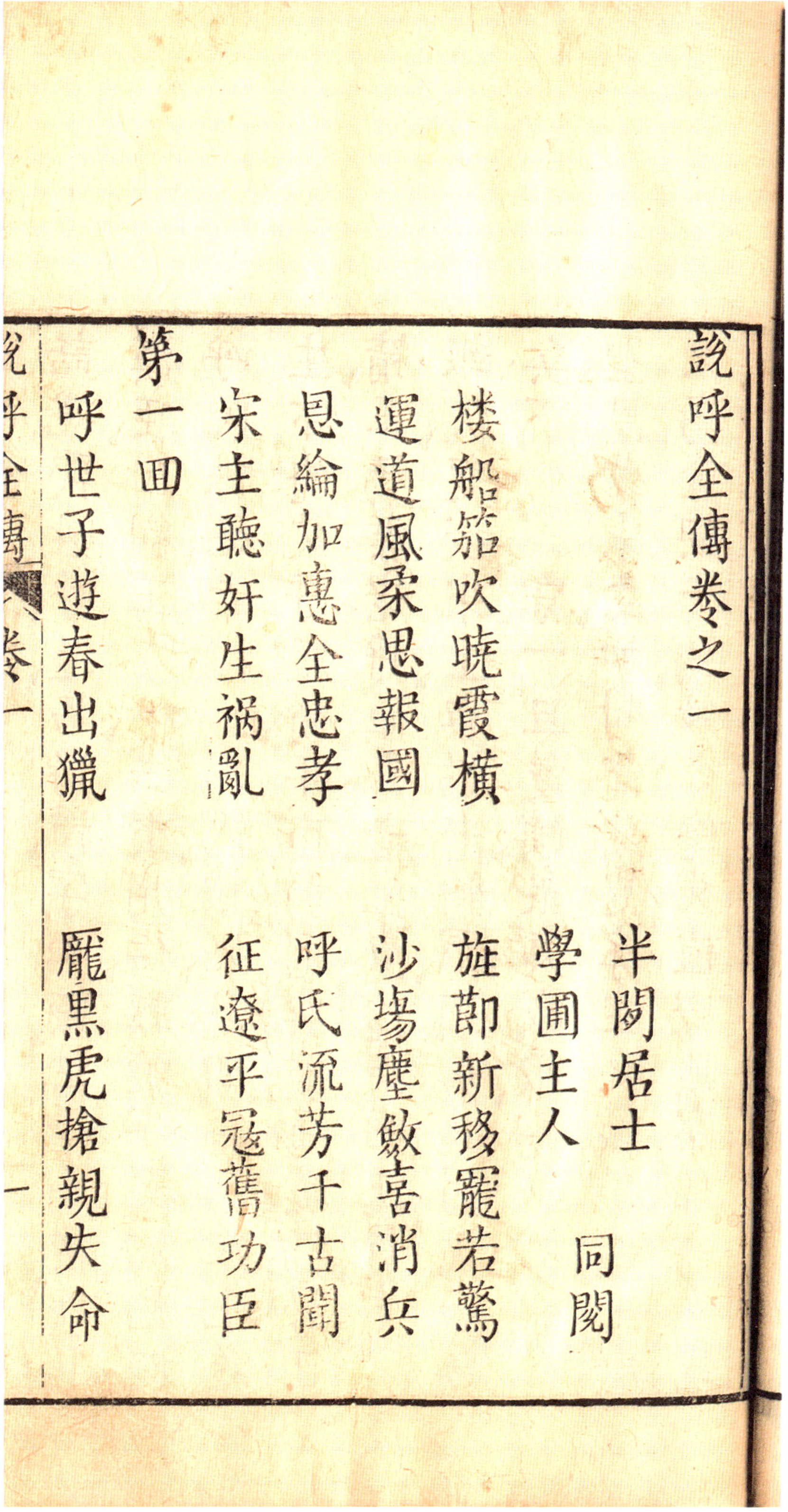
說呼全傳卷之一

半閒居士
學圃主人　同閱

楼船笳吹曉霞横　旌節新移麗若驚
運道風柔思報國　沙場塵斂喜消兵
恩綸加惠全忠孝　呼氏流芳千古聞
宋主聽奸生禍亂　征遼平寇舊功臣

第一回

呼世子遊春出獵　龐黒虎搶親失命

說呼全傳　卷一　一

20863　說呼全傳十二卷四十回　清乾隆四十四年（1779）金閶書業堂刻本　大連圖書館

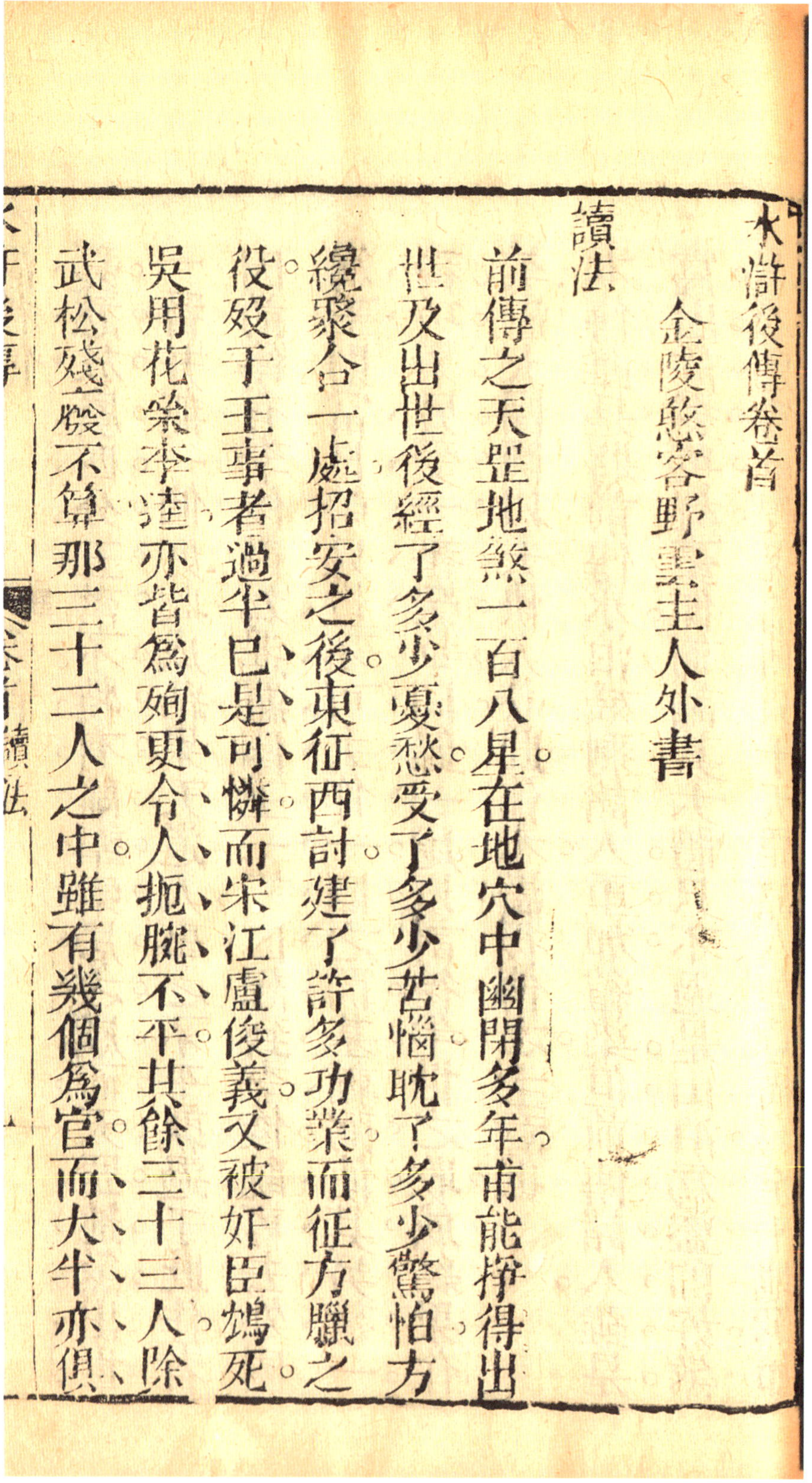
水滸後傳卷首

金陵憨客野雲主人外書

讀法

前傳之天罡地煞一百八星在地穴中幽閉多年甫能掙得出世及出世後經了多少憂愁受了多少苦惱耽了多少驚怕方纔聚合一處招安之後東征西討建了許多功業而征方臘之役殁于王事者過半已是可憐而宋江盧俊義又被奸臣鴆死吳用花榮李逵亦皆爲殉更令人扼腕不平其餘三十三人除武松殘廢不算那三十二人之中雖有幾個爲官而大半亦俱

水滸後傳　卷首　讀法

20864　**水滸後傳十卷四十回**　（清）陳忱撰　（清）蔡奡評　清乾隆刻本

大連圖書館

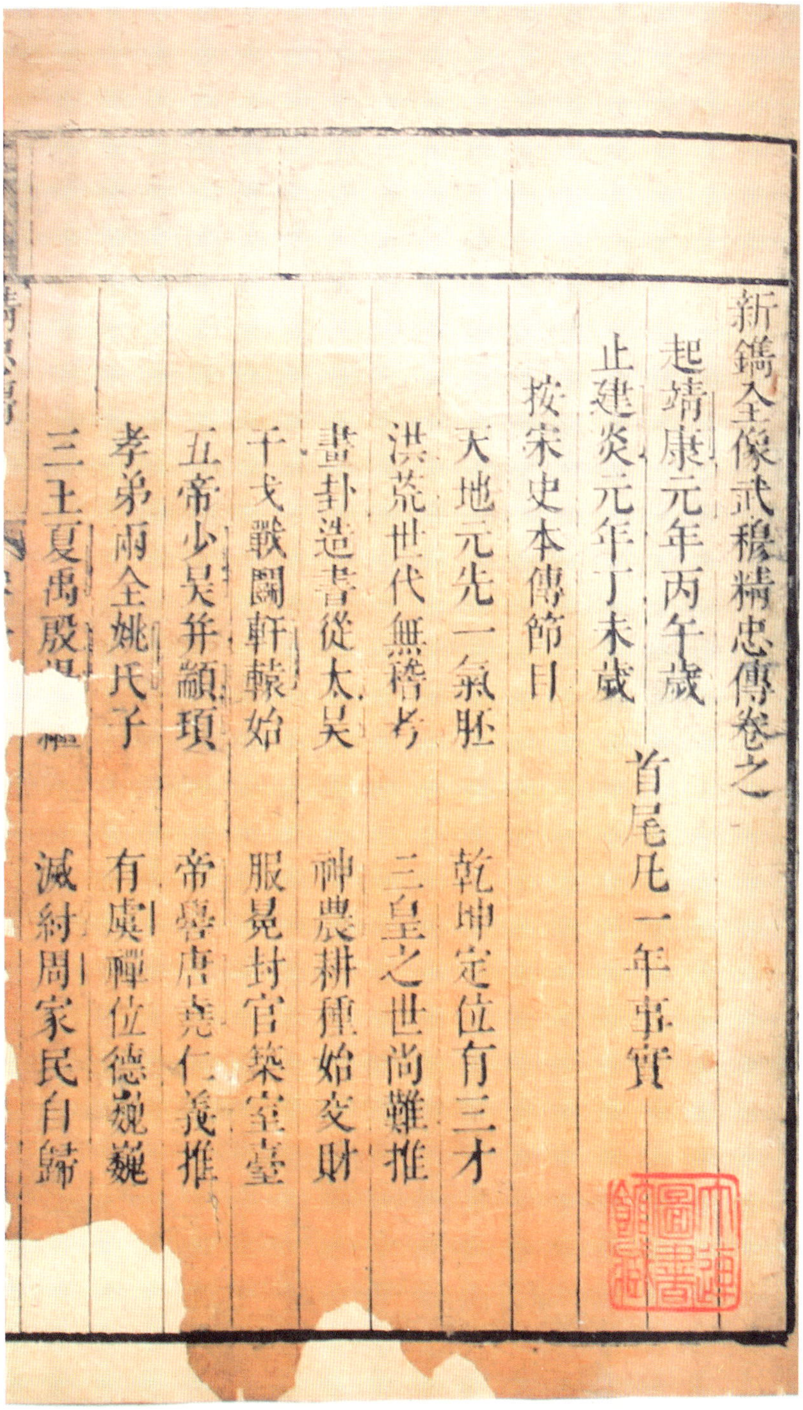
新鐫全像武穆精忠傳卷之
起靖康元年丙午歲
止建炎元年丁未歲　首尾凡一年事實
按宋史本傳節目
天地元先一氣胚　乾坤定位有三才
洪荒世代無稽考　三皇之世尚難推
畫卦造書從太昊　神農耕種始交財
干戈戰鬬軒轅始　服冕封官築室臺
五帝少昊并顓頊　帝嚳唐堯仁義推
孝弟兩全姚氏子　有虞禪位德巍巍
三王夏禹殷湯繼　滅紂周家民自歸

20865　新鐫全像武穆精忠傳八卷　清初映秀堂刻本　大連圖書館

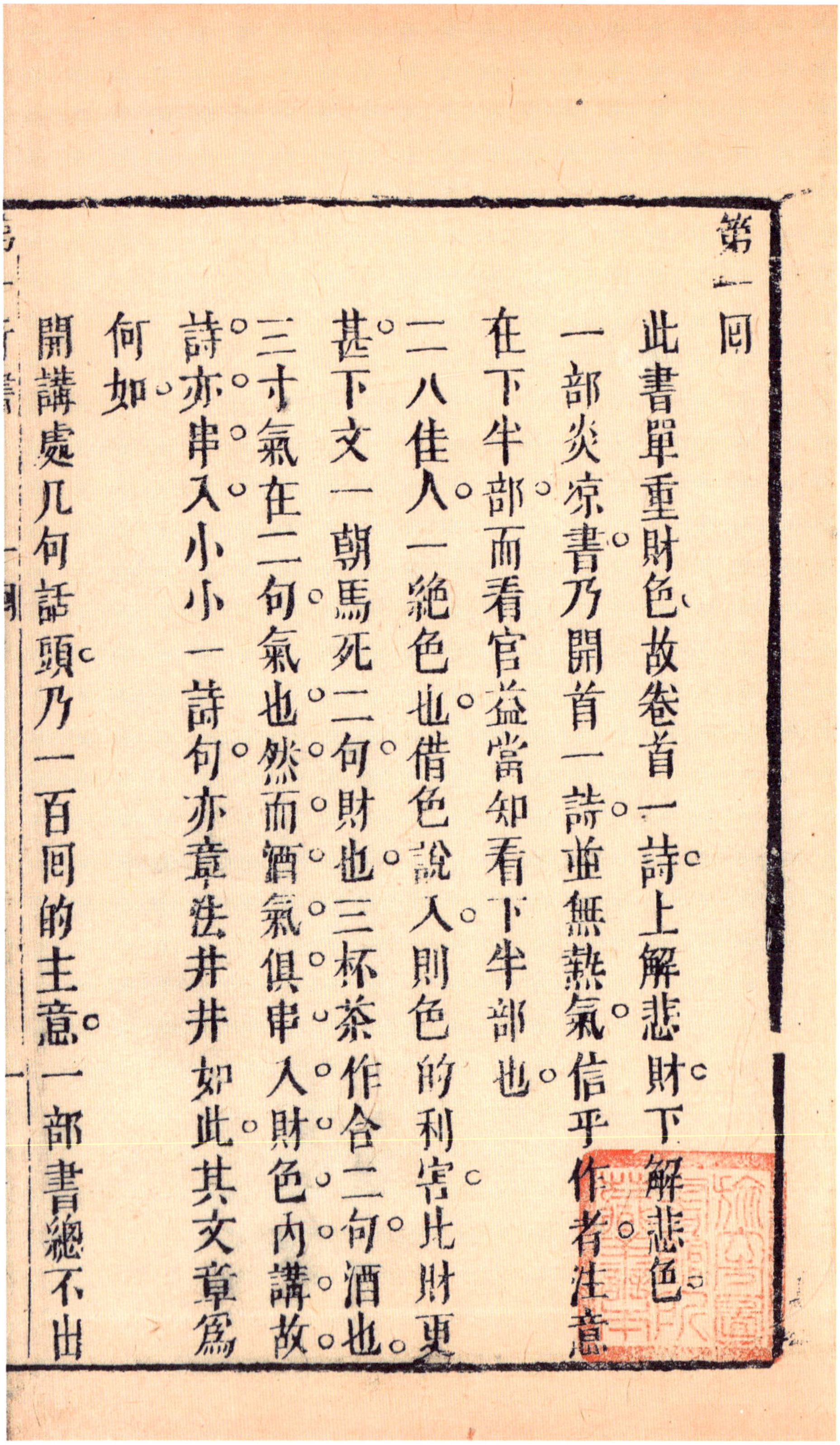

第一回
此書單重財色故卷首一詩上解悲財下解悲色
一部炎凉書乃開首一詩並無熱氣信乎作者注意
在下半部而看官益當知看下半部也
二八佳人一絶色也借色説入則色的利害比財更
甚下文一朝馬死二句財也三杯茶作合二句酒也
三寸氣在二句氣也然而酒氣俱串入財色内講故
詩亦串入小小一詩句亦章法井井如此其文章爲
何如
開講處几句話頭乃一百回的主意一部書總不出

20866　皋鶴堂批評第一奇書金瓶梅一百回　（清）張竹坡批評　清康熙三十四年（1695）影松軒刻本　大連圖書館

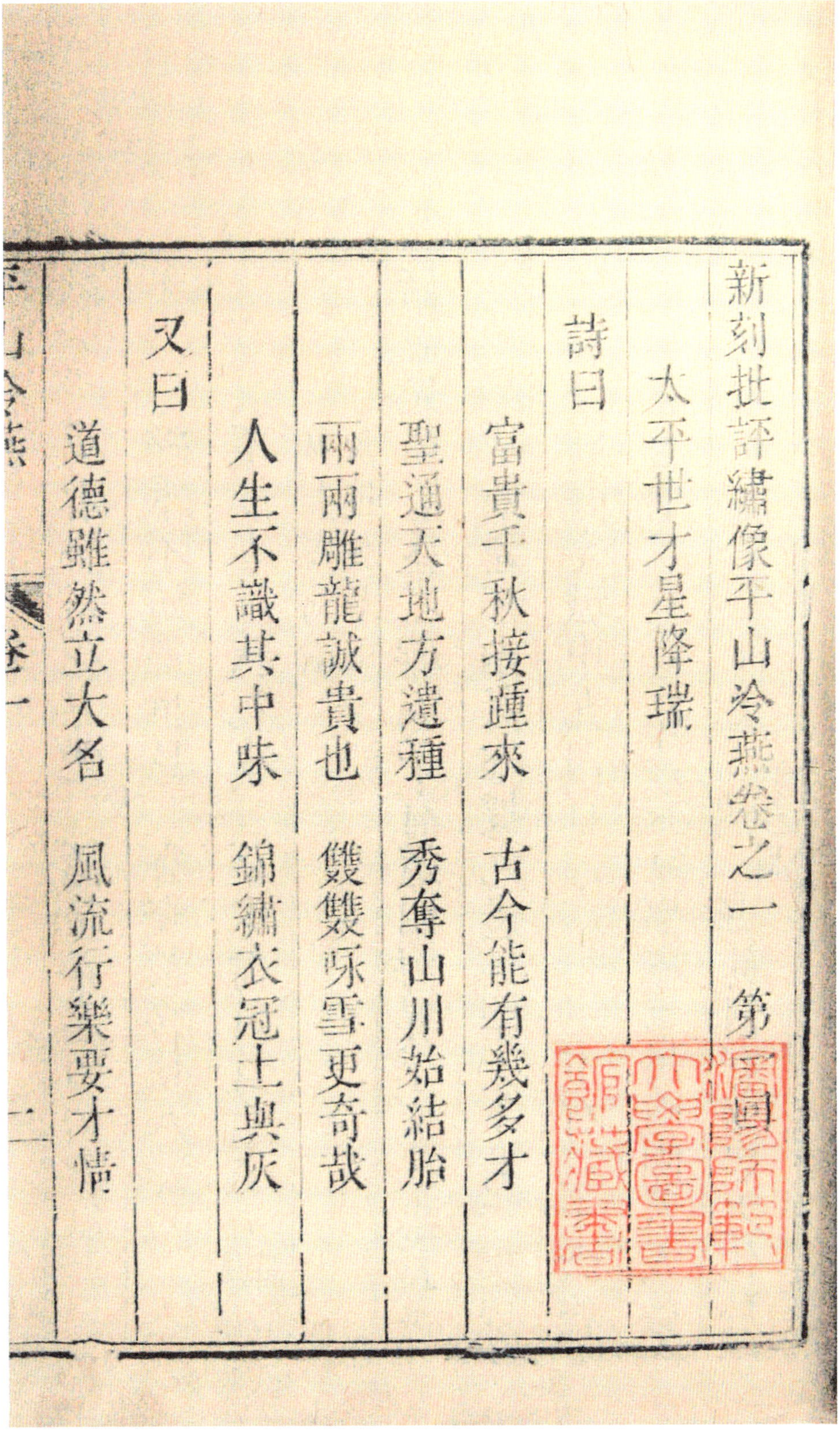

20867　新刻批評繡像平山冷燕六卷二十回　題（清）荻岸散人编次　冰玉主人批點　清靜寄山房刻本　瀋陽師範大學圖書館

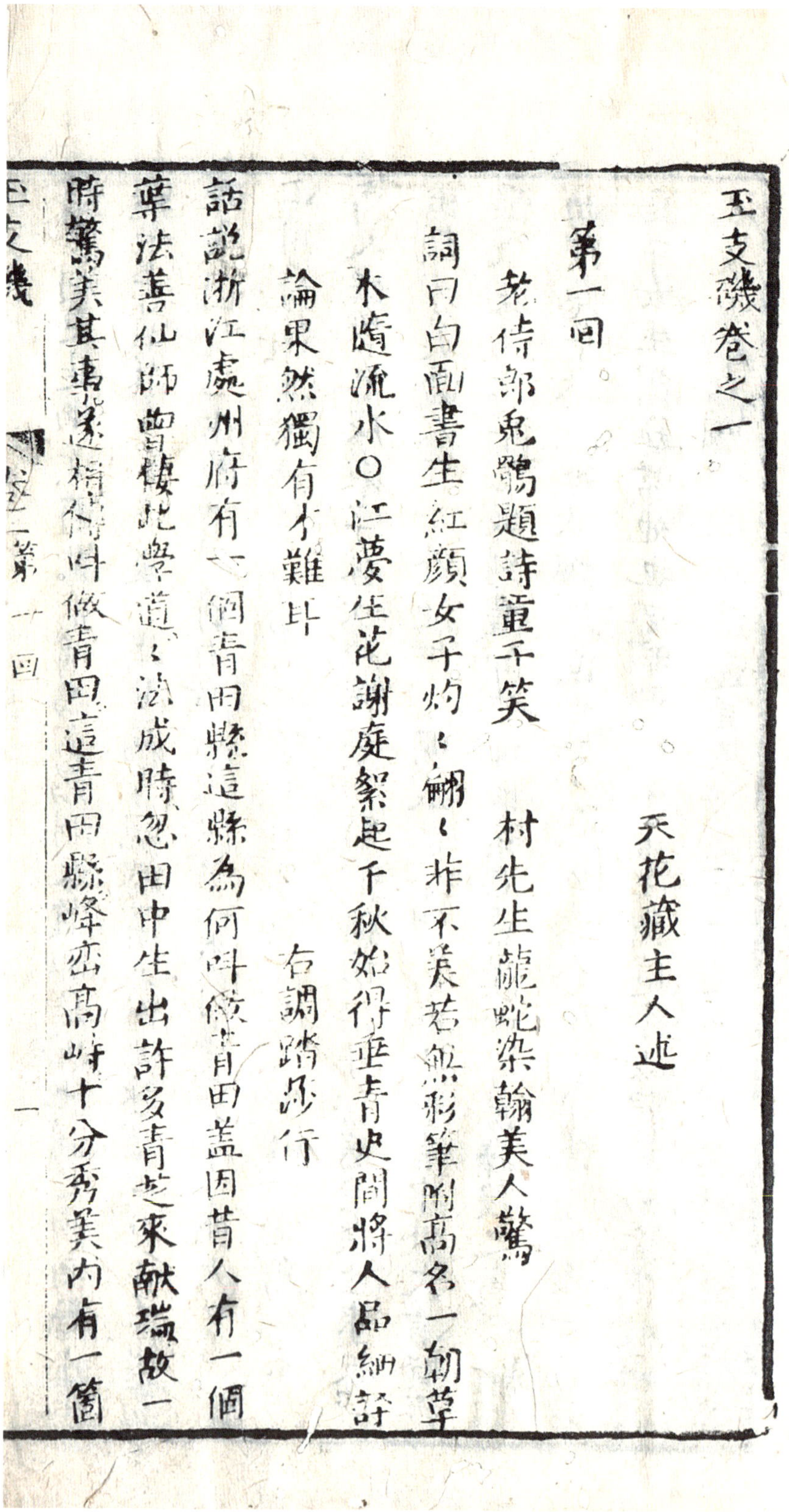

玉支璣卷之一

天花藏主人述

第一回

老侍郎兎鶻題詩童子笑　村先生龍蛇染翰美人驚

詞曰白面書生紅顏女子灼灼翩翩非不美若無彩筆附高名一朝草木隨流水〇江夢生花謝庭絮起千秋始得垂青史閒將人品細評論果然獨有才難耳　右調踏莎行

話説浙江處州府有一個青田縣這縣為何叫做青田蓋因昔人有一個葉法善仙師曾棲此學道道法成時忽田中生出許多青芝來獻瑞故一時驚美其事遂相傳叫做青田這青田縣峰巒高峙十分秀美內有一箇

玉支璣　卷一　第一回　一

20868　玉支璣四卷二十回　題（清）天花藏主人撰　清華文堂刻本　大連圖書館

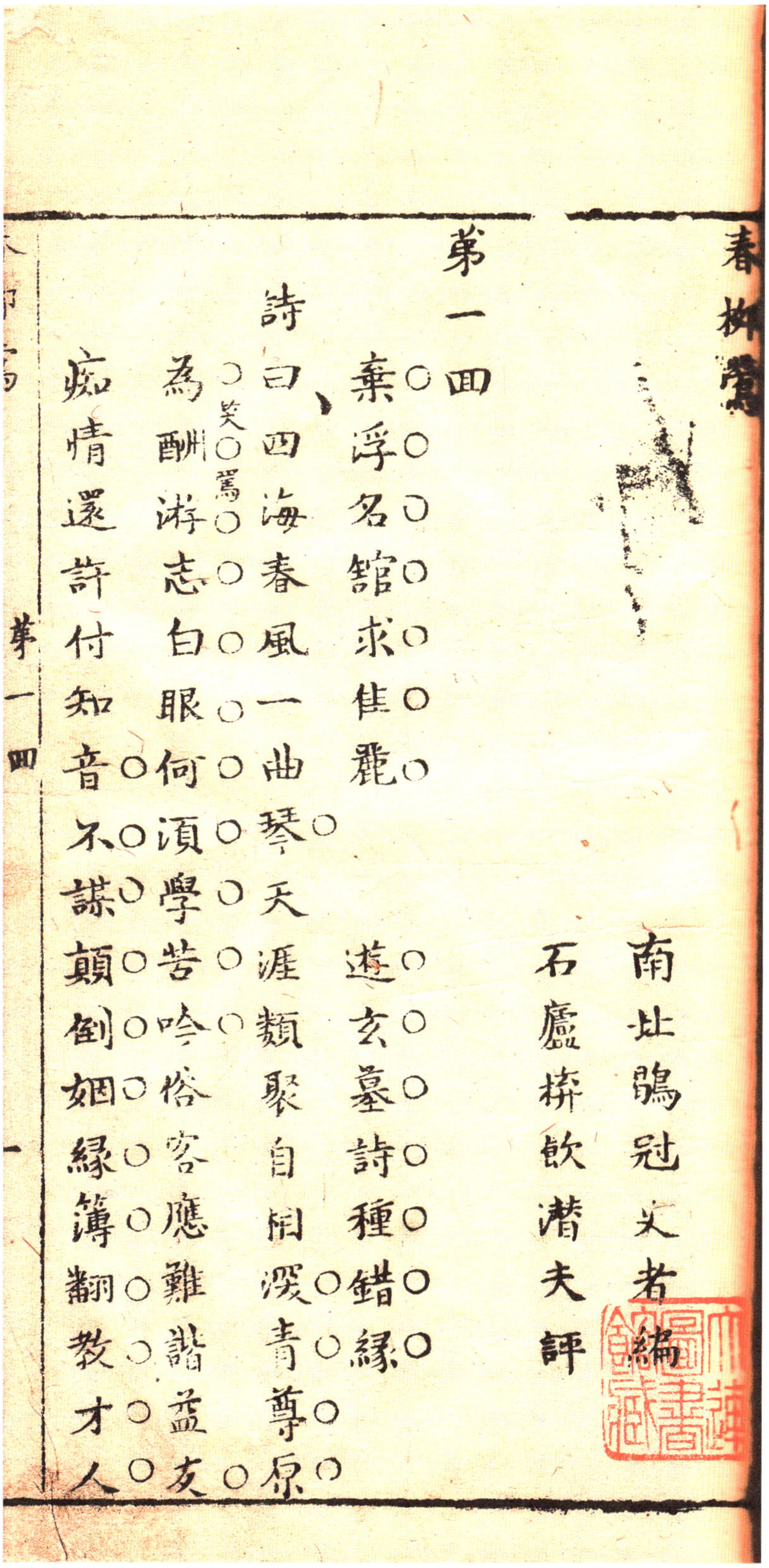
春柳鶯
南北鶡冠史者編
石廬拚飲潛夫評
第一回
棄浮名舘求佳麗　進玄臺詩種錯緣
詩曰、四海春風一曲琴天涯類聚自閑深青尊原為酬游志白眼何須學苦吟俗客應難諧益友癡情還許付知音不謀顛倒姻緣簿翻教才人
春柳鶯　第一回　一

20869　**春柳鶯十回**　題（清）鶡冠史者撰　清初刻本　大連圖書館

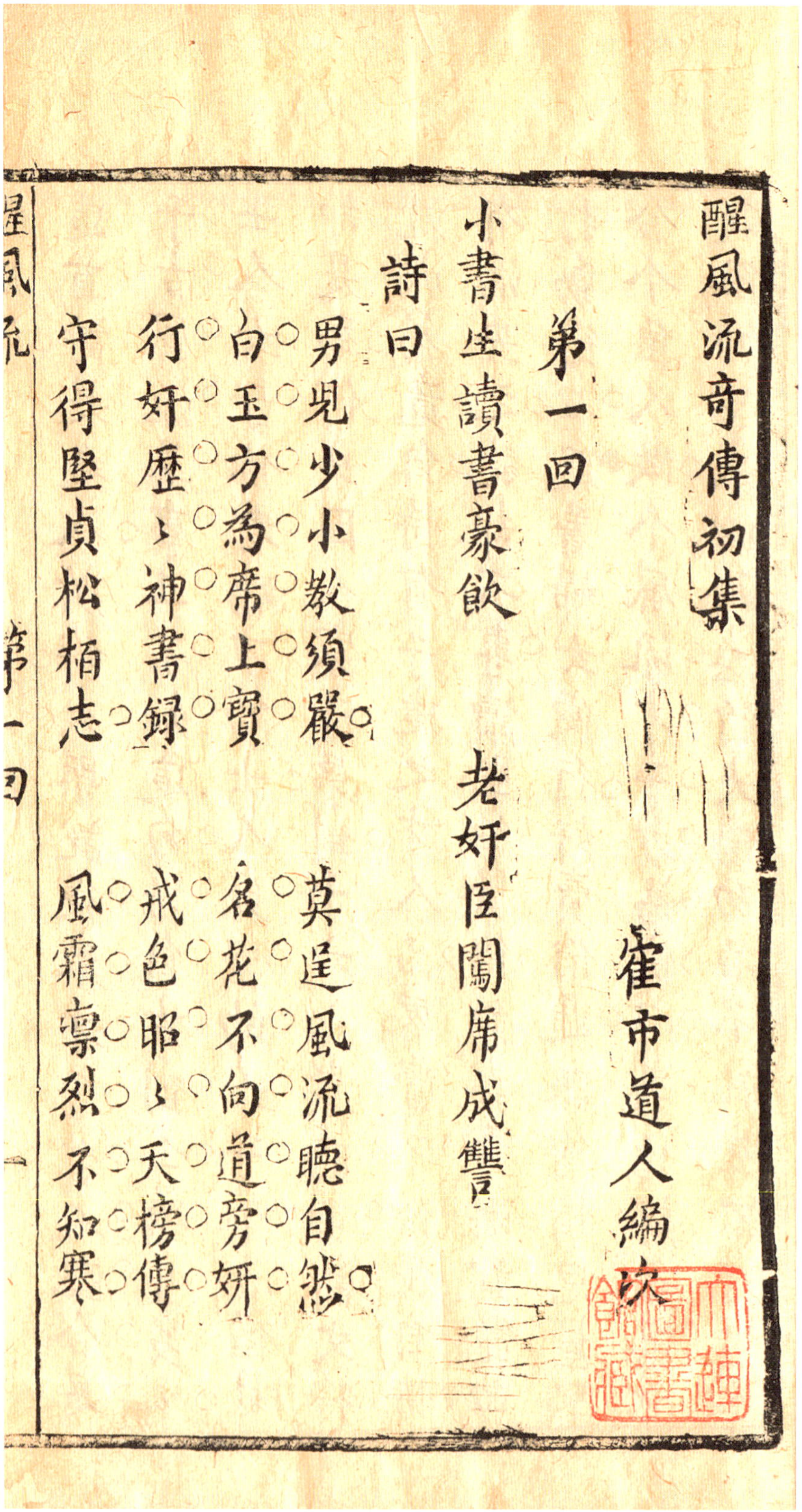
醒風流奇傳初集

隺市道人編次

第一回

小書生讀書豪飲　老奸臣闖席成讐

詩曰

男兒少小敎須嚴　莫逞風流聽自然
白玉方為席上寶　名花不向道旁妍
行奸歷〻神書錄　戒色昭〻天榜傳
守得堅貞松栢志　風霜凜烈不知寒

醒風流　第一回　一

20870　醒風流奇傳初集二十回　題隺市道人編次　清刻本　大連圖書館

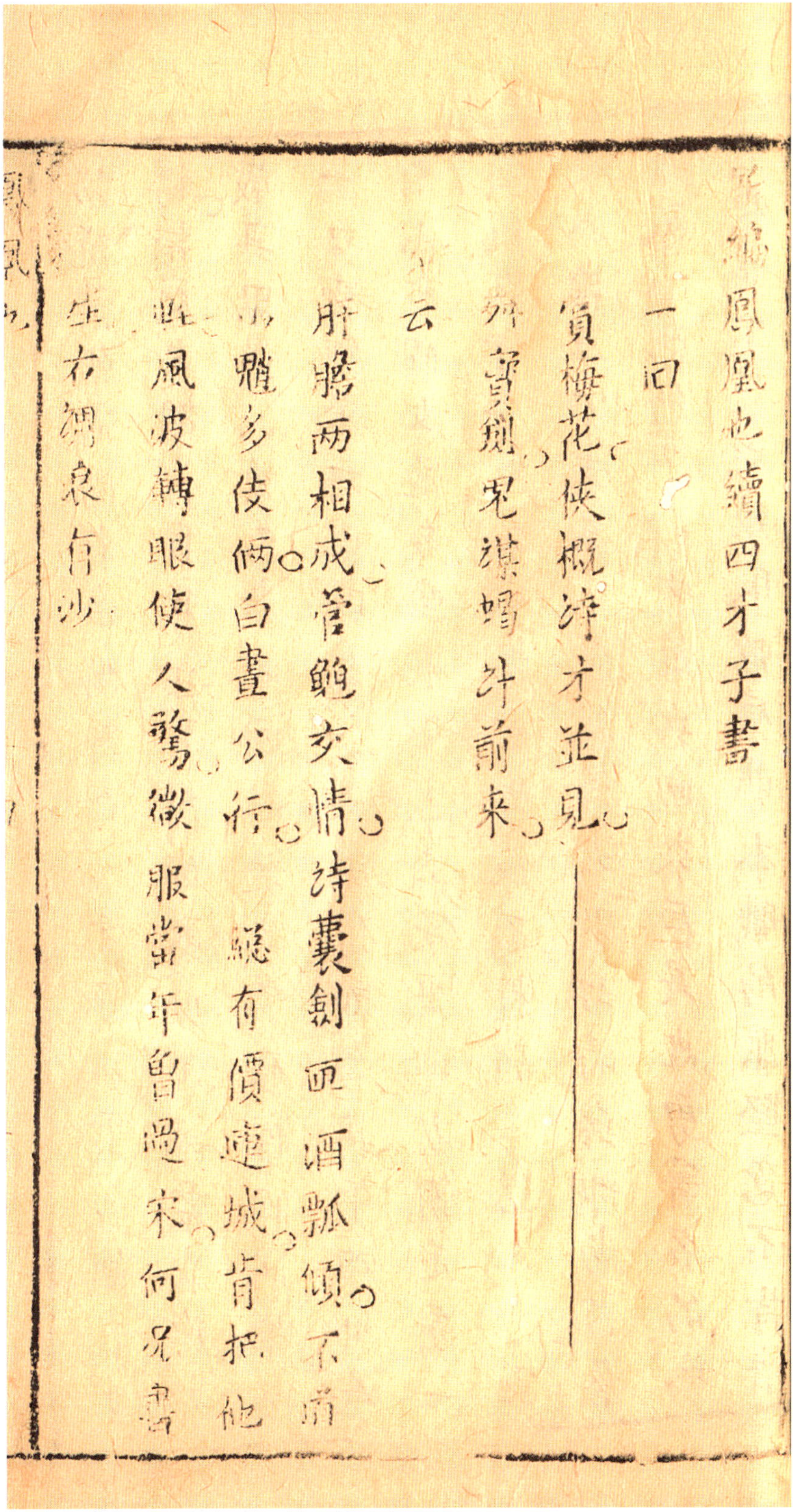

第一回
貪梅花俠概詩才並見
弄寶劍兇襟蠻計前來
詞云
肝膽兩相成管鮑交情詩囊劍匣酒瓢傾不[illegible]
[illegible]贈多使倆白晝公行總有價連城肯把他
此風波轉眼使人驚徽服當年曾過宋何兄書
生右泂泉有沙

20871　新編鳳凰池續四才子書十六回　題烟霞散人撰　清耕書屋刻本

大連圖書館

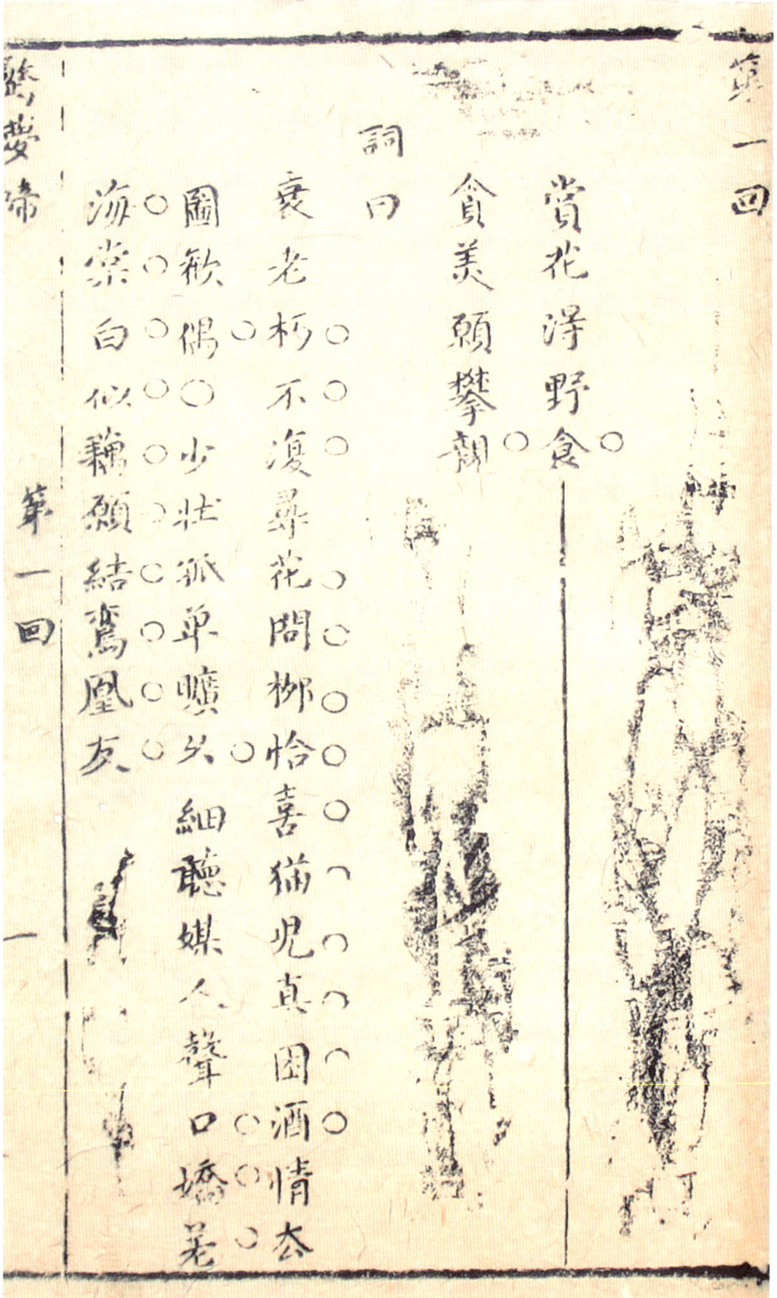
第一回
賞花浮野食
貪美顛攀翻
詞曰
衰老朽不復尋花問柳恰喜猫兒真困酒情太
圖歡偶少壯狐單曠久細聽媒人聲口嬌着
海棠白似藕顛結鸞凰友
鷺夢啼　第一回　一

20872　新鐫繡像鷺夢啼六回　題（清）天花主人编次　清刻本　大連圖書館

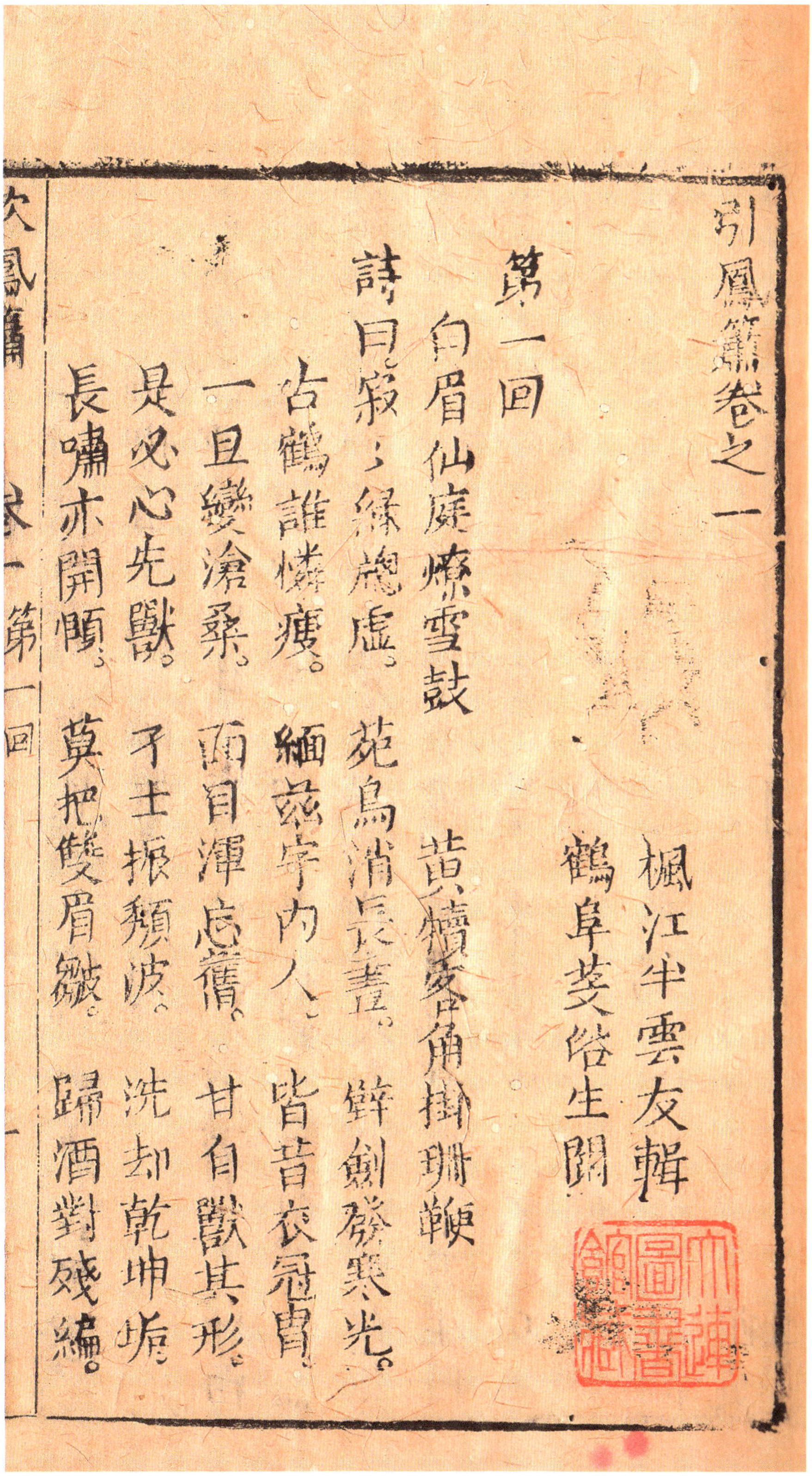

20873　引鳳簫四卷十六回　題（清）楓江半雲友輯　清刻本　大連圖書館

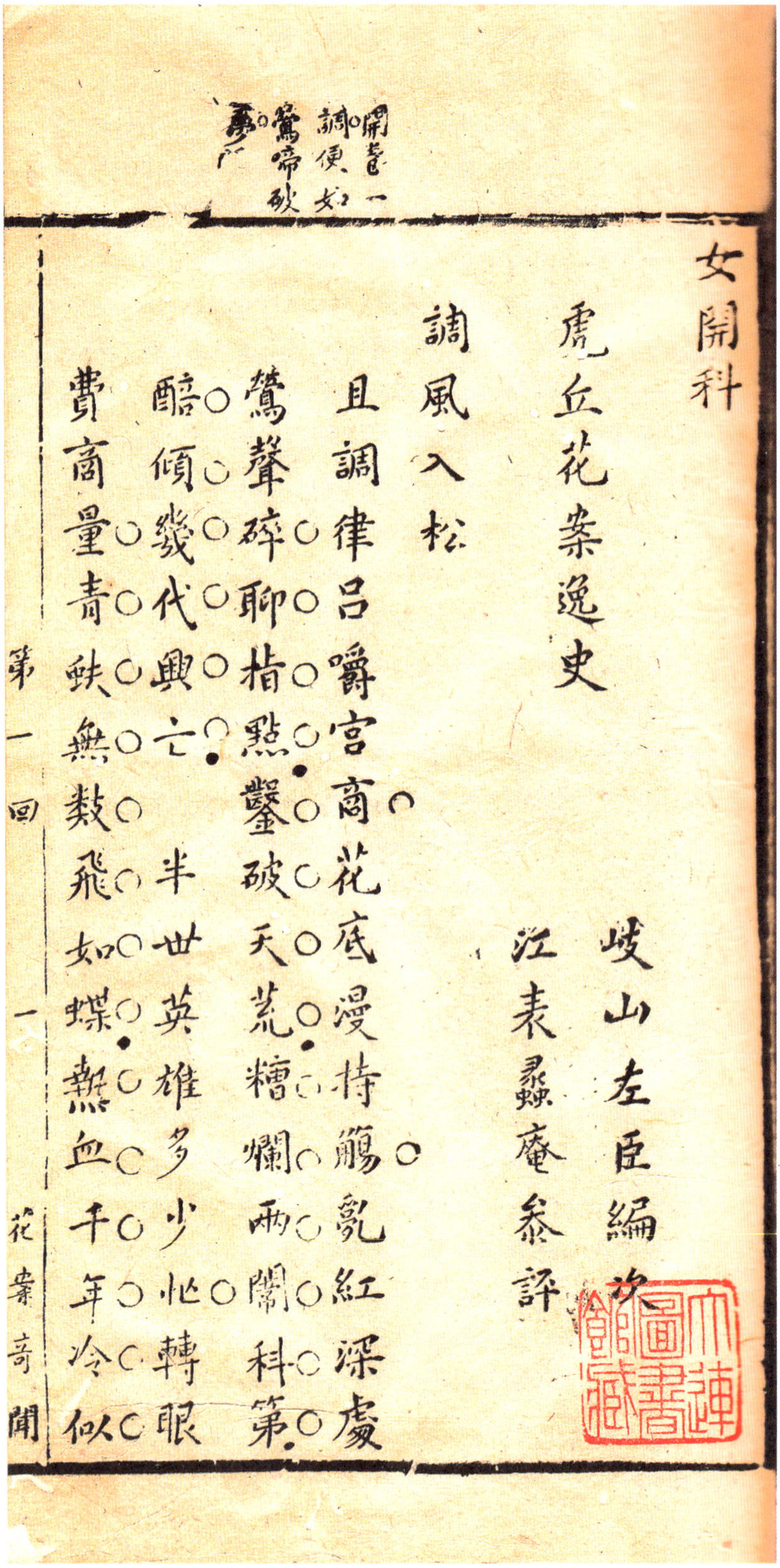

20874　女開科十二回　題（清）岐山左臣編次　清名山聚刻本　大連圖書館

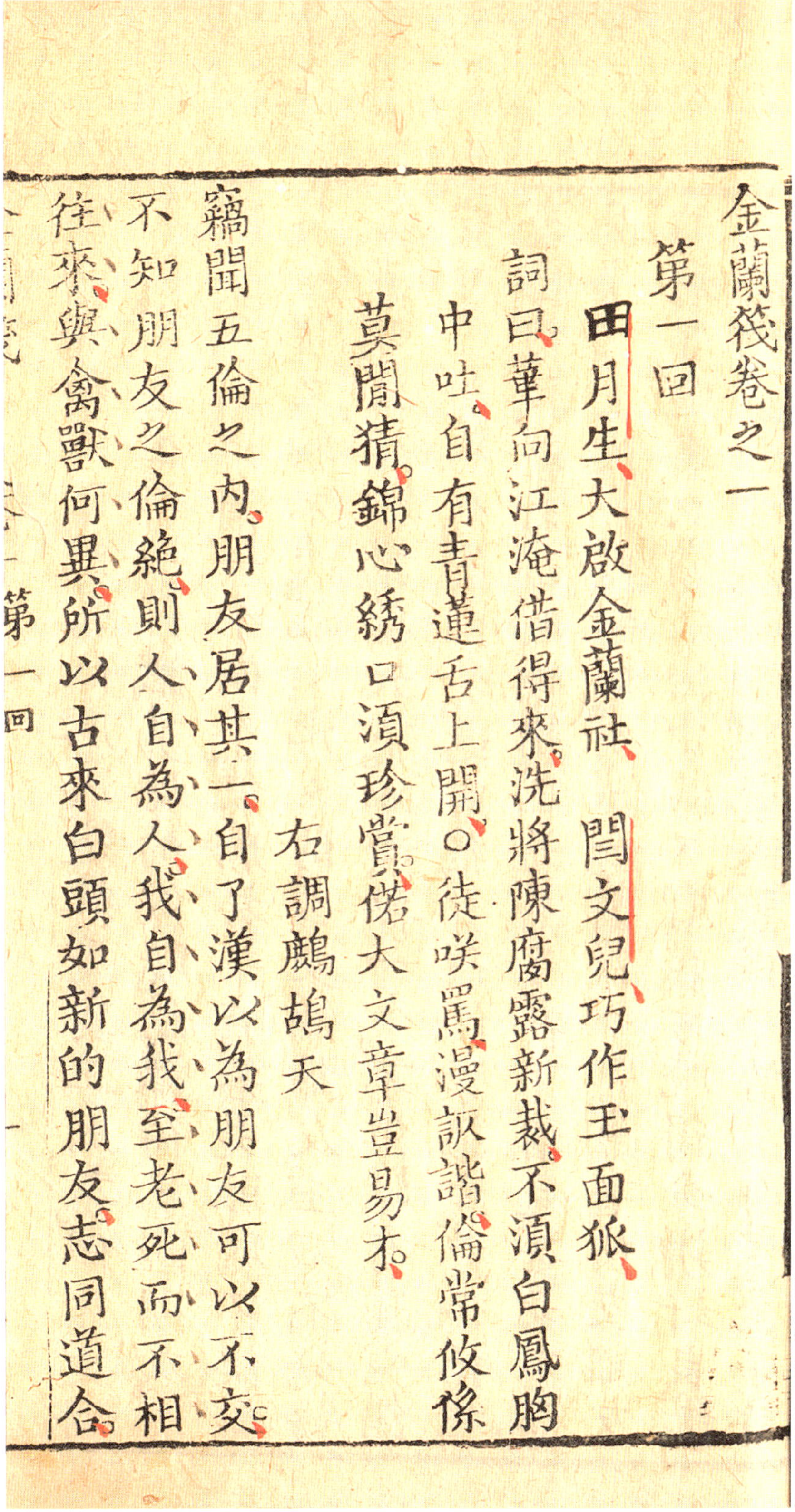

金蘭筏卷之一

第一回

田月生大啟金蘭社　閆文兒巧作玉面狐

詞曰華向江淹借得來洗將陳腐露新裁不須白鳳胸中吐自有青蓮舌上開○徒咲罵漫詼諧倫常攸係莫閒猜錦心綉口須珍賞偌大文章豈易才

右調鷓鴣天

竊聞五倫之內朋友居其一自了漢以為朋友可以不交不知朋友之倫絕則人自為人我自為我至老死而不相往來與禽獸何異所以古來白頭如新的朋友志同道合

金蘭筏　卷一　第一回　一

20875　金蘭筏四卷二十回　題（清）惜陰堂主人編輯　清刻本　大連圖書館

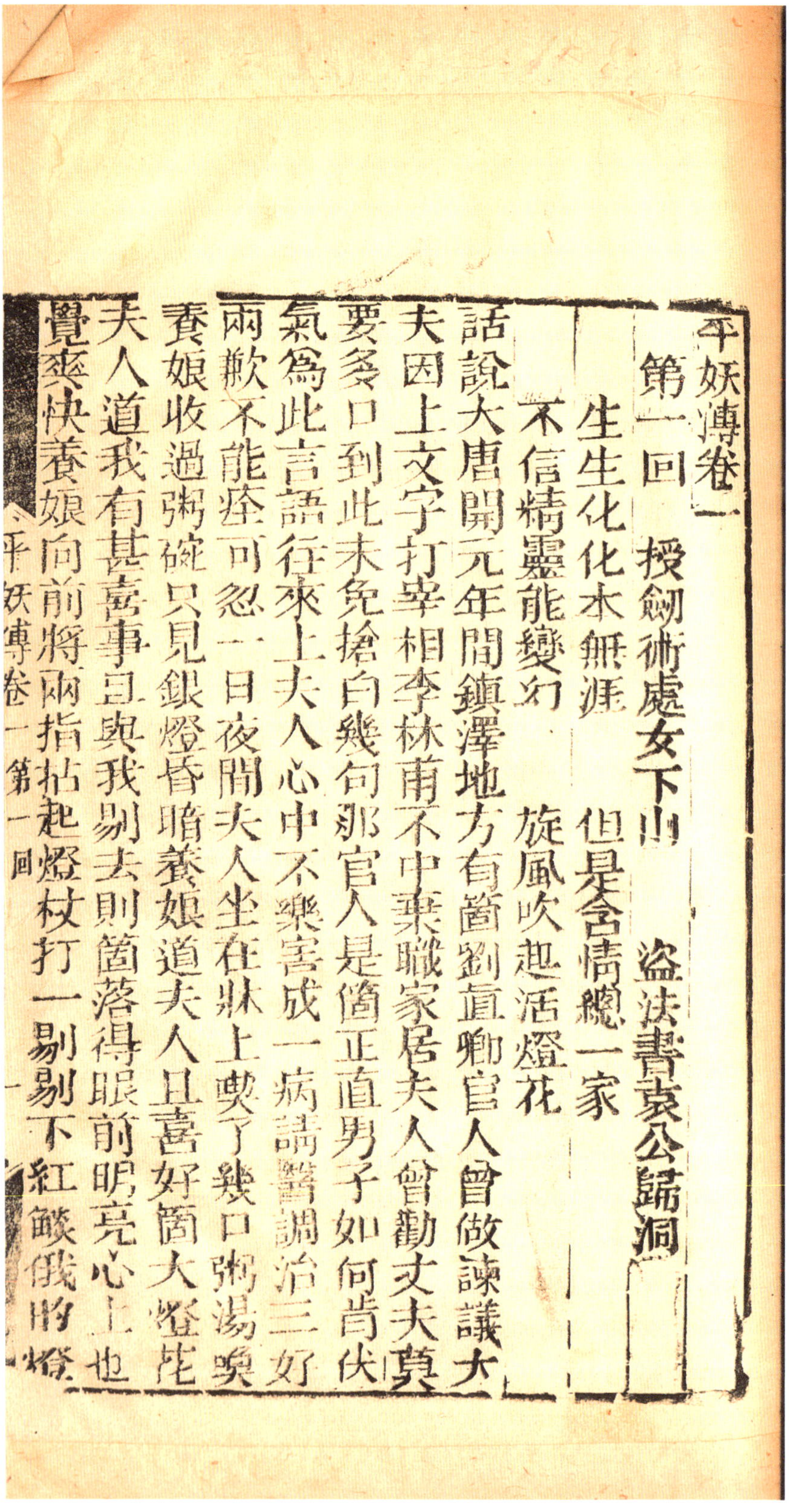

平妖傳卷一

第一回　授劍術處女下山　盜法書袁公歸洞

生生化化本無涯　但是含情總一家
不信精靈能變幻　旋風吹起活燈花

話說大唐開元年間鎮澤地方有箇劉直卿官人曾做諫議大夫因上文字打宰相李林甫不中棄職家居夫人曾勸丈夫莫要多口到此未免搶白幾句那官人是箇正直男子如何肯伏氣爲此言語往來上夫人心中不樂害成一病請醫調治三好兩歉不能痊可忽一日夜間夫人坐在牀上喫了幾口粥湯喚養娘收過粥碗只見銀燈昏暗養娘道夫人且喜好箇大燈花夫人道我有甚喜事且與我剔去則箇落得眼前明亮心上也覺爽快養娘向前將兩指拈起燈杖打一剔剔下紅餕俄的燈

平妖傳卷一　第一回

20876　平妖傳八卷四十回　（明）羅本撰　（明）馮夢龍補　清刻本　大連圖書館

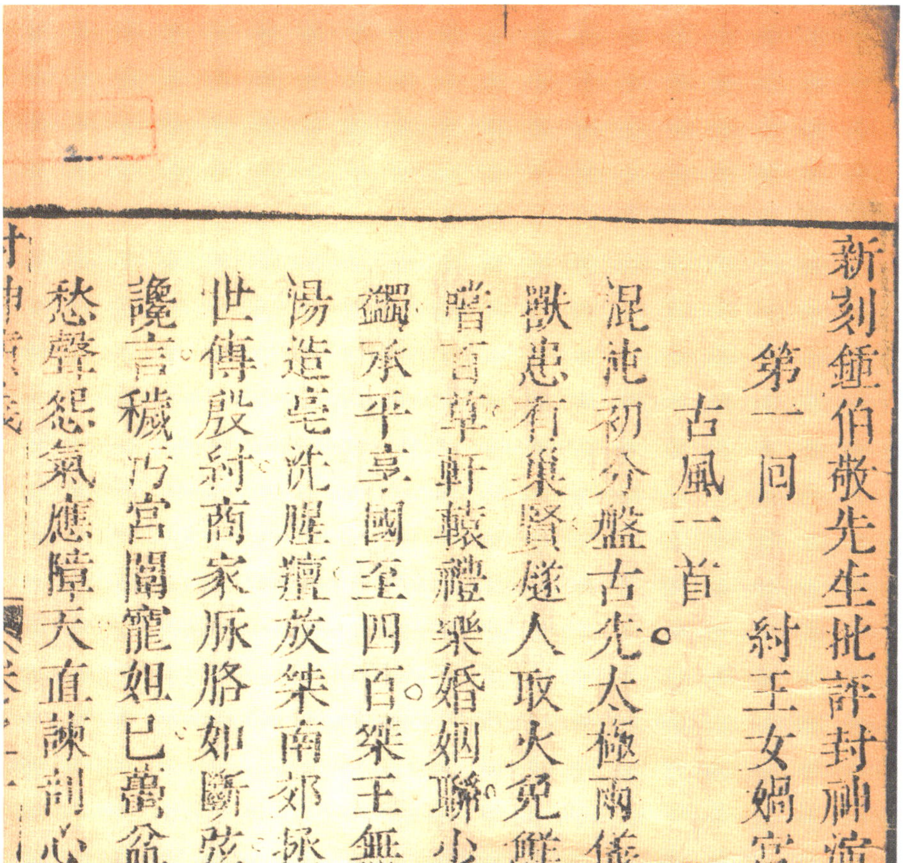

新刻鍾伯敬先生批評封神演義卷之一
第一回　紂王女媧宮進香
古風一首
混沌初分盤古先太極兩儀四象懸子天丑地人寅出避除
獸患有巢賢燧人取火免鮮食伏羲畫卦陰陽前神農治世
嚐百草軒轅禮樂婚姻聯少昊五帝民物阜禹王治水洪波
蠲承平享國至四百桀王無道乾坤顛日縱妺喜荒酒色成
湯造亳洗腥羶放桀南郊拯暴虐雲霓如願後蘇全三十一
世傳殷紂商家脈絡如斷弦紊亂朝綱絕倫紀殺妻誅子信
讒言穢亂宮闈寵妲己蠆盆炮烙忠貞冤鹿臺聚斂萬姓苦
愁聲怨氣應障天直諫剖心盡焚炙孕婦刳剔朝涉殲崇信

20877　新刻鍾伯敬先生批評封神演義十九卷　（明）許仲琳撰　清康熙四雪草堂刻本　錦州市圖書館

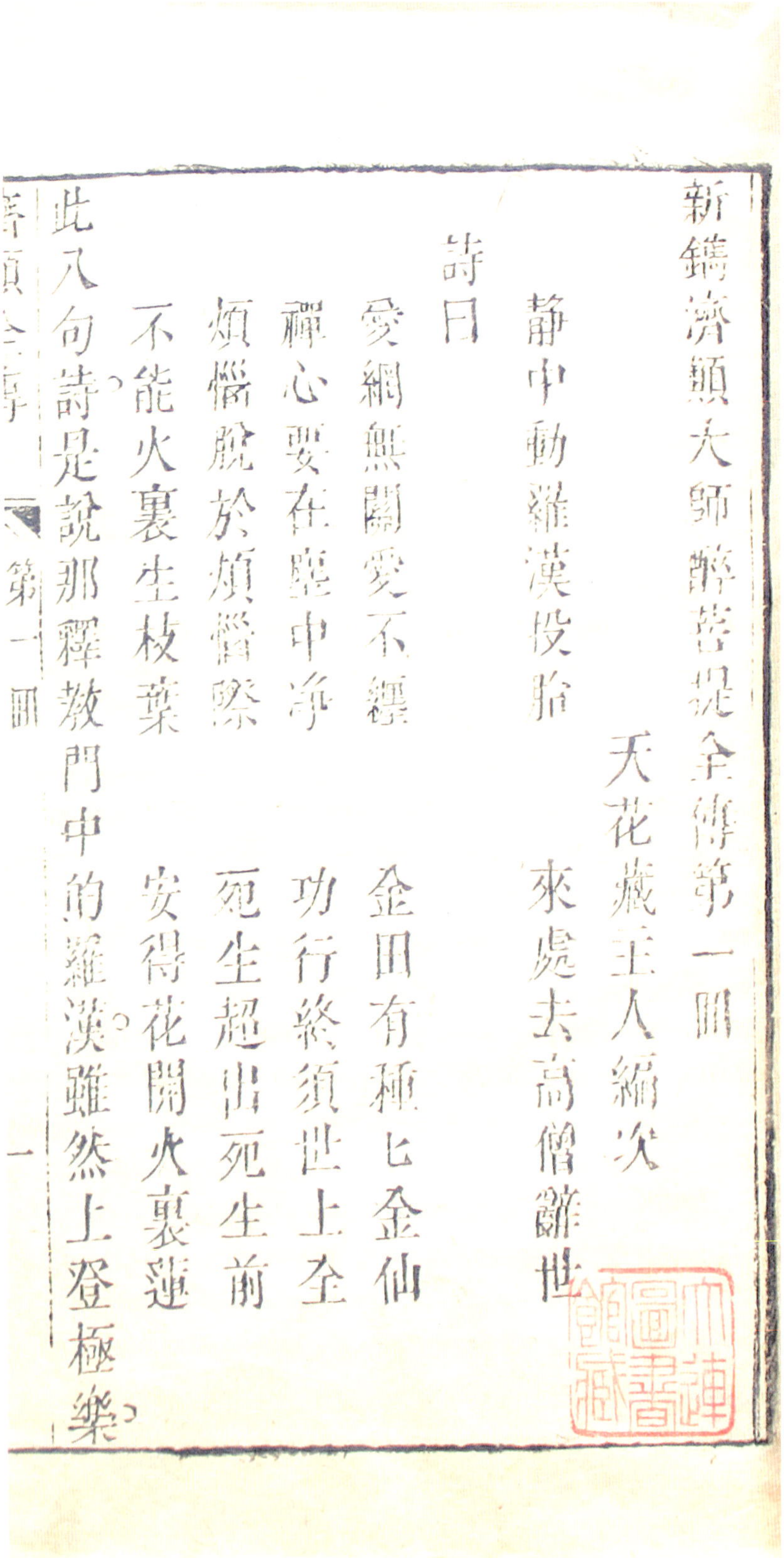
新鐫濟顛大師醉菩提全傳第一回
天花藏主人編次
靜中動羅漢投胎　來處去高僧離世
詩曰
愛網無關愛不纏　金田有種〻金仙
禪心要在塵中淨　功行終須世上全
煩惱脫於煩惱際　死生超出死生前
不能火裏生枝葉　安得花開火裏蓮
此八句詩，是說那釋教門中的羅漢，雖然上登極樂，
濟顛全傳　卷一　第一回　一

20878　新鐫濟顛大師醉菩提全傳 二十回　題（清）天花藏主人編次
清寶仁堂刻本　大連圖書館

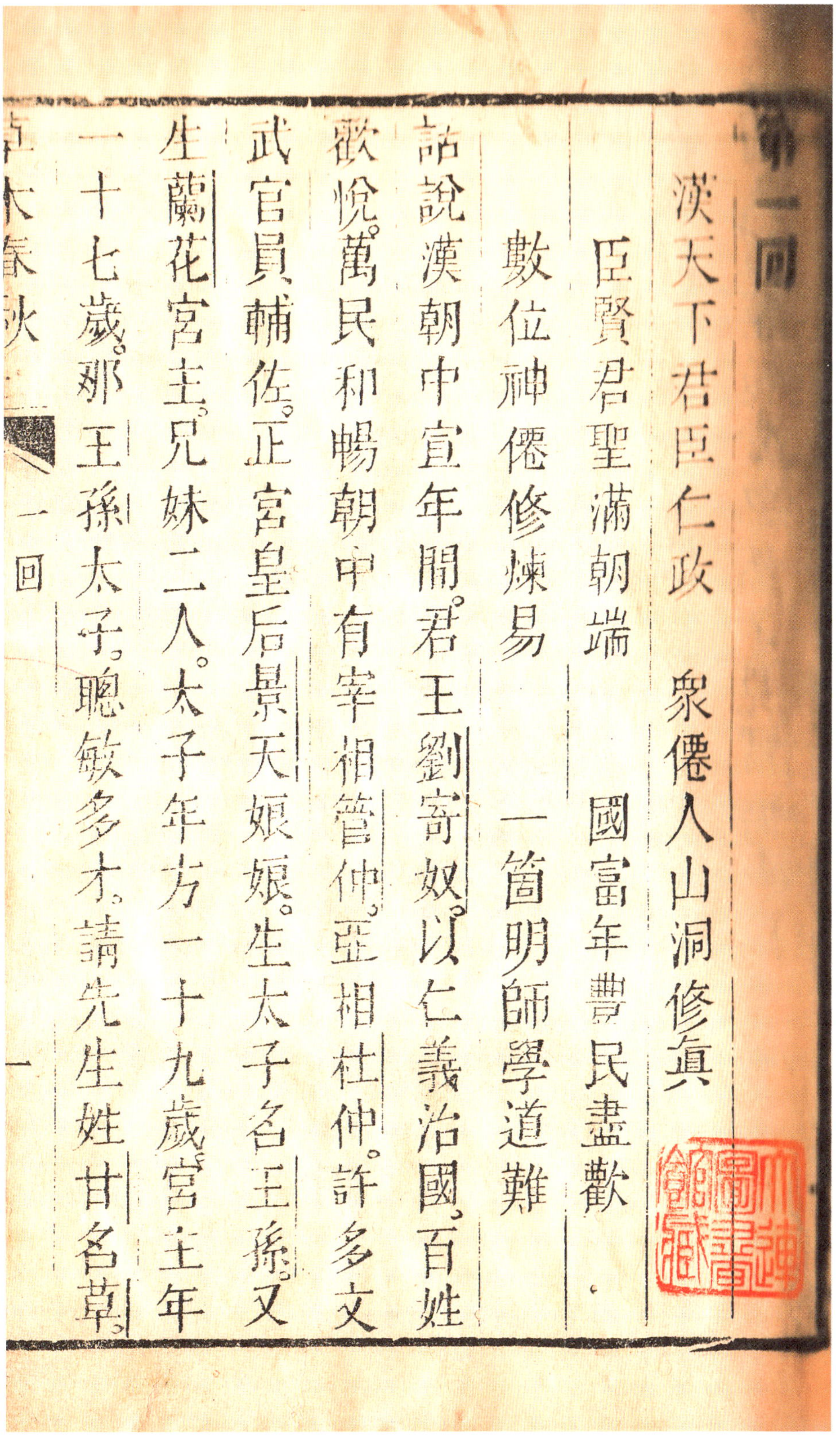
第一回
漢天下君臣仁政　衆僊人山洞修眞
臣賢君聖滿朝端　國富年豐民盡歡
數位神僊修煉易　一箇明師學道難
話說漢朝中宣年間。君王劉寄奴。以仁義治國。百姓
歡悅。萬民和暢。朝中有宰相管仲。亞相杜仲。許多文
武官員輔佐。正宮皇后景天娘娘。生太子名王孫。又
生蘭花宮主。兄妹二人。太子年方一十九歲。宮主年
一十七歲。那王孫太子。聰敏多才。請先生姓甘名草。
草木春秋　卷一　一回　一

20879　草木春秋演義五卷三十二回　（清）江洪撰　清最樂堂刻本　大連圖書館

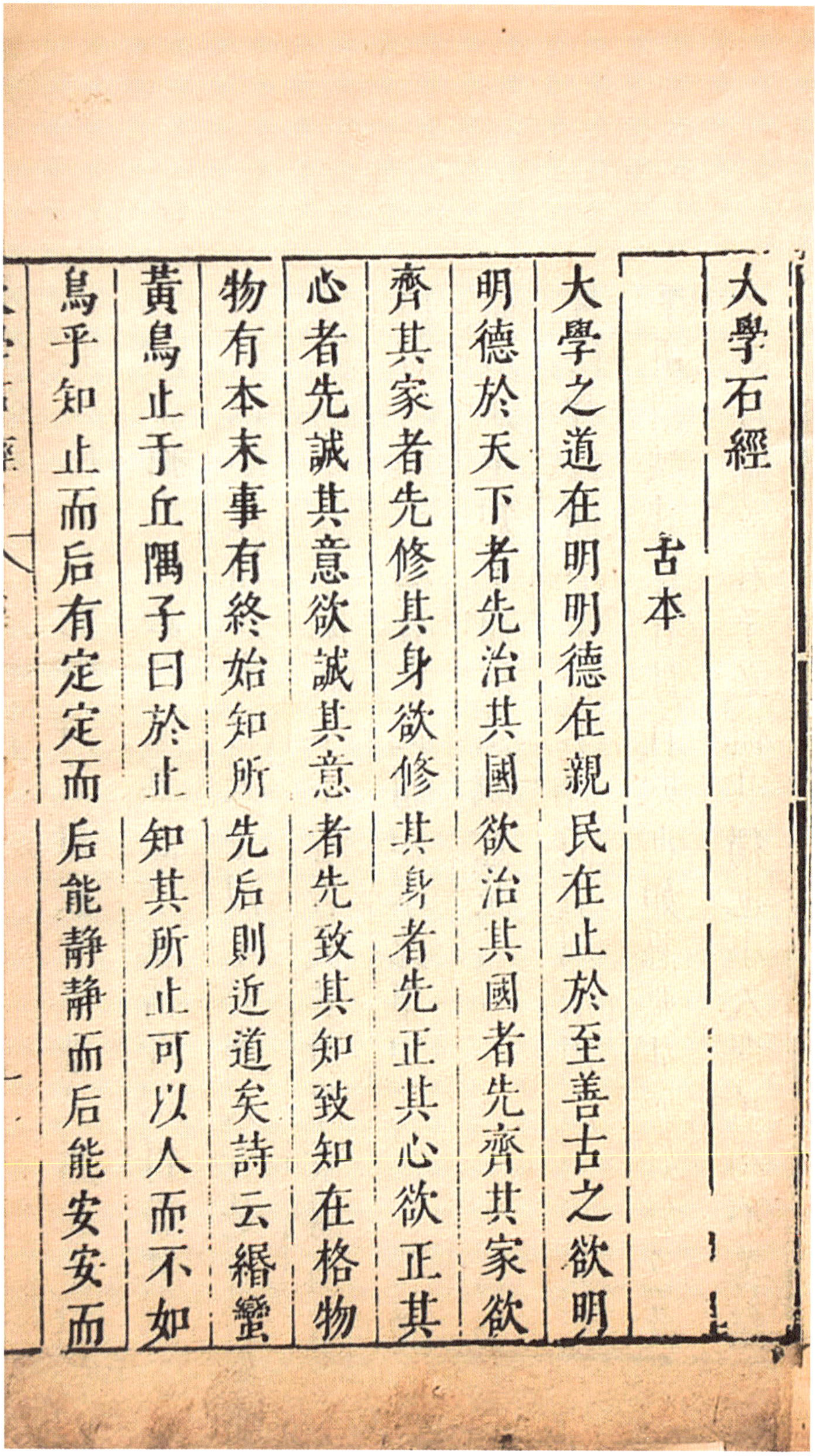
大學石經
古本
大學之道在明明德在親民在止於至善古之欲明
明德於天下者先治其國欲治其國者先齊其家欲
齊其家者先修其身欲修其身者先正其心欲正其
心者先誠其意欲誠其意者先致其知致知在格物
物有本末事有終始知所先后則近道矣詩云緡蠻
黃鳥止于丘隅子曰於止知其所止可以人而不如
鳥乎知止而后有定定而后能靜靜而后能安安而

20880　說郛一百二十卷　（元）陶宗儀編　清順治三年（1646）李際期宛委山堂刻本　魯迅美術學院圖書館

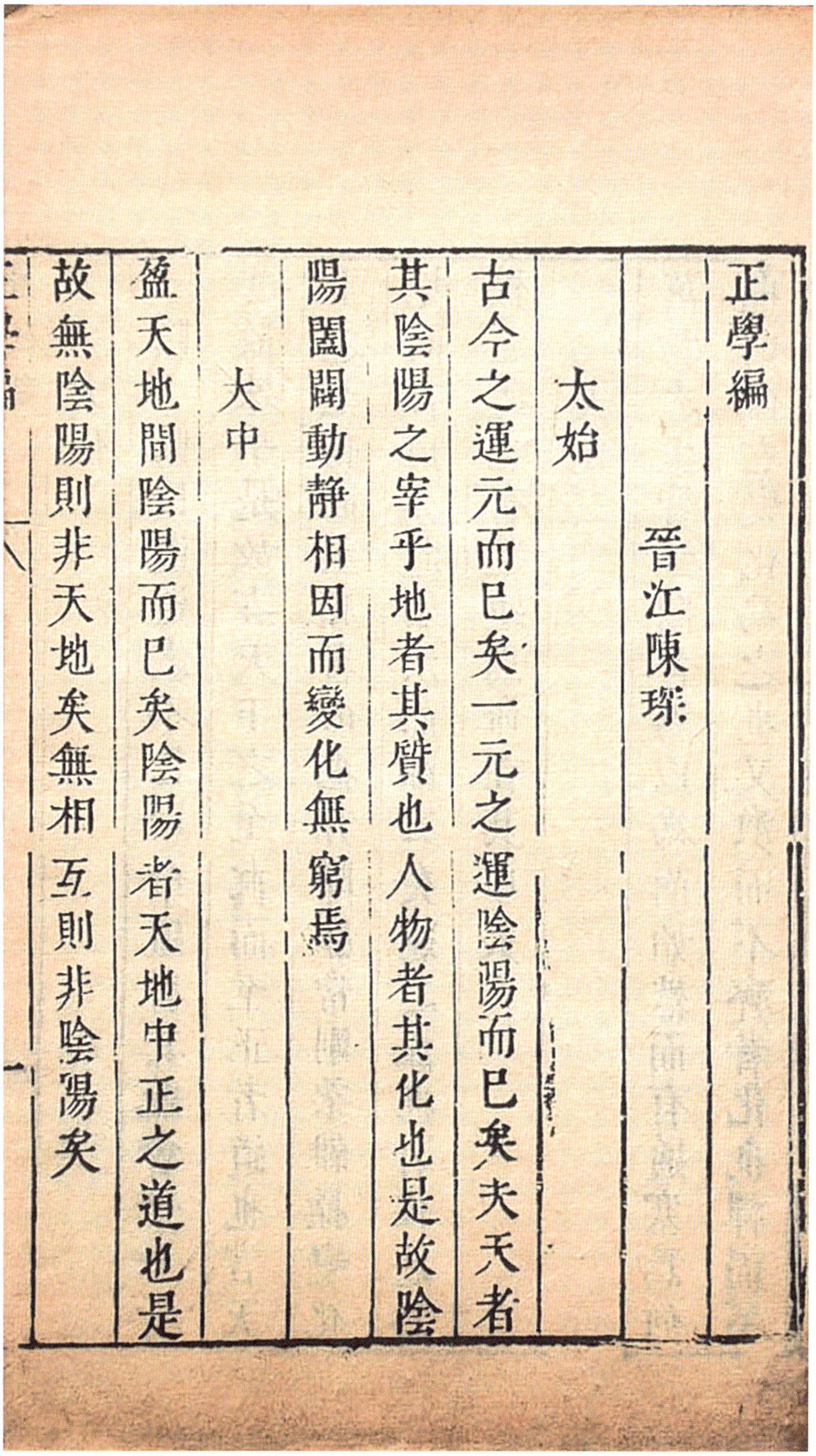

正學編

晉江陳琛

太始

古今之運元而已矣一元之運陰陽而已矣夫天者其陰陽之宰乎地者其質也人物者其化也是故陰陽闔闢動靜相因而變化無窮焉

大中

盈天地間陰陽而已矣陰陽者天地中正之道也是故無陰陽則非天地矣無相互則非陰陽矣

20881　說郛續四十六卷　（明）陶珽編　清順治三年（1646）李際期宛委山堂刻本　魯迅美術學院圖書館

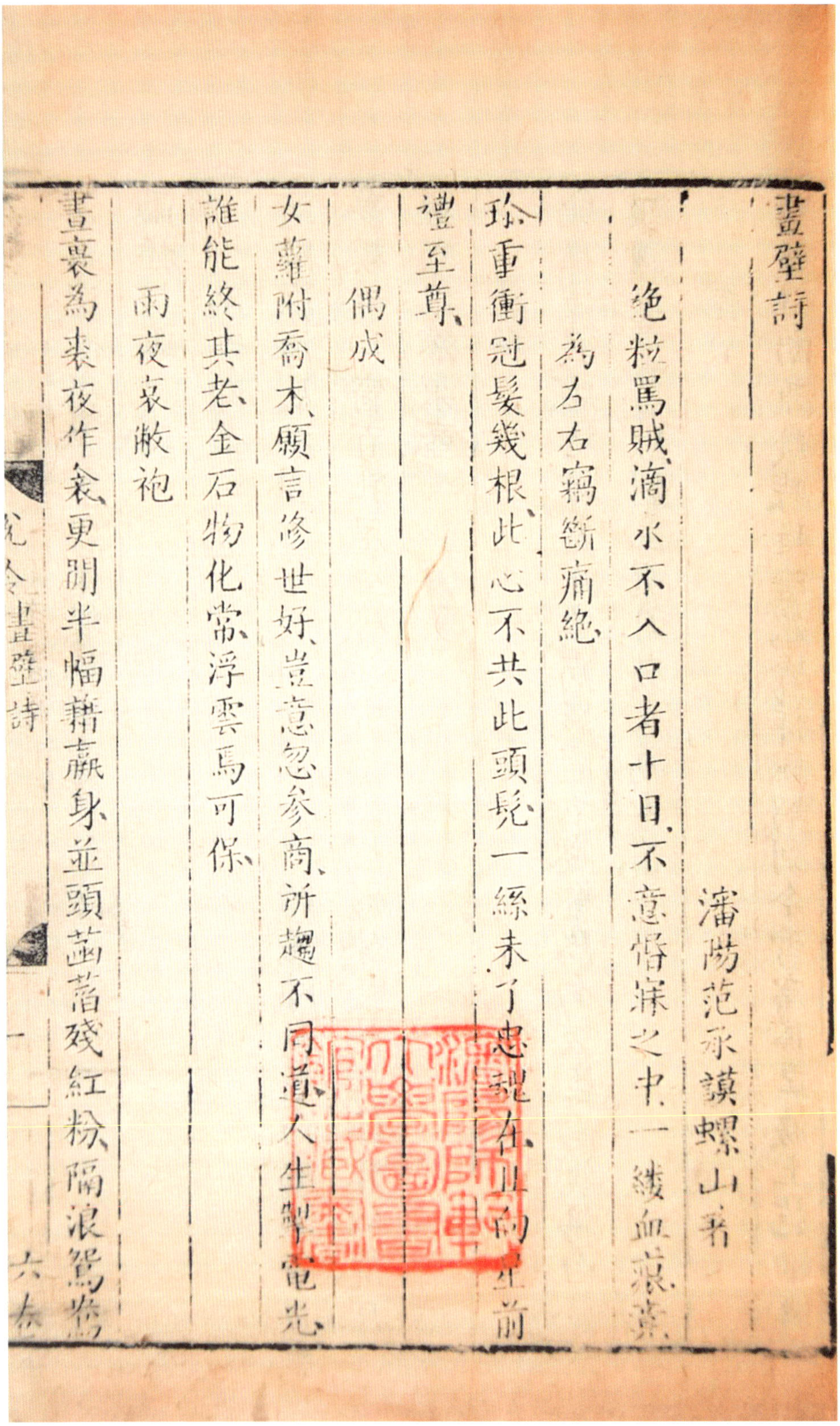

畫壁詩

瀋陽范承謨螺山著

絶粒駡賊，滴水不入口者十日，不意皆寐之中，一綫血痕糞

爲左右竊斷痛絶

珍重衝冠髮幾根，此心不共此頭髠。一絲未了忠魂在，此向生前

禮至尊。

偶成

女蘿附喬木，顧言修世好，豈意忽參商，所趨不同道。人生[illegible]電光，

誰能終其老，金石物化常，浮雲焉可保。

雨夜哀敝袍

晝褰爲裘夜作衾，更剪半幅藉羸身。並頭菡萏殘紅粉，隔浪鴛鴦

說鈴 畫壁詩 一 六

20882　說鈴五十四卷　（清）吴震方輯　清康熙刻本　瀋陽師範大學圖書館

存四十九卷（六至五十四）

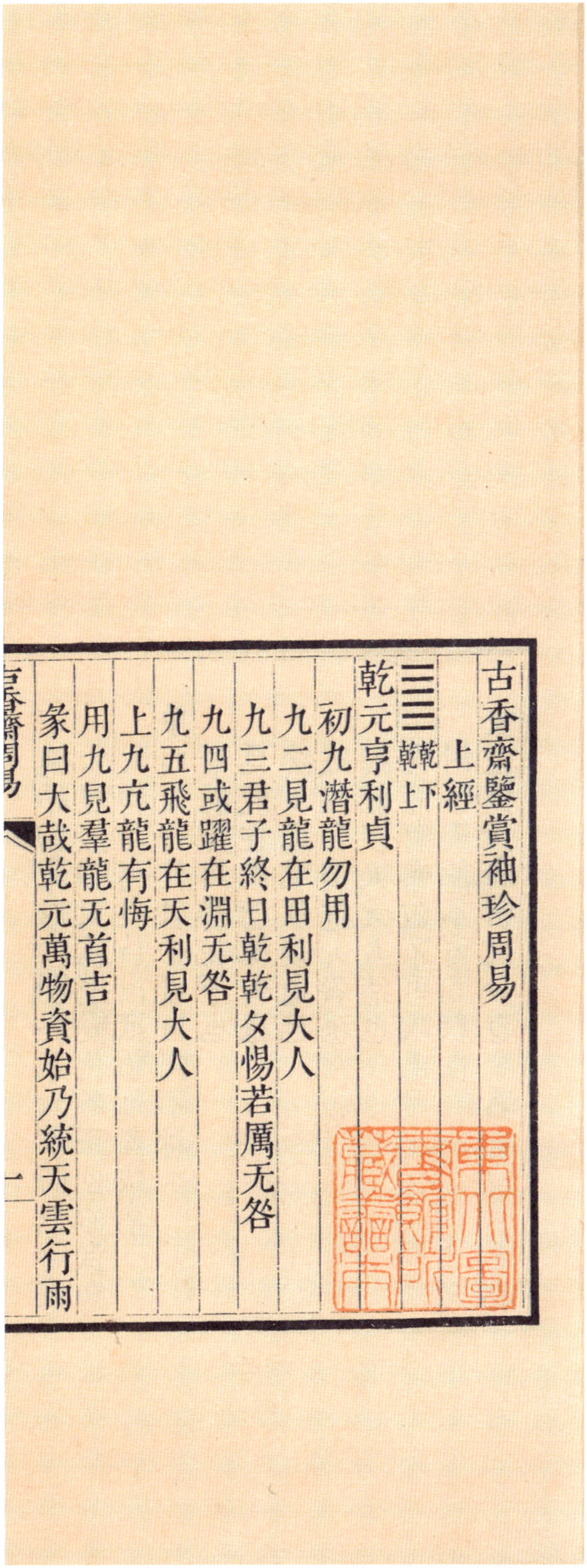
古香齋鑒賞袖珍周易
上經
☰乾下乾上
乾元亨利貞
初九潛龍勿用
九二見龍在田利見大人
九三君子終日乾乾夕惕若厲无咎
九四或躍在淵无咎
九五飛龍在天利見大人
上九亢龍有悔
用九見羣龍无首吉
彖曰大哉乾元萬物資始乃統天雲行雨
古香齋周易 一

20883　欽定古香齋袖珍十種九百三卷　清乾隆十三年（1748）武英殿刻本　遼寧省圖書館

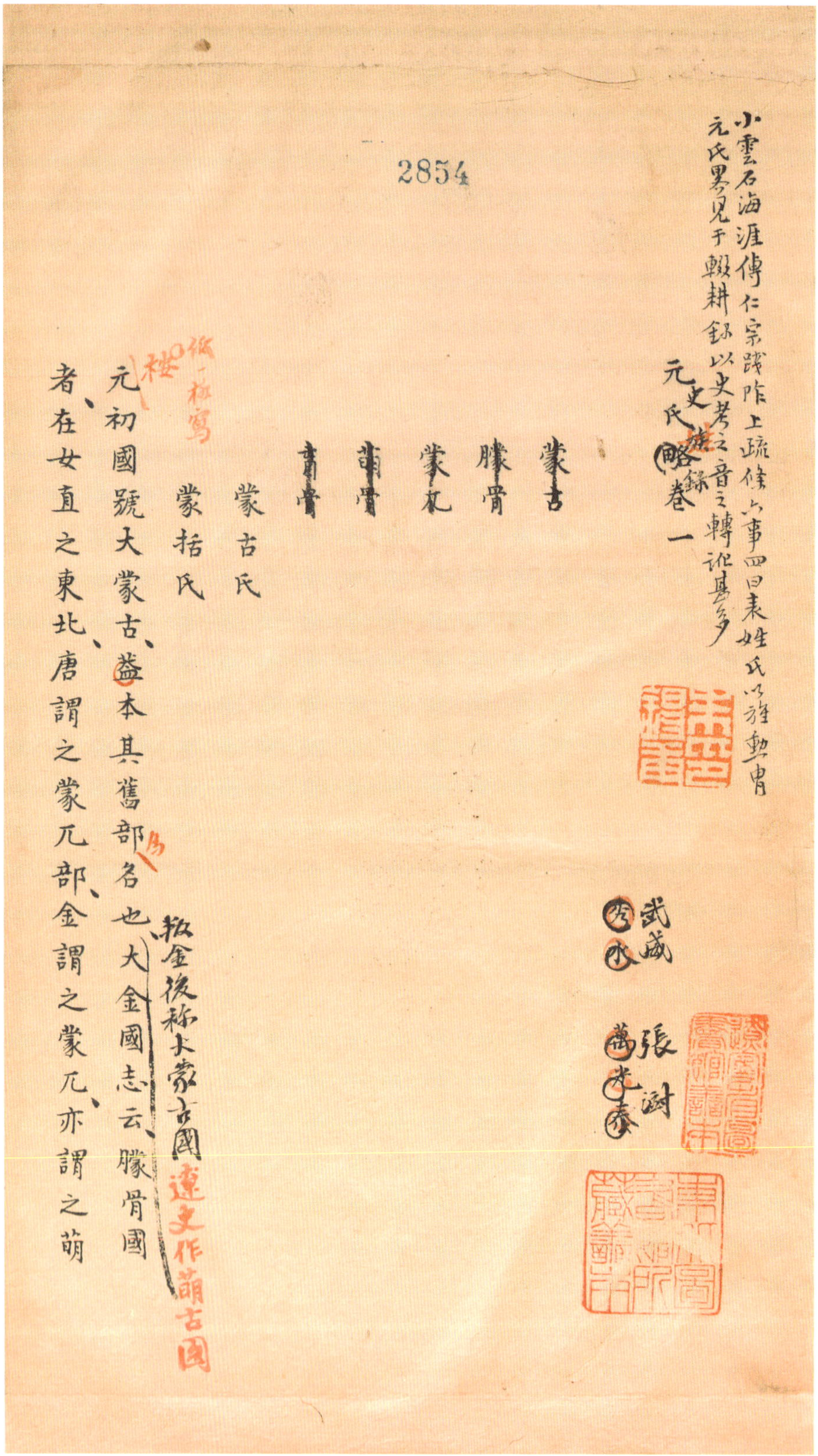

20884　**萬光泰雜著三種五卷**　（清）萬光泰撰　清抄本　遼寧省圖書館

少數民族文字珍貴古籍

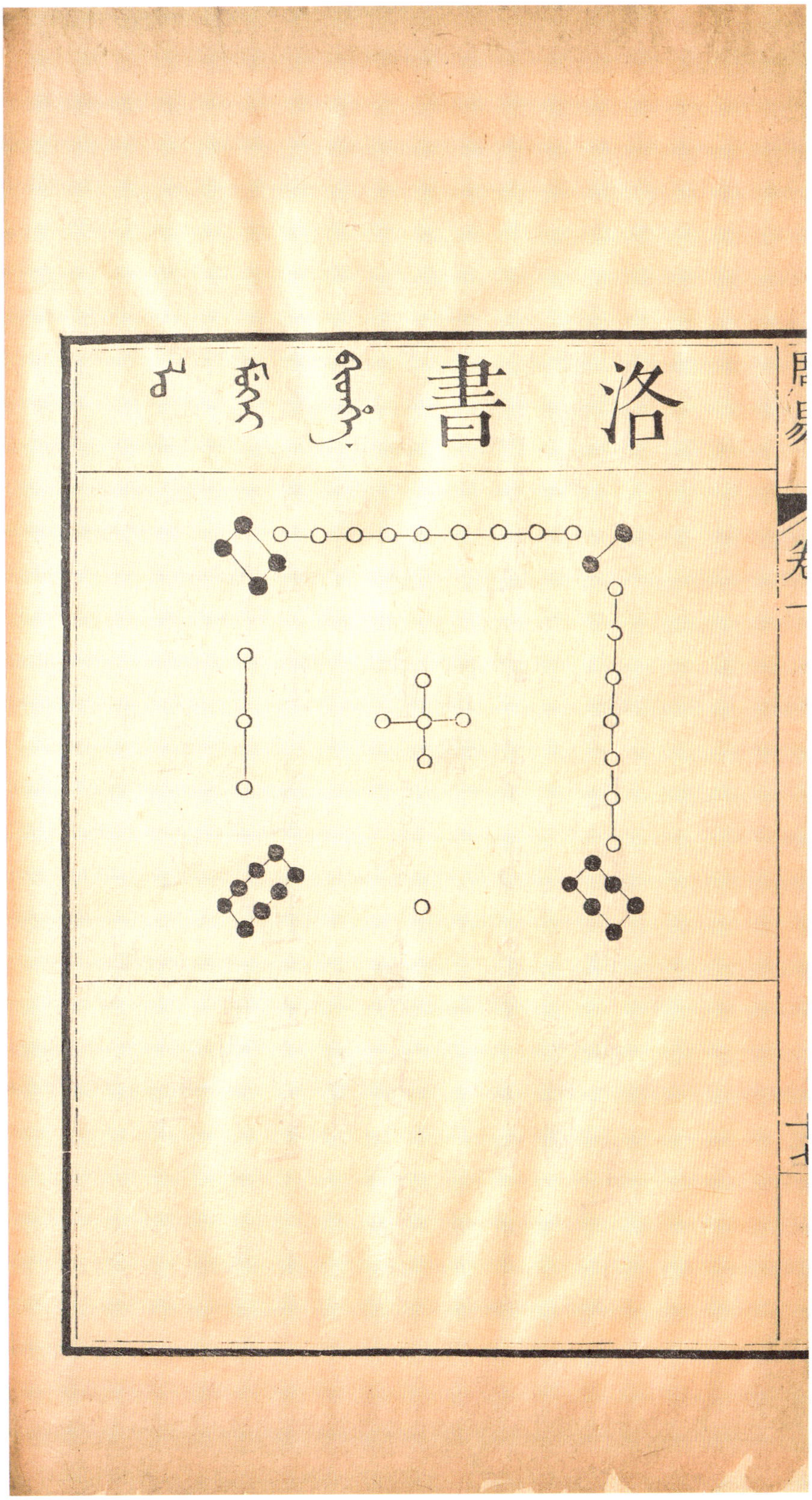

20885　周易四卷　（清）高宗弘曆敕譯　清乾隆三十年（1765）武英殿刻本　滿漢合璧　遼寧省圖書館

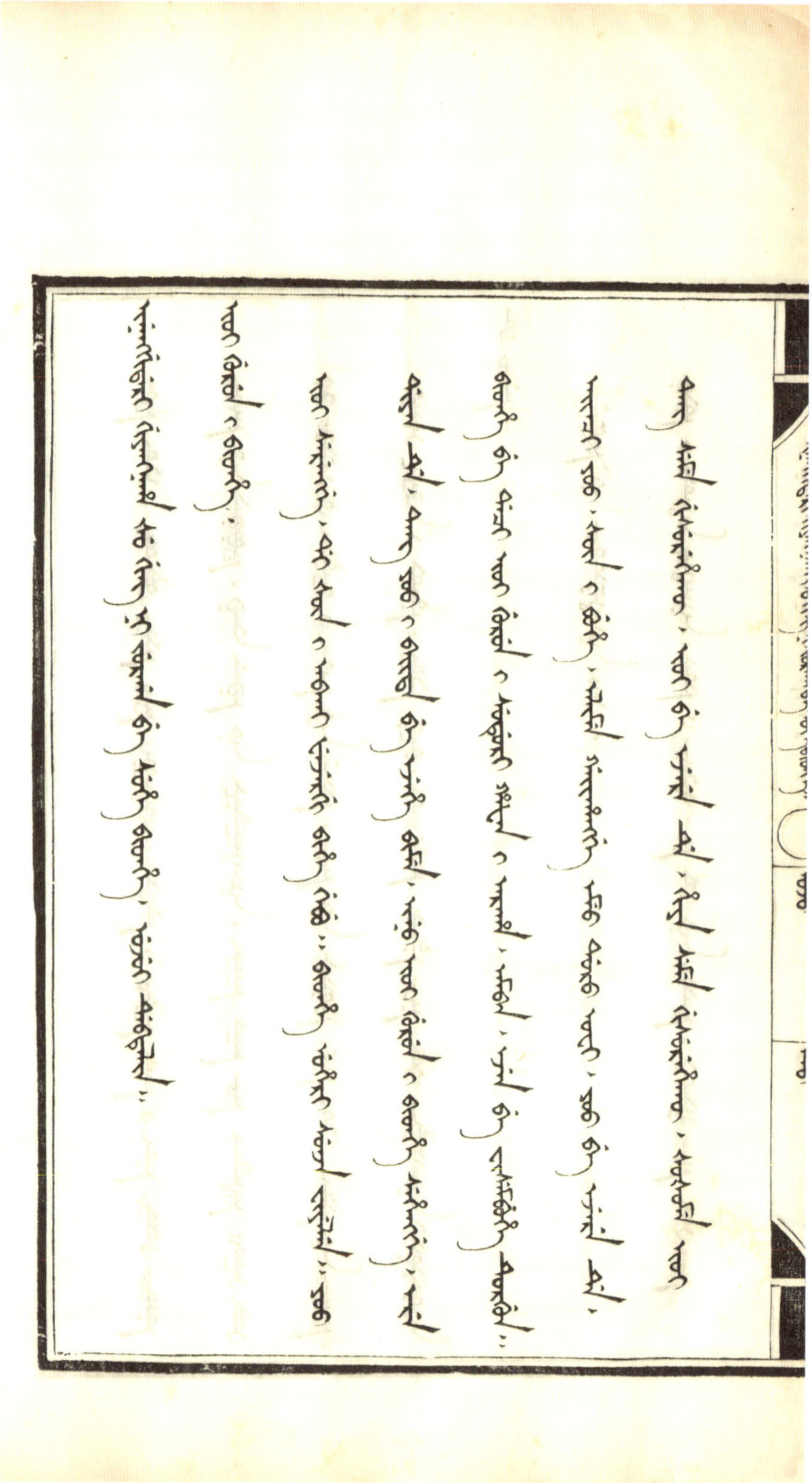

20886　日講易經解義十八卷　（清）牛鈕等撰　清康熙二十二年（1683）
內府刻本　滿文　遼寧省圖書館

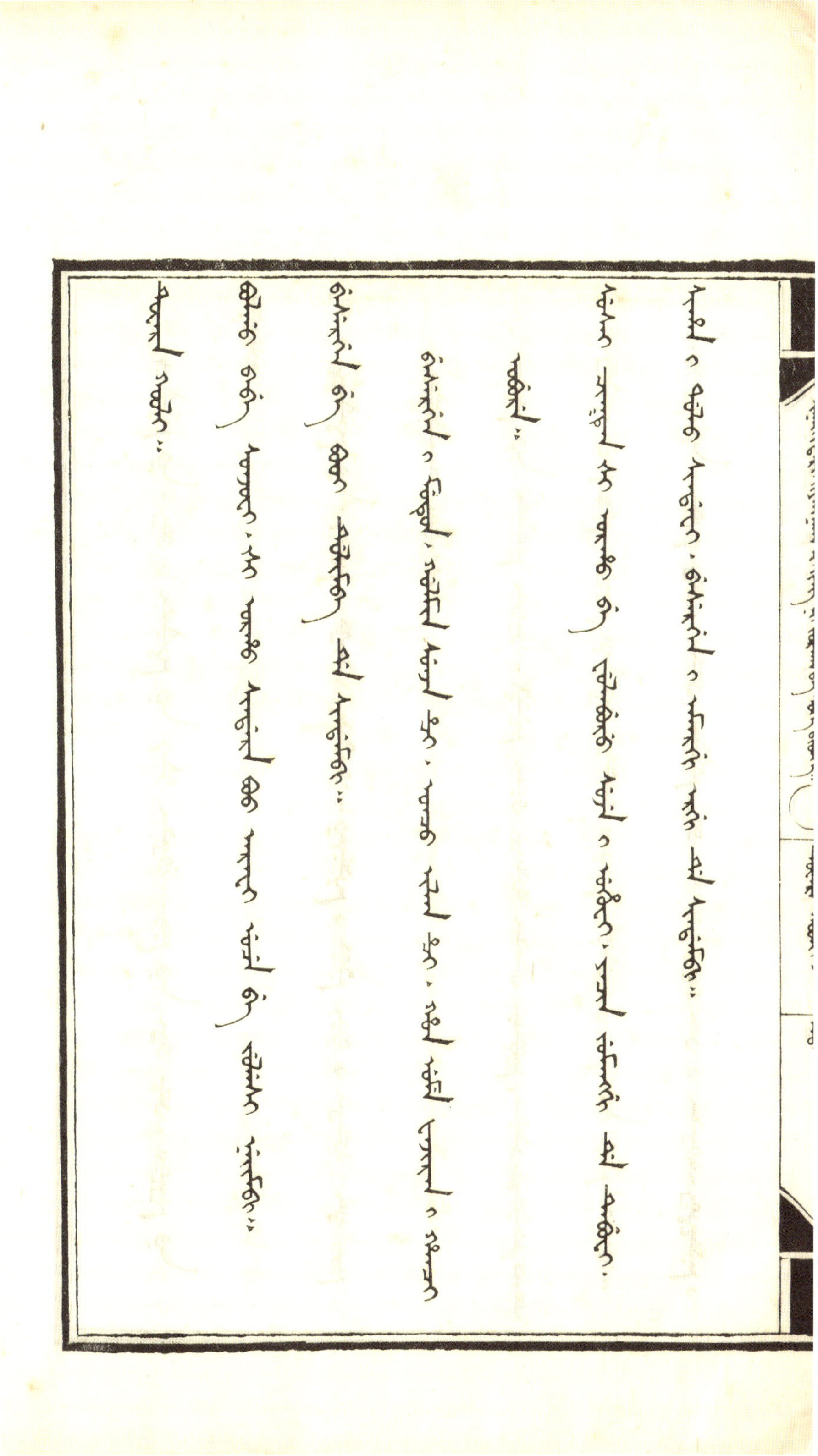

20887　日講書經解義十三卷　（清）庫勒納等撰　清康熙十九年（1680）內府刻本　滿文　遼寧省圖書館

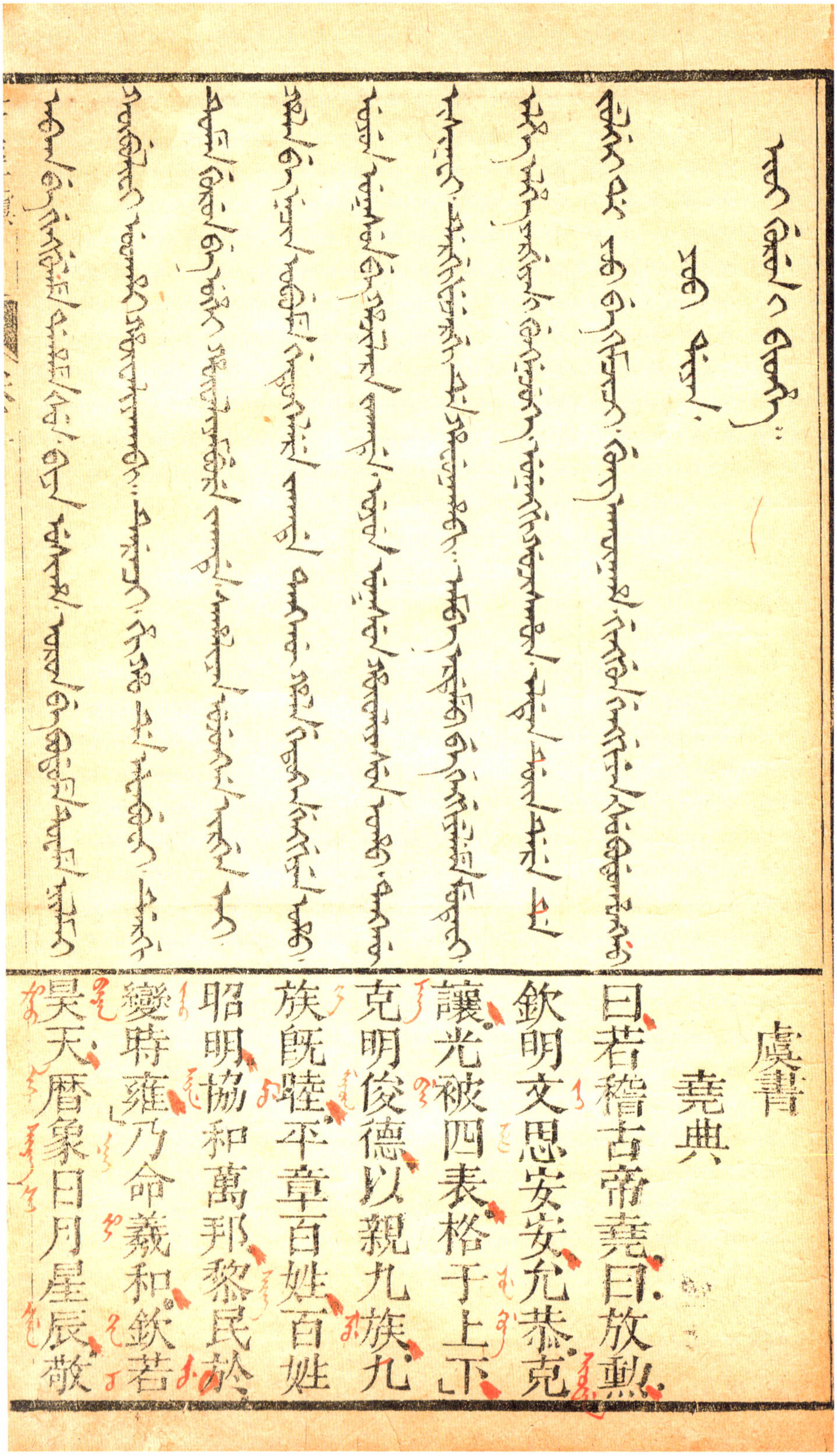
虞書
堯典
曰若稽古帝堯曰放勳
欽明文思安安允恭克
讓光被四表格于上下
克明俊德以親九族九
族既睦平章百姓百姓
昭明協和萬邦黎民於
變時雍乃命羲和欽若
昊天曆象日月星辰敬

20888　新刻滿漢字書經六卷　（清）舜代虞譯　清春卿精一齋刻本　滿漢合璧　大連圖書館

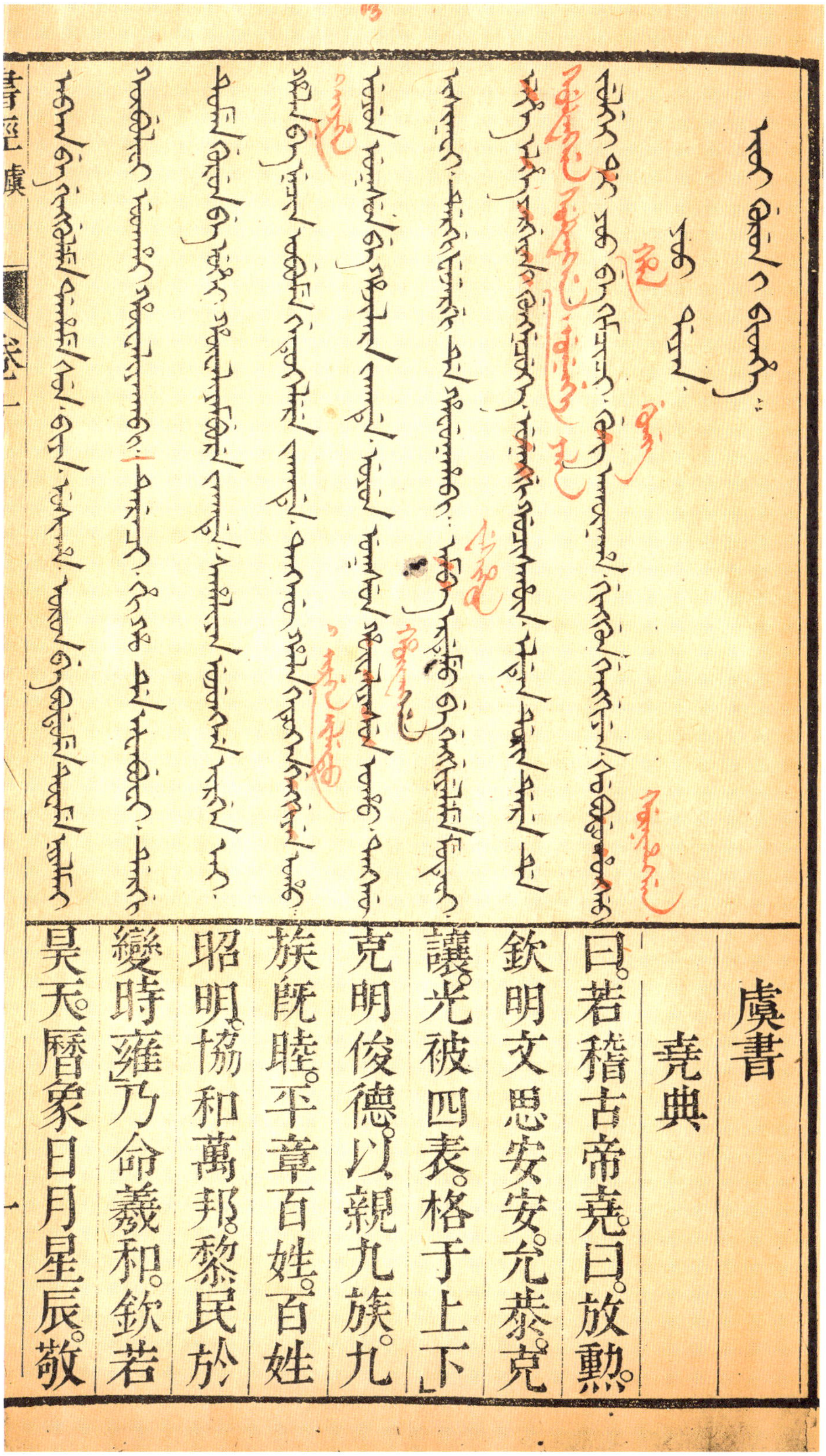
書經 虞 卷一 一

虞書

堯典

曰若稽古帝堯曰放勳欽明文思安安允恭克讓光被四表格于上下克明俊德以親九族九族既睦平章百姓百姓昭明協和萬邦黎民於變時雍乃命羲和欽若昊天曆象日月星辰敬

20889　新刻滿漢字書經六卷　清乾隆三年（1738）京都文錦堂、二酉堂刻本　滿漢合璧　大連圖書館

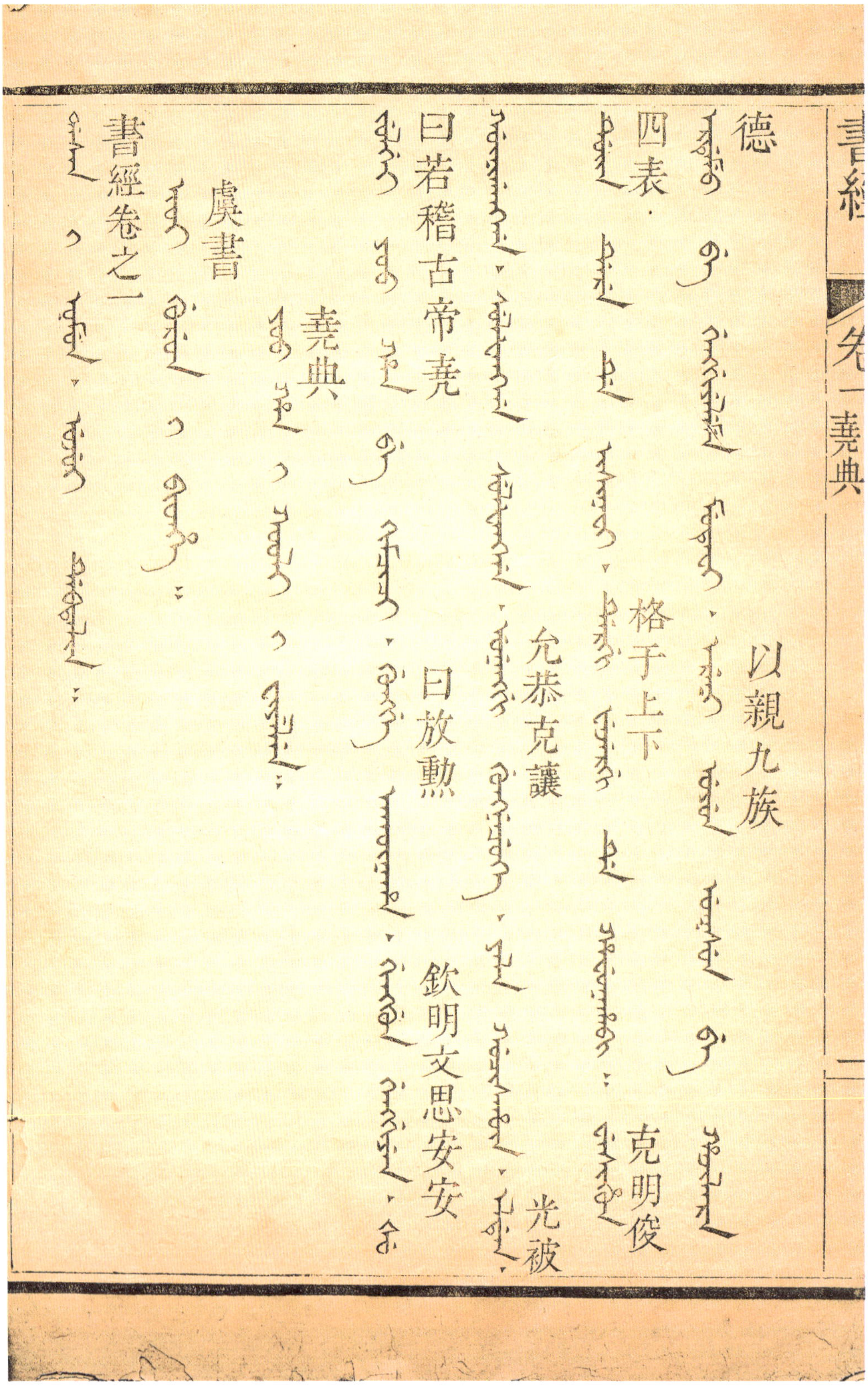

20890 書經六卷 （宋）蔡沈集傳 （清）高宗弘曆敕撰 清乾隆二十五年（1760）武英殿刻本 滿漢合璧 大連圖書館

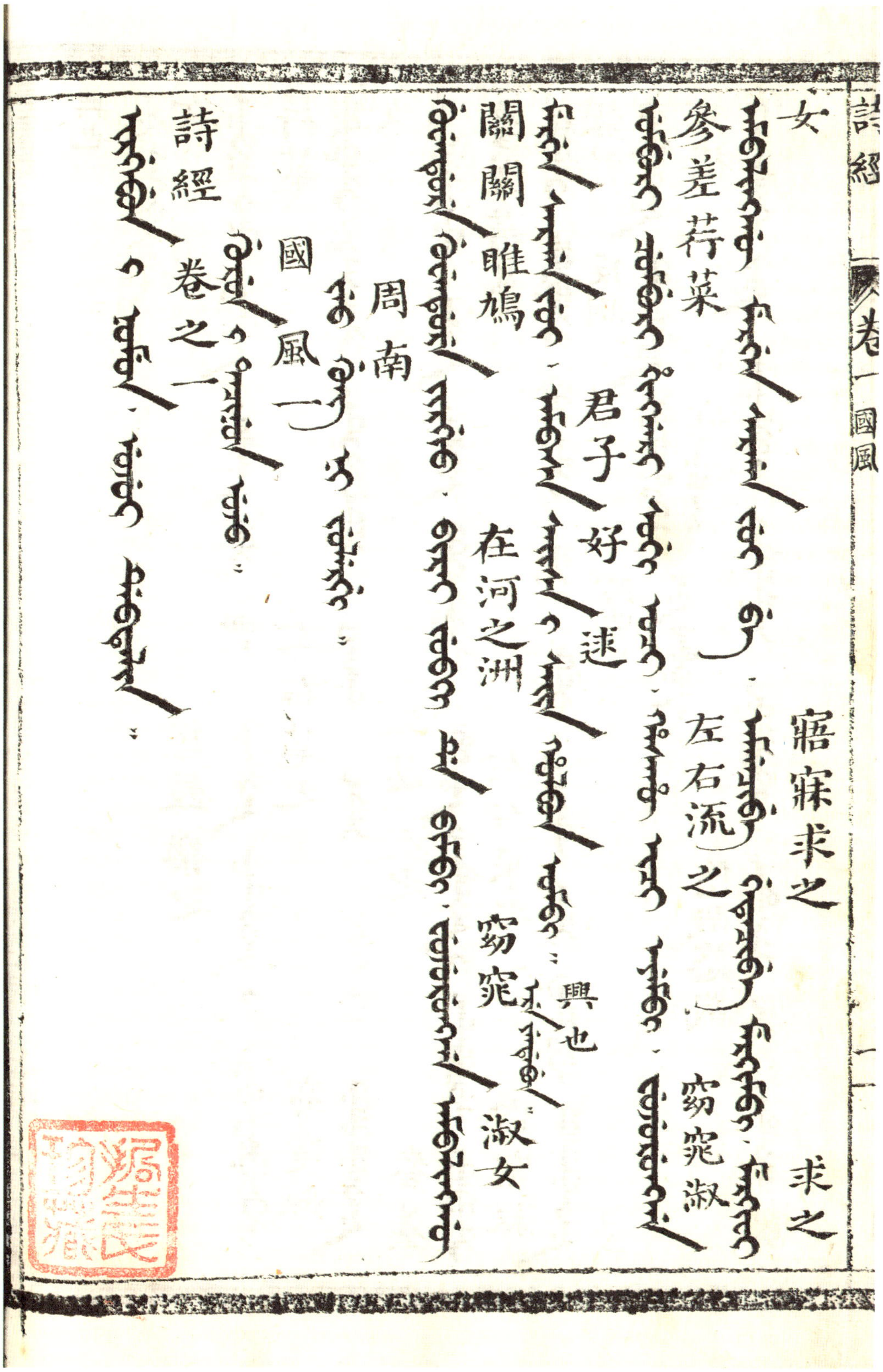

詩經卷一國風 一

詩經卷之一

國風一

周南

關關雎鳩 在河之洲 窈窕淑女

君子好逑 興也

參差荇菜 左右流之 窈窕淑

女 寤寐求之 求之

20891 **詩經八卷** 清刻本 滿漢合璧 大連圖書館

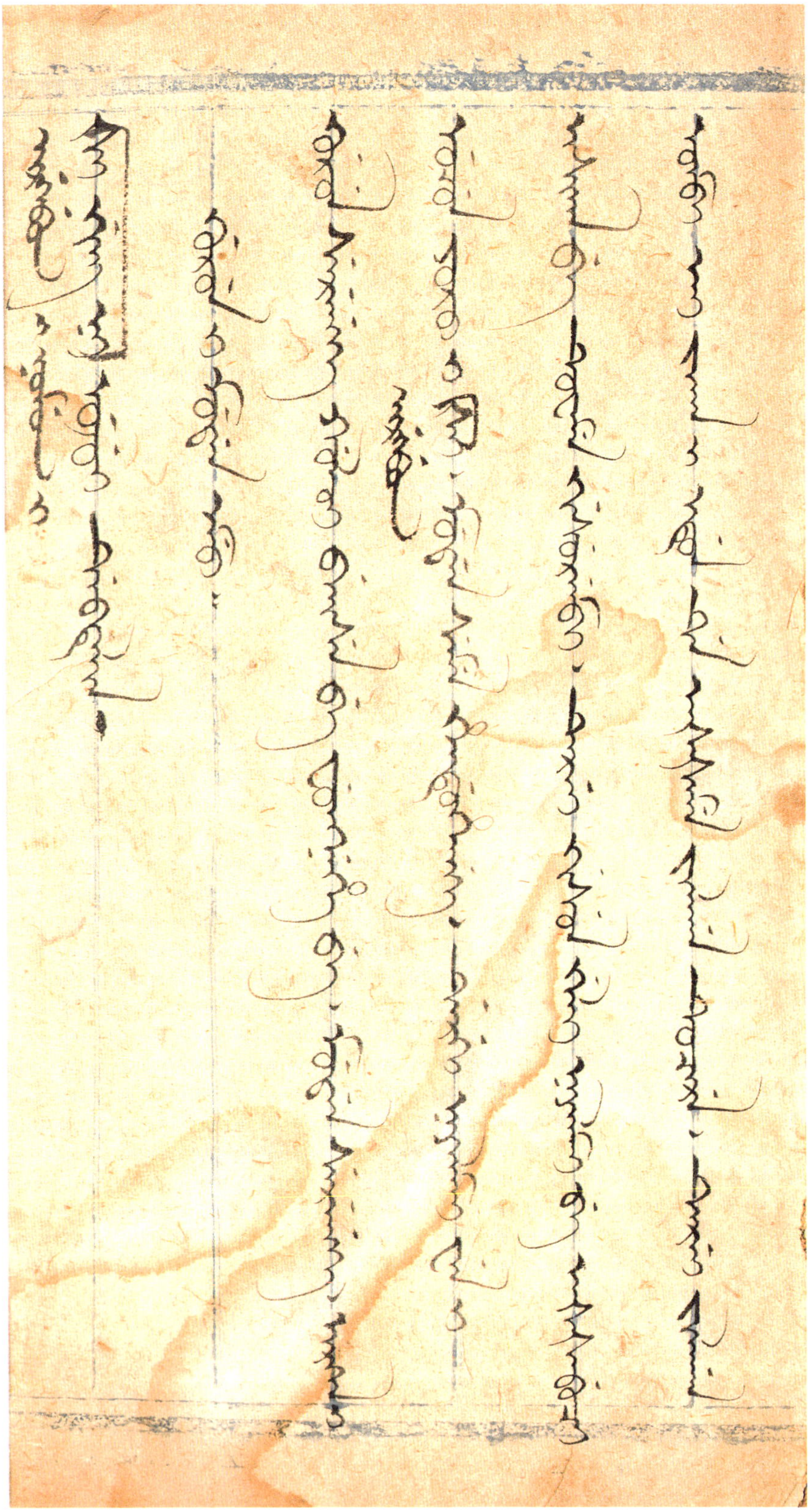

20892　詩經不分卷　清康熙三十六年（1697）抄本　滿文　大連圖書館

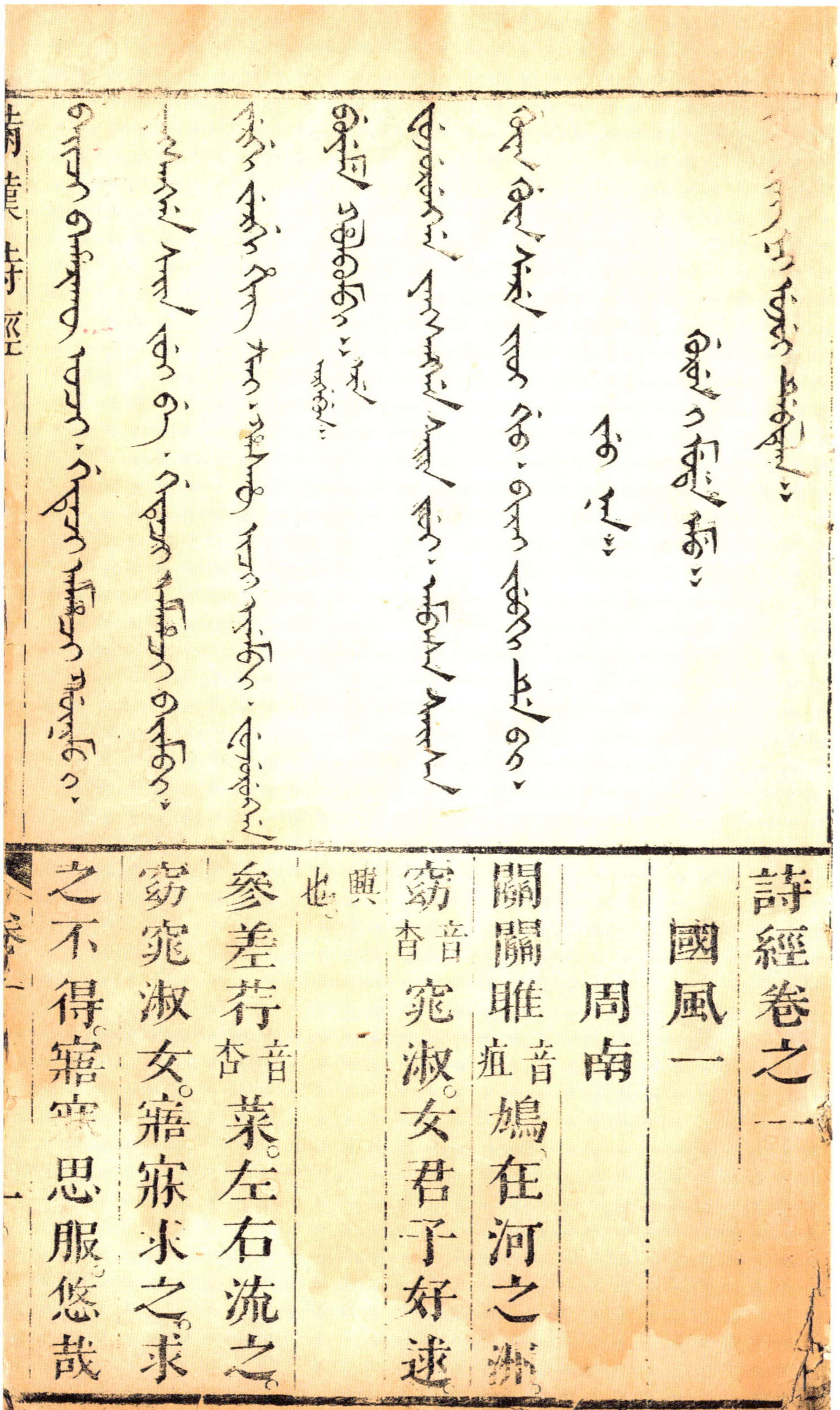
詩經卷之一
國風一
周南
關關雎（音疽）鳩在河之洲
窈（音杳）窕淑女君子好逑
興也
參差荇（音杏）菜左右流之
窈窕淑女寤寐求之求
之不得寤寐思服悠哉

滿漢詩經 卷一

20893　滿漢詩經六卷　清刻本　滿漢合璧　大連圖書館

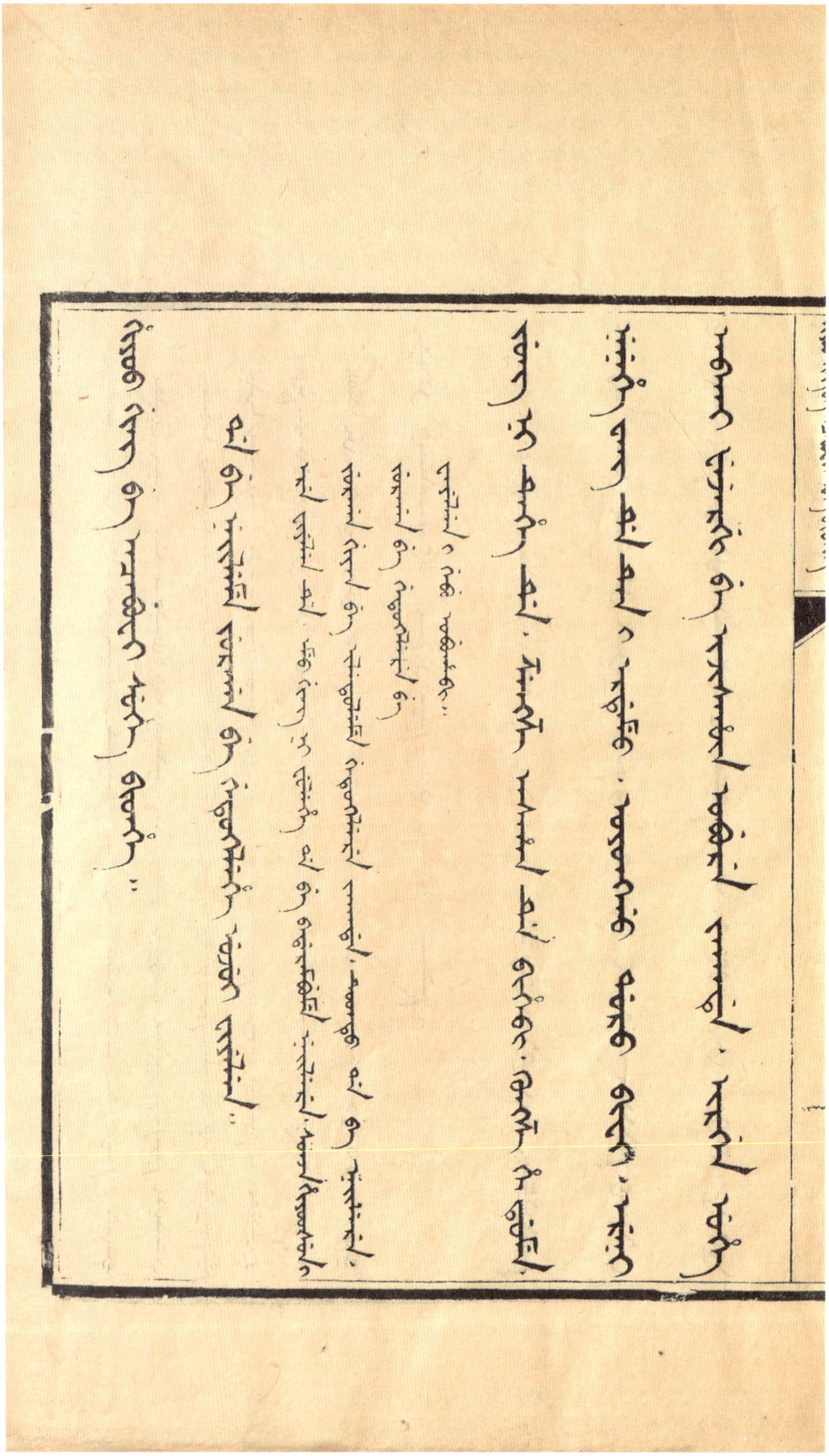

20894　孝經集注一卷　（清）世宗胤禛敕撰　清雍正五年（1727）内府刻本　滿文　遼寧省圖書館

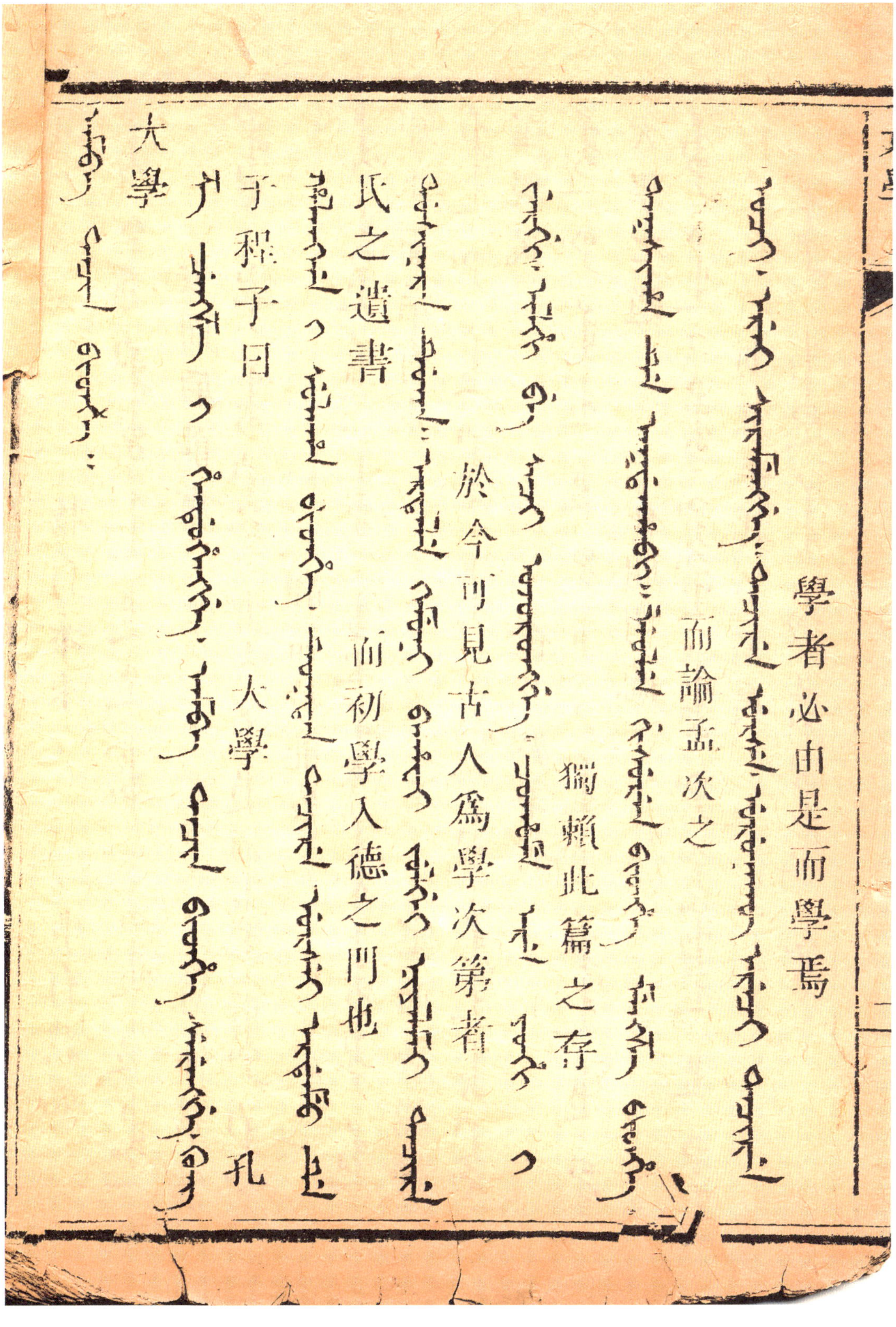
大學
子程子曰
大學孔氏之遺書
而初學入德之門也
於今可見古人為學次第者
獨賴此篇之存
而論孟次之
學者必由是而學焉

20895　御製翻譯四書六卷　（宋）朱熹注　（清）高宗弘曆敕譯　（清）鄂爾泰厘定　清刻本　滿漢合璧　大連圖書館

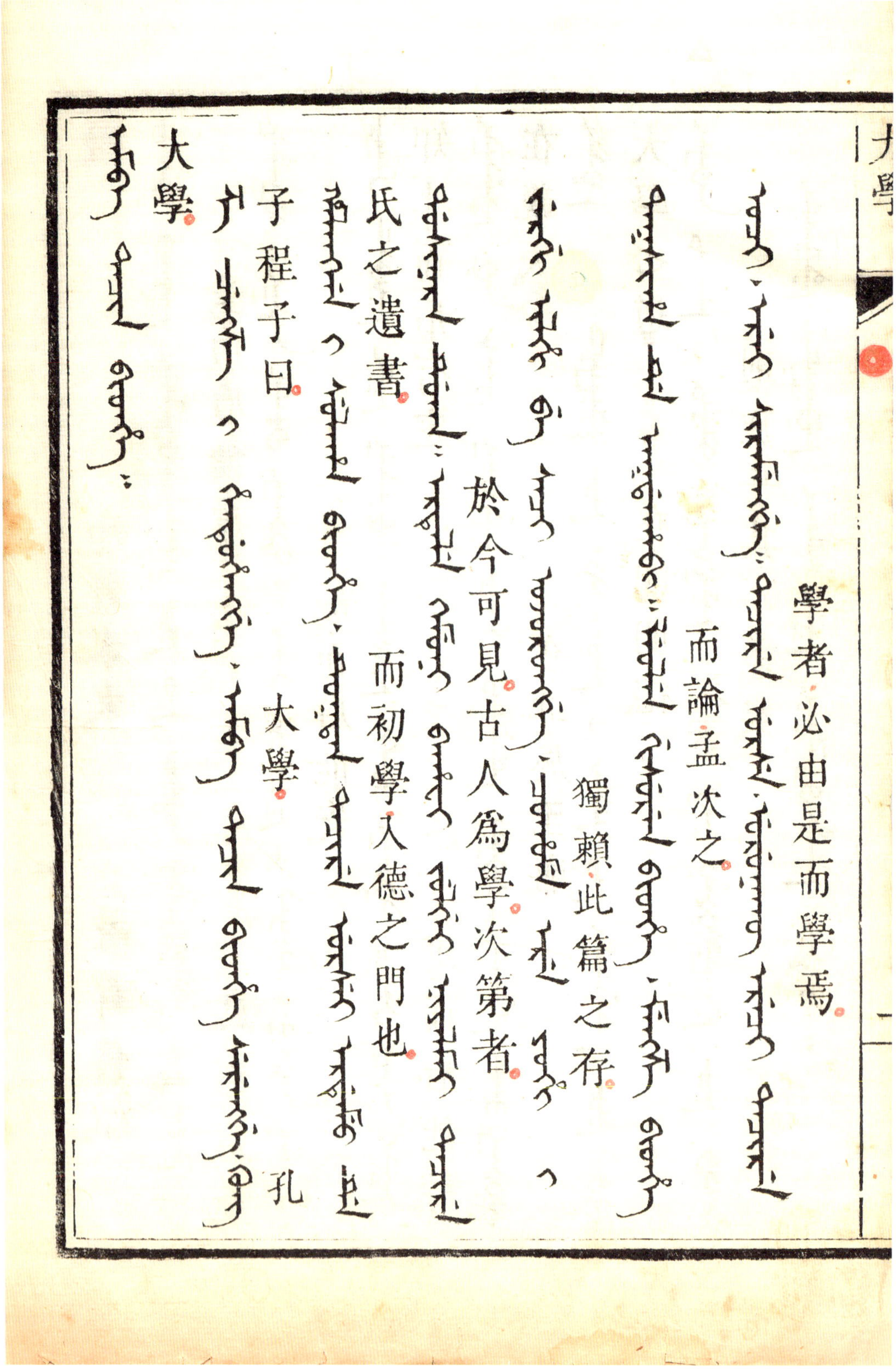
大學
學者必由是而學焉。
而論孟次之。
獨賴此篇之存。
於今可見古人爲學次第者。
氏之遺書。而初學入德之門也。
子程子曰。大學
孔
大學。

20896　御製翻譯四書六卷　（宋）朱熹注　（清）高宗弘曆敕譯　（清）鄂爾泰厘定　清刻本　滿漢合璧　大連圖書館

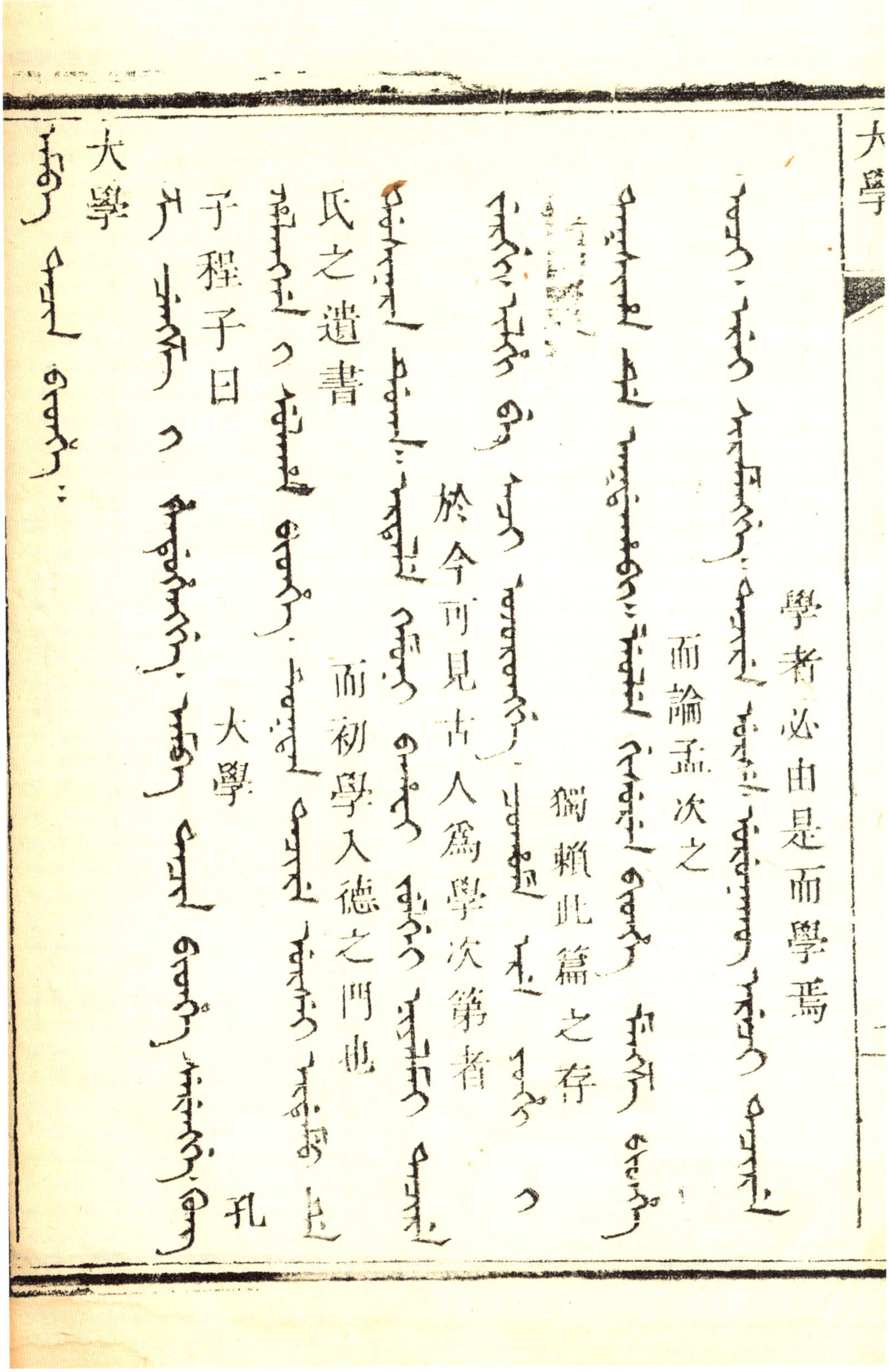

20897　御製翻譯四書六卷　（宋）朱熹注　（清）高宗弘曆敕譯　（清）鄂爾泰厘定　清京都聖經博古堂刻本　滿漢合璧　大連圖書館

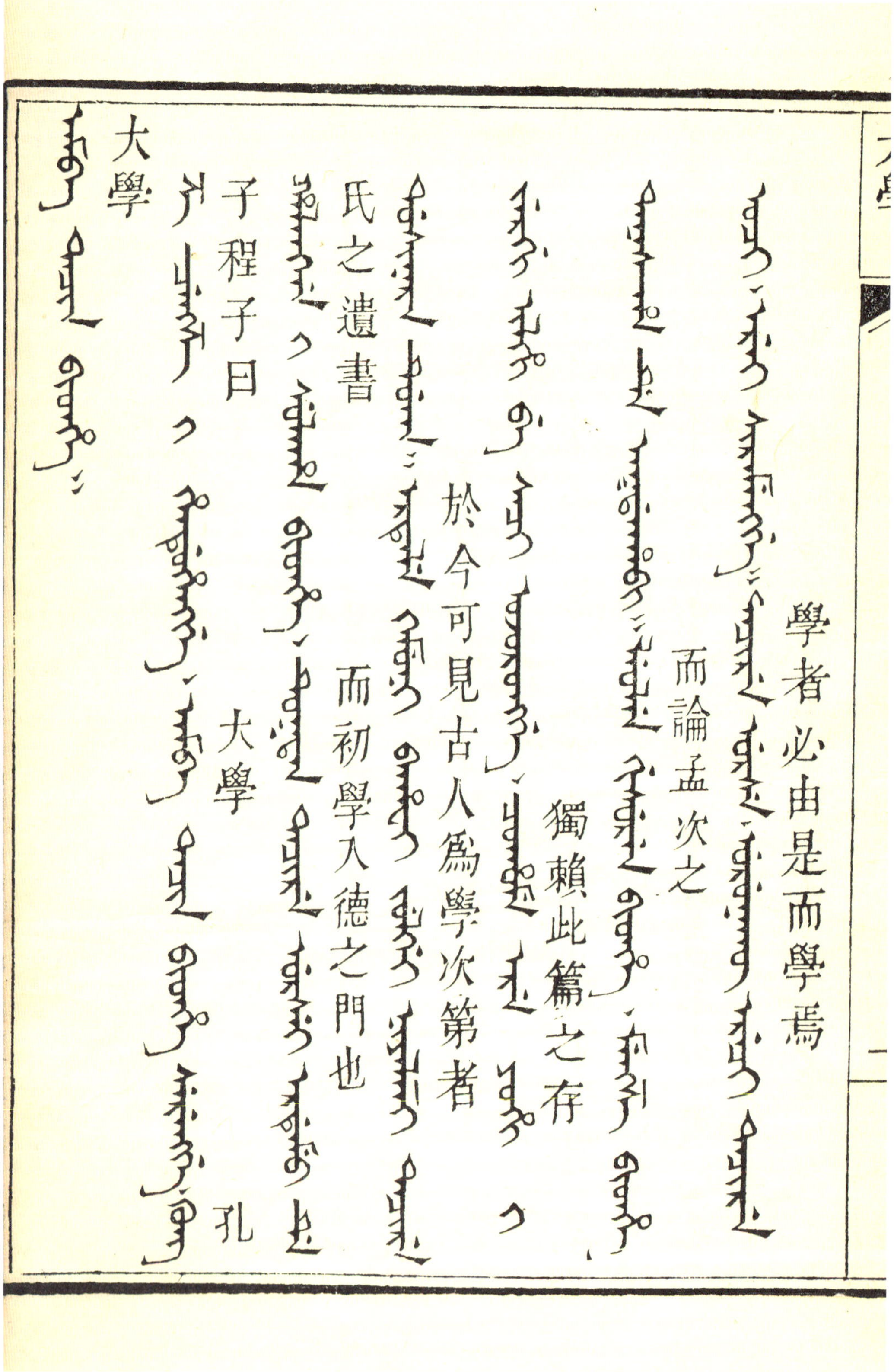
大學
子程子曰大學孔
氏之遺書而初學入德之門也
於今可見古人爲學次第者
獨賴此篇之存
而論孟次之
學者必由是而學焉

20898　御製翻譯四書六卷　（宋）朱熹注　（清）高宗弘曆敕譯　（清）鄂爾泰厘定　清刻本　滿漢合璧　大連圖書館

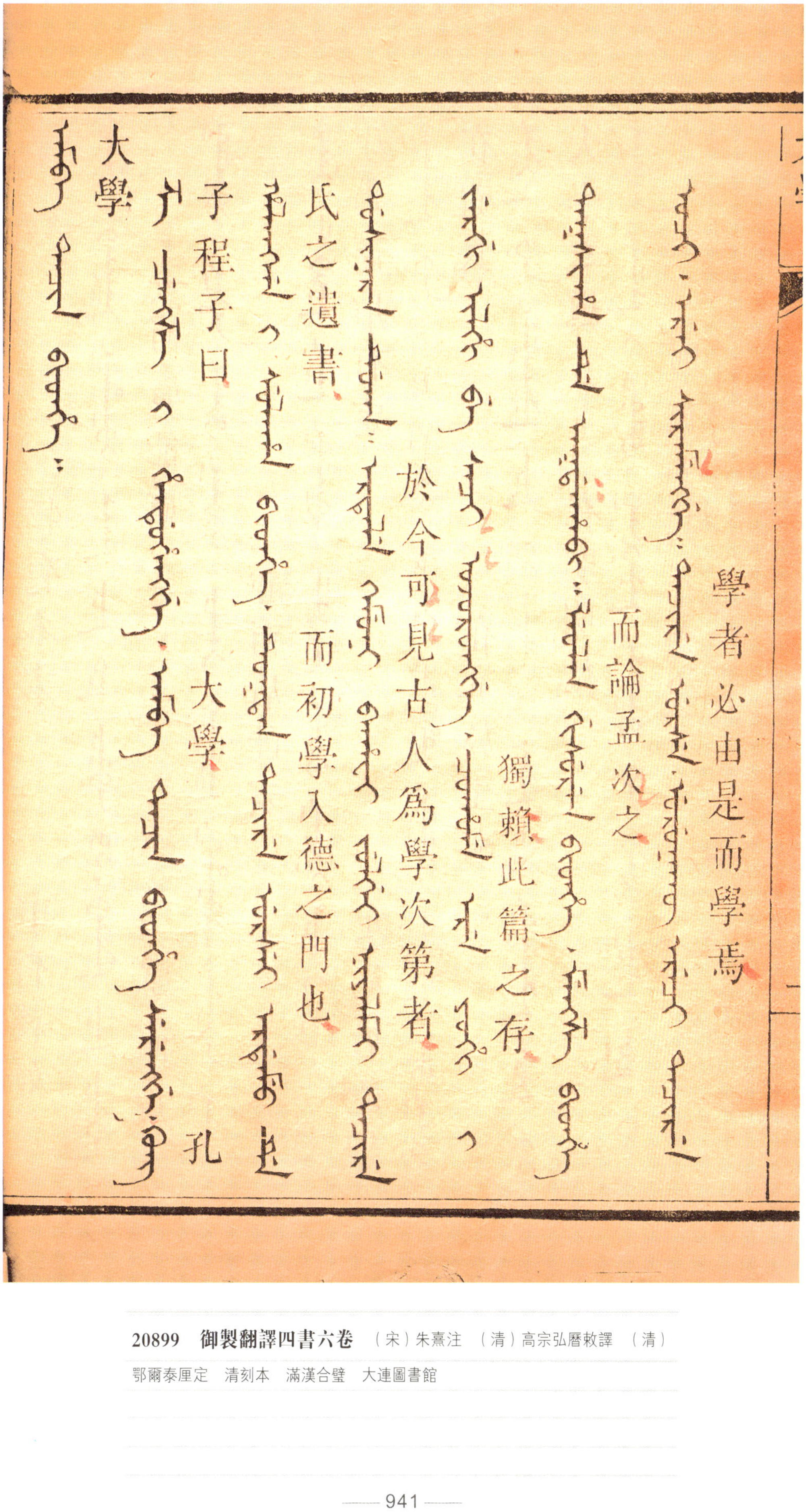

20899 御製翻譯四書六卷 （宋）朱熹注 （清）高宗弘曆敕譯 （清）鄂爾泰厘定 清刻本 滿漢合璧 大連圖書館

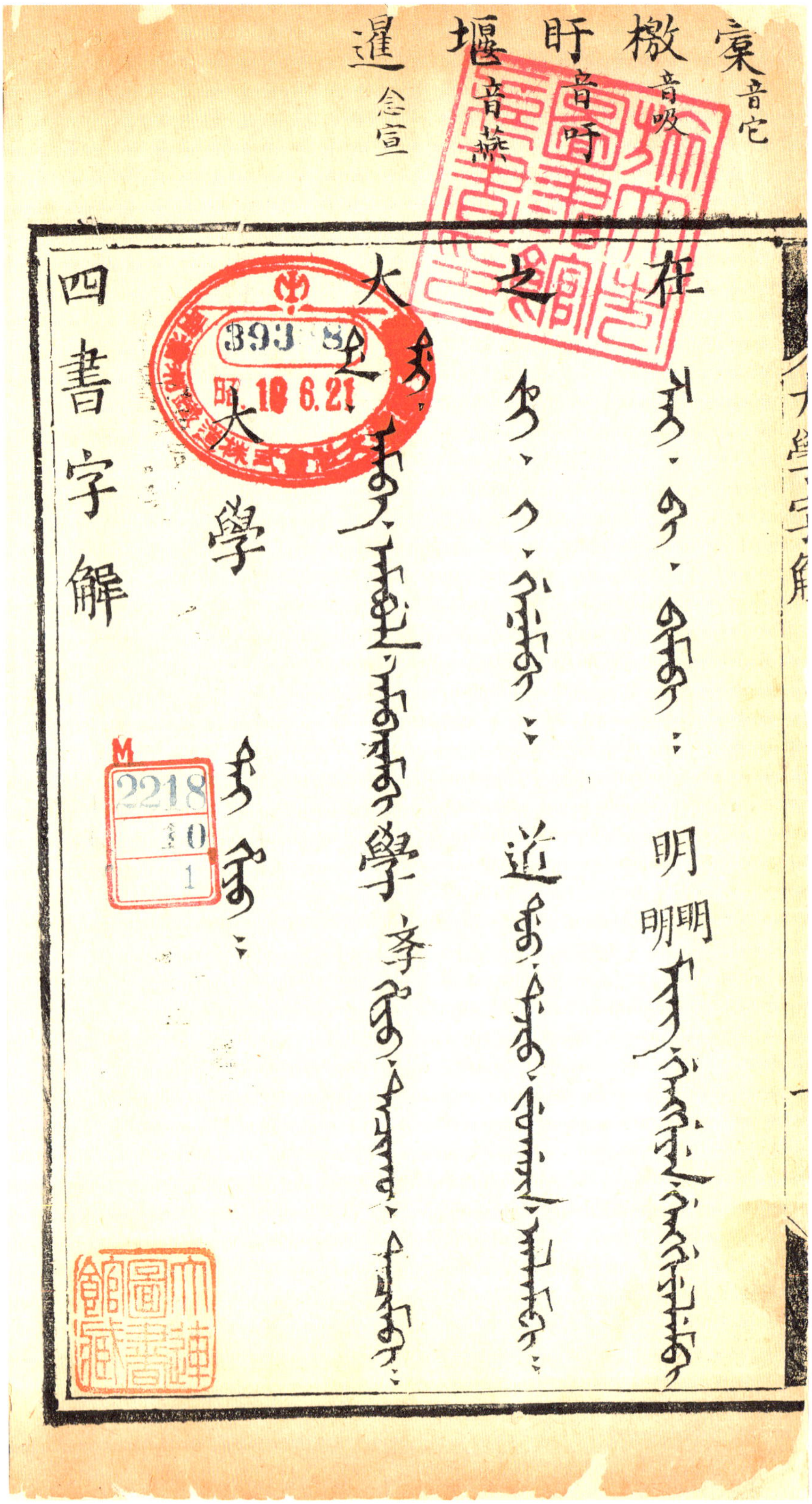

20900　增訂四書字解不分卷　清雍正十年（1732）鴻遠堂刻本　滿漢合璧　大連圖書館

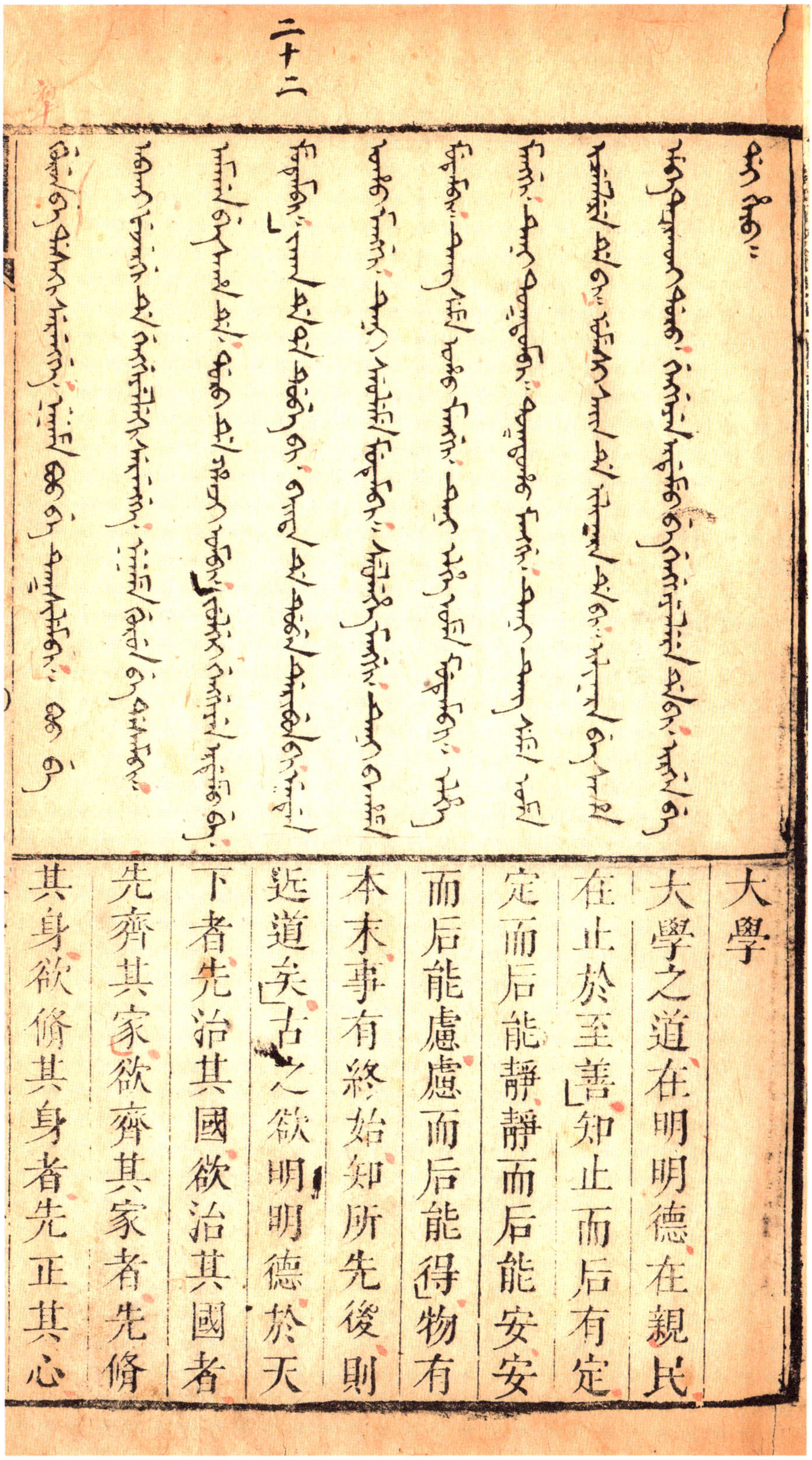
二十二

大學

大學之道在明明德在親民在止於至善知止而后有定定而后能靜靜而后能安安而后能慮慮而后能得物有本末事有終始知所先後則近道矣古之欲明明德於天下者先治其國欲治其國者先齊其家欲齊其家者先脩其身欲脩其身者先正其心

20901　新刻滿漢字四書不分卷　清聽松樓刻玉樹堂印本　滿漢合璧　大連圖書館

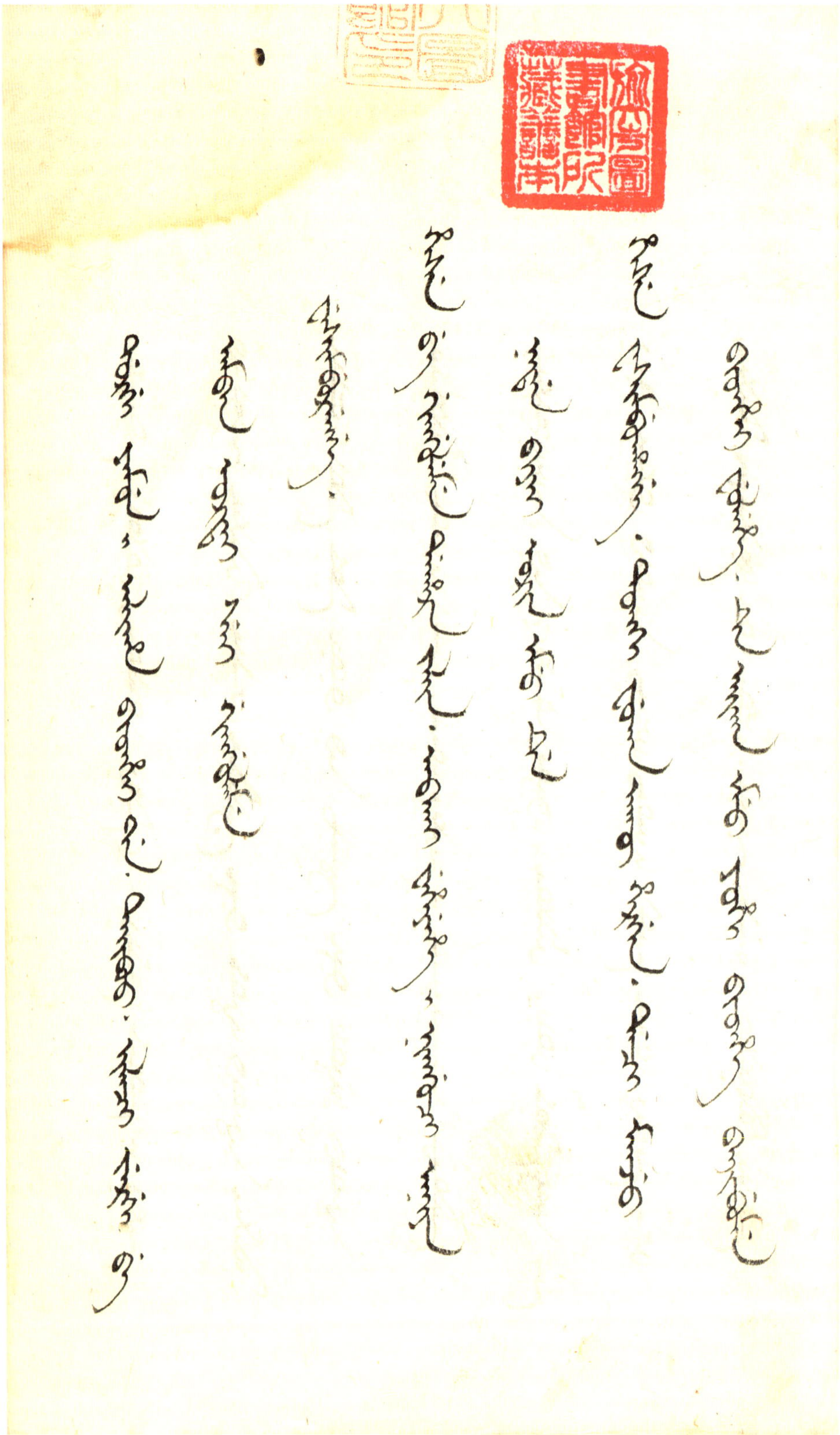

20902　無圈點字書四卷　（清）鄂爾泰等輯　清抄本　滿文　大連圖書館

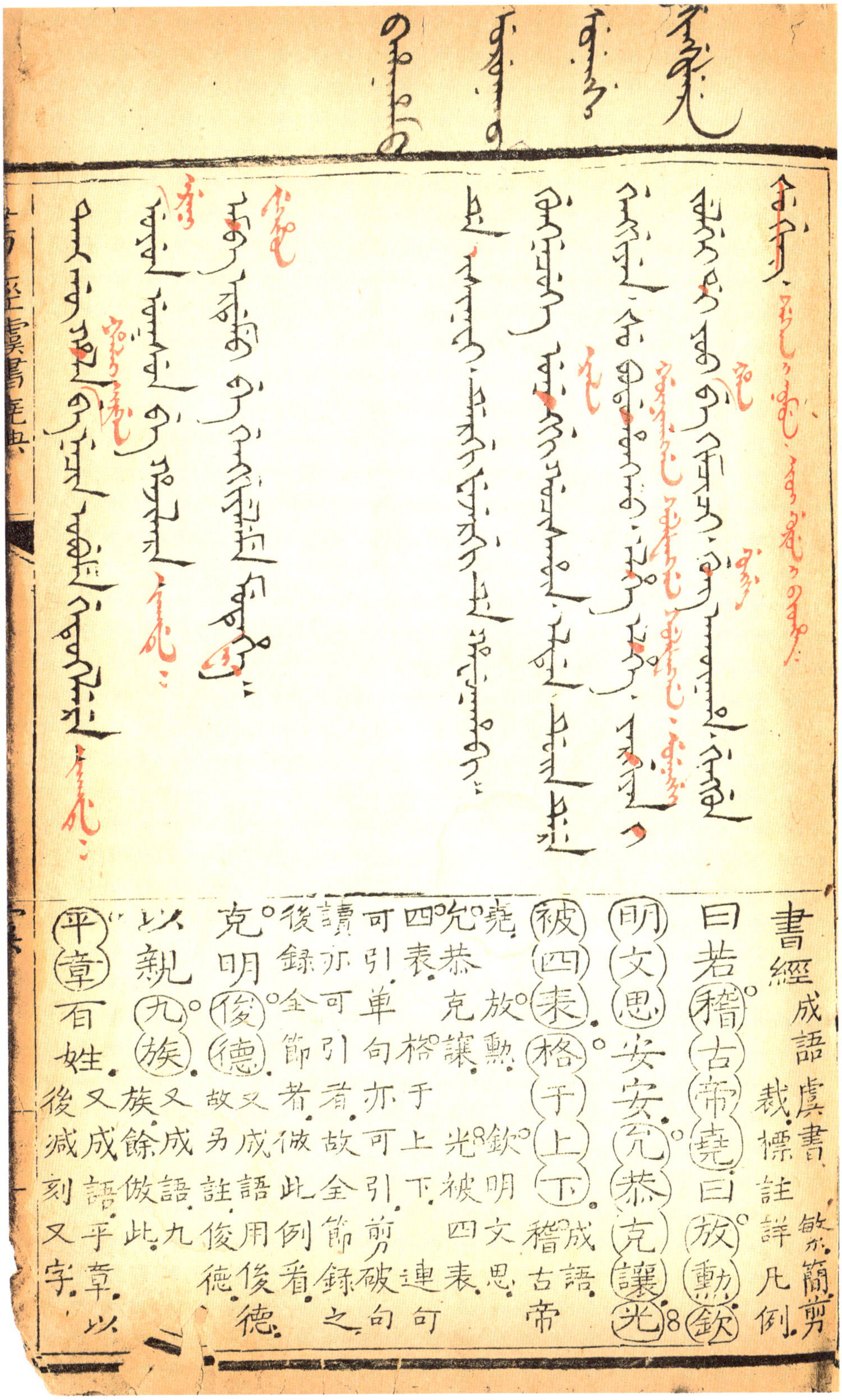

20903　滿漢三經成語不分卷　（清）明鐸編譯　清乾隆二年（1737）京都英華堂刻本　滿漢合璧　大連圖書館

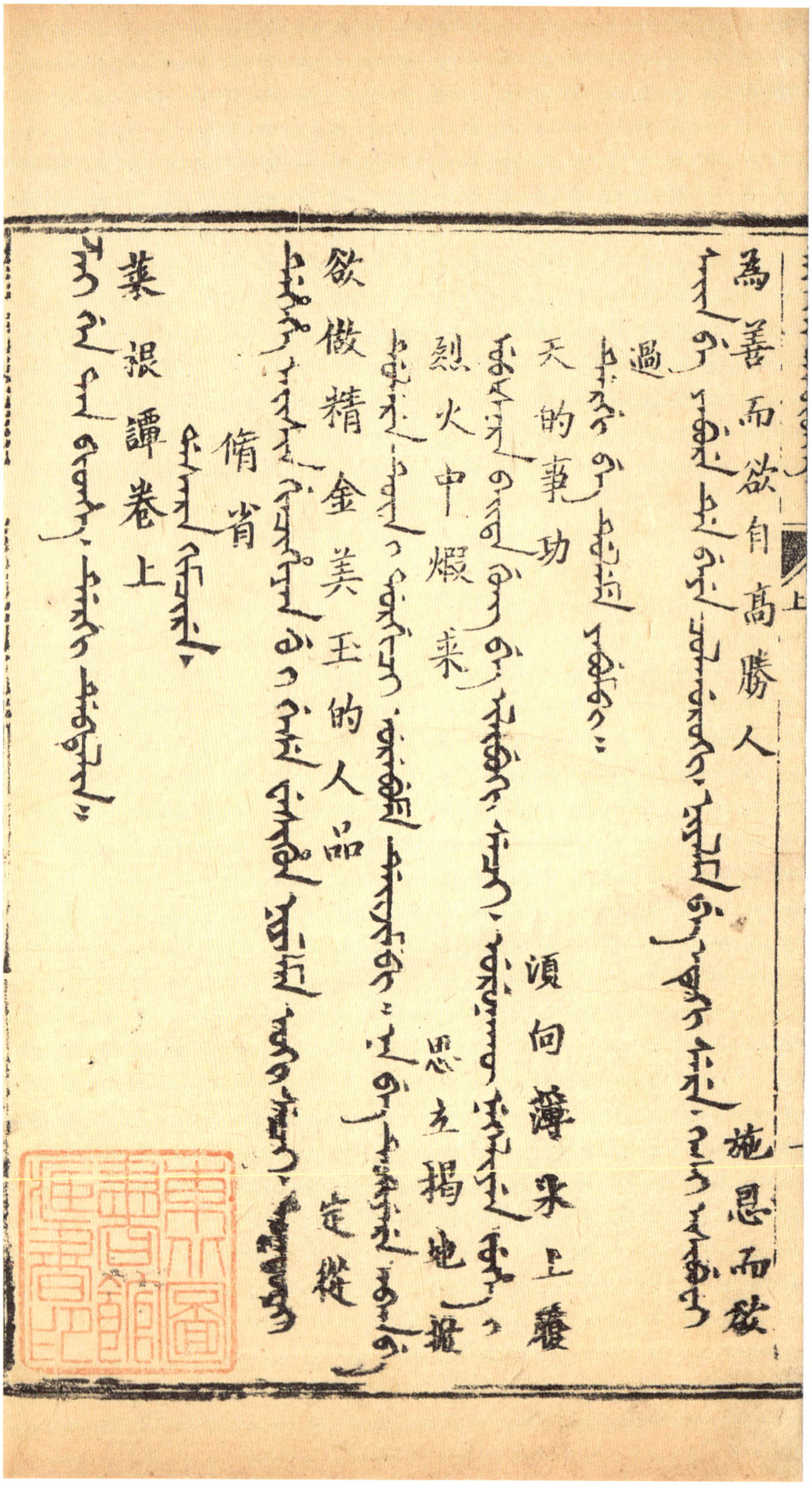

20904　七本頭八卷　（清）和素譯　清康熙刻本　滿漢合璧　遼寧省圖書館

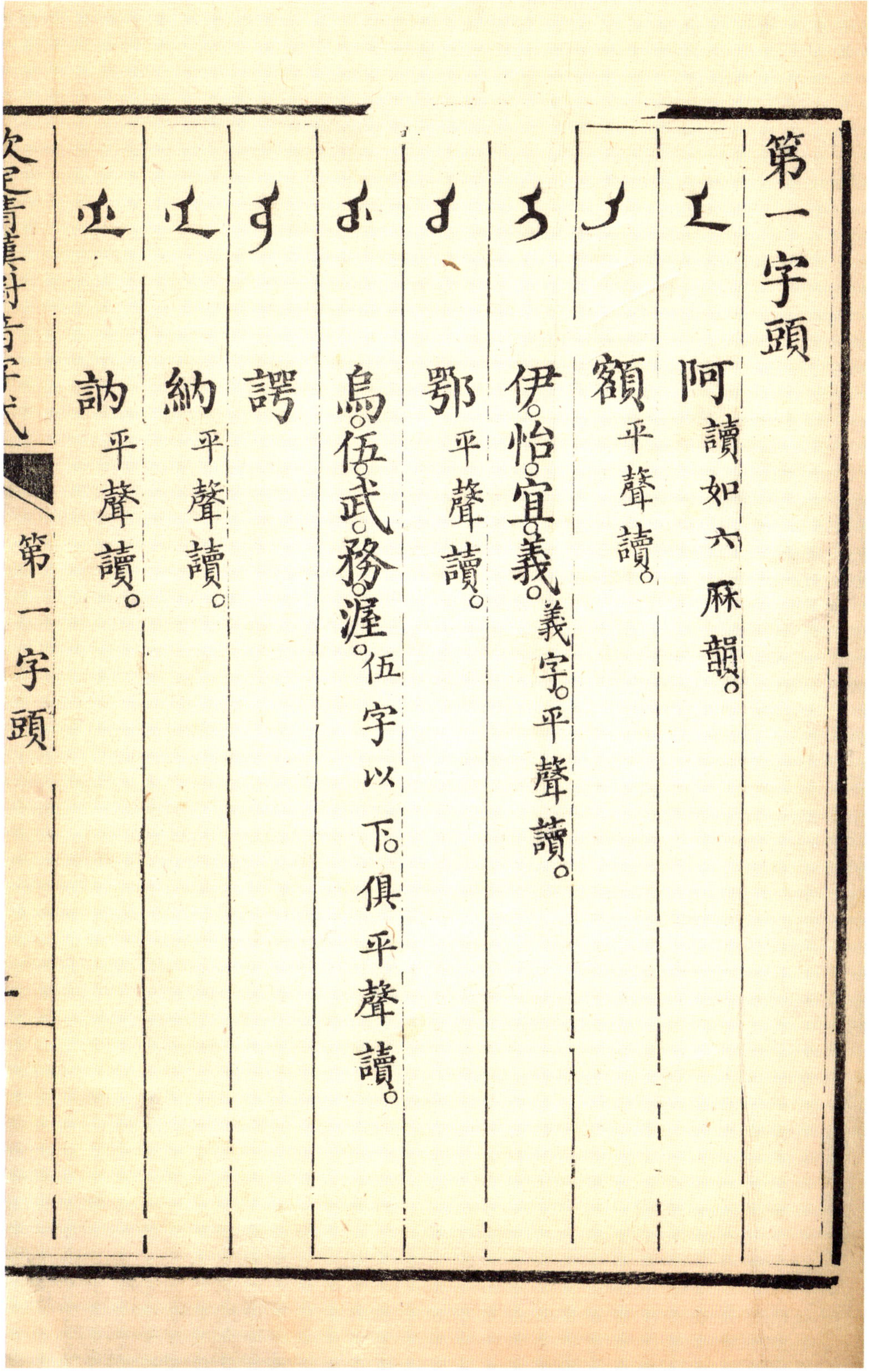

第一字頭

阿 讀如六麻韻。

額 平聲讀。

伊。怡。宜。義。義字。平聲讀。

鄂 平聲讀。

烏。伍。武。務。渥。伍字以下。俱平聲讀。

諤

納 平聲讀。

訥 平聲讀。

欽定清漢對音字式 第一字頭 一

20905 欽定清漢對音字式不分卷 （清）高宗弘曆敕撰 清刻本 滿漢合璧 大連圖書館

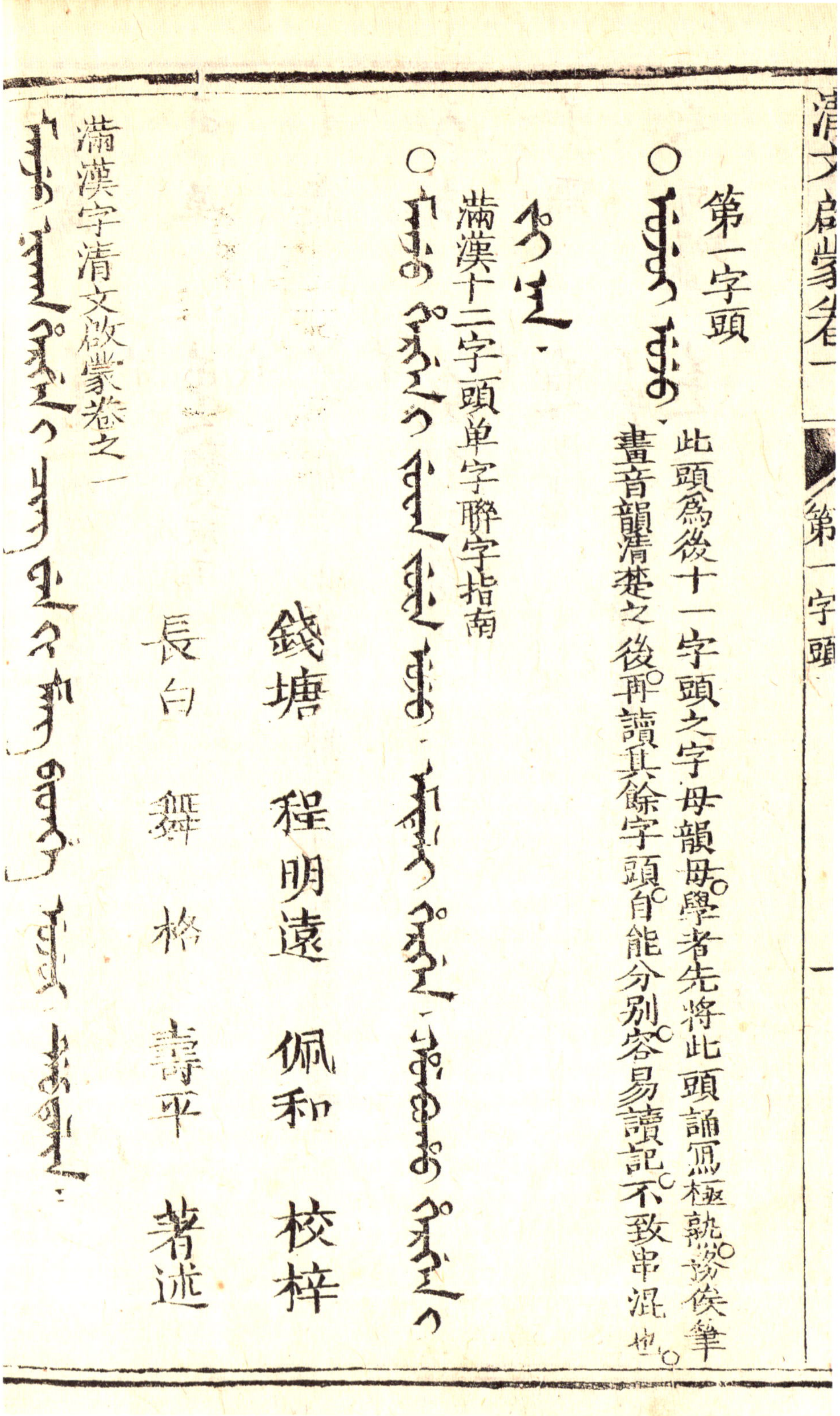
清文啓蒙卷一
第一字頭
第一字頭
此頭爲後十一字頭之字母韻母。學者先將此頭誦寫極熟。務俟筆畫音韻清楚之後。再讀其餘字頭。自能分別。容易讀記。不致串混也。
滿漢十二字頭单字聯字指南
錢塘 程明遠 佩和 校梓
長白 舞格 壽平 著述
滿漢字清文啓蒙卷之一

20906 滿漢字清文啓蒙四卷 （清）舞格等撰 清三槐堂刻本 滿漢合璧 大連圖書館

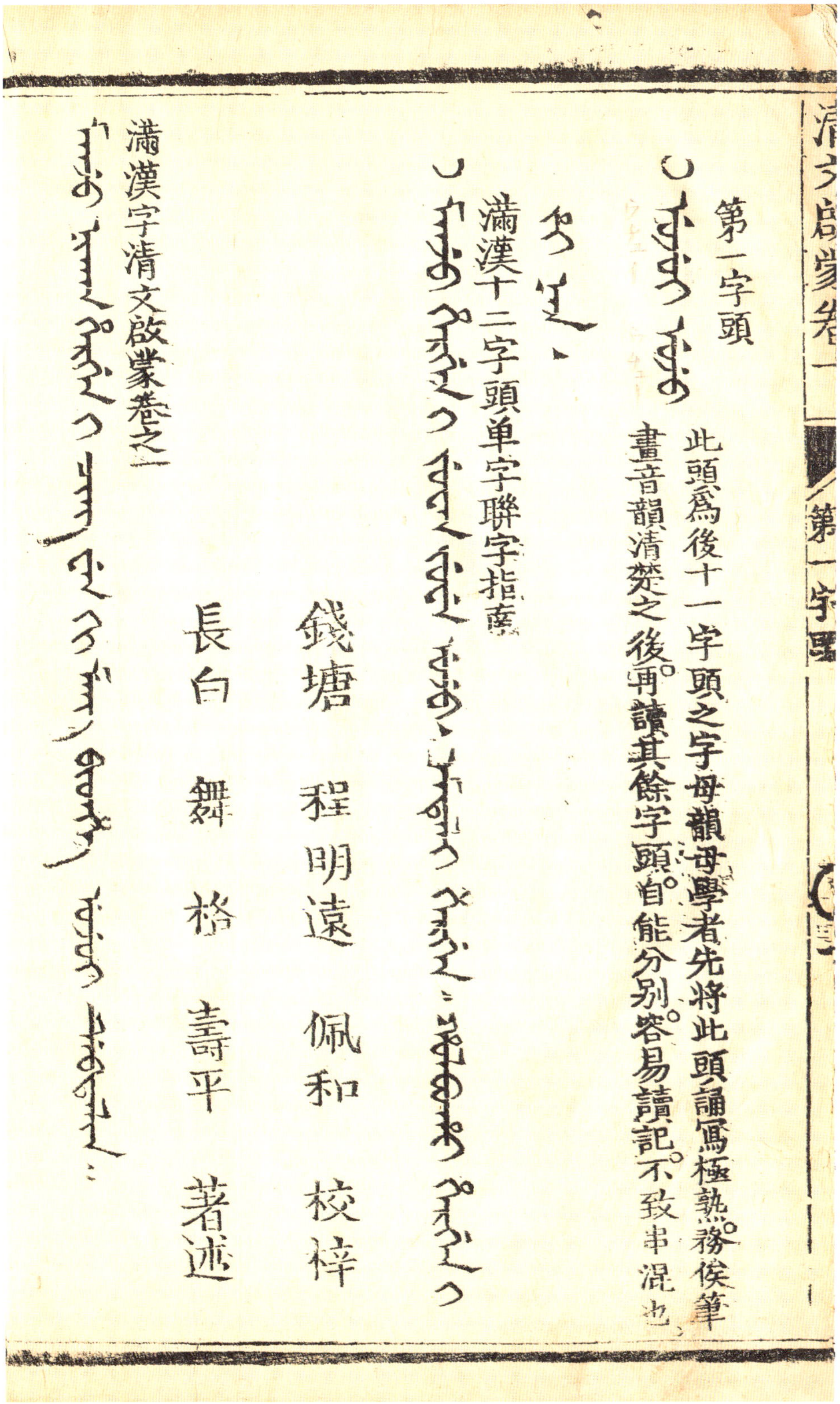
清文啟蒙卷一　第一字頭

第一字頭

此頭爲後十一字頭之字母韻母學者先将此頭誦寫極熟務俟筆畫音韻清楚之後再讀其餘字頭自能分别容易讀記不致牽混也

滿漢十二字頭單字聯字指南

錢塘　程明遠　佩和　校梓

長白　舞格　壽平　著述

滿漢字清文啟蒙卷之一

20907　滿漢字清文啟蒙四卷　（清）舞格等撰　清中和堂刻本　滿漢合璧　大連圖書館

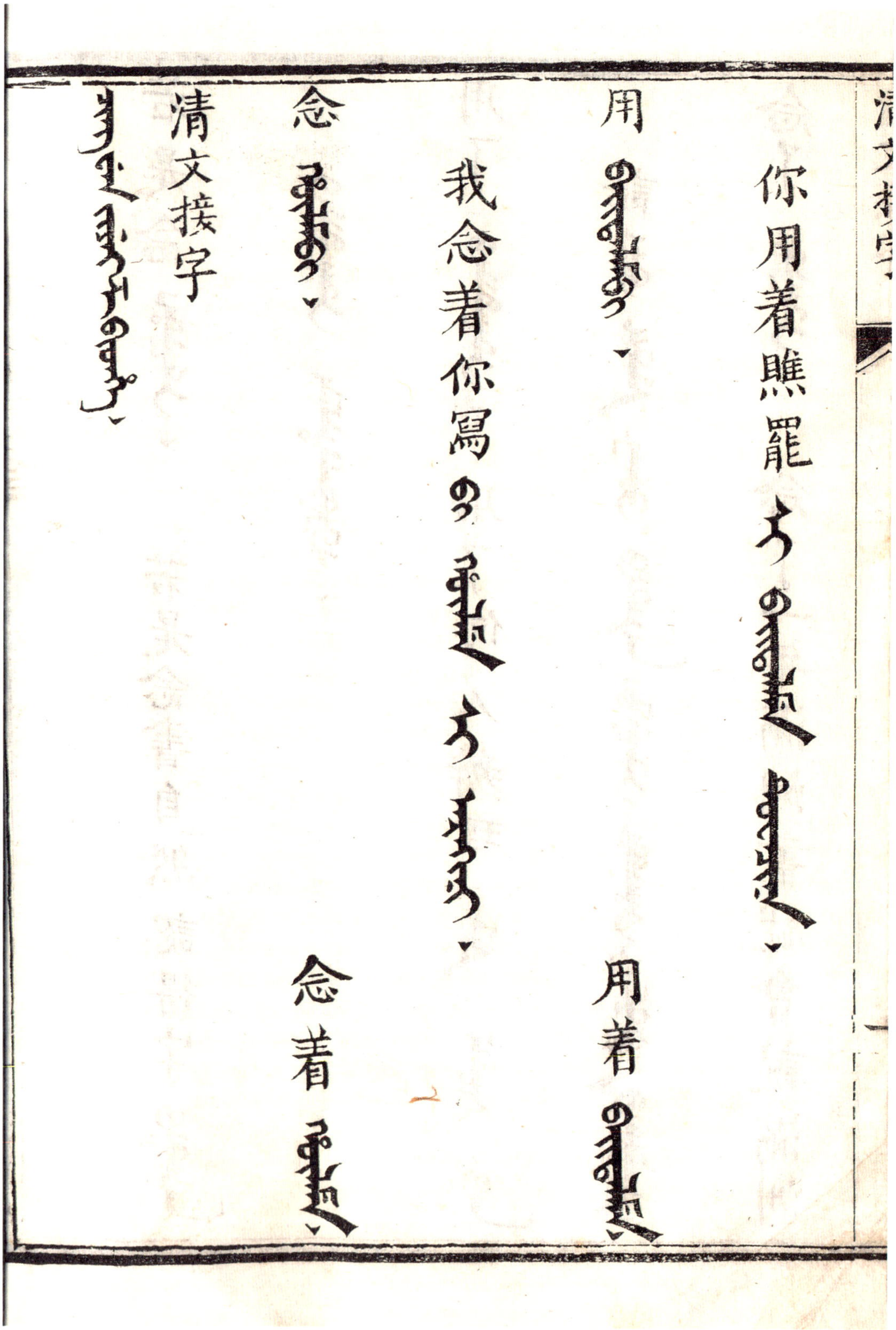
清文接字
你用着瞧罷
用
用着
我念着你寫
念
念着
清文接字

20908　清文接字不分卷　（清）嵩洛峰撰　清同治五年（1866）京都聚珍堂刻本　滿漢合璧　大連圖書館

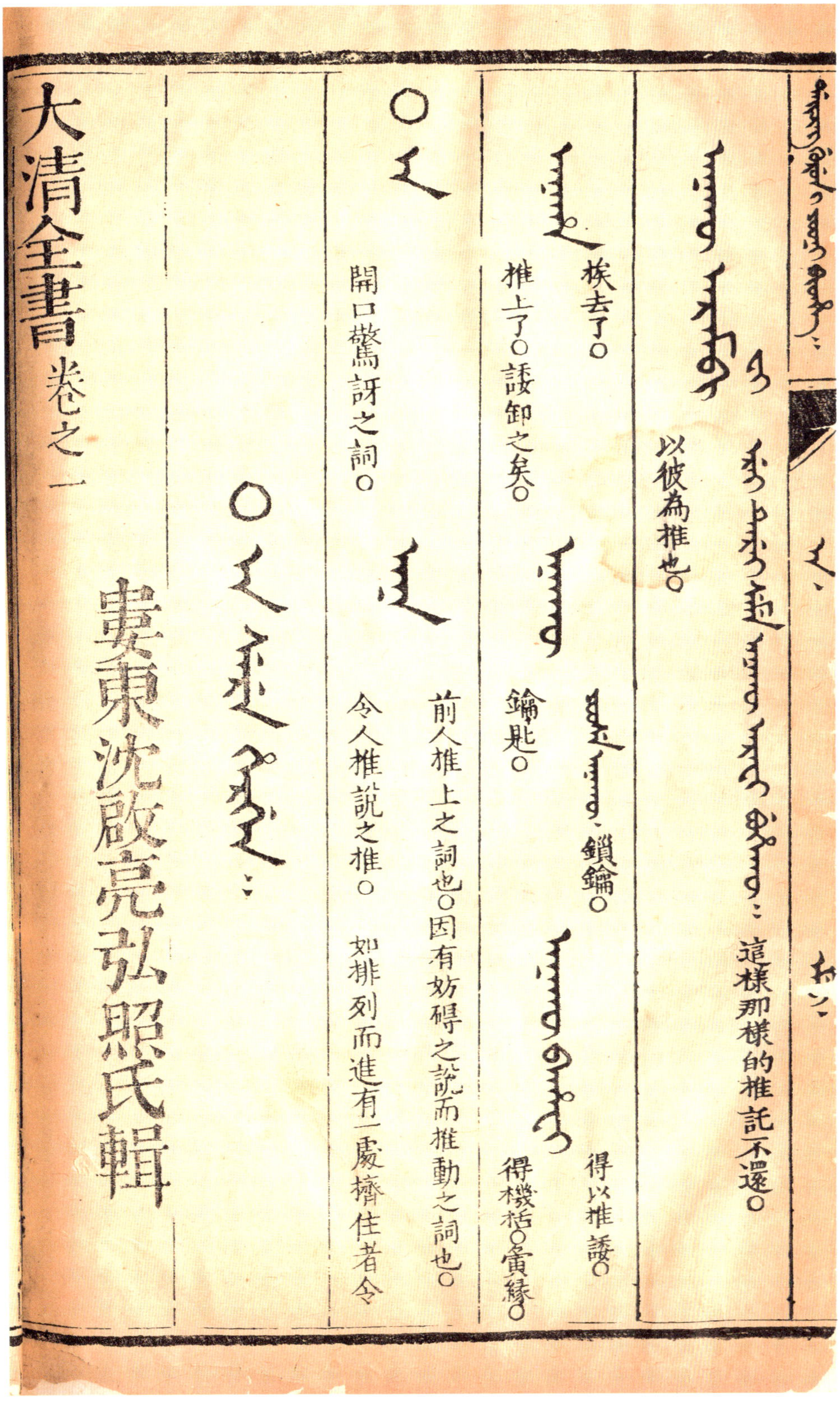
大清全書 卷之一

婁東沈啟亮弘照氏輯

開口驚訝之詞。

令人推說之推。

如排列而進有一處擠住者令

前人推上之詞也。因有妨碍之說而推動之詞也。

推上了。諉卸之奏。

鑰匙。

得機括。貪緣。

挨去了。

鎖鑰。

得以推諉。

以彼為推也。

這樣那樣的推託不還。

20909　大清全書十四卷　（清）沈啓亮輯　清康熙五十二年（1713）三義堂刻本　滿漢合璧　大連圖書館

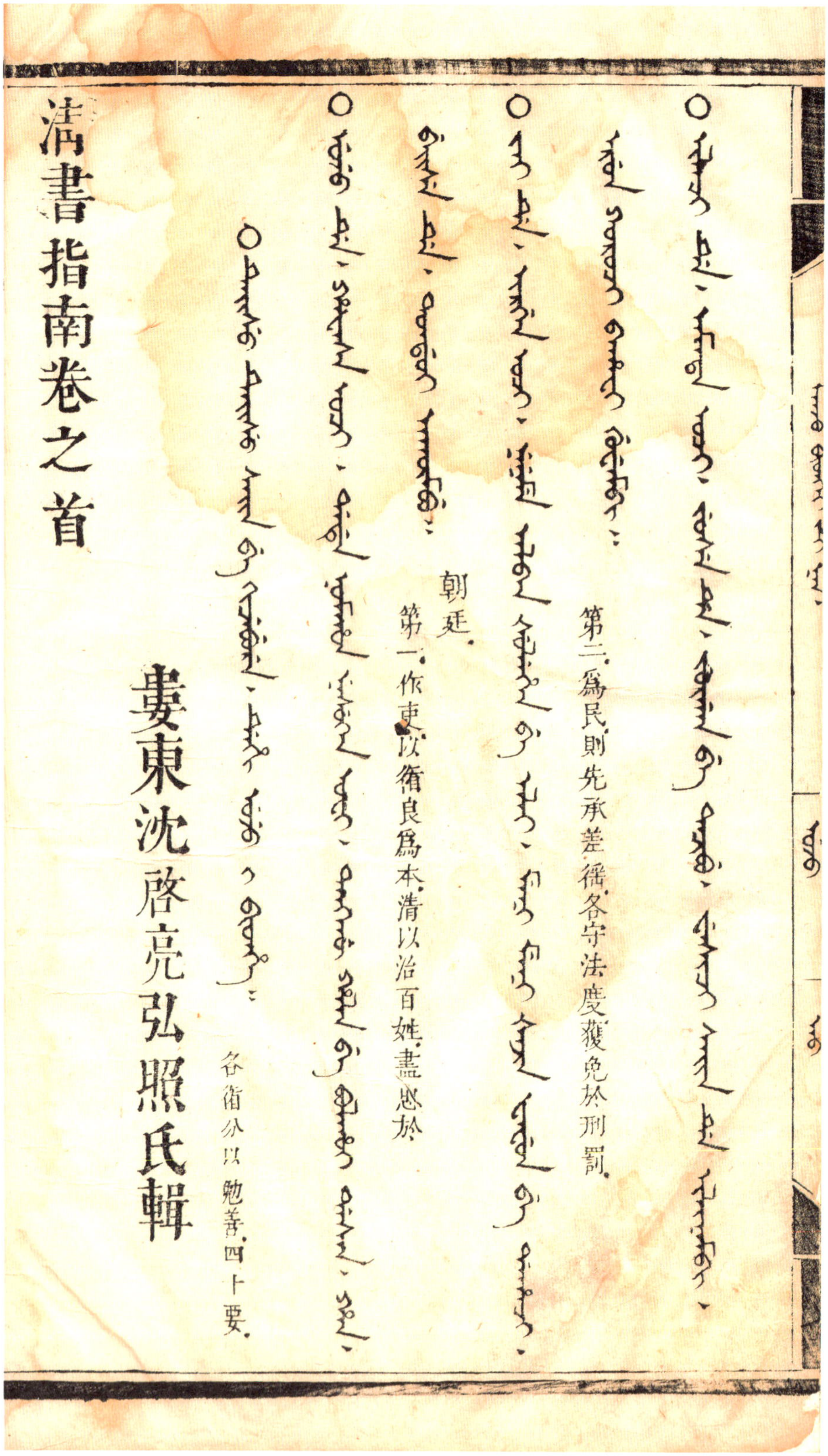
清書指南卷之首

第二為民則先承差徭各守法度獲免於刑罰

朝廷
第一作吏以衛良為本清以治百姓盡忠於

各衛分以勉善四十要

婁東沈啓亮弘照氏輯

20910　清書指南三卷　（清）沈啓亮輯　清康熙五十二年（1713）三義堂刻本　滿漢合璧　大連圖書館

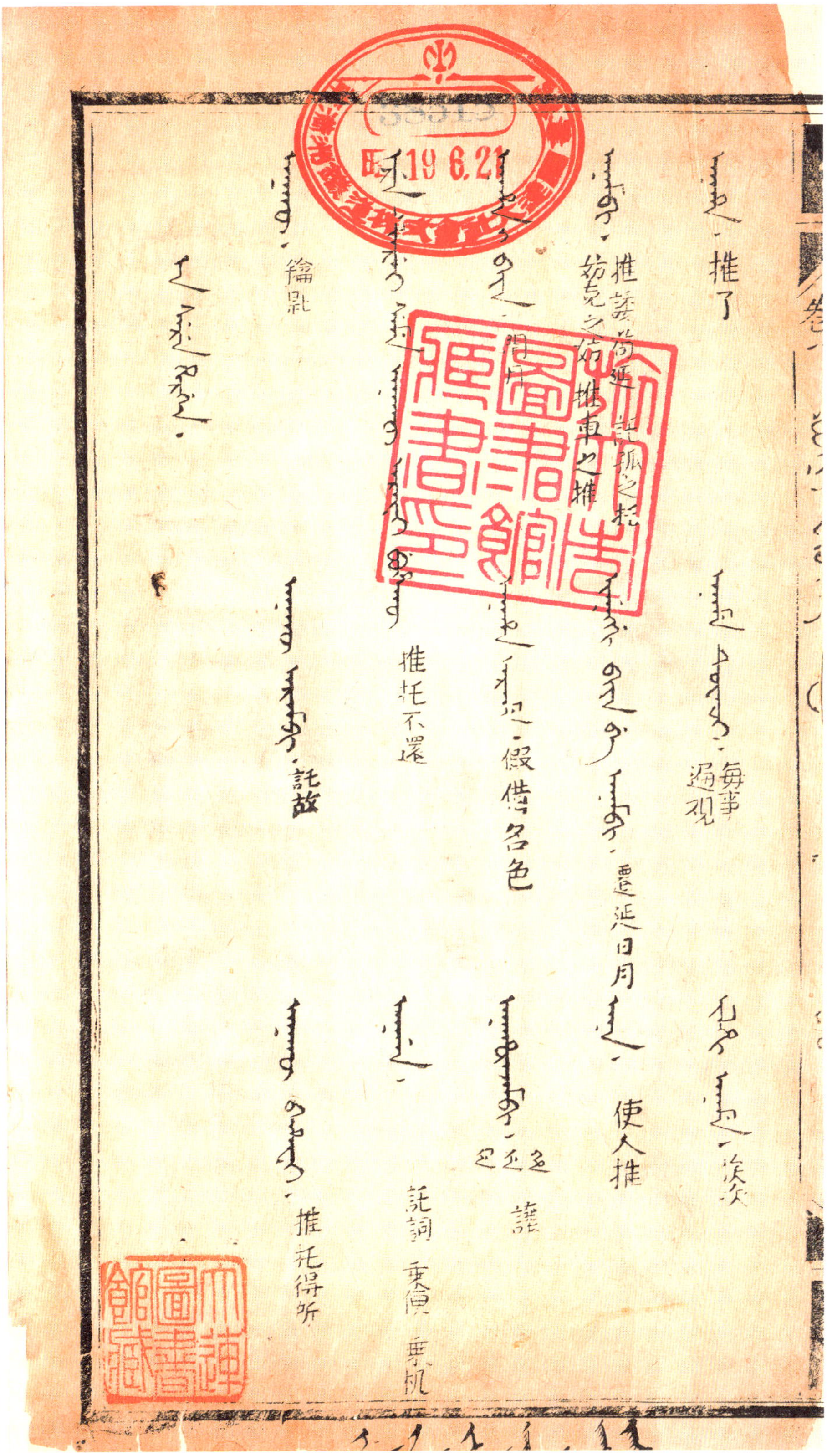

20911　滿漢同文全書八卷　清康熙二十九年（1690）秘書閣刻本　滿漢合璧　大連圖書館

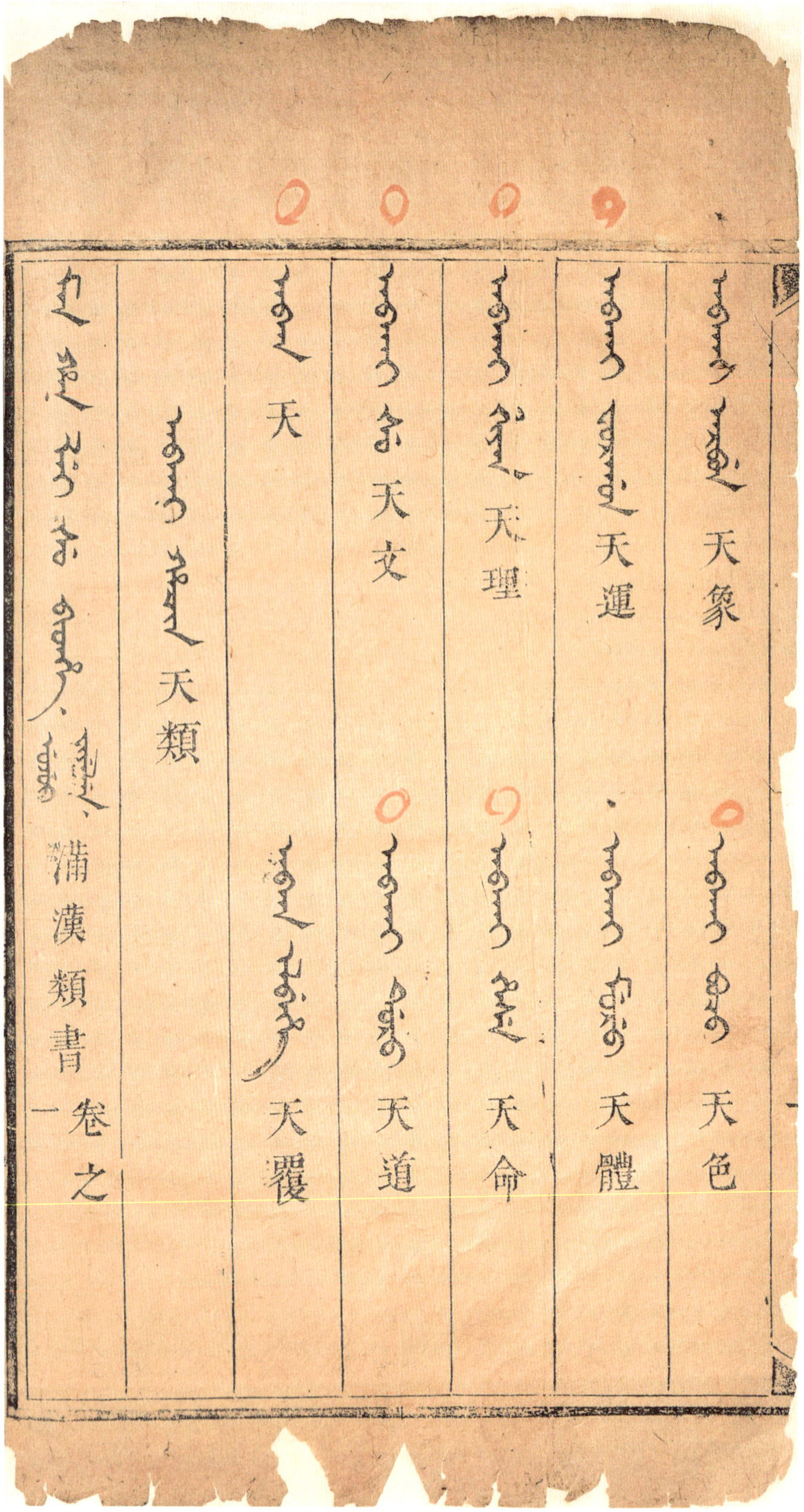

20912　滿漢類書三十二卷　（清）桑額輯　清康熙四十五年（1706）天繪閣書坊刻本　滿漢合璧　遼寧省圖書館

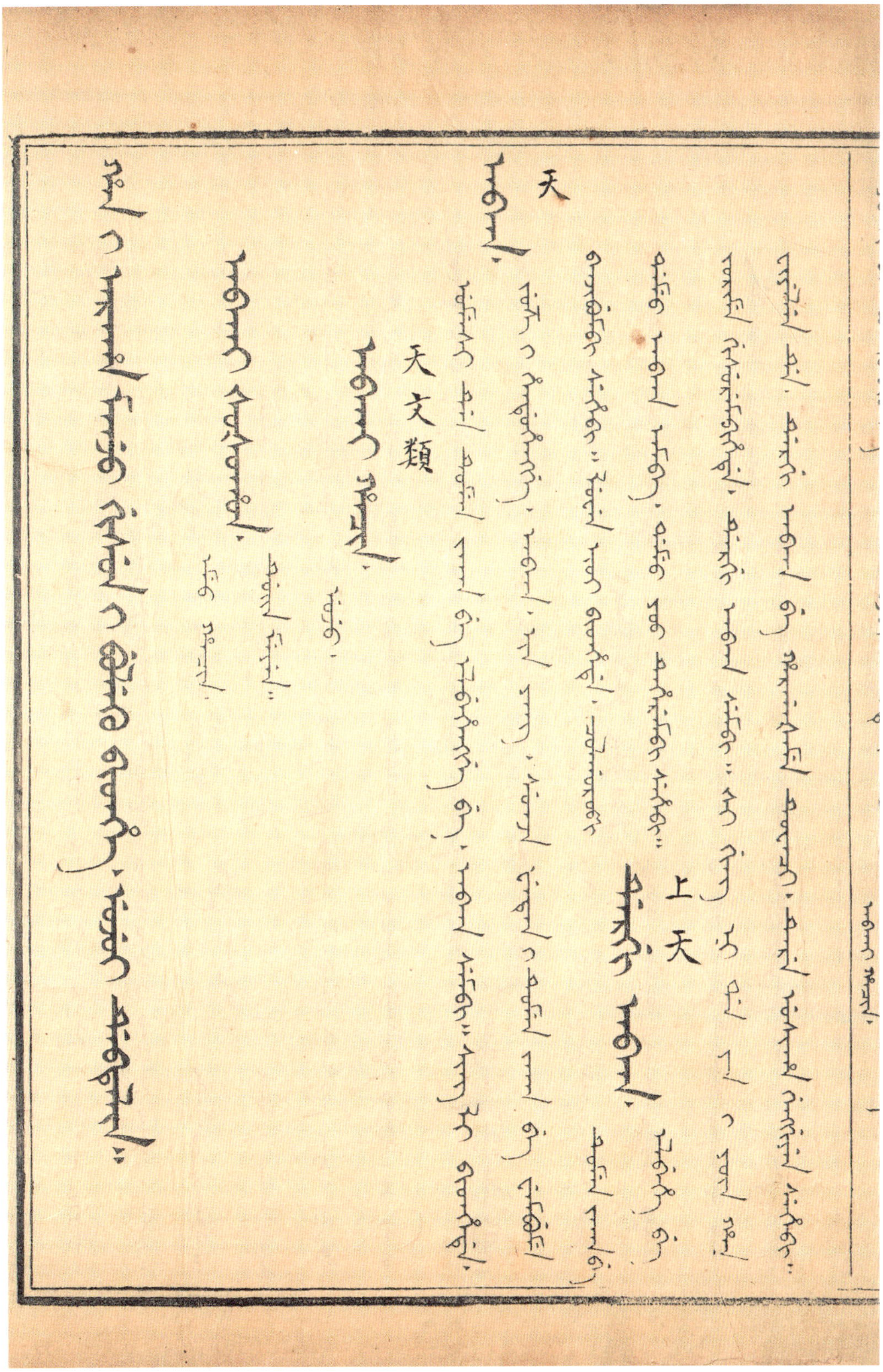

20913　御製清文鑑二十卷　（清）聖祖玄燁敕撰　清康熙四十七年（1708）
內府刻本　滿文　遼寧省圖書館

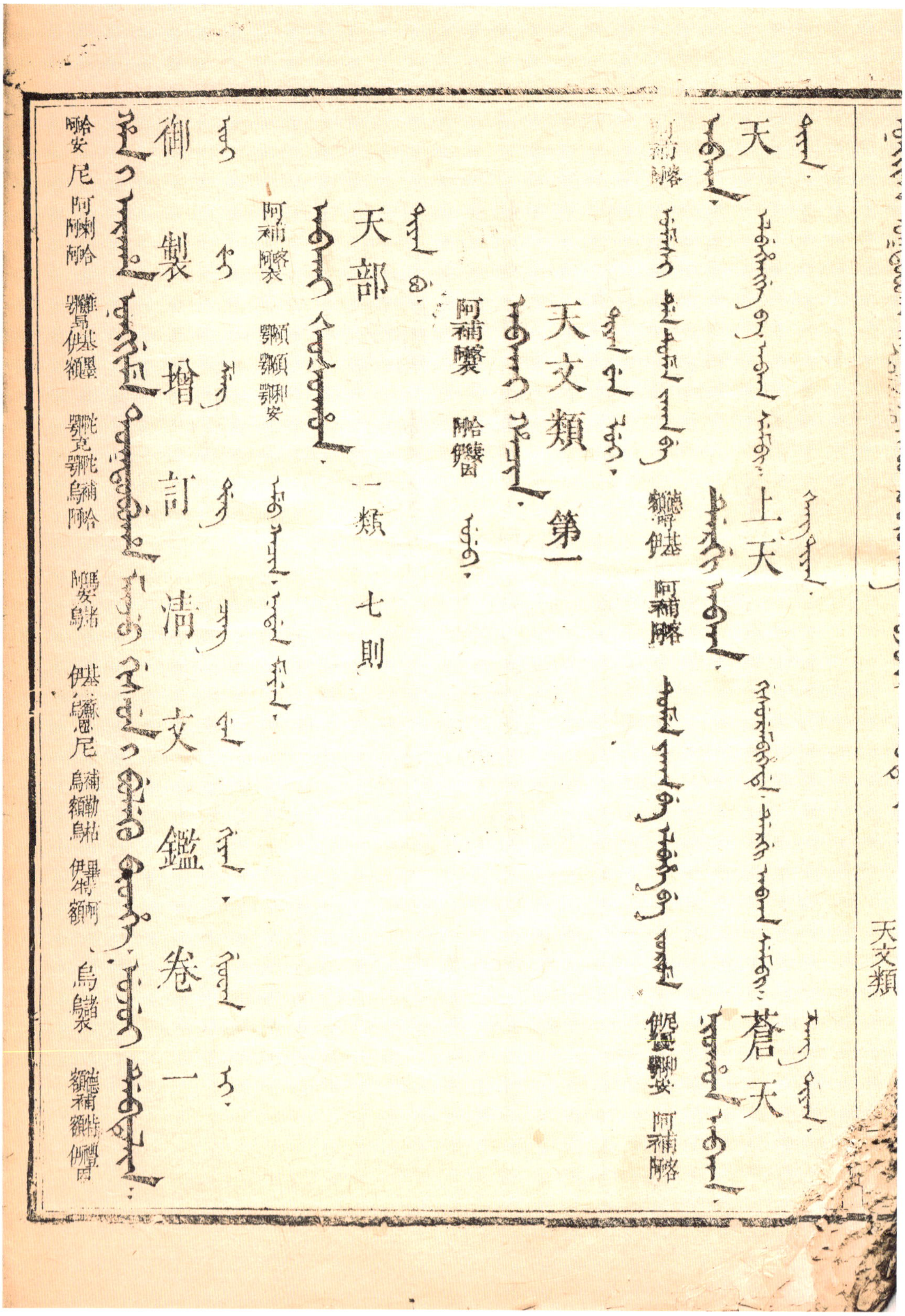
御製增訂清文鑑卷一
天部 一類 七則
天文類 第一
天
上天
蒼天

20914 御製增訂清文鑑三十二卷目錄一卷補編四卷續入新語不分卷二次續入新清語不分卷 (清)傅恒等纂 清刻本 滿漢合璧 大連圖書館

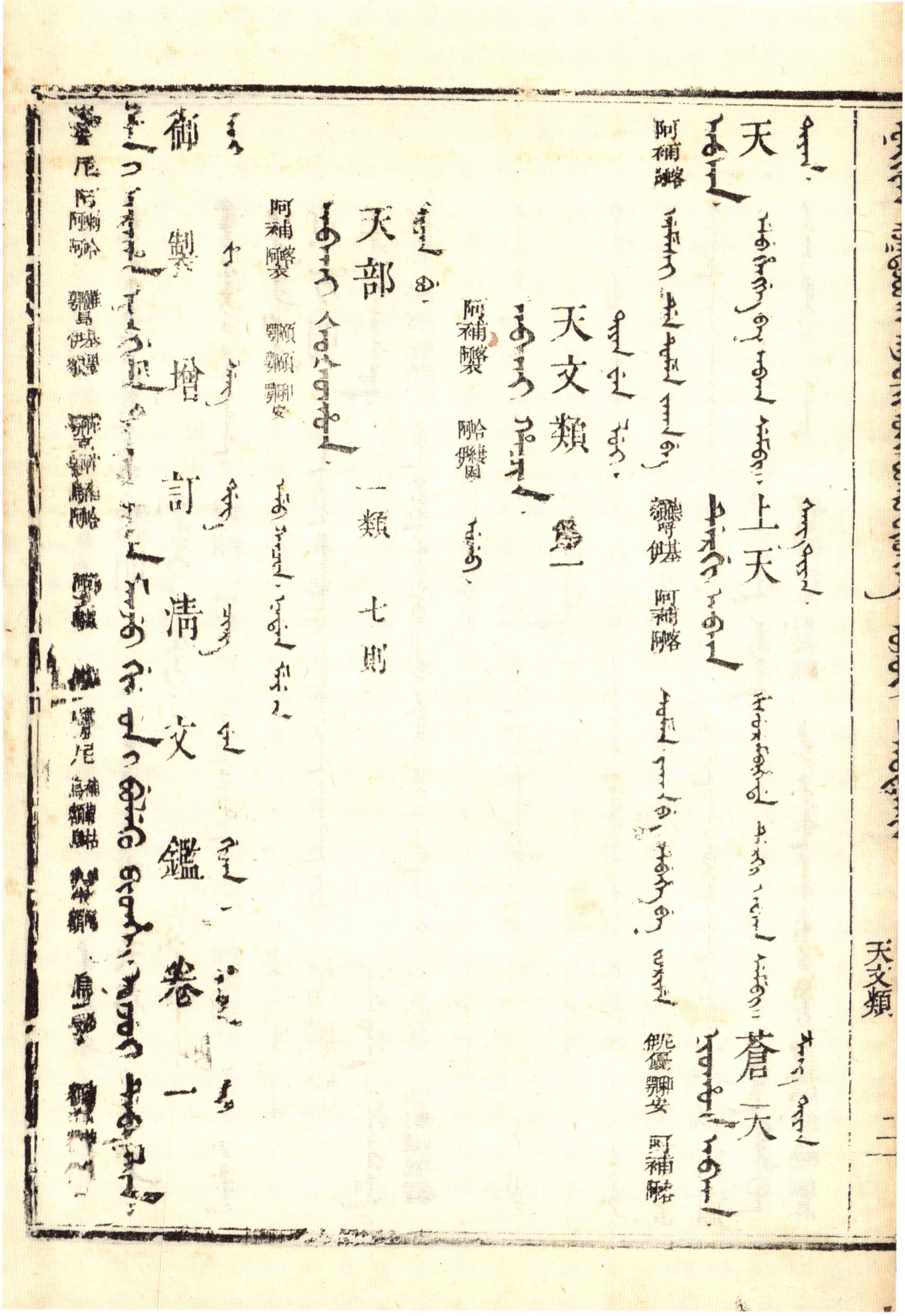

20915　御製增訂清文鑑三十二卷目錄一卷序一卷字母一卷附補編四卷補編總編一卷總綱八卷　（清）傅恒等纂　清刻本　滿漢合璧　大連圖書館

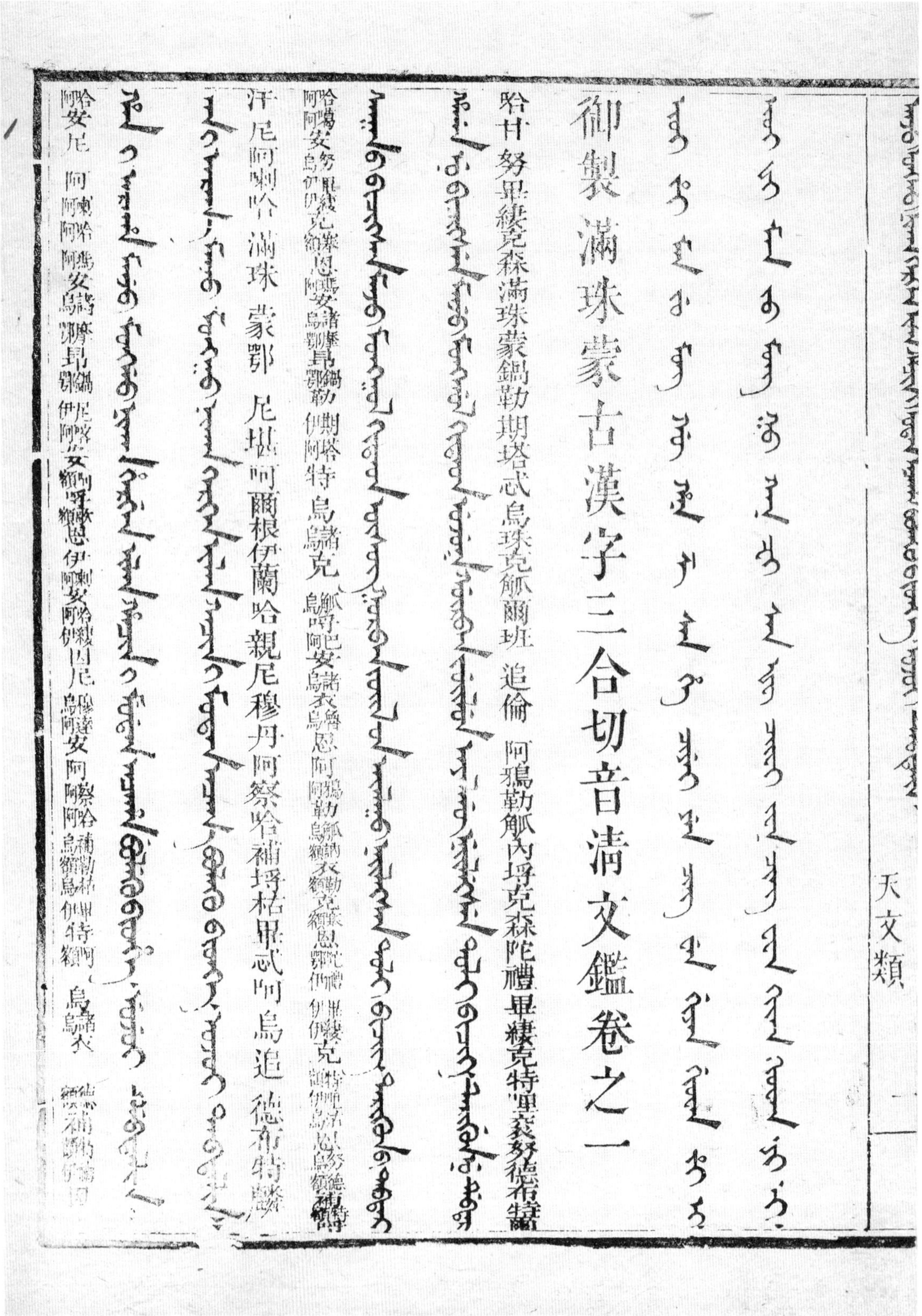

20916　御製滿珠蒙古漢字三合切音清文鑑三十一卷首一卷（清）

阿桂等纂　清乾隆四十五年（1780）刻本　滿蒙漢合璧　大連圖書館

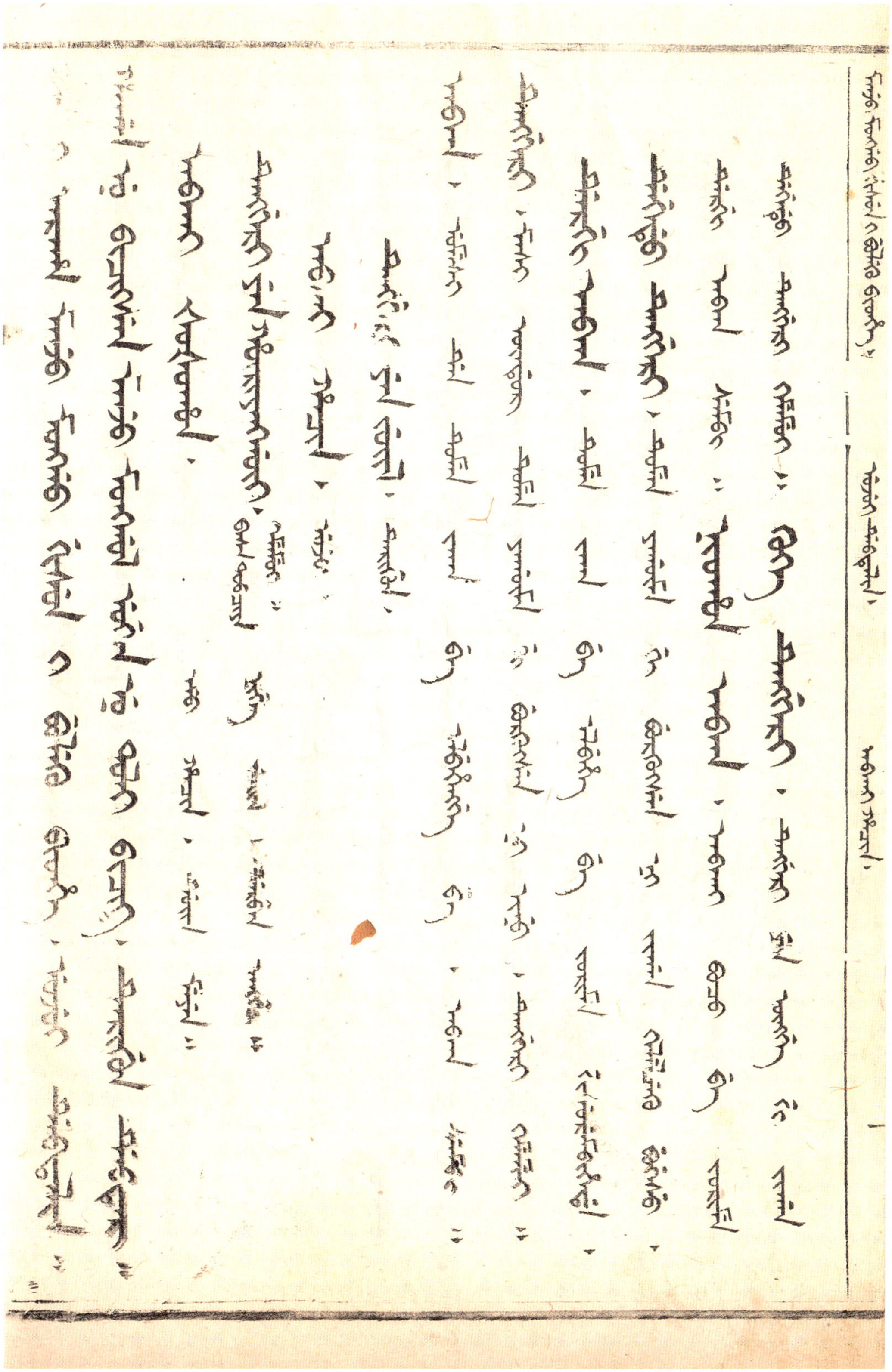

20917　滿蒙文鑑二十卷　（清）拉錫等編　清刻本　滿蒙合璧　大連圖書館

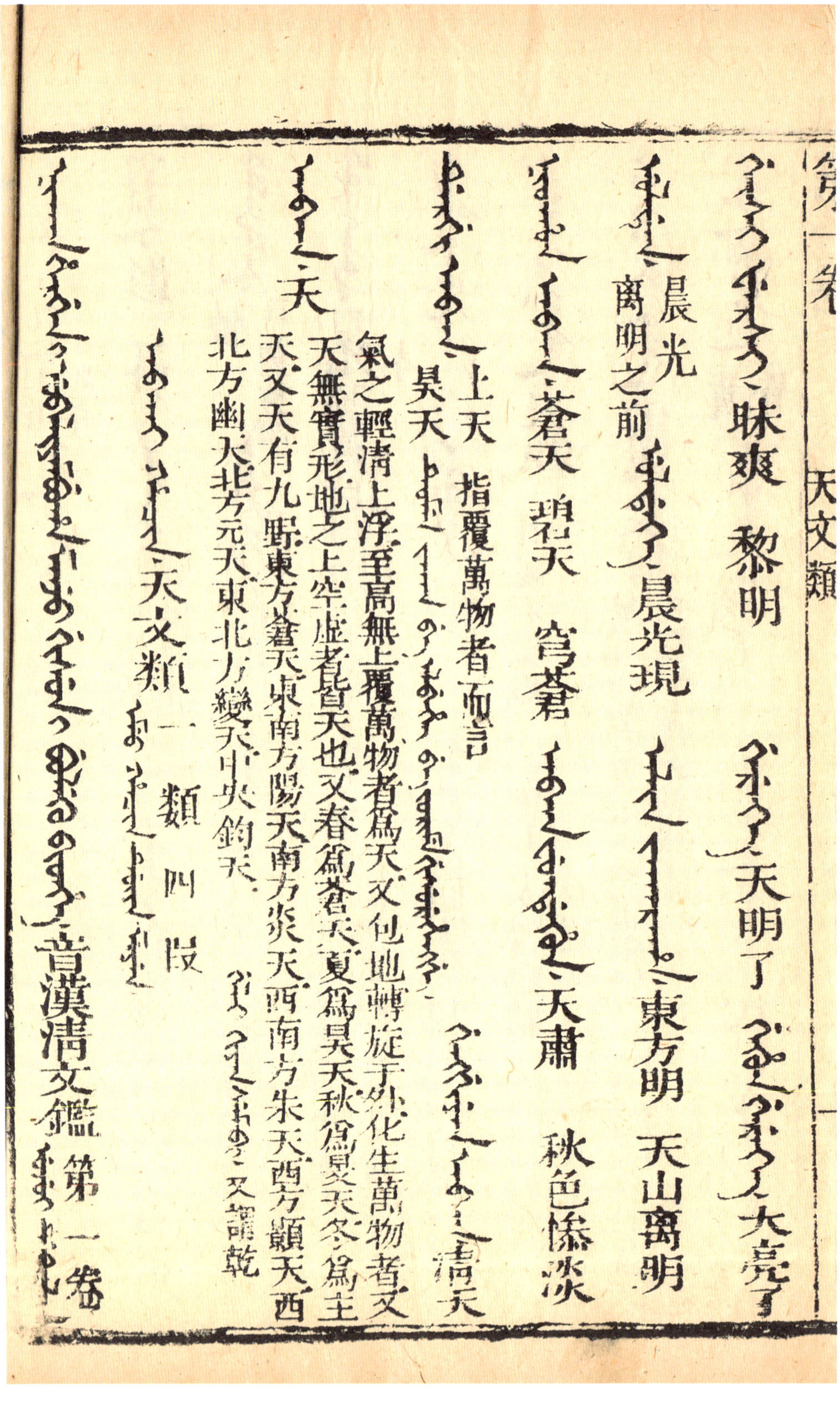
第一卷 天文類
昧爽 黎明 天明了 大亮了
晨光 離明之前 晨光現 東方明 天山離明
蒼天 碧天 穹蒼 天肅 秋色慘淡
上天 指覆萬物者而言 清天
昊天
氣之輕清上浮至高無上覆萬物者爲天又包地轉旋于外化生萬物者又
天無實形地之上空虛者皆天也又春爲蒼天夏爲昊天秋爲旻天冬爲上
天又天有九野東方蒼天東南方陽天南方炎天西南方朱天西方顥天西
北方幽天北方玄天東北方變天中央鈞天 又謂乾
天
天文類 一類 四段
音漢清文鑑 第一卷

20918　音漢清文鑑二十卷　（清）明鐸注　清乾隆二十二年（1757）繡谷中和堂刻本　滿漢合璧　大連圖書館

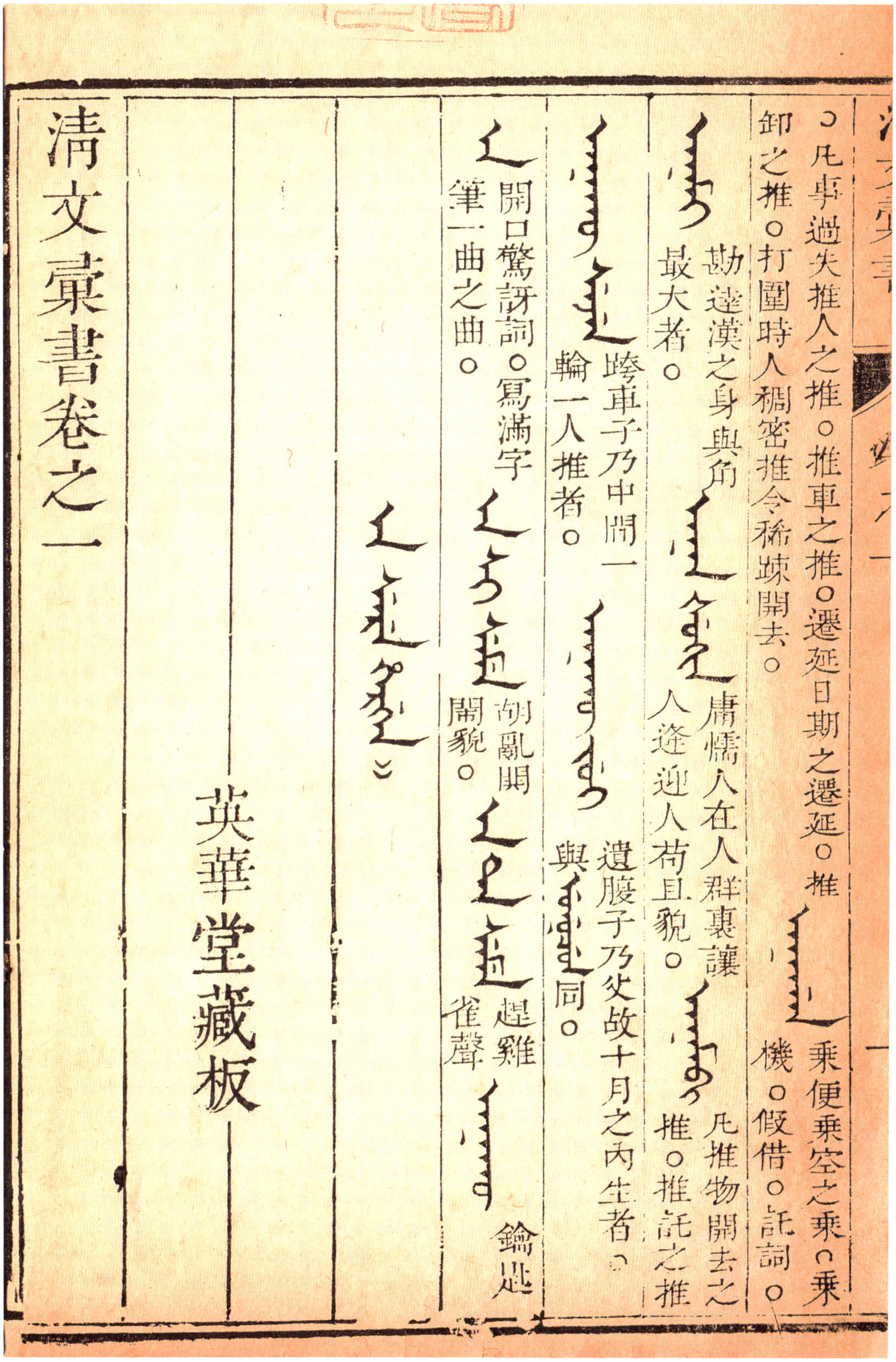

20919　清文彙書十二卷　（清）李延基撰　清乾隆十六年（1751）京都英華堂刻本　滿漢合璧　大連圖書館

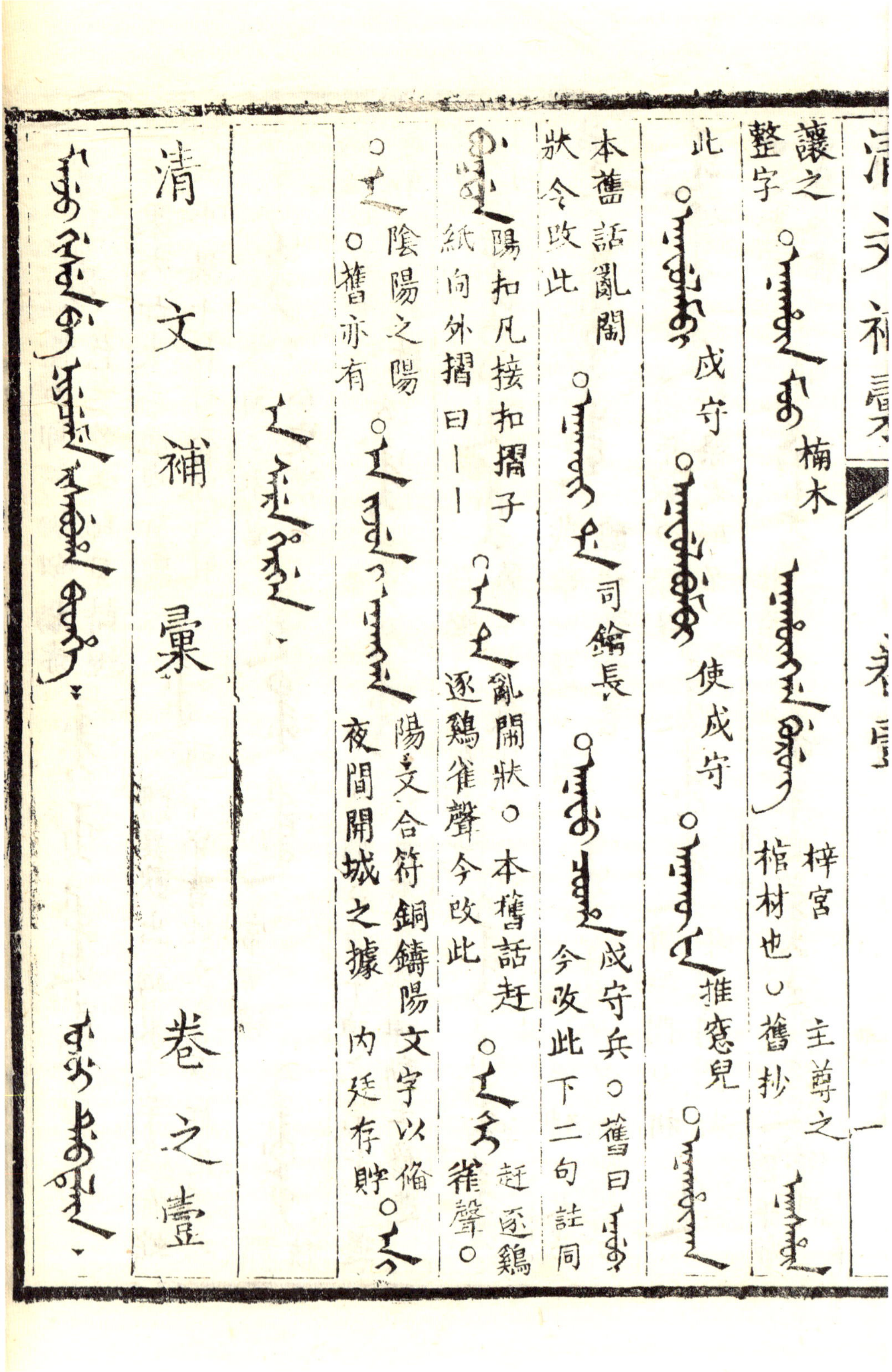

20920　清文補彙八卷　（清）宜興編　清嘉慶七年（1802）法克精額刻本

滿漢合璧　大連圖書館

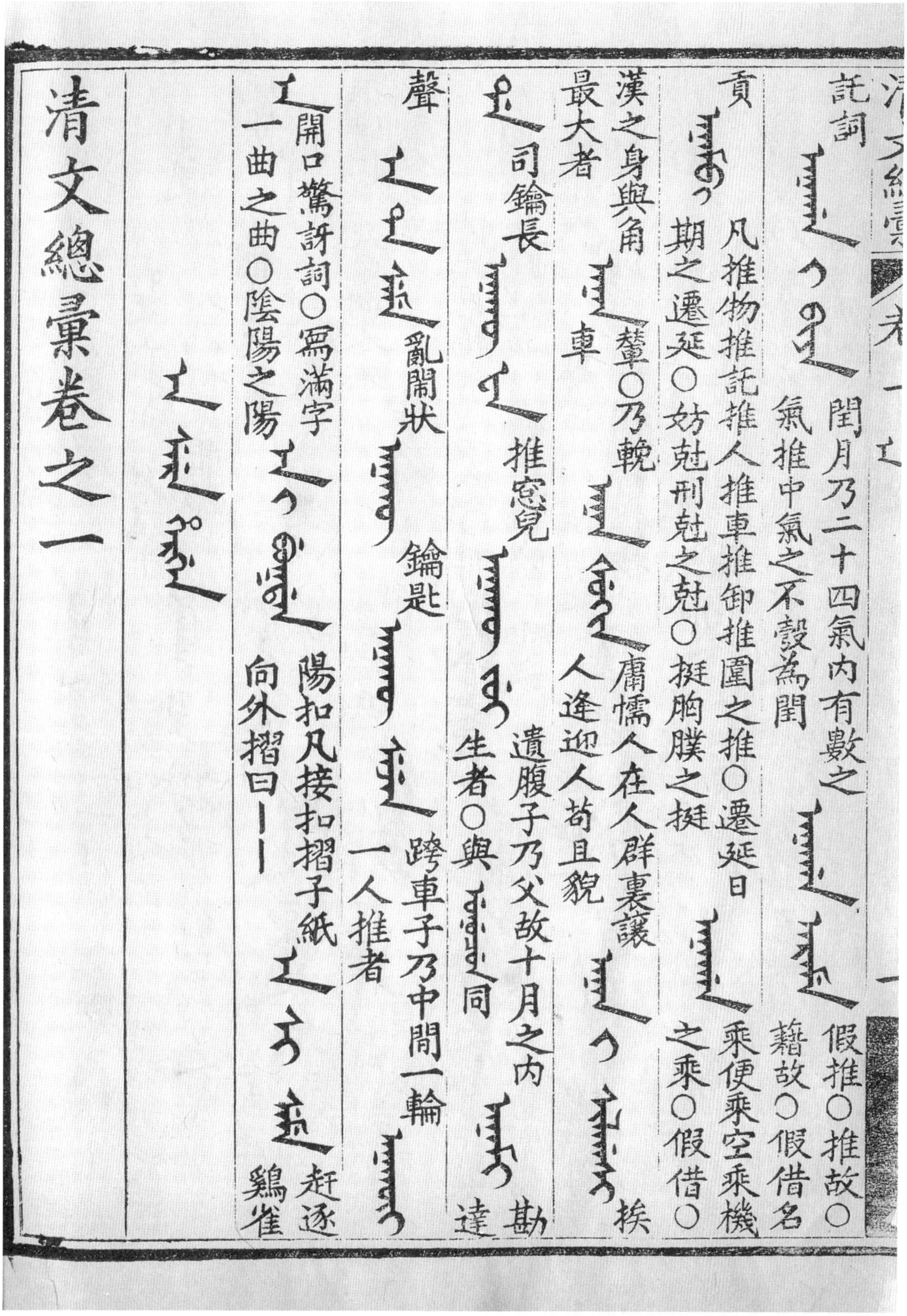
清文總彙 卷一
託詞 閏月乃二十四氣內有數之 假推○推故○
氣推中氣之不彀為閏 藉故○假借名
貢 凡推物推託推人推車推御推圜之推○遷延日 乘便乘空乘機
期之遷延○妨尅刑尅之尅○挺胸膛之挺 之乘○假借○
漢之身與角 輦○乃輓 膚懦人在人群裏讓 挨
最大者 車 人逢迎人苟且貌
司鑰長 推 遺腹子乃父故十月之內 勘
推窩兒 生者○與 同 達
聲 亂鬧狀 鑰匙 跨車子乃中間一輪 一人推者
開口驚訝詞○寫滿字 陽扣凡接扣摺子紙 赶逐
一曲之曲○陰陽之陽 向外摺曰ㄧㄧ 鵪雀
清文總彙卷之一

20921　清文總彙十二卷　（清）志寬　培寬等編　清光緒二十三年（1897）
荆州駐防翻譯總學刻本　滿漢合璧　大連圖書館

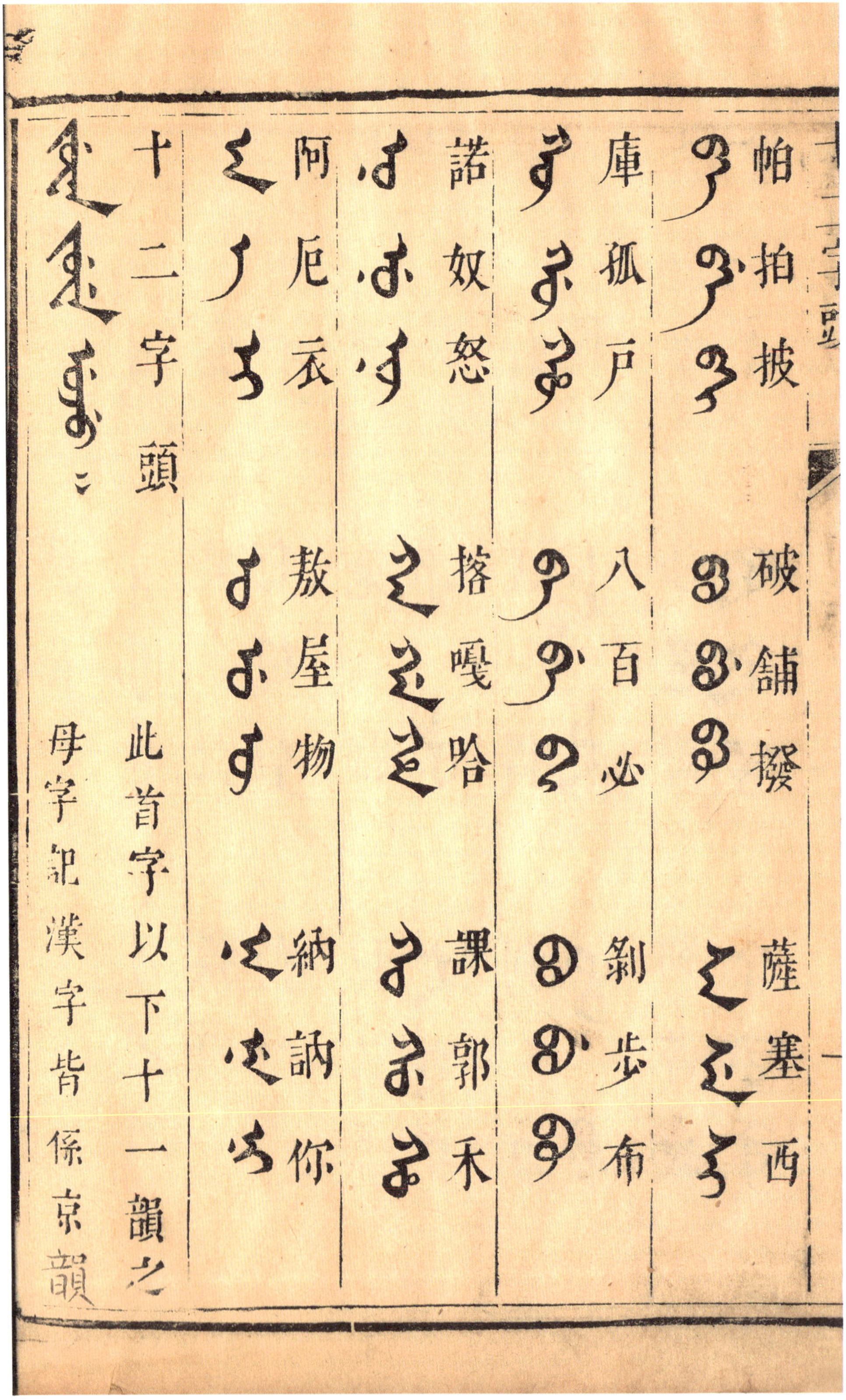
帕拍披　破舖撥　薩塞西
庫孤戶　八百必　剝步布
諾奴怒　搭嘎哈　課郭禾
阿厄衣　敖屋物　納訥你
十二字頭　此首字以下十一韻之
母字配漢字皆係京韻

20922　新刻清書全集不分卷　（清）陳可臣編　清康熙三十八年（1699）
聽松樓刻本　滿漢合璧　大連圖書館

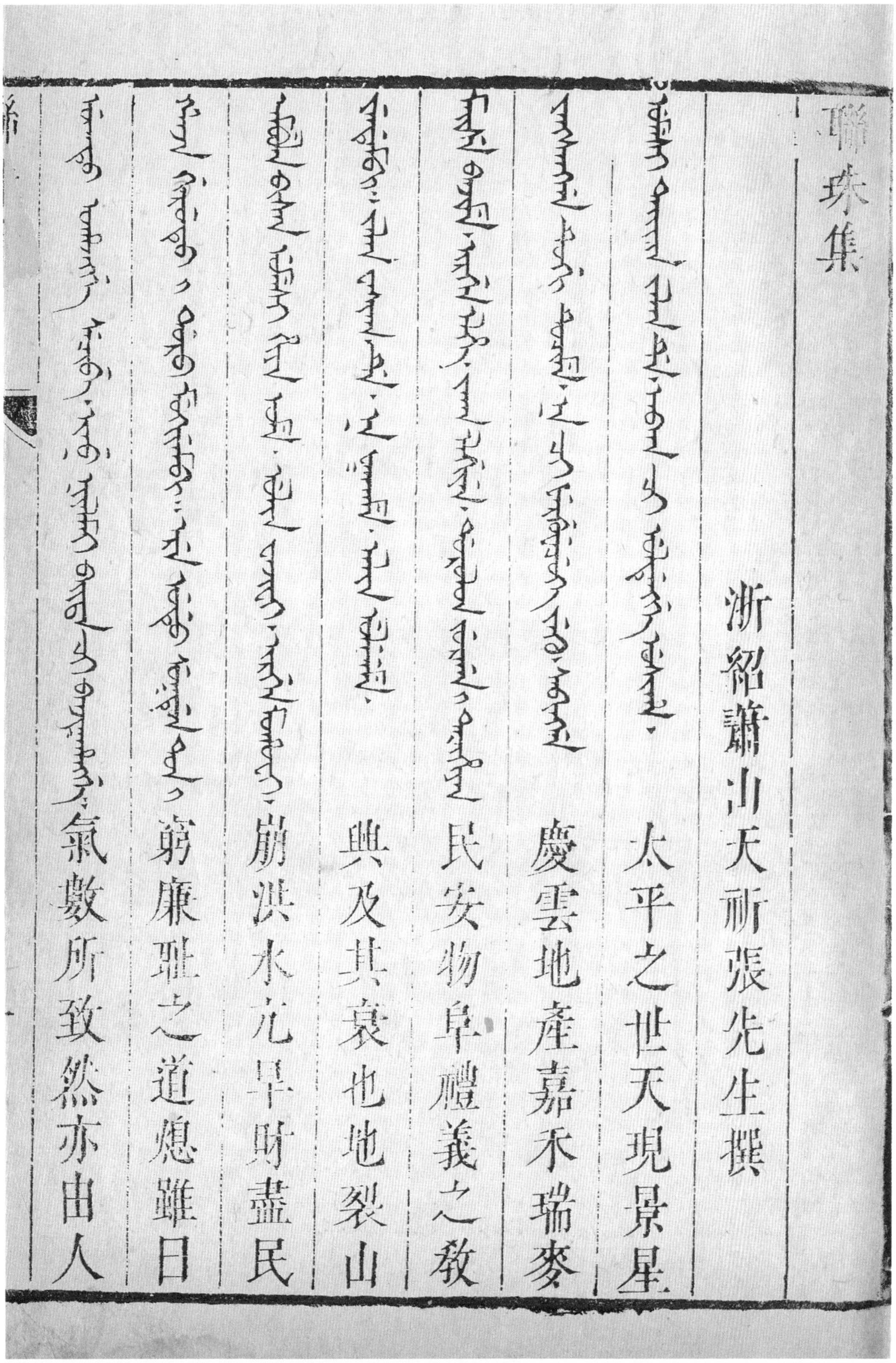
聯珠集

浙紹蕭山天祈張先生撰

太平之世天現景星
慶雲地產嘉禾瑞麥
民安物阜禮義之教
興及其衰也地裂山
崩洪水亢旱財盡民
窮廉恥之道熄雖日
氣數所致然亦由人

20923　聯珠集不分卷　（清）張天祈撰　（清）劉順譯　清康熙三十八年（1699）刻本　滿漢合璧　大連圖書館

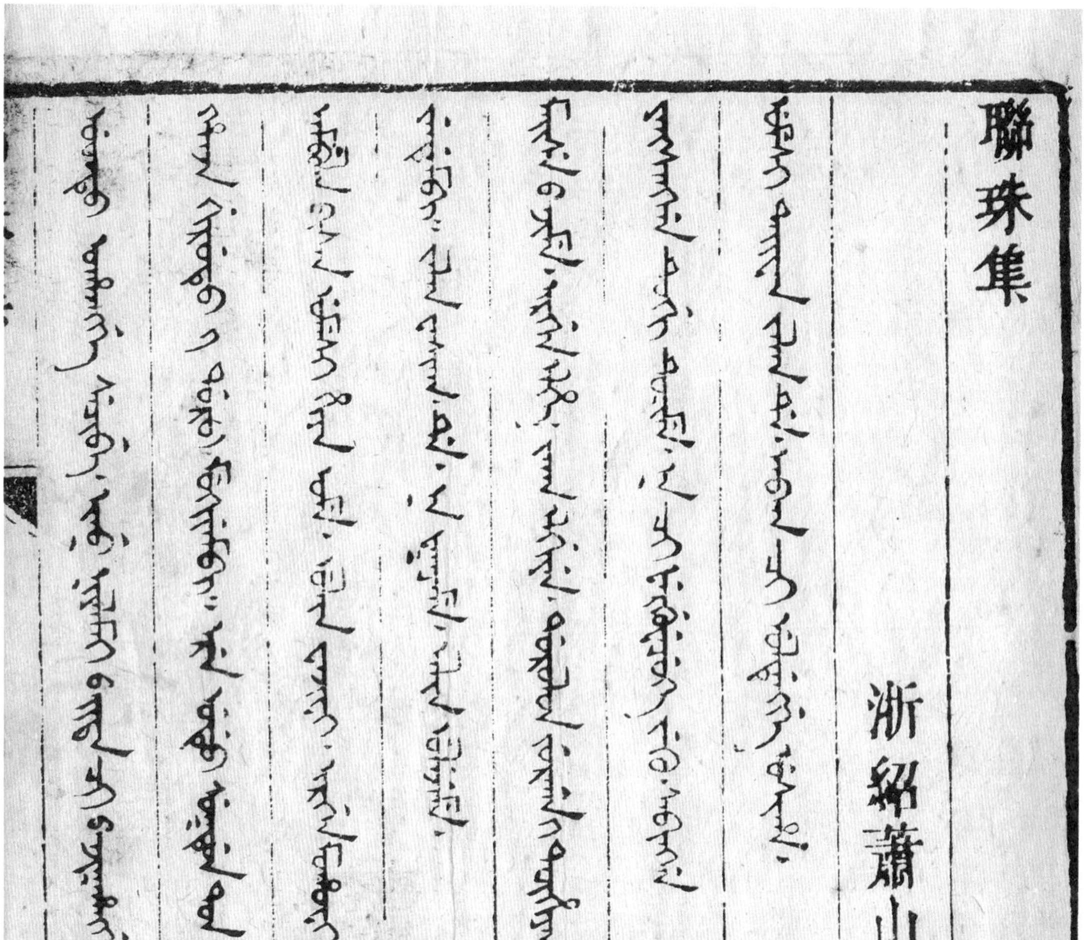
聯珠集
浙紹蕭山天祈張先生撰
太平之世天現景星
慶雲地產嘉禾瑞麥
民安物阜禮義之教
興及其衰也地裂山
崩洪水亢旱財盡民
窮廉耻之道熄雖曰
氣數所致然亦由人

20924　聯珠集不分卷　（清）張天祈撰　（清）劉順譯　清康熙四十一年（1702）金陵聽松樓刻本　滿漢合璧　大連圖書館

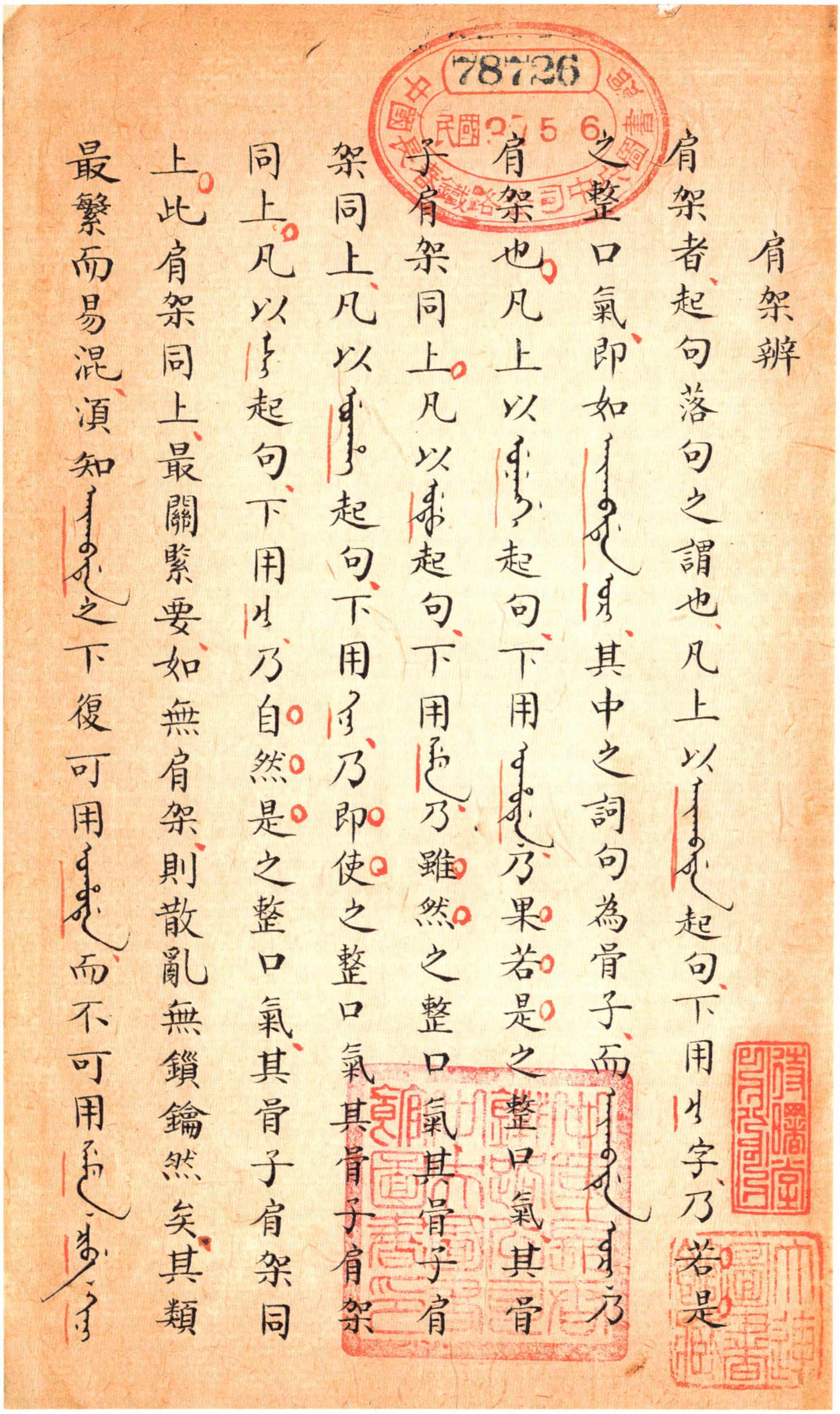
肩架辨
肩架者起句落句之謂也凡上以起句下用字乃若是之整口氣即如其中之詞句為骨子而乃肩架也凡上以起句下用乃果若是之整口氣其骨子肩架同上凡以起句下用乃雖然之整口氣其骨子肩架同上凡以起句下用乃即使之整口氣其骨子肩架同上凡以起句下用乃自然是之整口氣其骨子肩架同上此肩架同上最關緊要如無肩架則散亂無鎖鑰然矣其類最繁而易混須知之下復可用而不可用

20925　翻譯發微不分卷　（清）齊曙初抄　清雍正五年（1727）抄本　滿漢合璧　大連圖書館

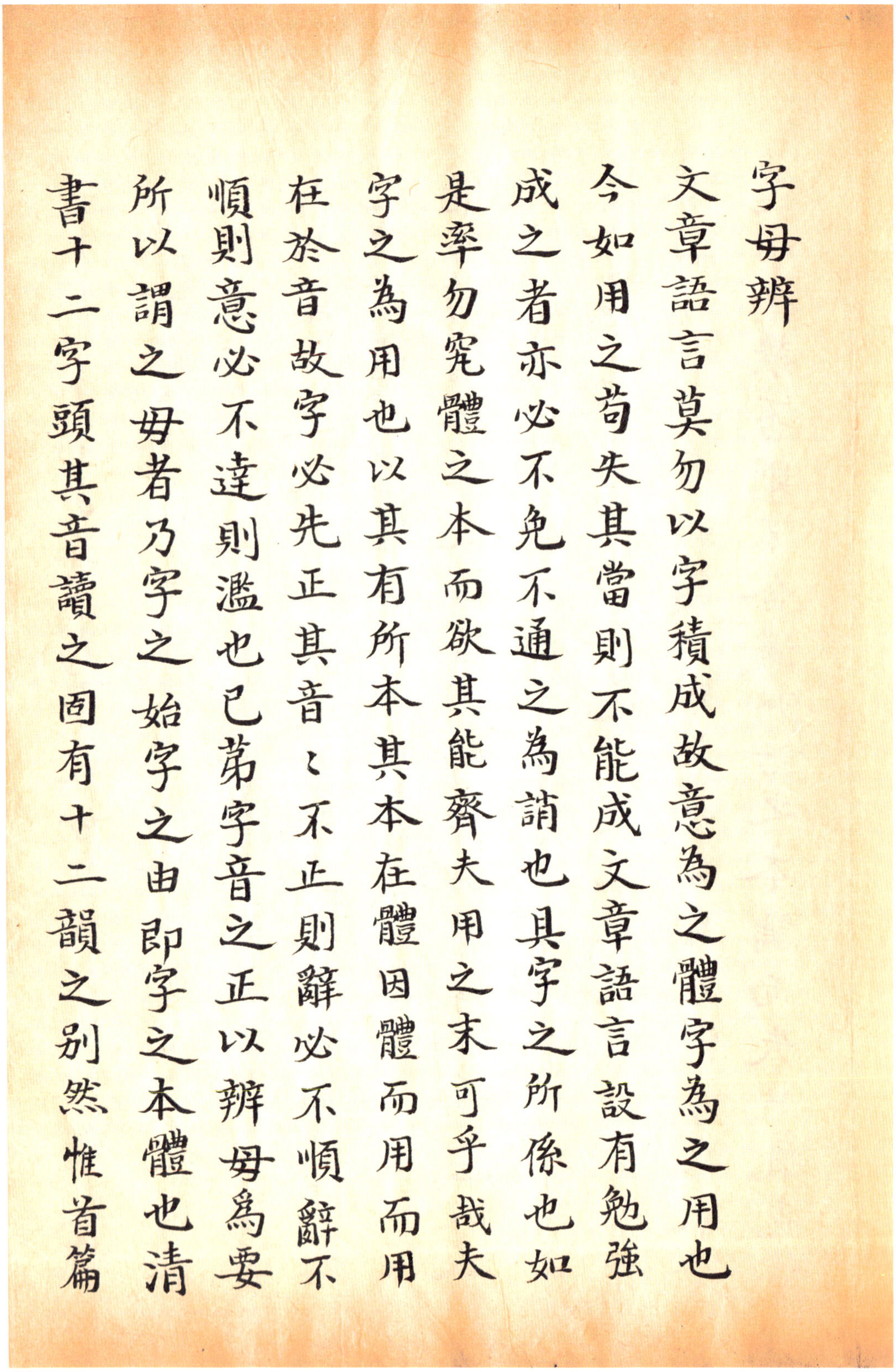
字母辨
文章語言莫勿以字積成故意為之體字為之用也
今如用之茍失其當則不能成文章語言設有勉強
成之者亦必不免不通之為誚也具字之所係也如
是率勿究體之本而欲其能齊夫用之末可乎哉夫
字之為用也以其有所本其本在體因體而用而用
在於音故字必先正其音〻不正則辭必不順辭不
順則意必不達則濫也已苐字音之正以辨母為要
所以謂之母者乃字之始字之由即字之本體也清
書十二字頭其音讀之固有十二韻之别然惟首篇

20926　翻譯發微不分卷　清抄本　滿漢合璧　大連圖書館

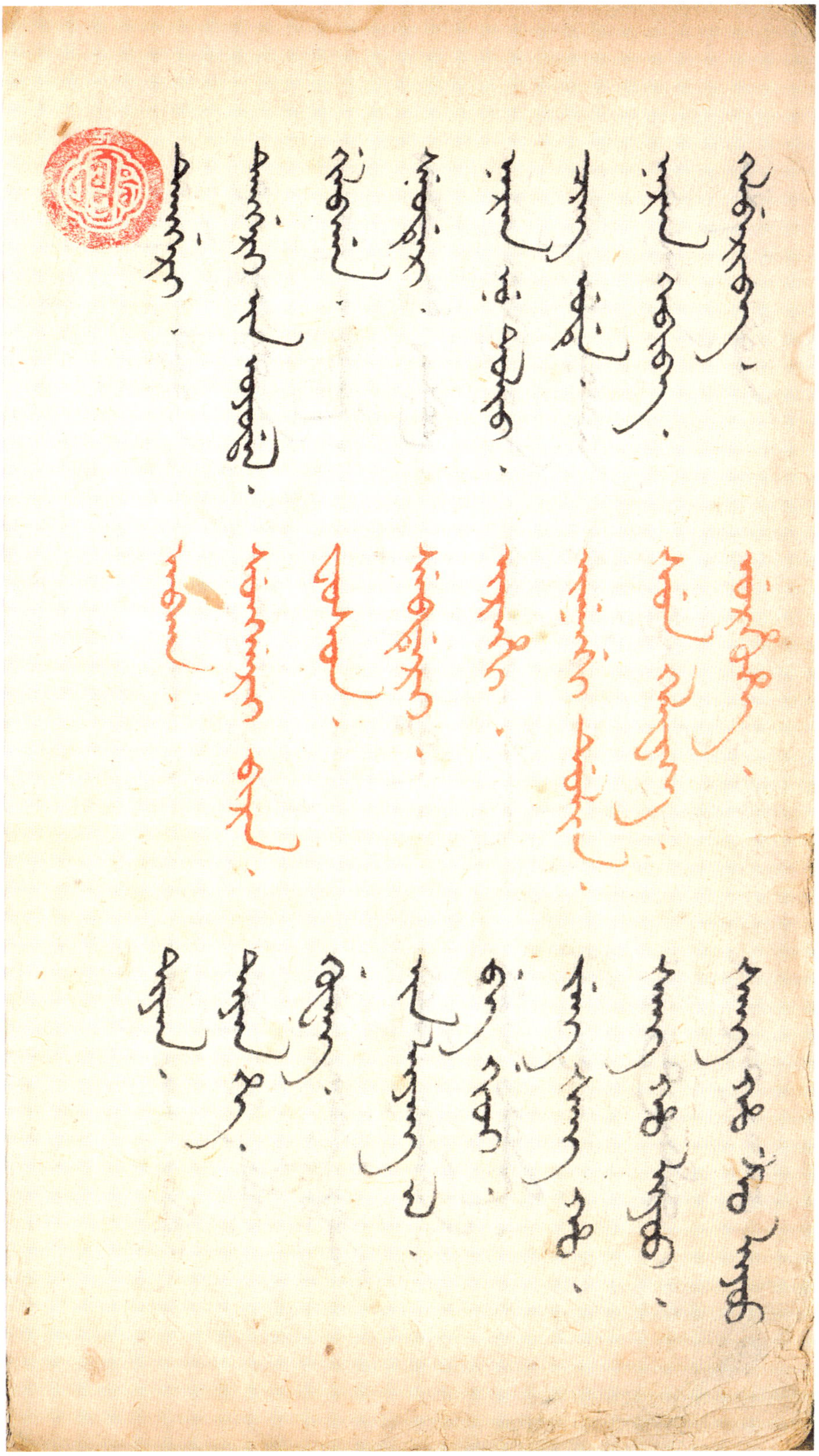

20927　翻譯教本不分卷　（清）舒明阿撰　清雍正十三年（1735）抄本
滿文　大連圖書館

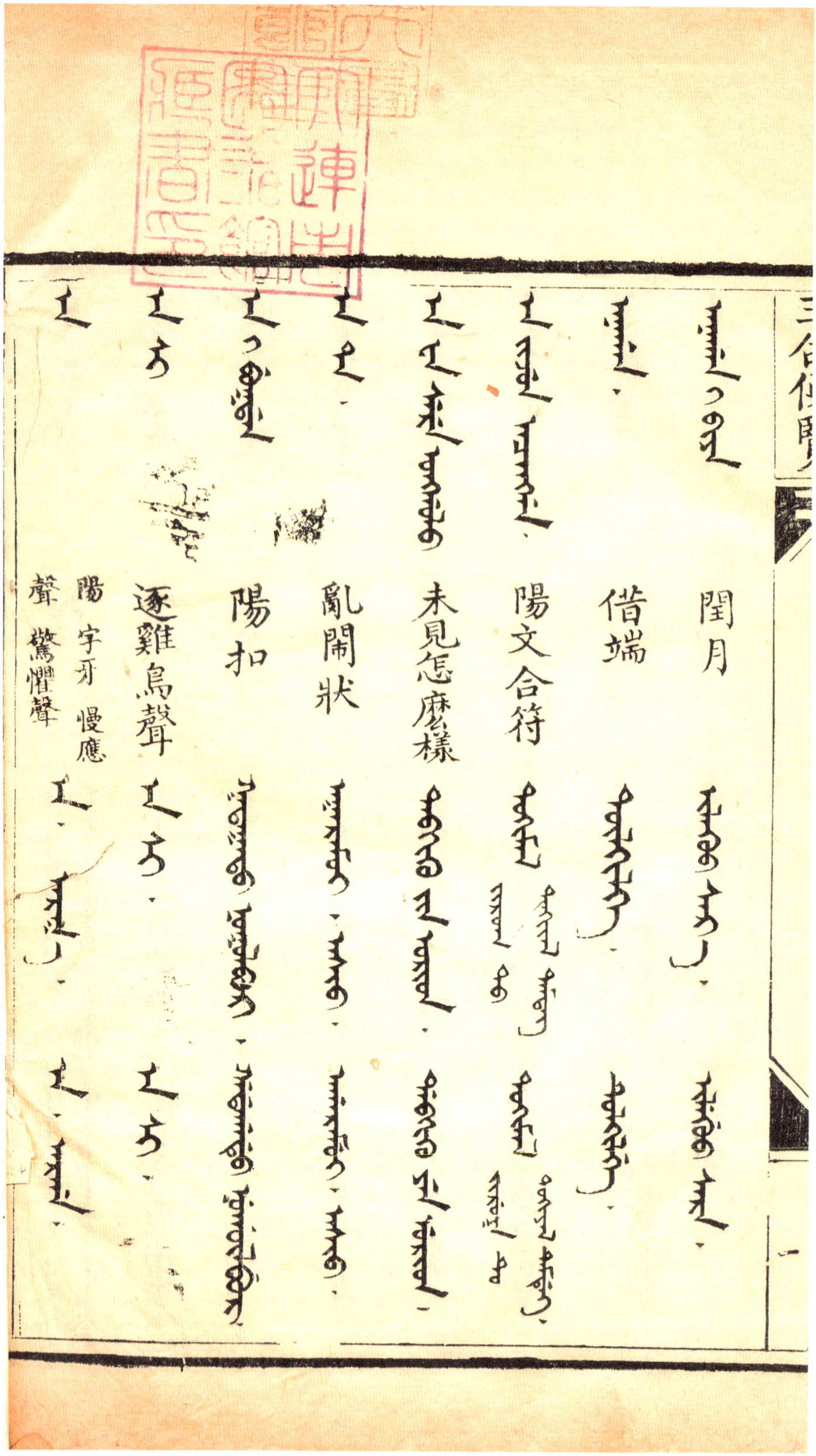

20928　三合便覽不分卷　（清）敬齋輯　（清）富俊增補　清乾隆五十七年（1792）京都雙峰閣刻本　滿蒙漢合璧　大連圖書館

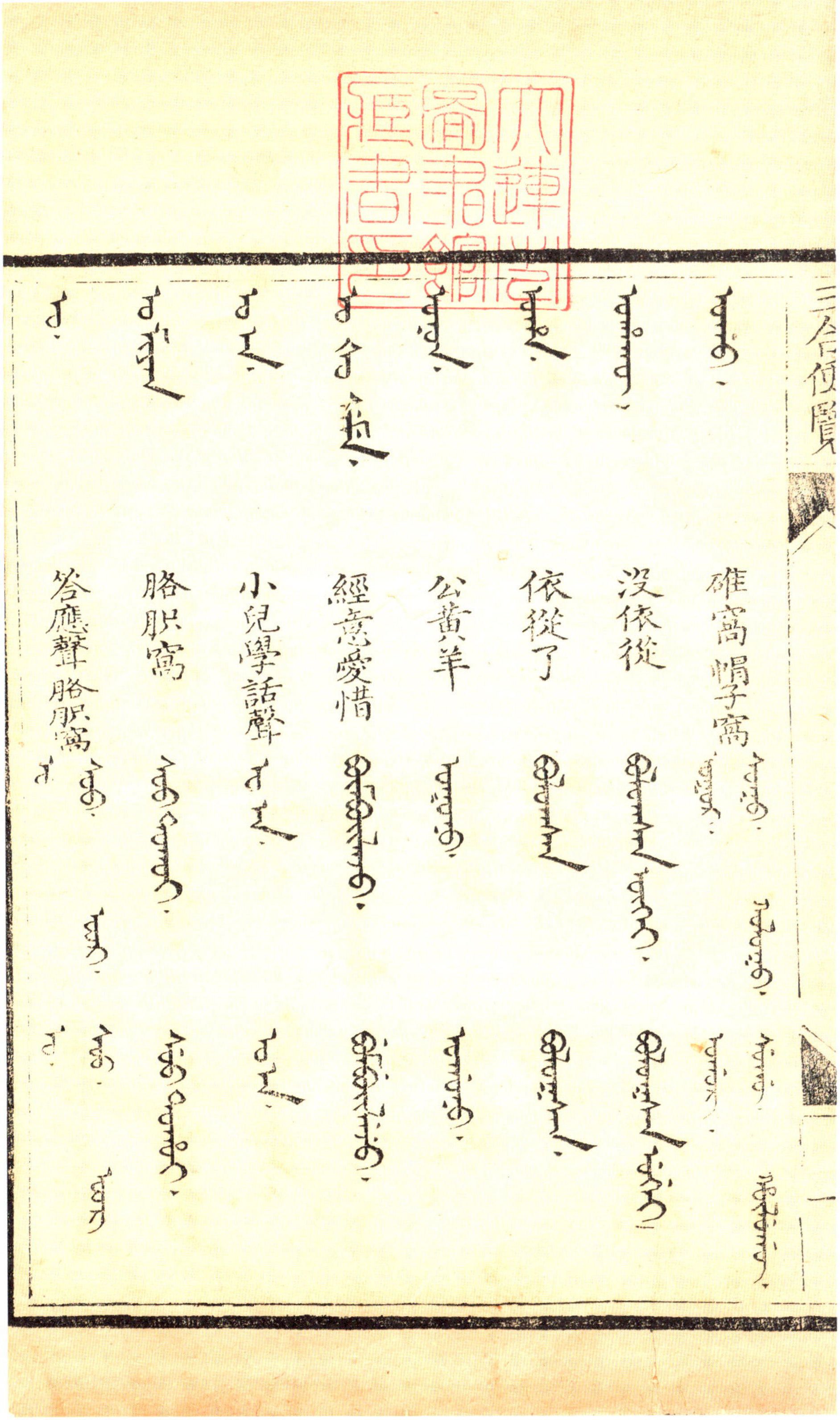

20929　三合便覽十卷補編二卷　（清）敬齋輯　（清）富俊增補　清乾隆五十七年（1792）富俊刻本　滿蒙漢合璧　大連圖書館

存十一卷（一至七、九至十，補編二卷）

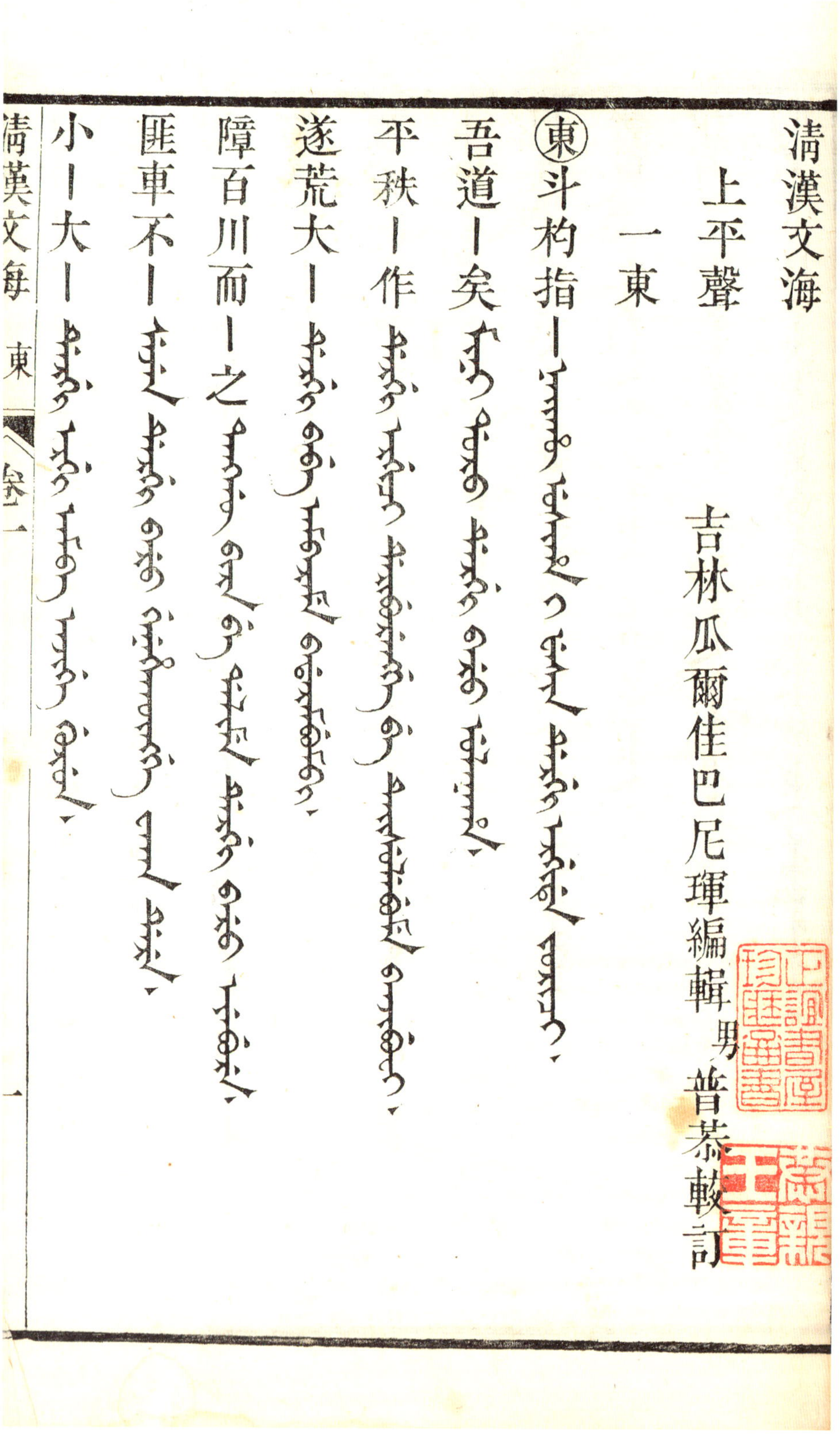
清漢文海
上平聲
一東
吉林瓜爾佳巴尼琿編輯 男 普恭較訂
東 斗杓指—
吾道—矣
平秩—作
遂荒大—
障百川而—之
匪車不—
小—大—
清漢文海 東 卷一 一

20930 清漢文海四十卷 （清）巴尼琿編 清道光元年（1821）江南駐防衙門刻本 滿漢合璧 大連圖書館

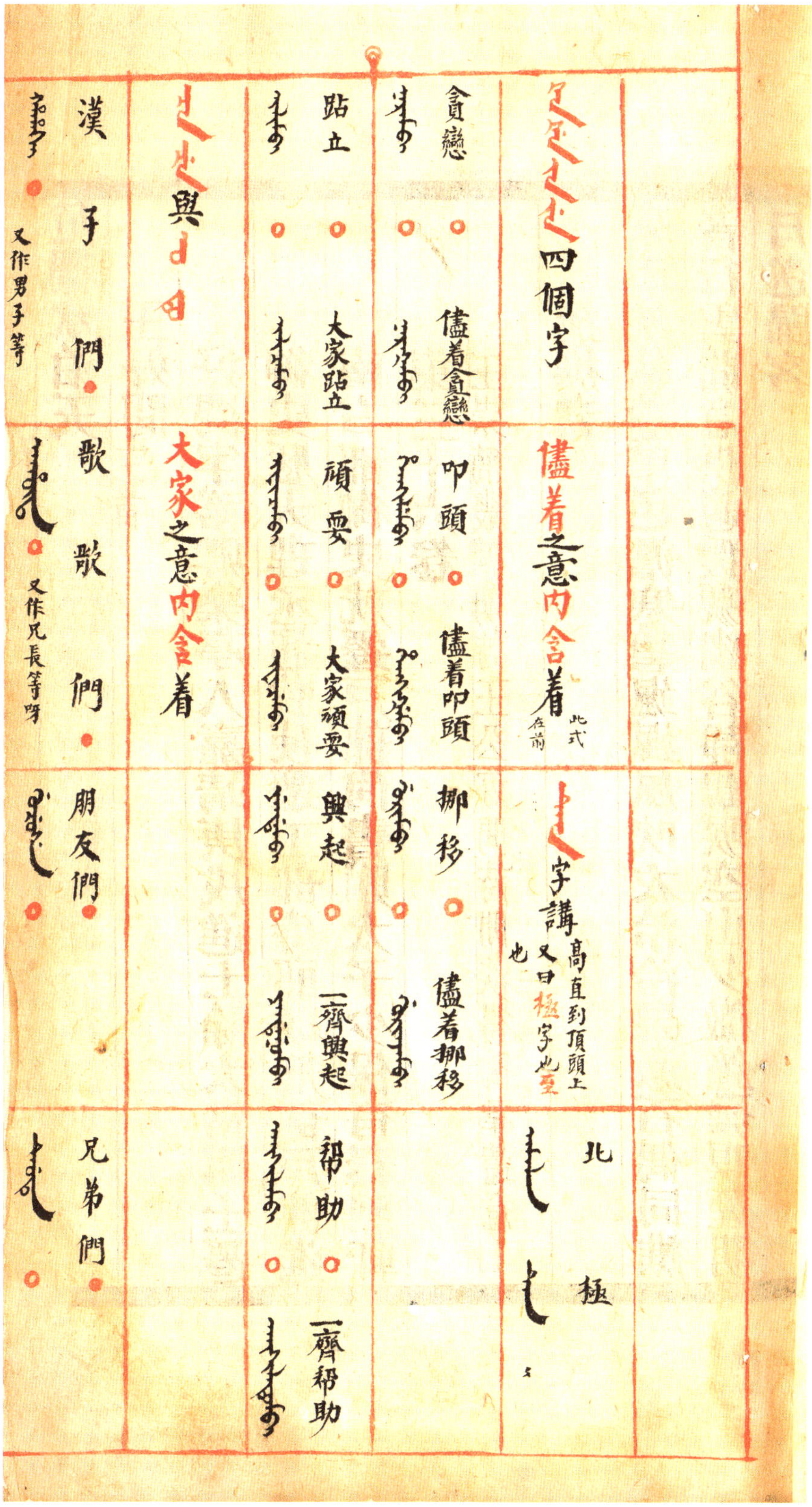
四個字
儘着之意内含着 此式在前
字講 高直到頂頭上 又曰極字也 至也
北極
貪戀 儘着貪戀
叩頭 儘着叩頭
挪移 儘着挪移
站立 大家站立
頑耍 大家頑耍
興起 一齊興起
幫助 一齊幫助
與
大家之意内含着
漢子們 又作男子等
歌歌們 又作兄長等呀
朋友們
兄弟們

20931 滿漢字音聯注釋文不分卷 清抄本 滿漢合璧 大連圖書館

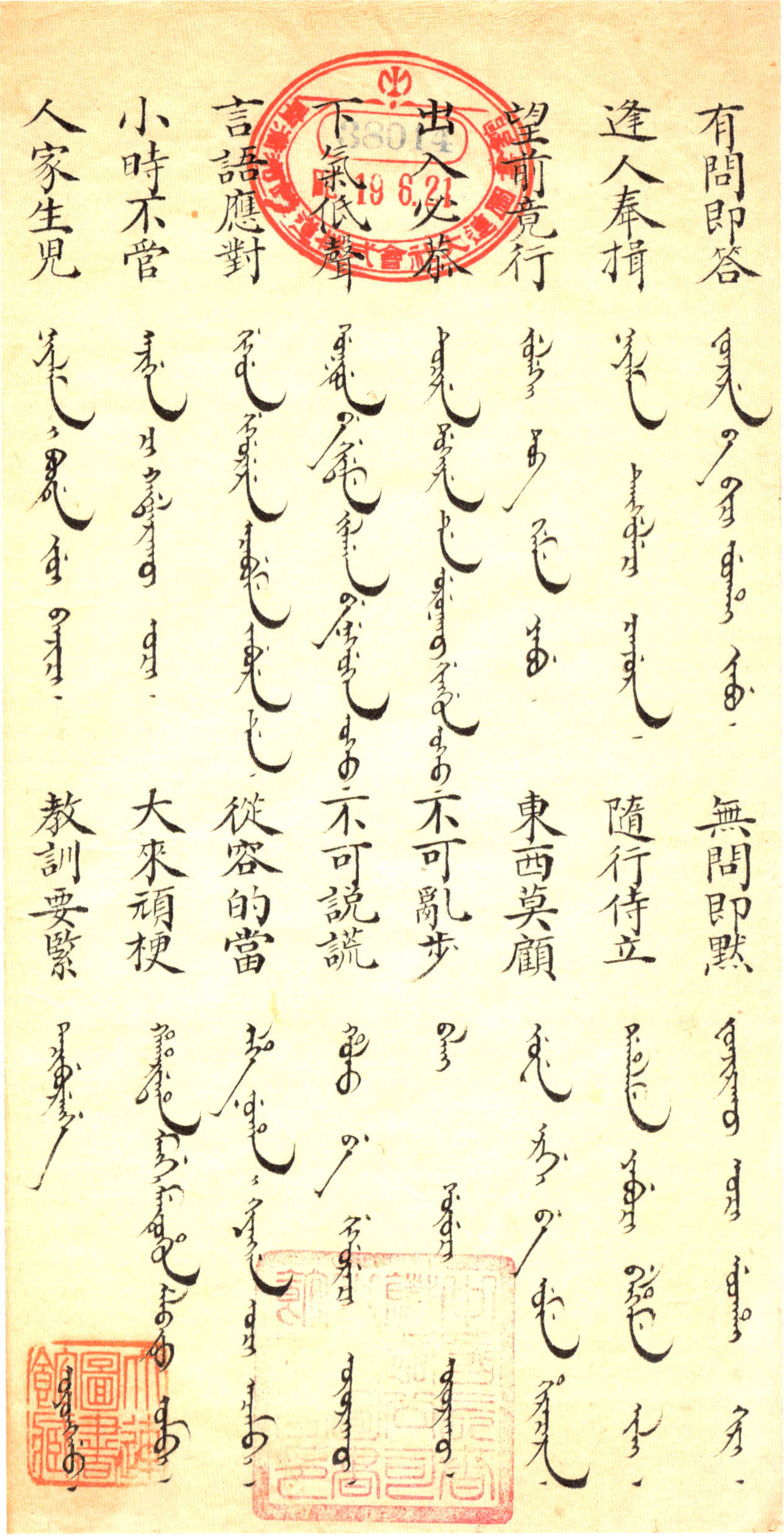

20932　少年初讀不分卷　（清）博赫譯　清乾隆抄本　滿漢合璧　大連圖書館

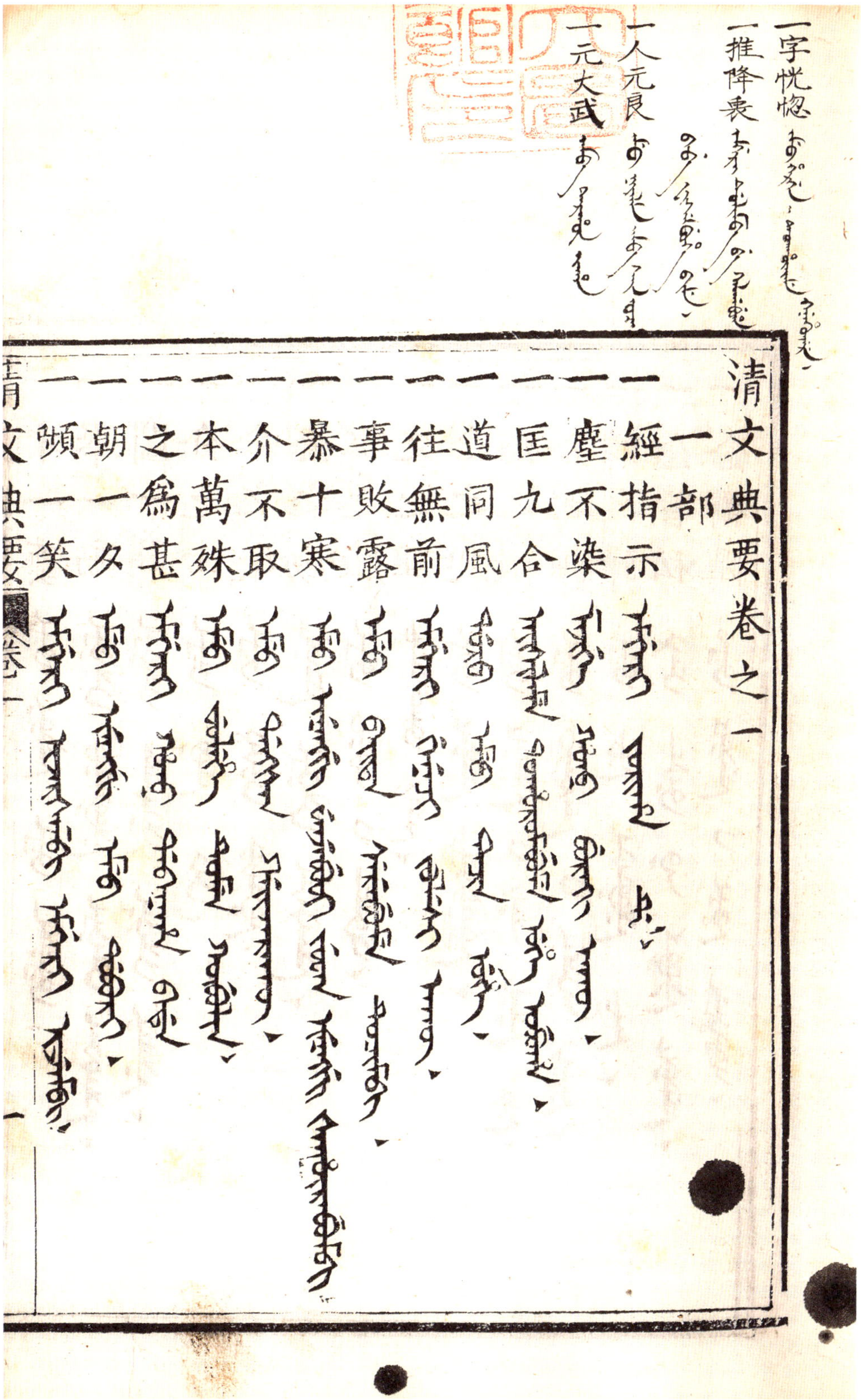
一字恍惚
一推降衷
一人元良
一元大武

清文典要卷之一

一部
一經指示
一塵不染
一匡九合
一道同風
一往無前
一事敗露
一暴十寒
一介不取
一本萬殊
一之爲甚
一朝一夕
一顰一笑

清文典要 卷之一 一

20933　清文典要四卷　（清）秋芳堂主人輯　清乾隆三年（1738）刻本 滿漢合璧　大連圖書館

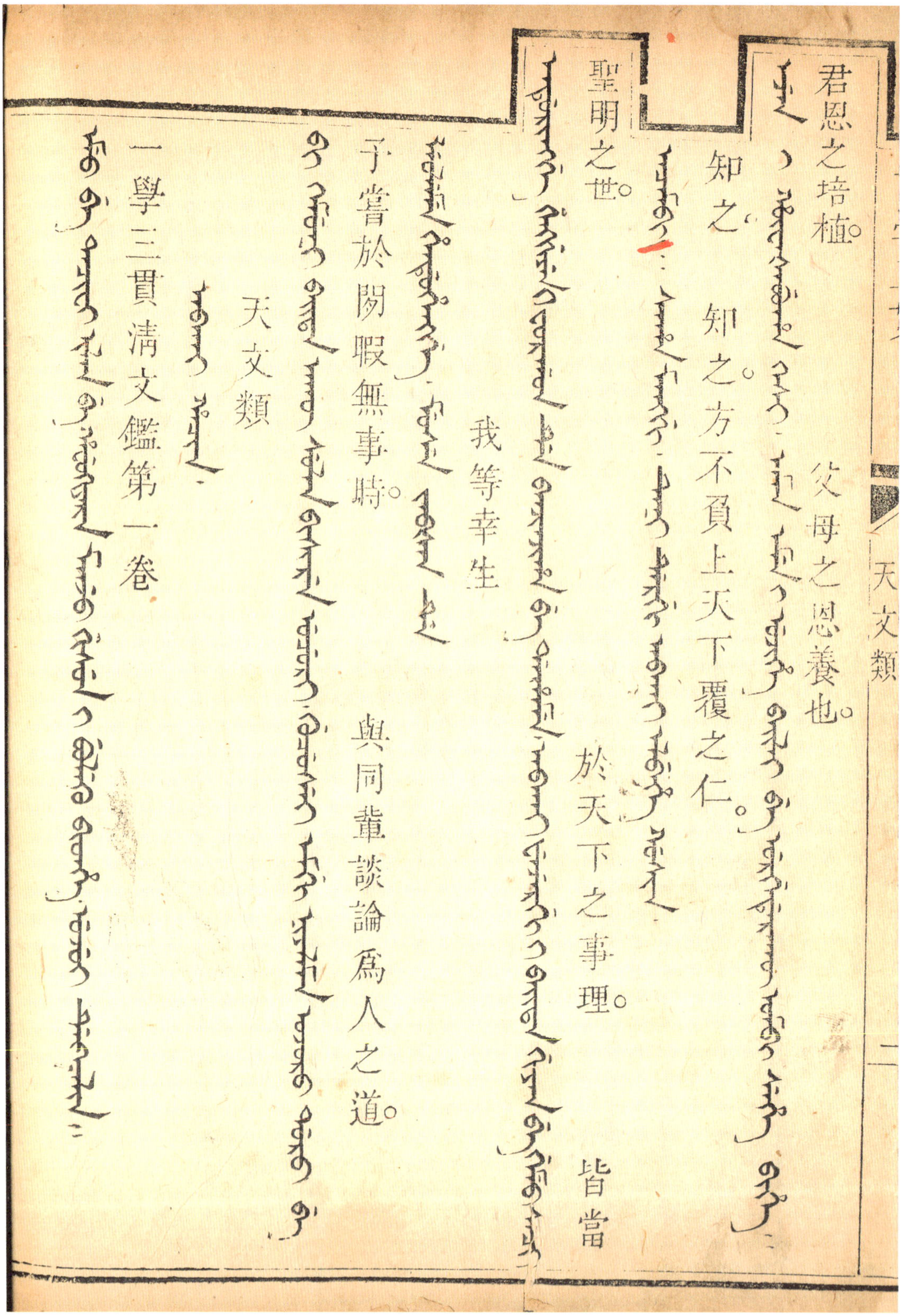
一學三貫清文鑑第一卷

天文類

予嘗於閑暇無事時。與同輩談論爲人之道。我等幸生

聖明之世。於天下之事理。皆當知之。知之方不負上天下覆之仁。

君恩之培植。父母之恩養也。

天文類 一

20934　一學三貫清文鑑四卷　（清）眊圖編　清乾隆十一年（1746）刻本　滿漢合璧　大連圖書館

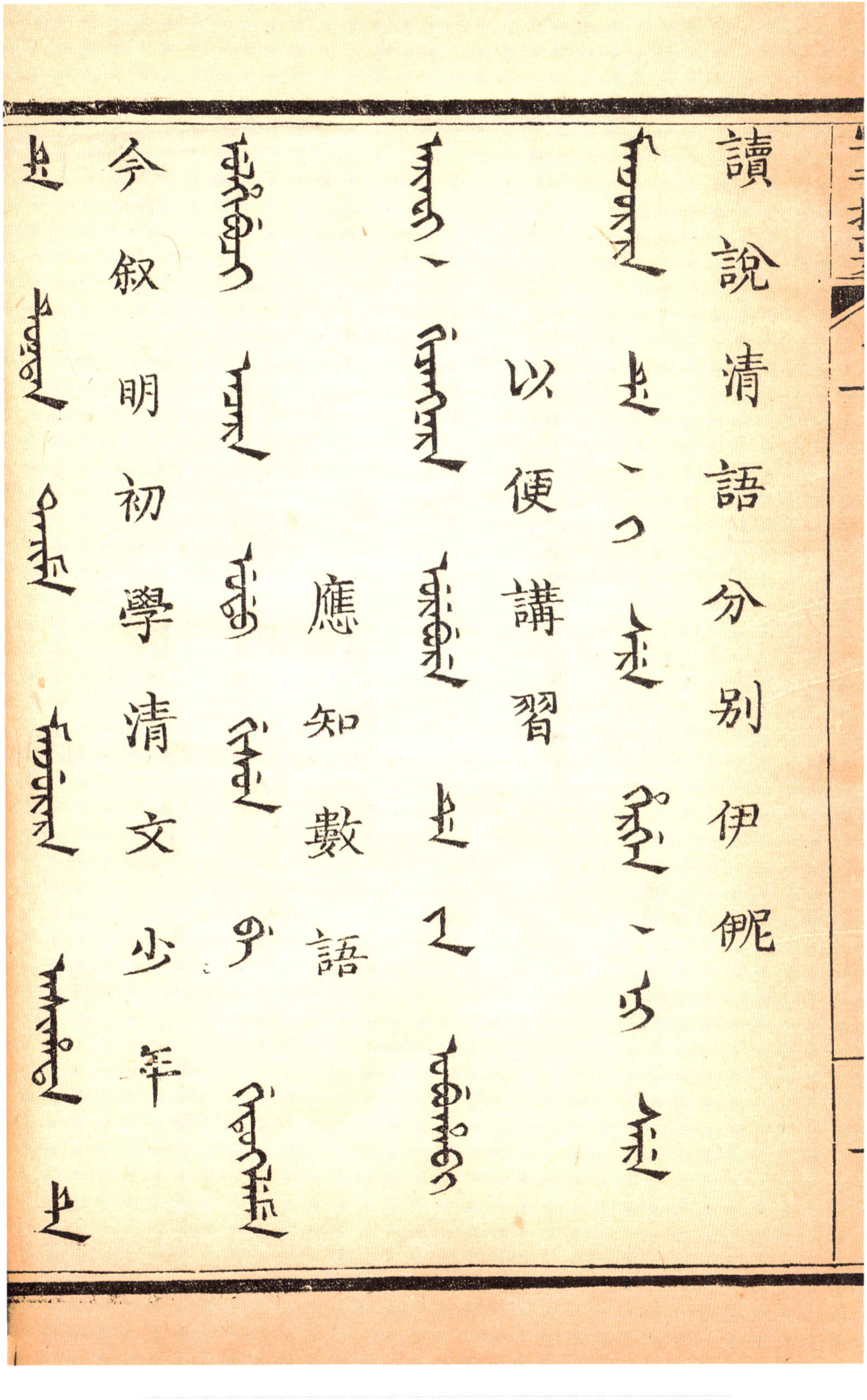
讀說清語分別伊伲
以便講習
應知數語
今叙明初學清文少年

20935 清文指要五卷 （清）富俊編 清嘉慶十四年（1809）三槐堂刻本
滿漢合璧 大連圖書館

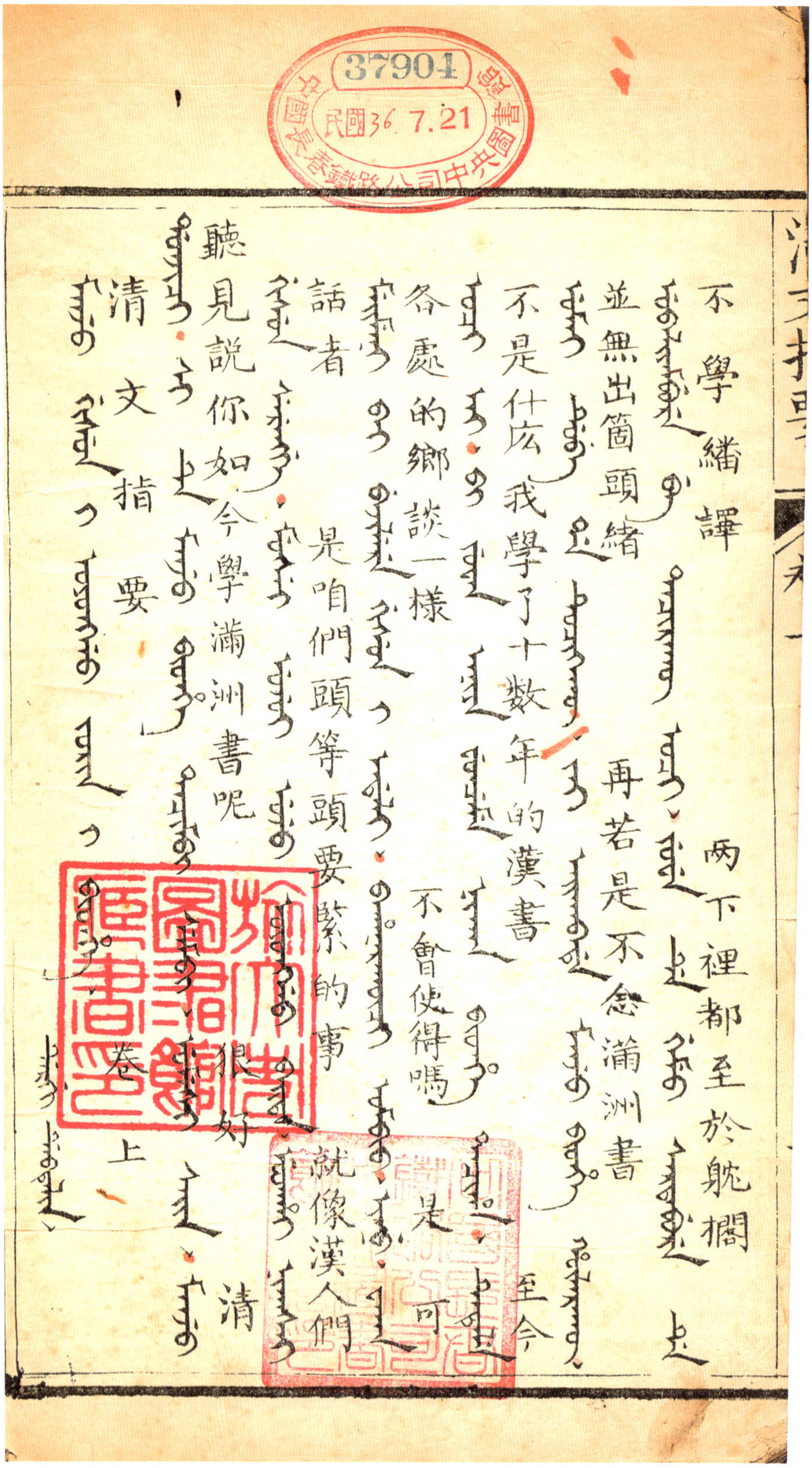

不學繙譯 兩下裡都至於躭擱
並無出箇頭緒 再若是不念滿洲書
不是什庅我學了十數年的漢書 至今
各處的鄉談一樣 不會使得嗎 是可
話者 是咱們頭等頭要緊的事 就像漢人們
聽見說你如今學滿洲書呢 很好 清
清文指要 卷上

20936 清文指要二卷 （清）富俊编 清嘉慶二十三年（1818）西安將軍署刻本 滿漢合璧 大連圖書館

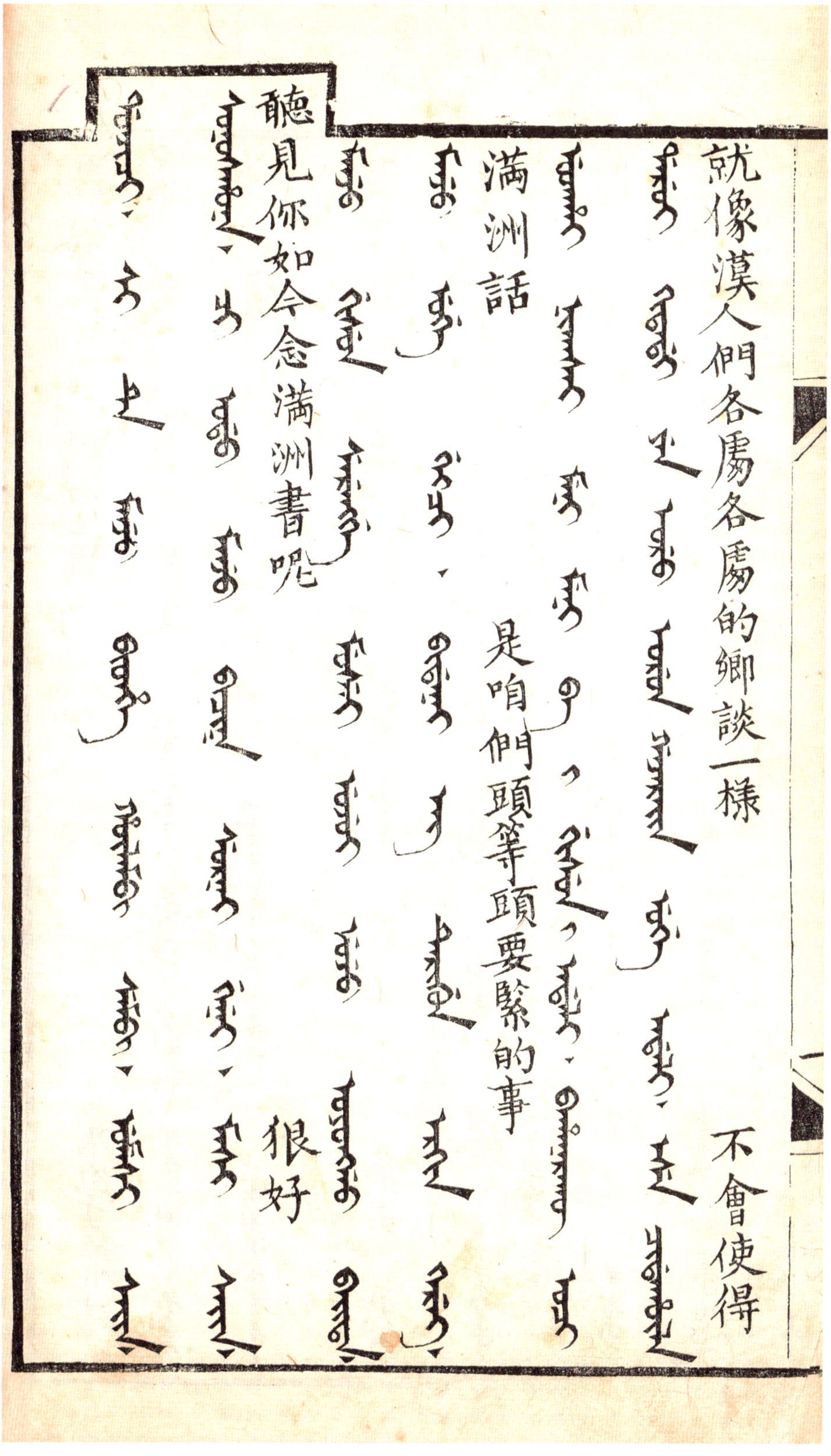
就像漢人們各處各處的鄉談一樣
不會使得
滿洲話
是咱們頭等頭要緊的事
聽見你如今念滿洲書呢
很好

20937　三合語錄不分卷　（清）智信撰　（清）巴林　（清）德勒克譯　清道光十年（1830）京都五雲堂刻本　滿蒙漢合璧　大連圖書館

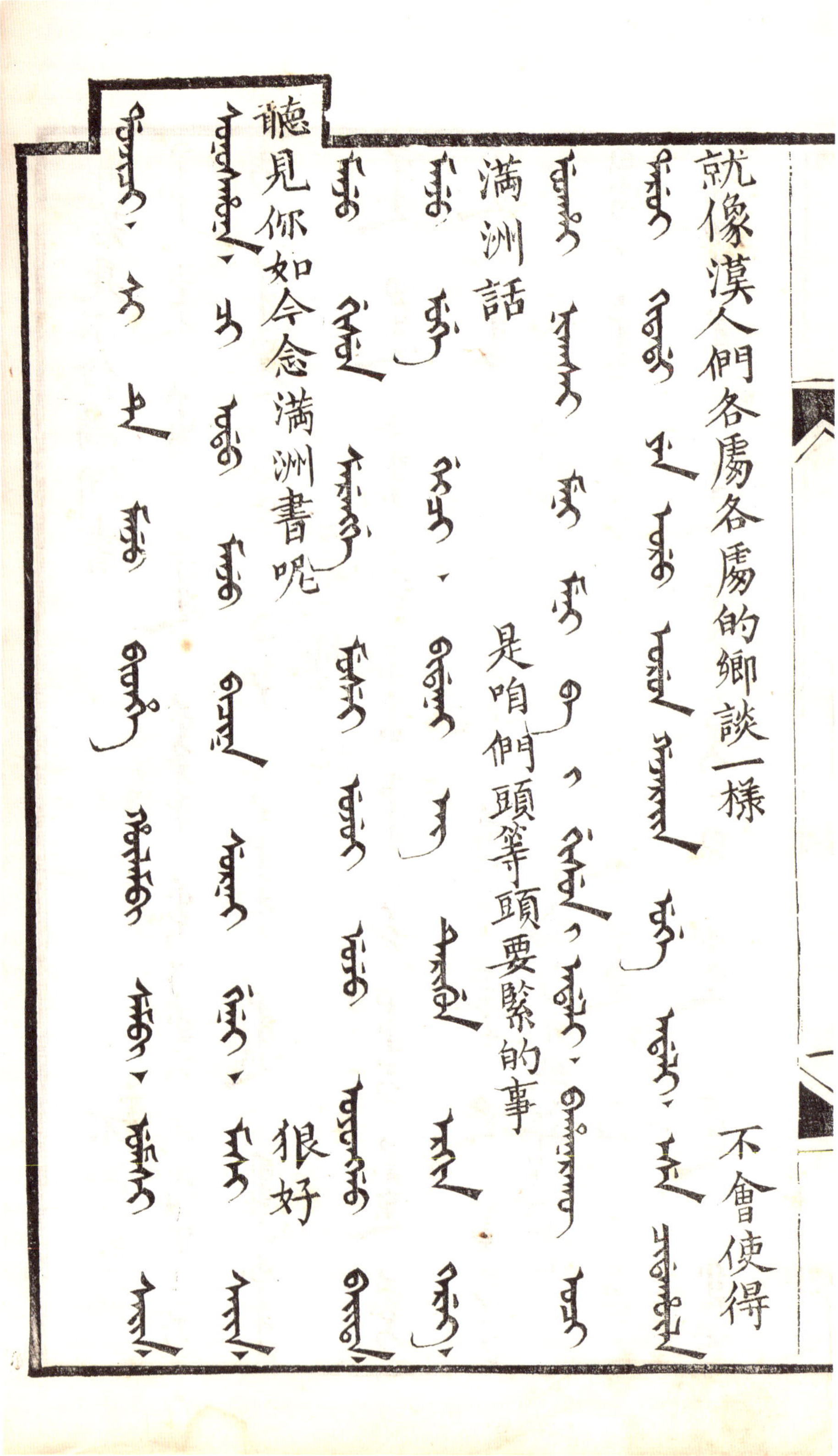
就像漢人們各處各處的鄉談一樣不會使得
滿洲話是咱們頭等頭要緊的事
聽見你如今念滿洲書呢狠好

20938　三合語録不分卷　（清）智信撰　（清）巴林　（清）德勒克譯　清道光二十六年（1846）炳蔚堂刻本　滿蒙漢合璧　大連圖書館

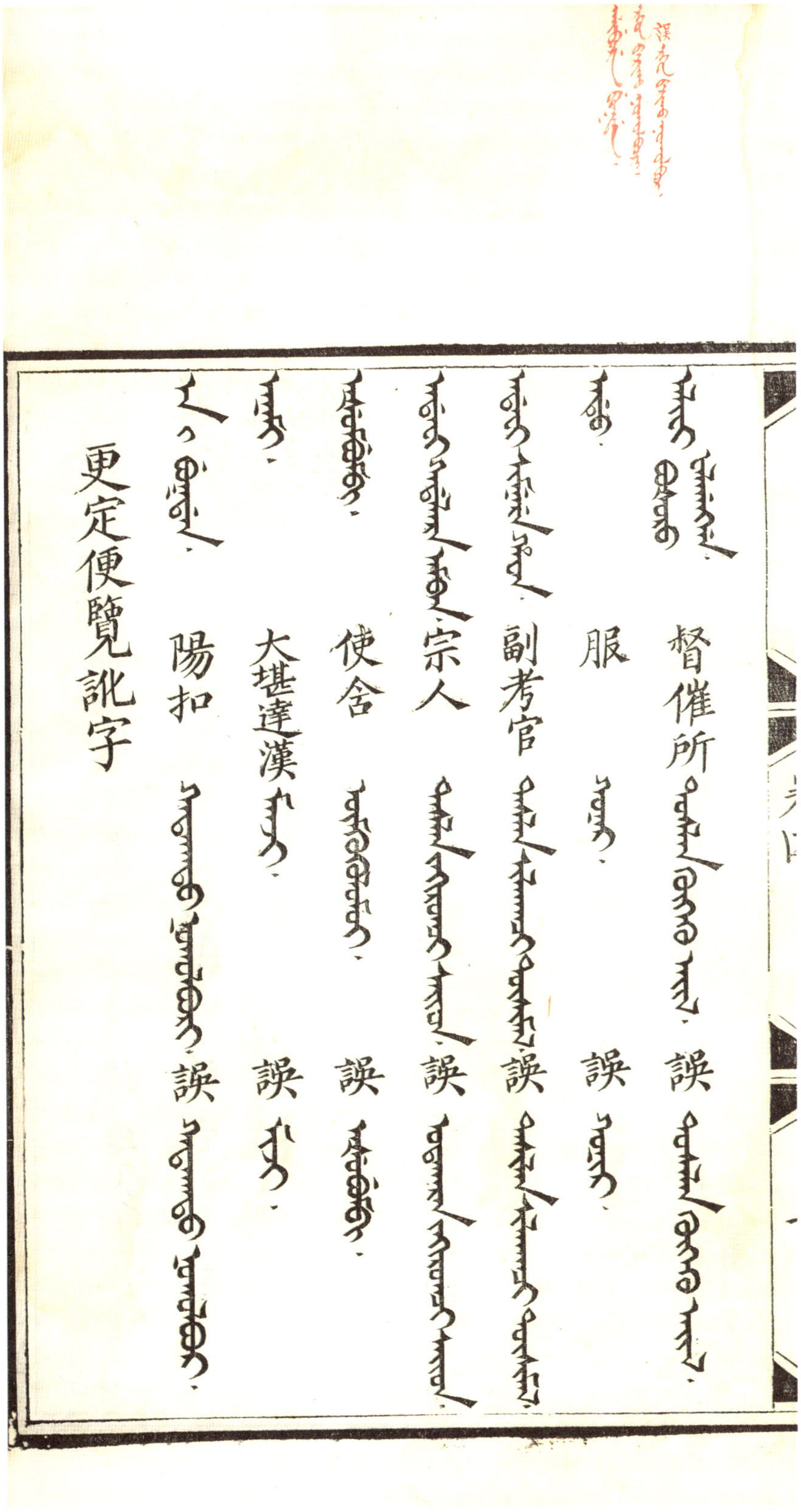

20939　便覽正訛一卷　（清）賽尚阿輯　清道光二十八年（1848）刻本　滿蒙漢合璧　大連圖書館

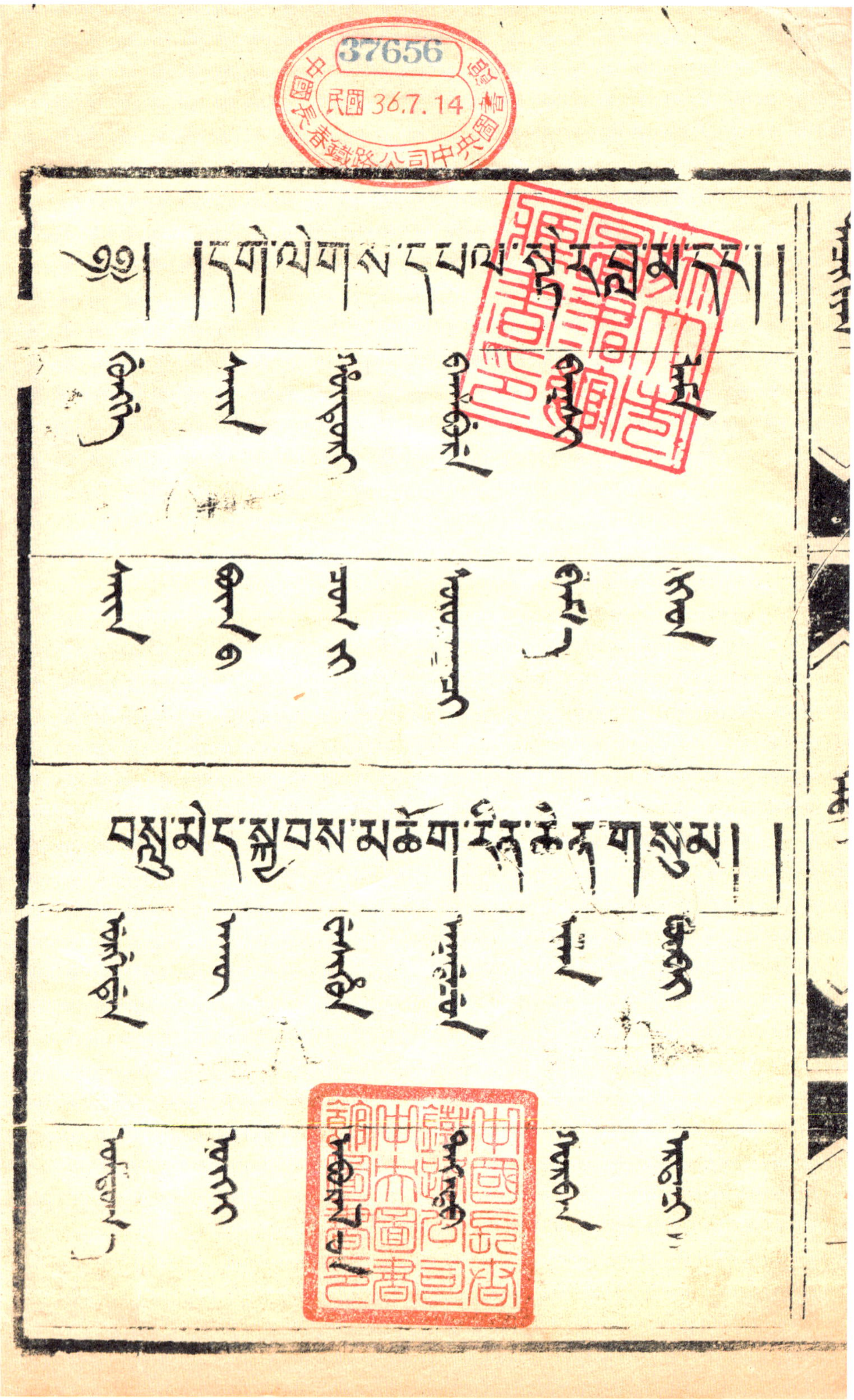

20940　十八合宜教訓不分卷　（清）羅頼畢多爾吉撰　（清）阿旺格勒巴桑譯　清刻本　藏滿蒙合璧　大連圖書館

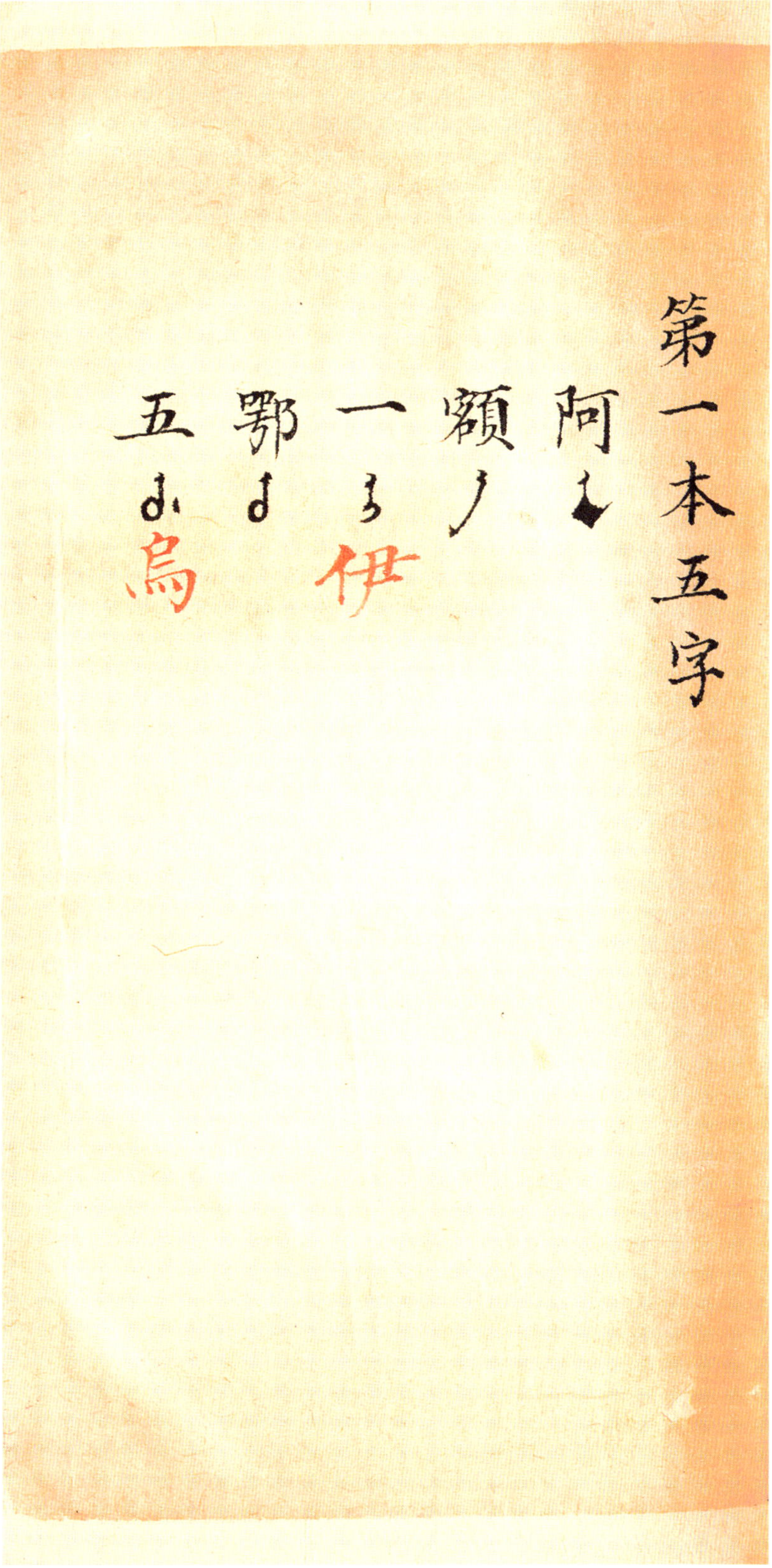

20941 翻清閱目便覽不分卷 （清）全禧輯 清同治四年（1865）寫本 滿漢合璧 大連圖書館

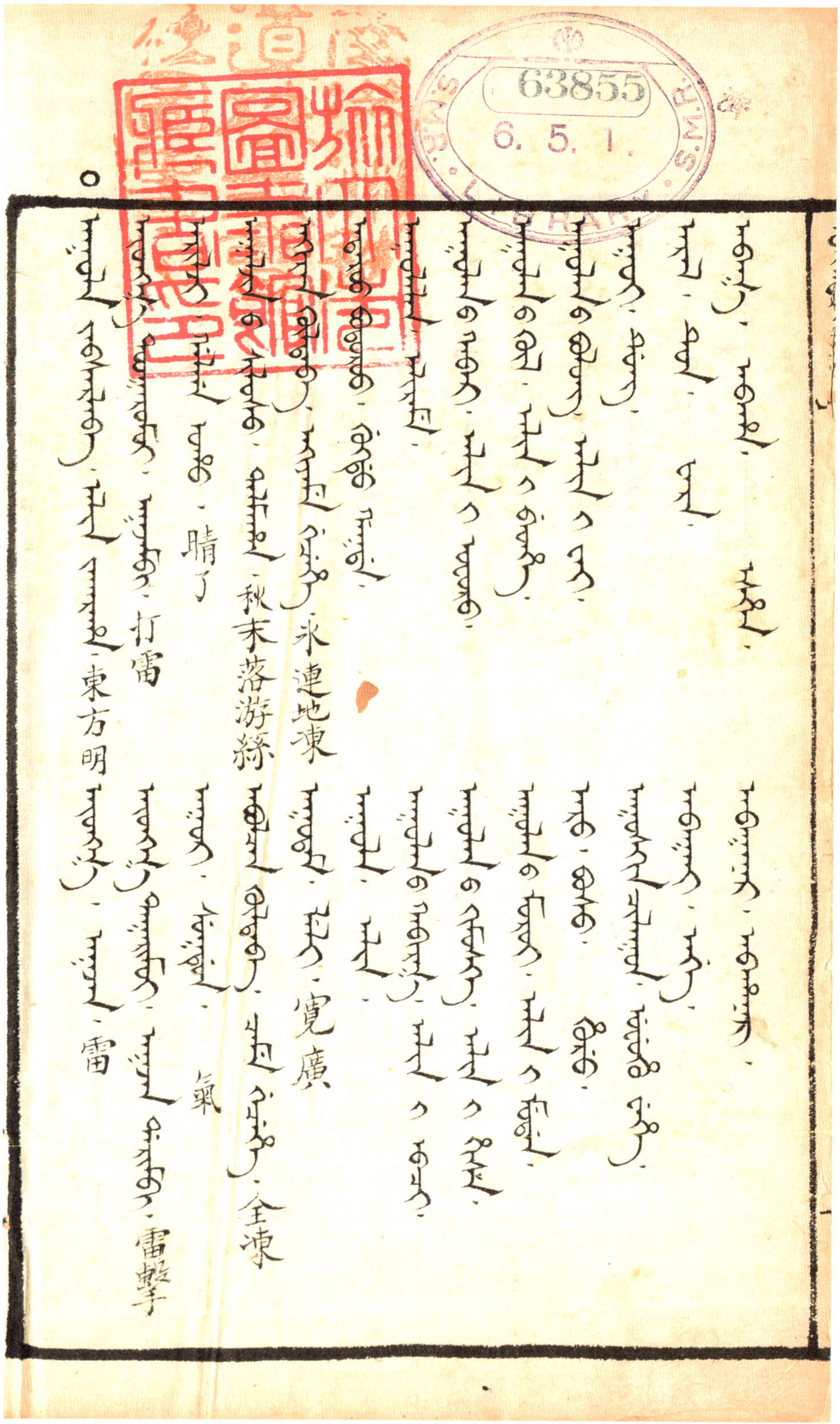

20942　蒙古鑑書不分卷　清抄本　滿蒙漢合璧　大連圖書館

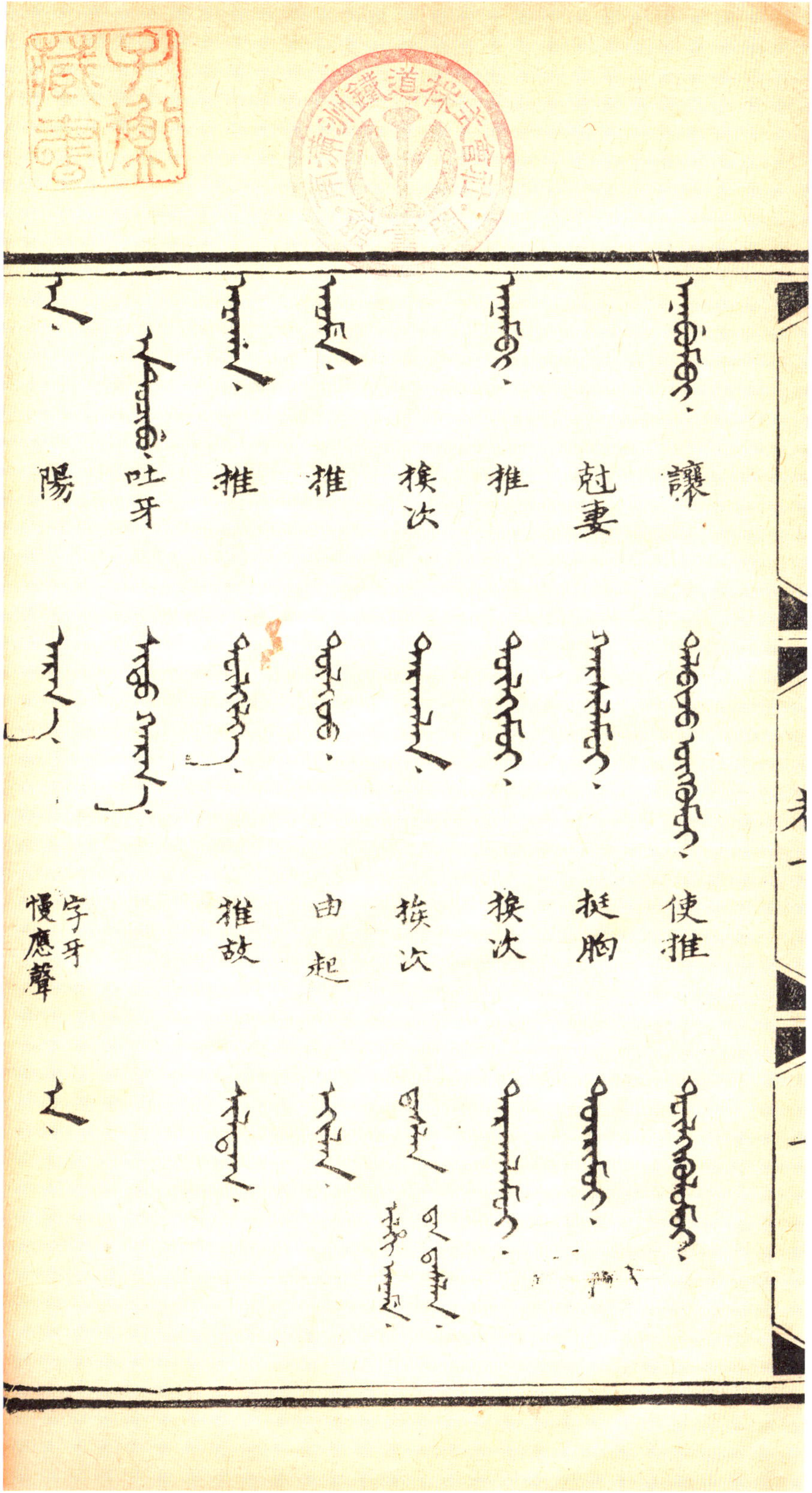

20943　蒙古文晰義及法程四卷　（清）賽尚阿輯　清問經堂刻本　滿蒙漢合璧　大連圖書館

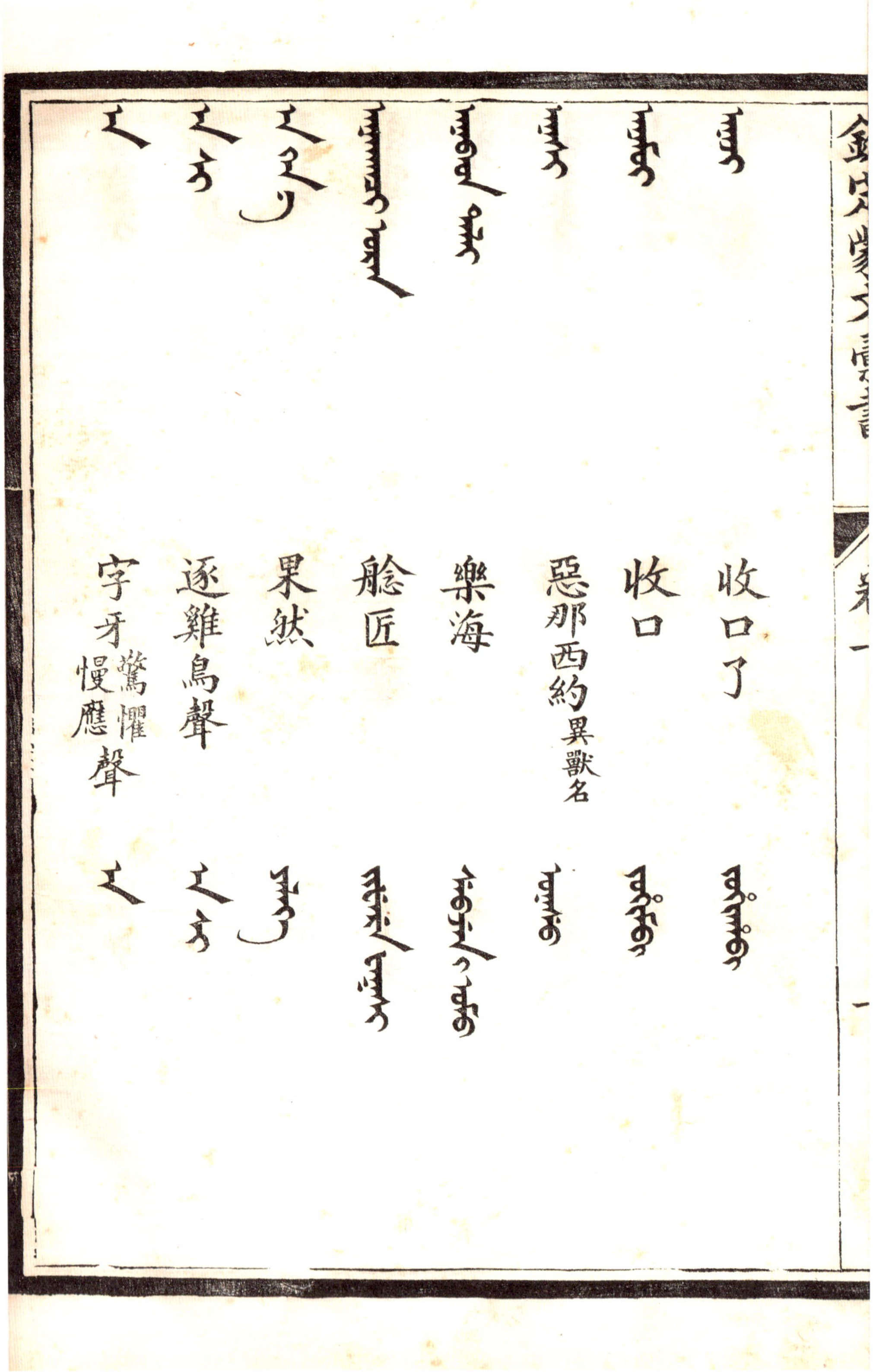

欽定蒙文彙書

卷一

收口了

收口

惡那西約 異獸名

樂海

艙匠

果然

逐雞鳥聲

字牙驚懼慢應聲

20944　欽定蒙文彙書十六卷　（清）賽尚阿编　清光緒十七年（1891）理藩院刻本　滿蒙漢合璧　大連圖書館

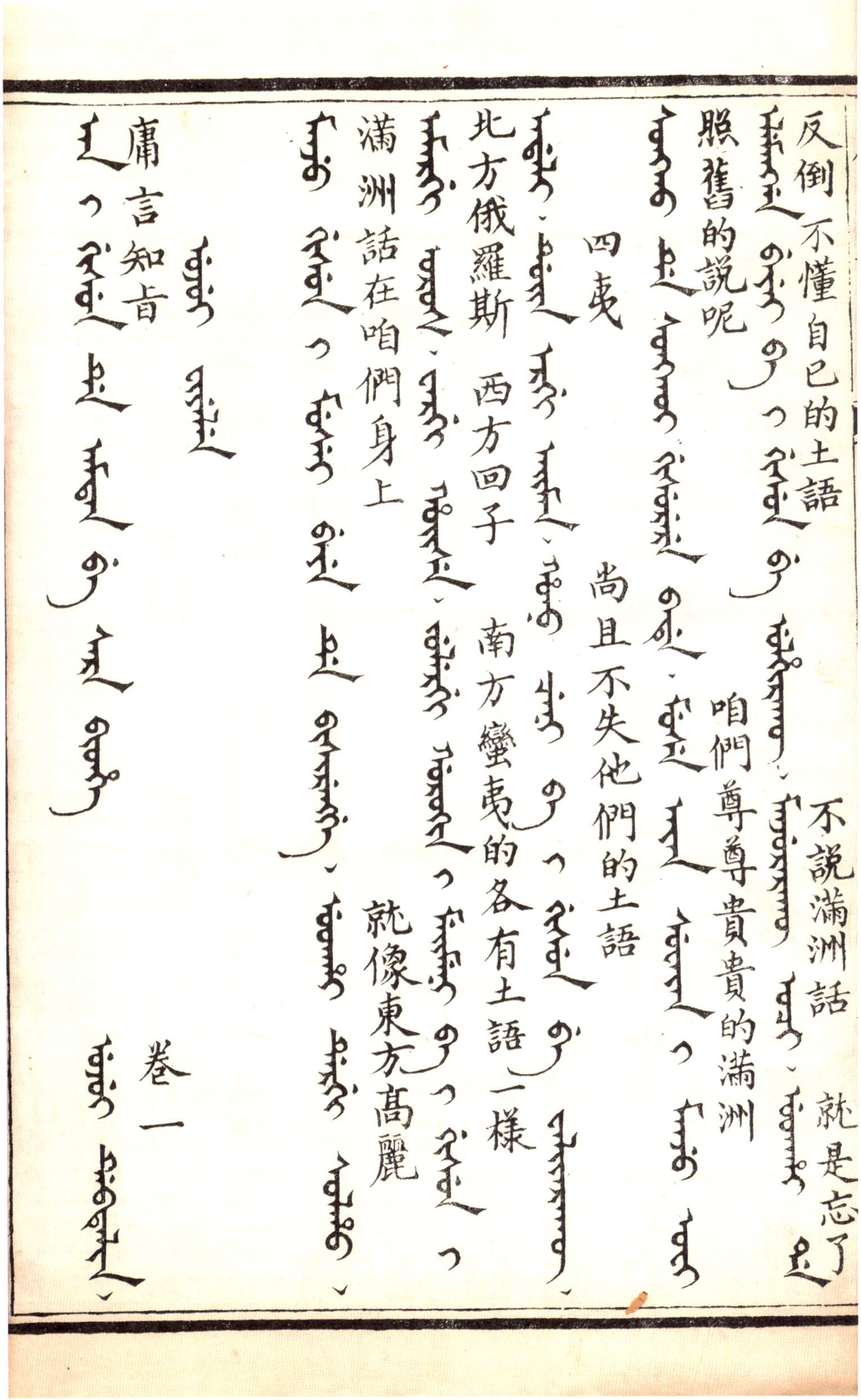
反倒不懂自已的土語　不說滿洲話　就是忘了
照舊的說呢　咱們尊尊貴貴的滿洲
四夷　尚且不失他們的土語
北方俄羅斯　西方回子　南方蠻夷的各有土語一樣
滿洲話在咱們身上　就像東方高麗
庸言知旨　卷一

20945　庸言知旨二卷　（清）宜興撰　清嘉慶二十四年（1819）芸圃查清阿刻本　滿漢合璧　大連圖書館

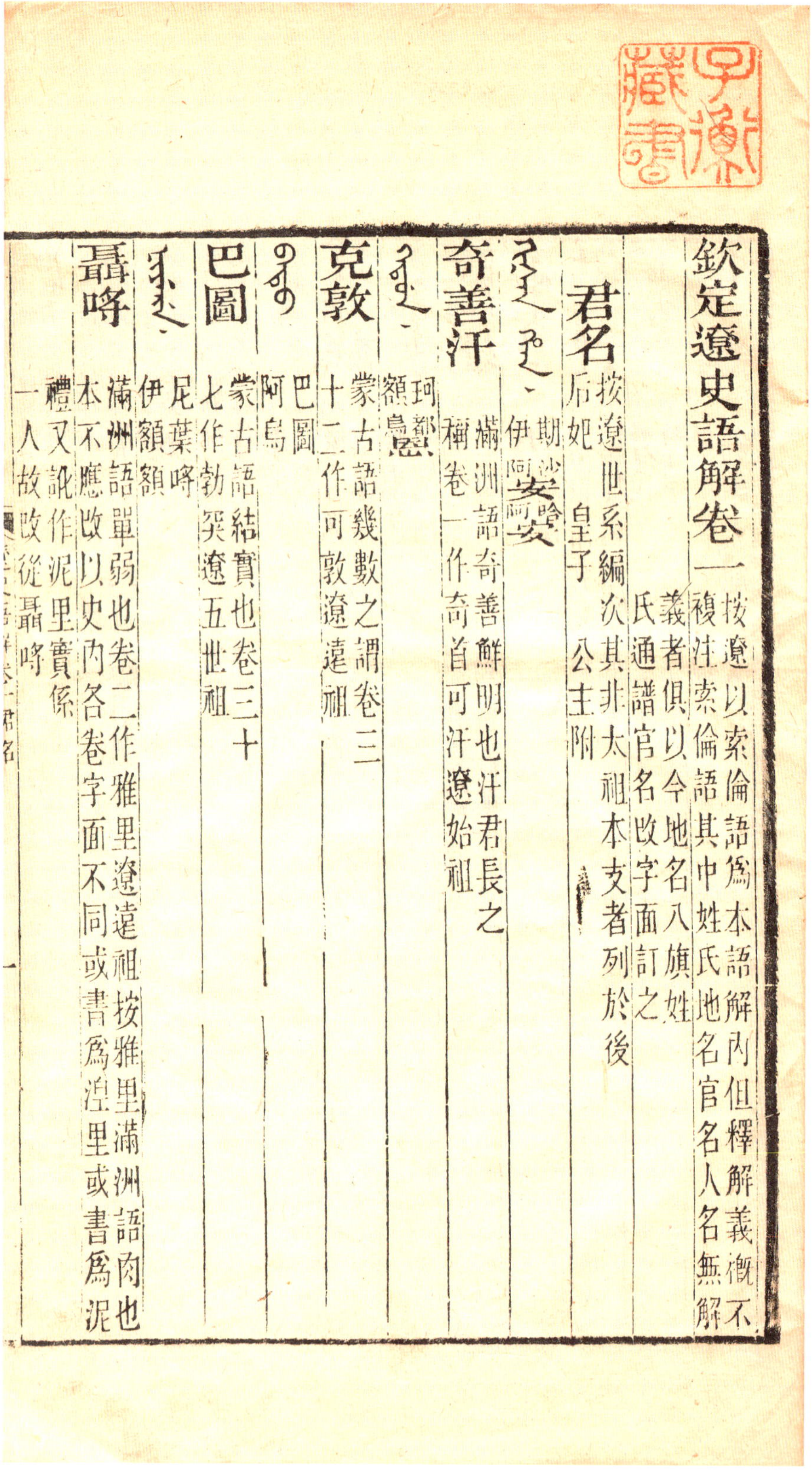

欽定遼史語解卷一 按遼以索倫語爲本語解內但釋解義概不複注索倫語其中姓氏地名官名人名無解義者俱以今地名八旗姓氏通譜官名改字面訂之

君名 按遼世系編次其非太祖本支者列於後
后妃皇子公主附

伊 期 阿沙 阿哈 安

奇善汗 滿洲語奇善鮮明也汗君長之稱卷一作奇首可汗遼始祖

珂鄰 額魯

克敦 蒙古語幾數之謂卷三十二作可敦遼遠祖

巴圖 阿烏

巴圖 蒙古語結實也卷三十七作勃突遼五世祖

尼葉哷 伊額額

聶哷 滿洲語單弱也卷二作雅里遼遠祖按雅里滿洲語肉也本不應改以史內各卷字面不同或書爲涅里或書爲泥禮又訛作泥里實係一人故改從聶哷

遼史語解卷一 君名 一

20946 **欽定遼金元三史語解四十六卷** （清）高宗弘曆敕撰 清道光四年（1824）刻本 滿漢合璧 大連圖書館

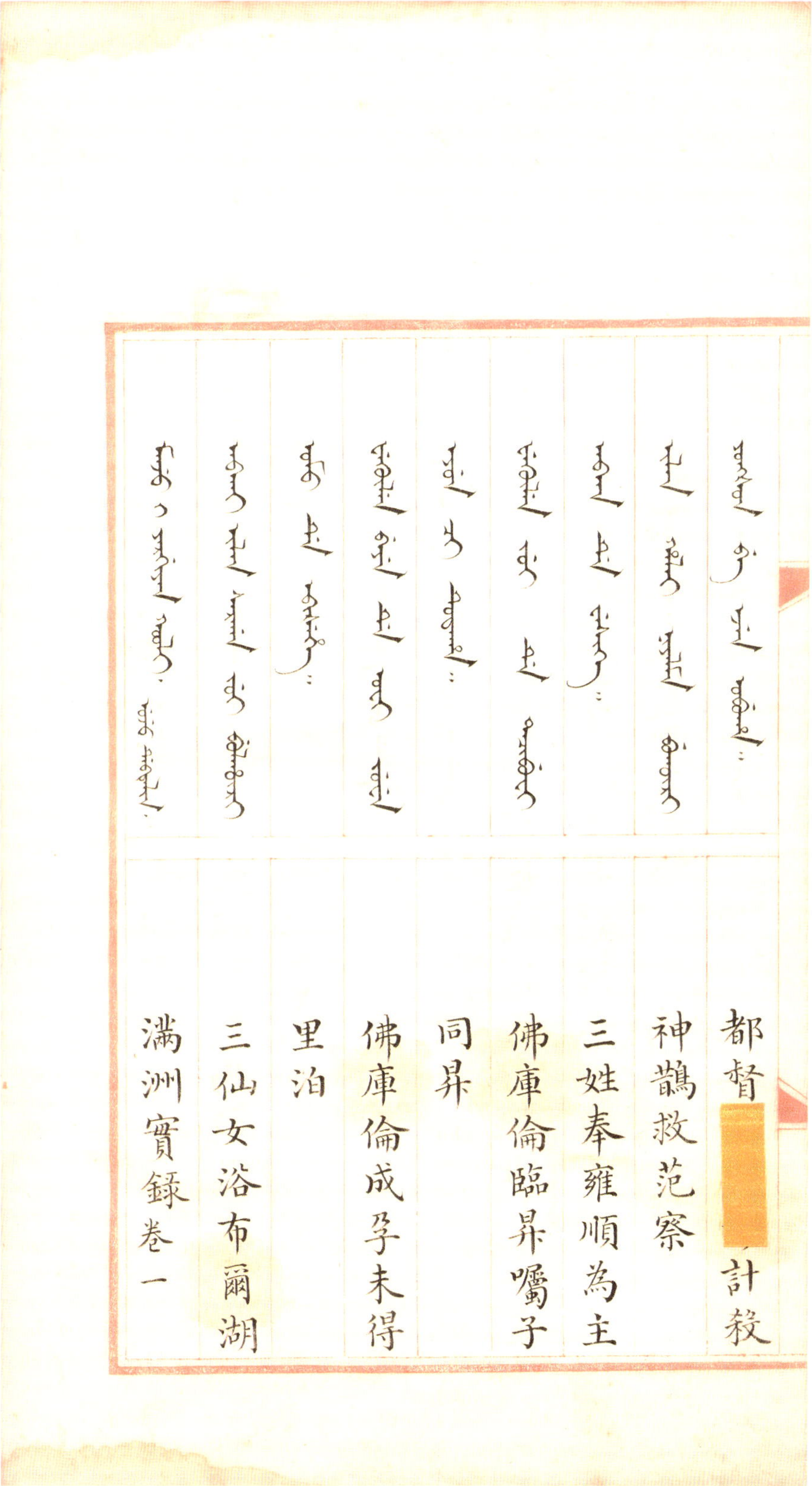
都督[illegible]計教
神鵲救范察
三姓奉雍順為主
佛庫倫臨昇囑子
同昇
佛庫倫成孕未得
里泊
三仙女浴布爾湖
滿洲實録卷一

20947　滿洲實錄八卷　清乾隆四十三年（1778）實録館寫本　滿漢合璧

遼寧省檔案館

20948　滿洲實錄八卷　清乾隆四十三年（1778）實録館寫本　滿漢蒙合璧
遼寧省檔案館

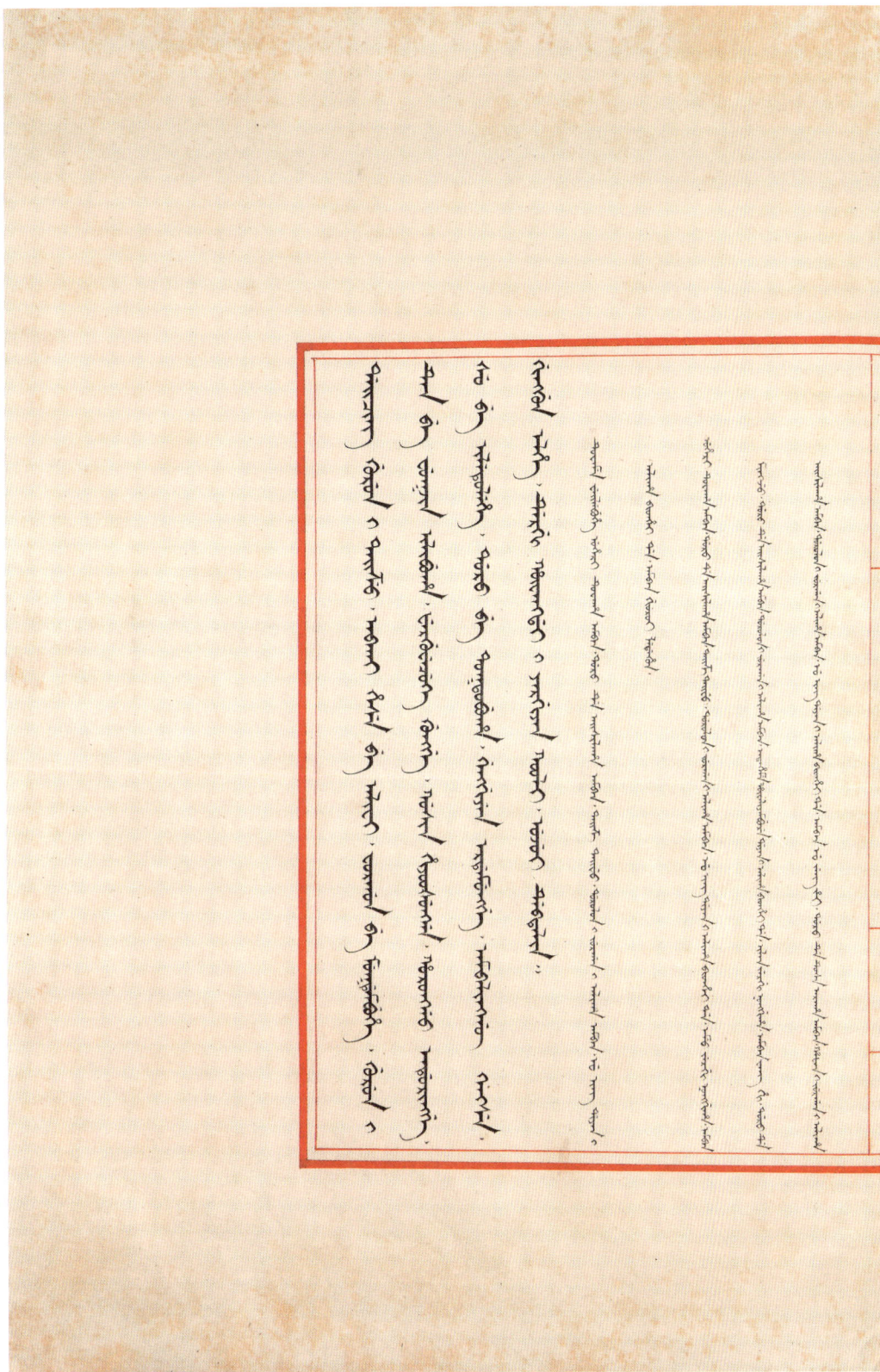

20949　大清太祖高皇帝實錄十卷　（清）勒德洪　明珠等纂修　清乾隆十一年（1746）實錄館寫本　滿文　遼寧省檔案館

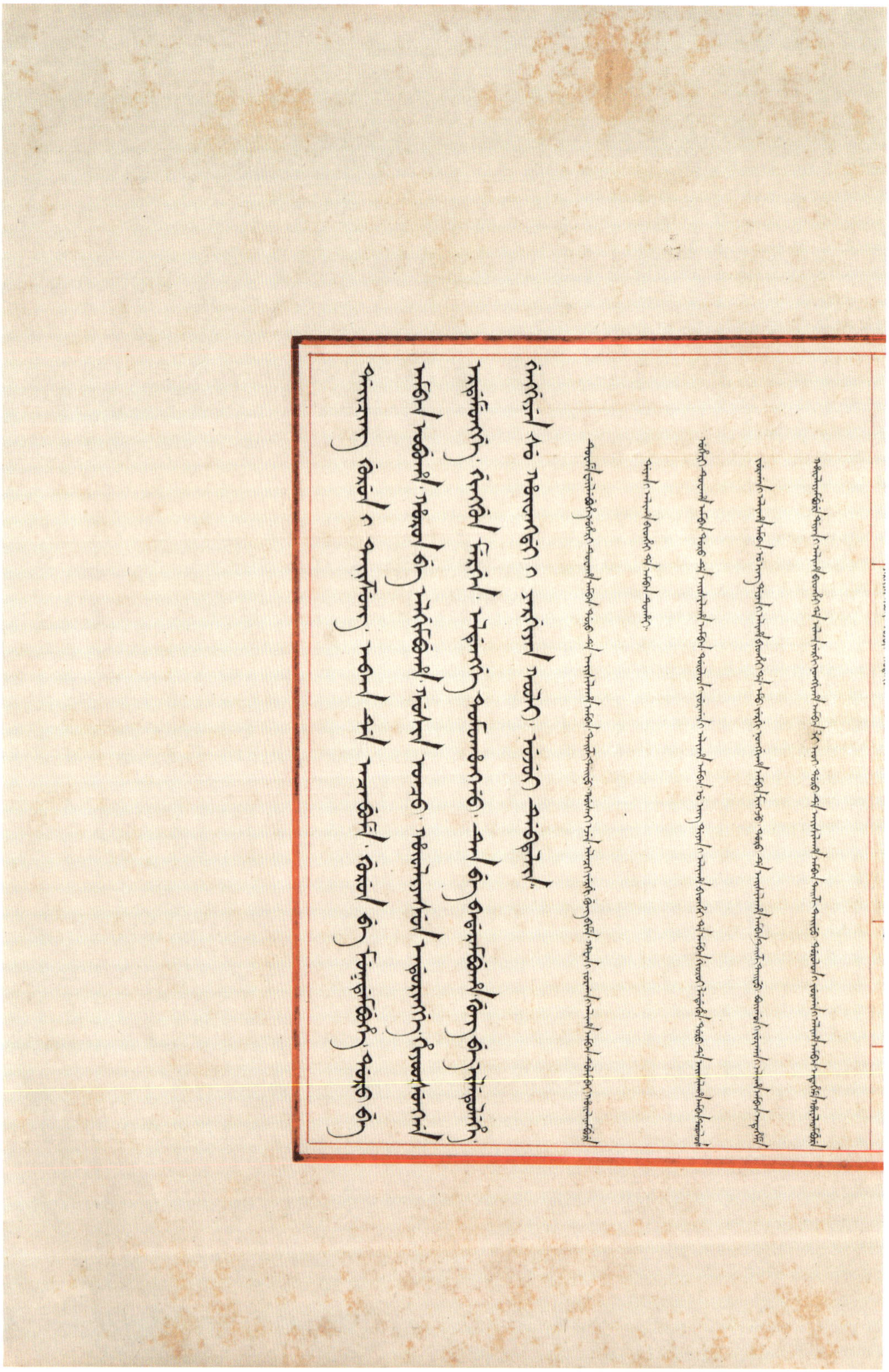

20950　大清太宗文皇帝實録六十五卷　（清）圖海　勒德洪等纂修

清乾隆十一年（1746）實録館寫本　滿文　遼寧省檔案館

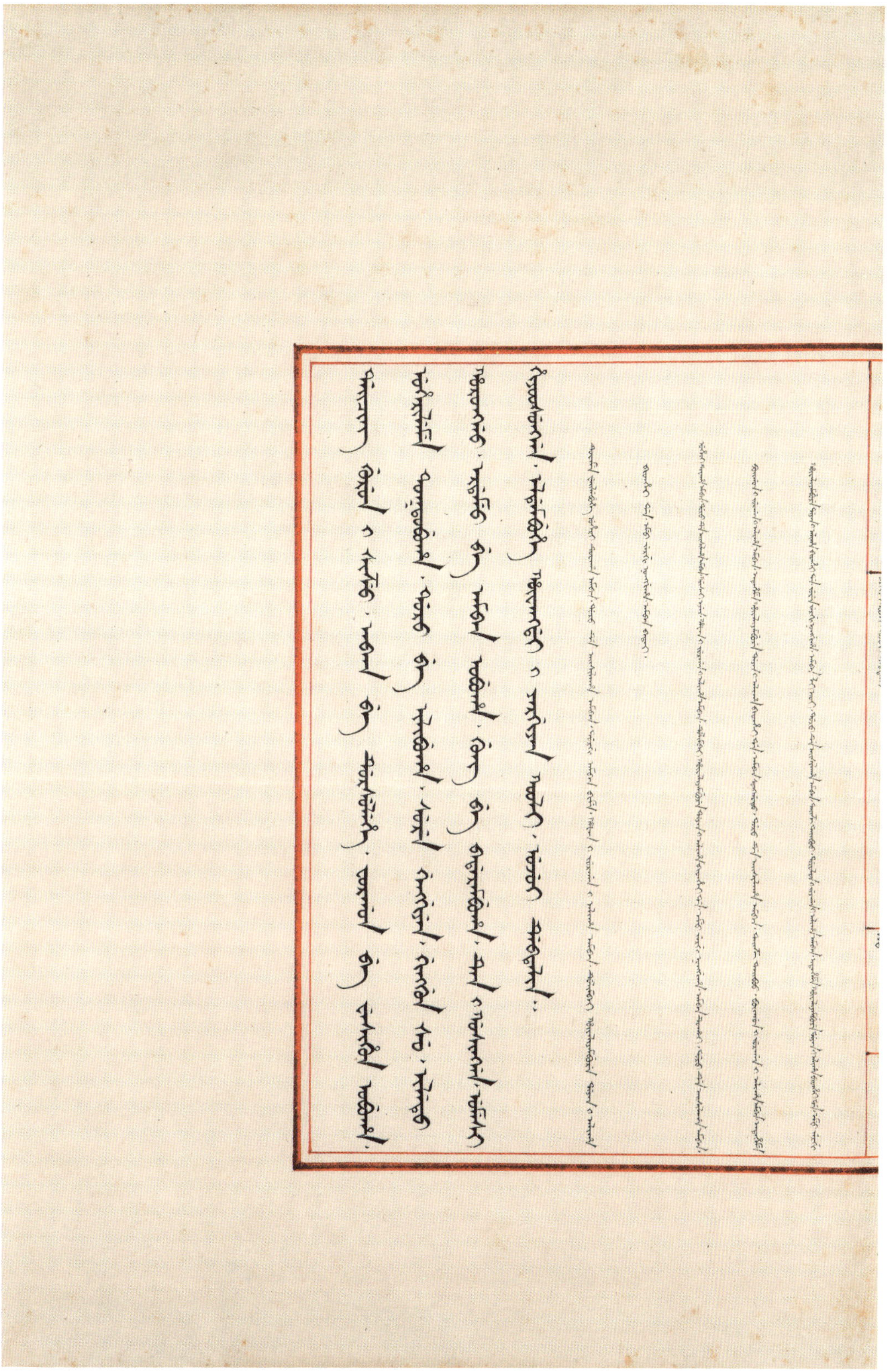

20951　大清世祖章皇帝實録一百四十四卷　（清）巴泰　圖海等纂修

清乾隆十一年（1746）實録館寫本　滿文　遼寧省檔案館

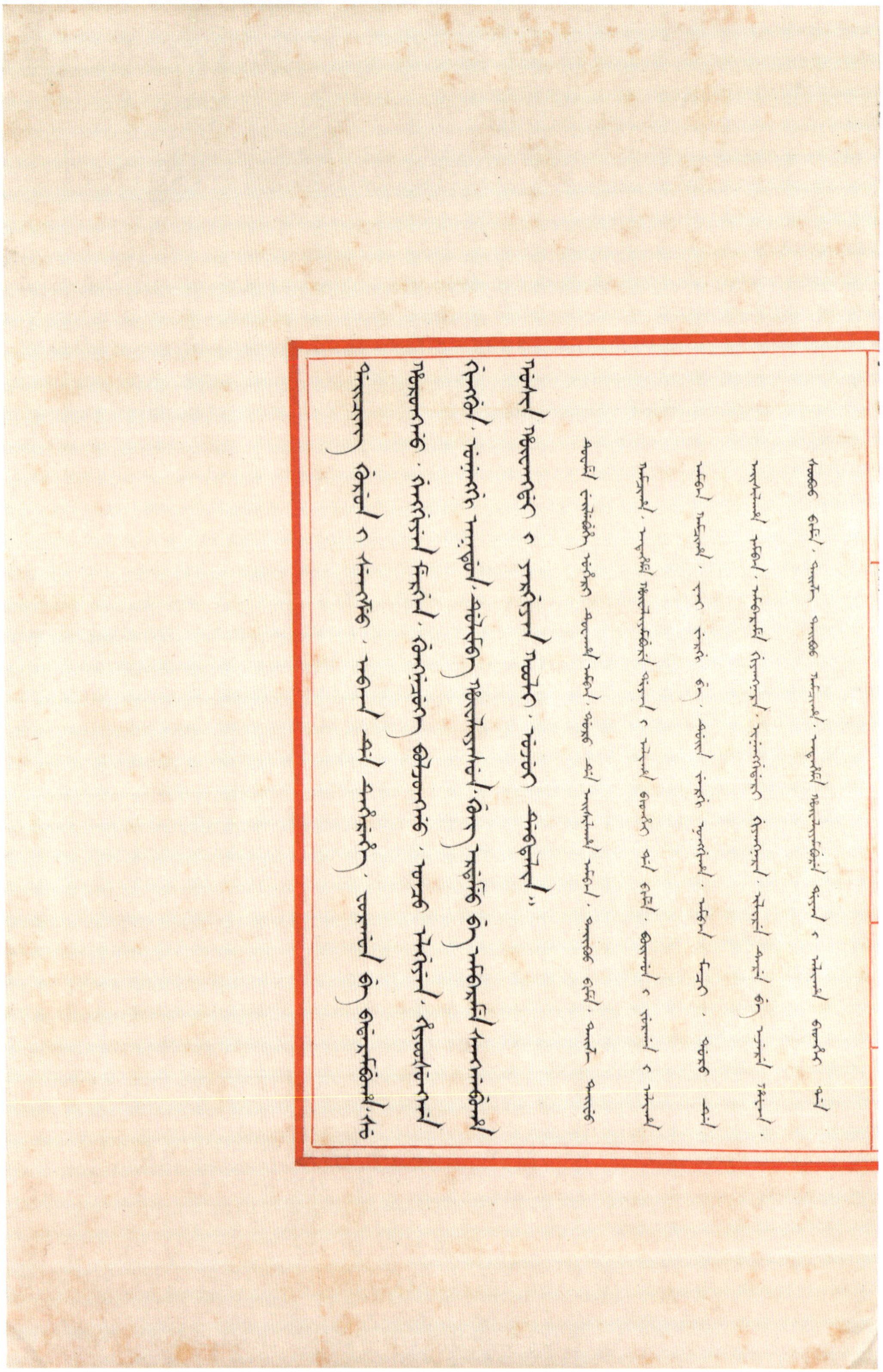

20952　大清聖祖仁皇帝實錄二百二十八卷　（清）馬齊　朱軾等纂修

清乾隆十一年（1746）實録館寫本　滿文　遼寧省檔案館

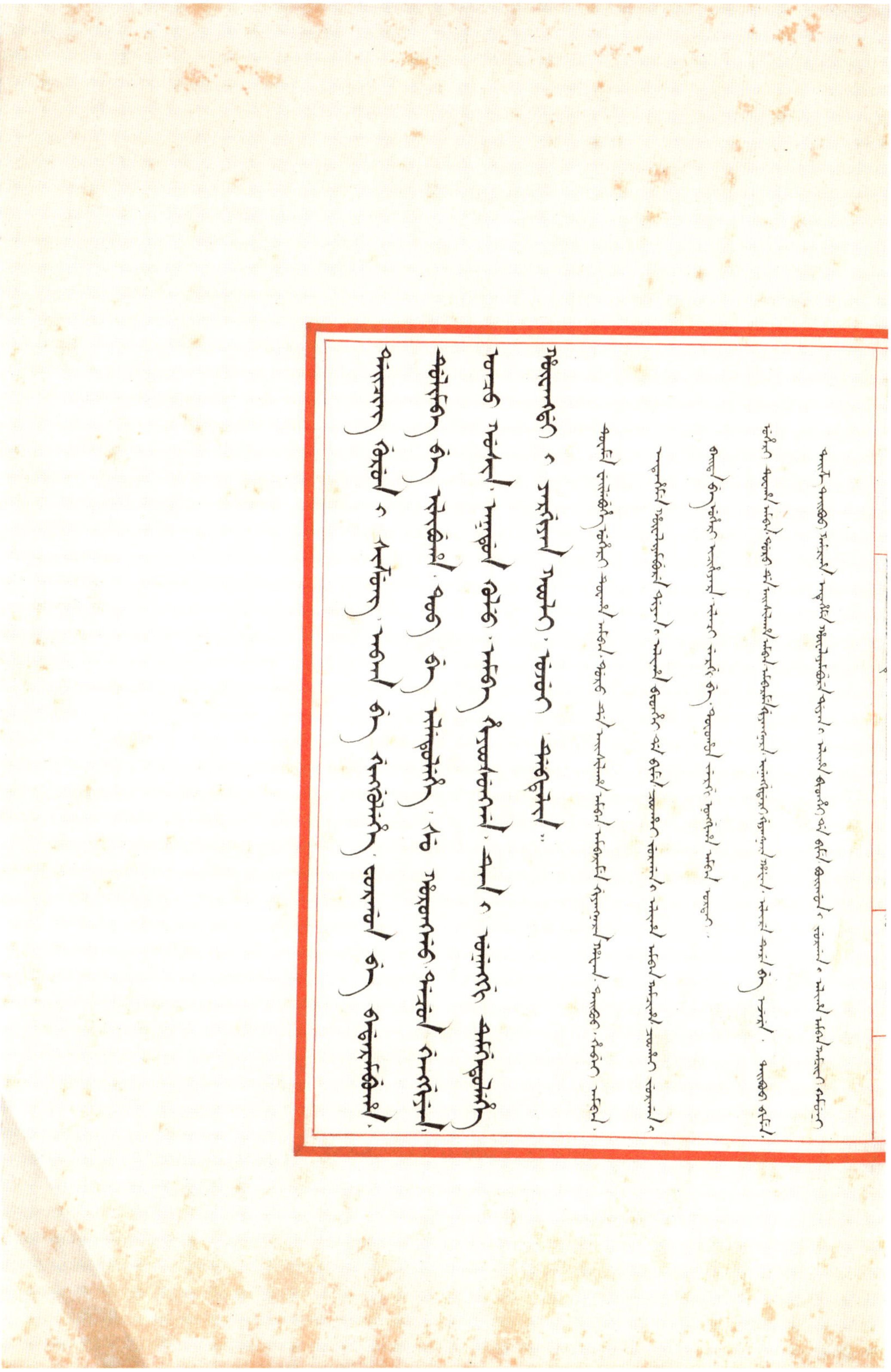

20953　大清世宗憲皇帝實錄一百五十九卷　（清）鄂爾泰　張廷玉等纂修　清乾隆十一年（1746）實録館寫本　滿文　遼寧省檔案館

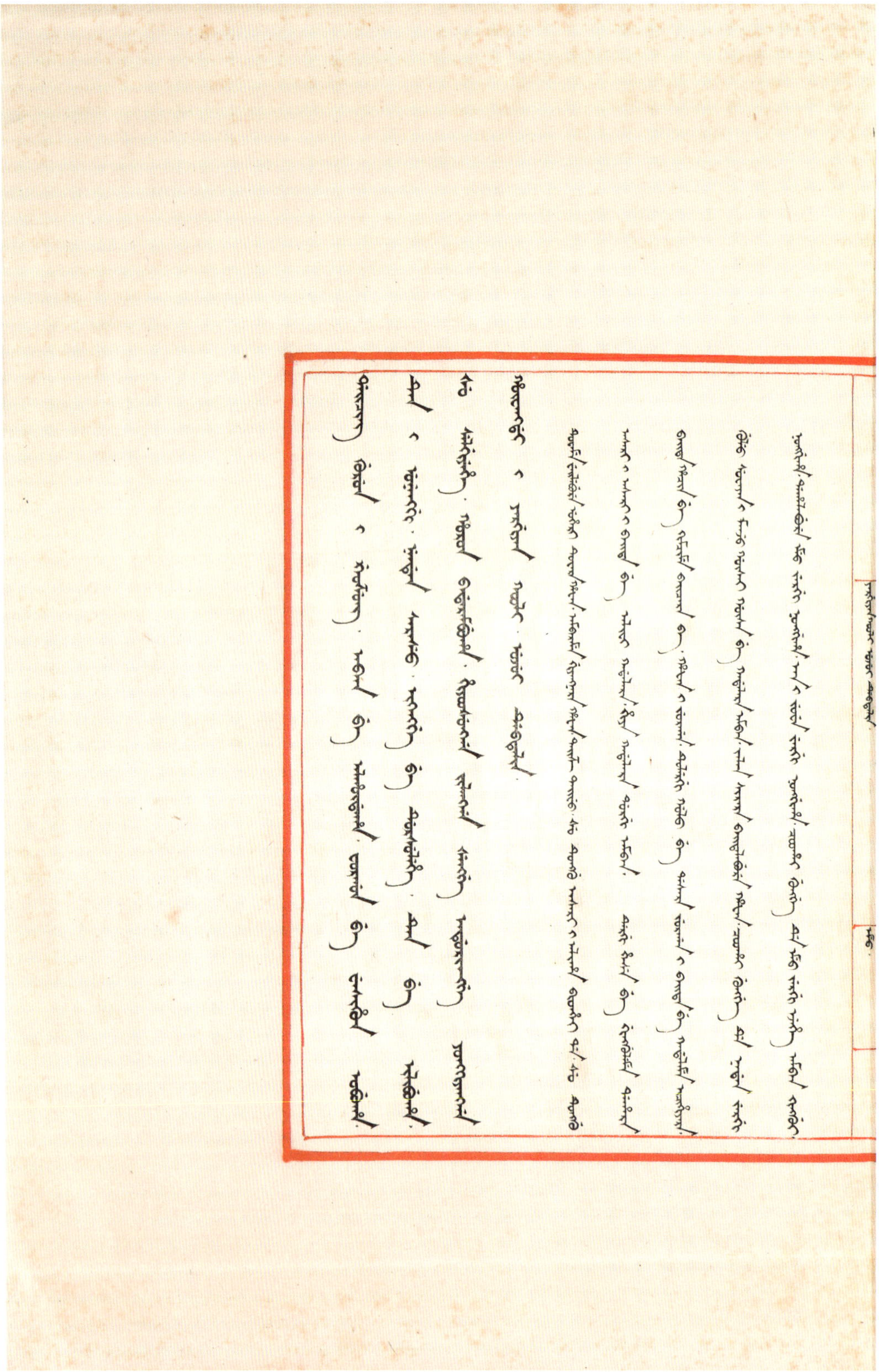

20954　大清高宗純皇帝實録一千五百卷　（清）慶桂　董誥等纂修　清嘉慶十二年（1807）實録館寫本　滿文　遼寧省檔案館

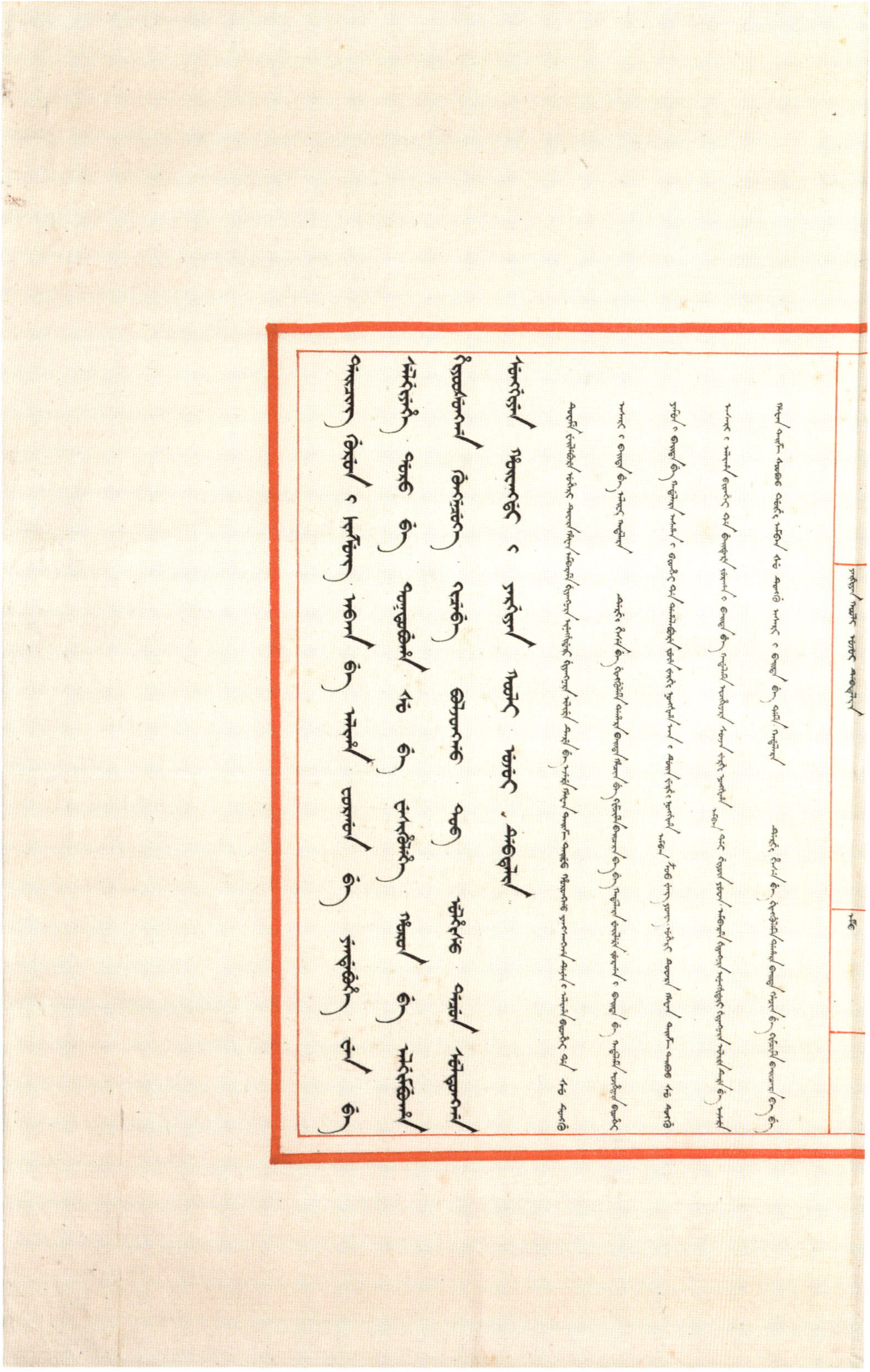

20955　大清仁宗睿皇帝實録三百七十四卷　（清）曹振鏞　戴均元等纂修　清道光四年（1824）實録館寫本　滿文　遼寧省檔案館

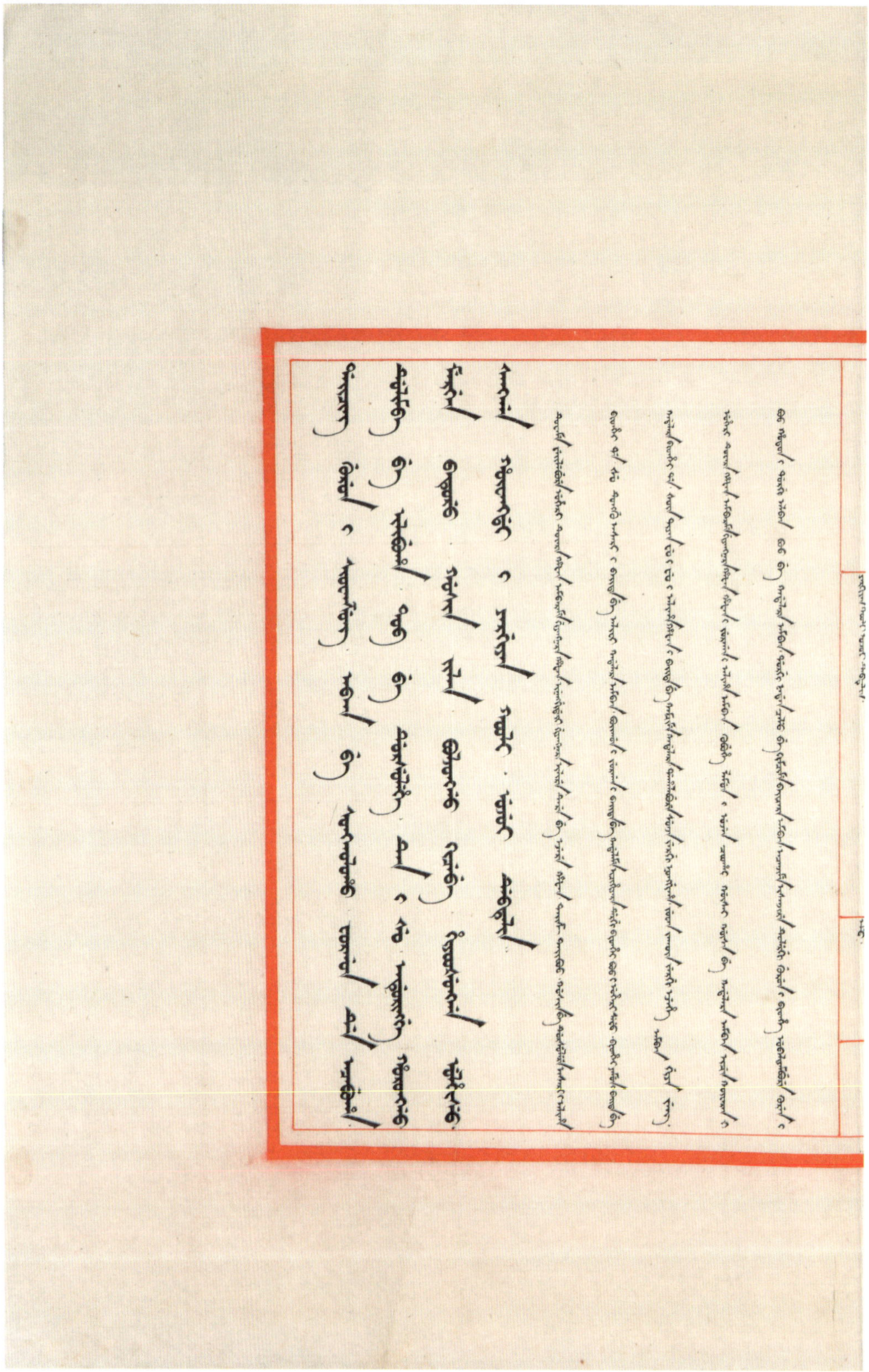

20956　大清宣宗成皇帝實録四百七十六卷　（清）文慶　花沙納等纂修　清咸豐六年（1856）實録館寫本　滿文　遼寧省檔案館

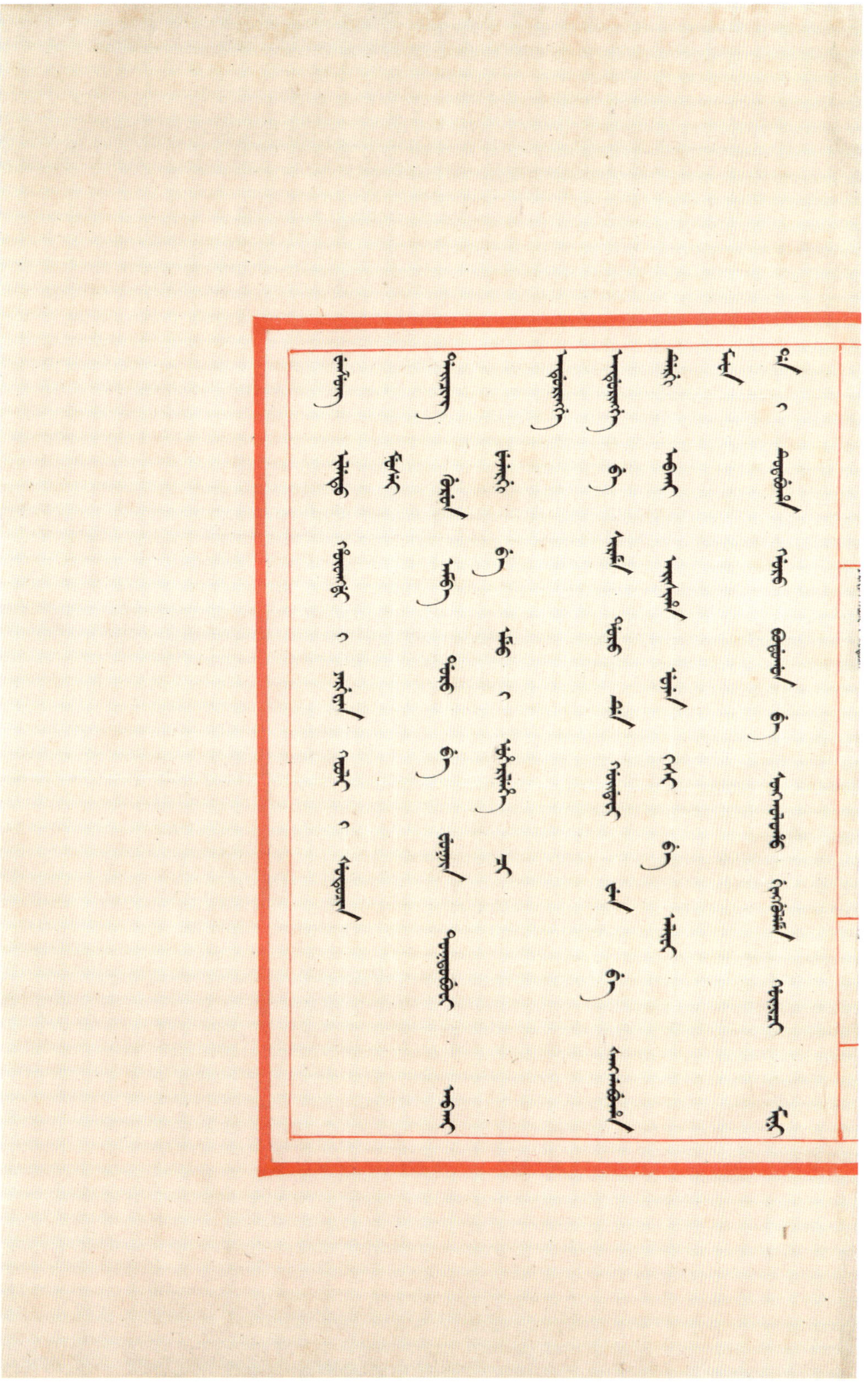

20957　大清文宗顯皇帝實錄三百五十六卷　（清）賈楨　周祖培等纂修　清同治五年（1866）實錄館寫本　滿文　遼寧省檔案館

20958　大清穆宗毅皇帝實錄三百七十四卷　（清）寶鋆　沈桂芬等纂修　清光緒六年（1880）實錄館寫本　滿文　遼寧省檔案館

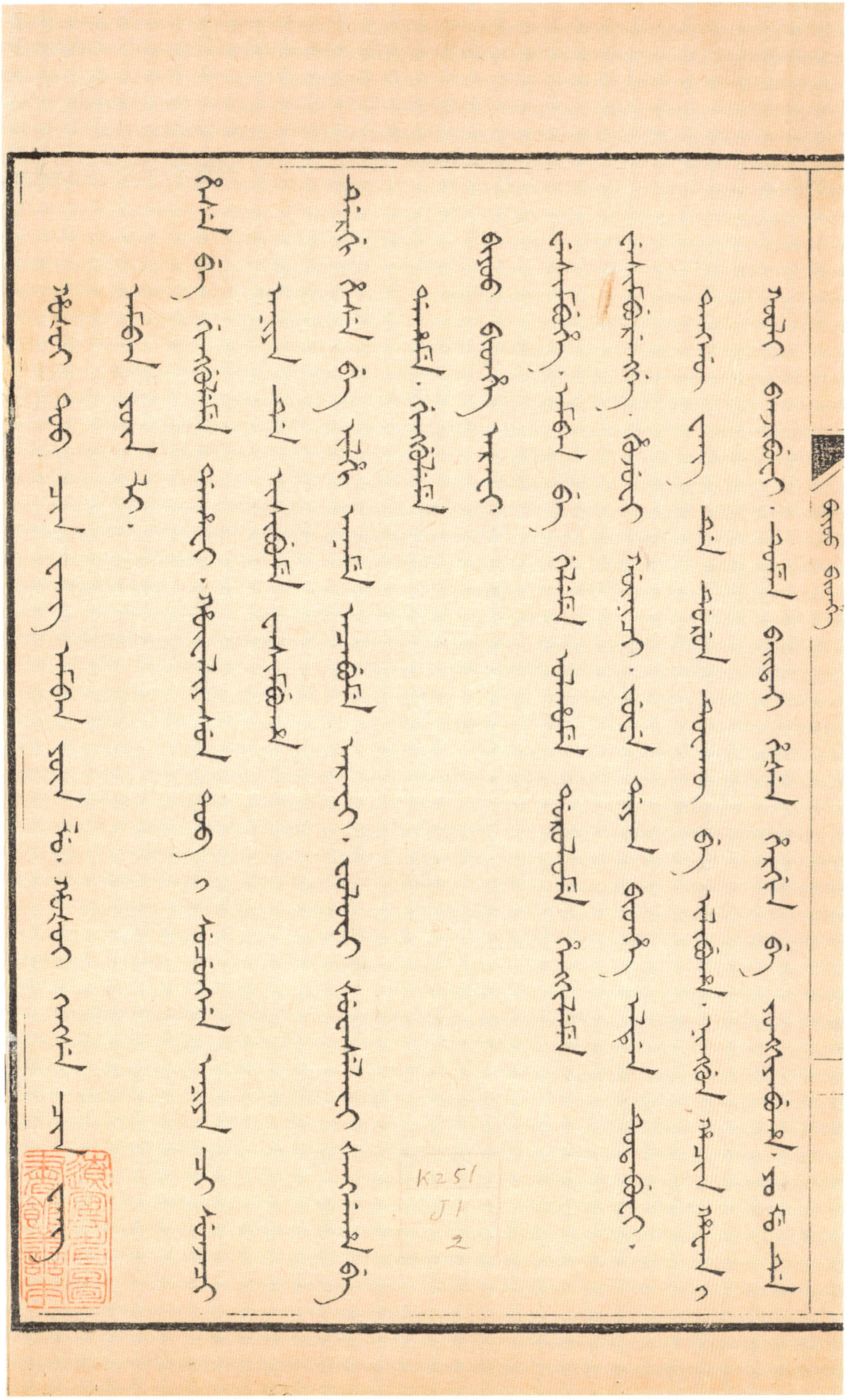

20959　上諭八旗十三卷　（清）世宗胤禛撰　（清）允禄等编　清雍正武英殿刻本　滿文　遼寧省圖書館

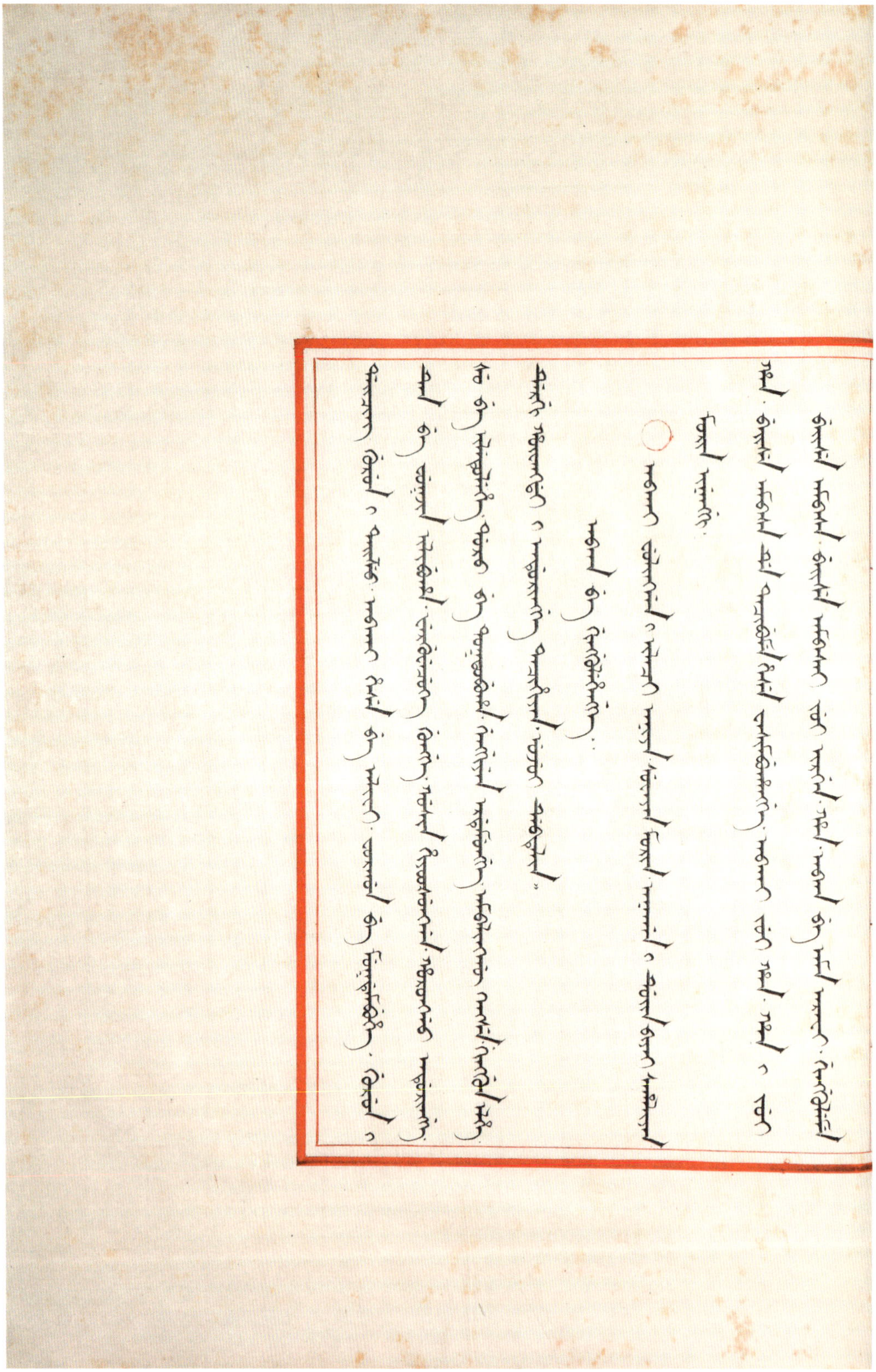

20960　大清太祖高皇帝聖訓四卷　清乾隆十一年（1746）實録館寫本
滿文　遼寧省檔案館

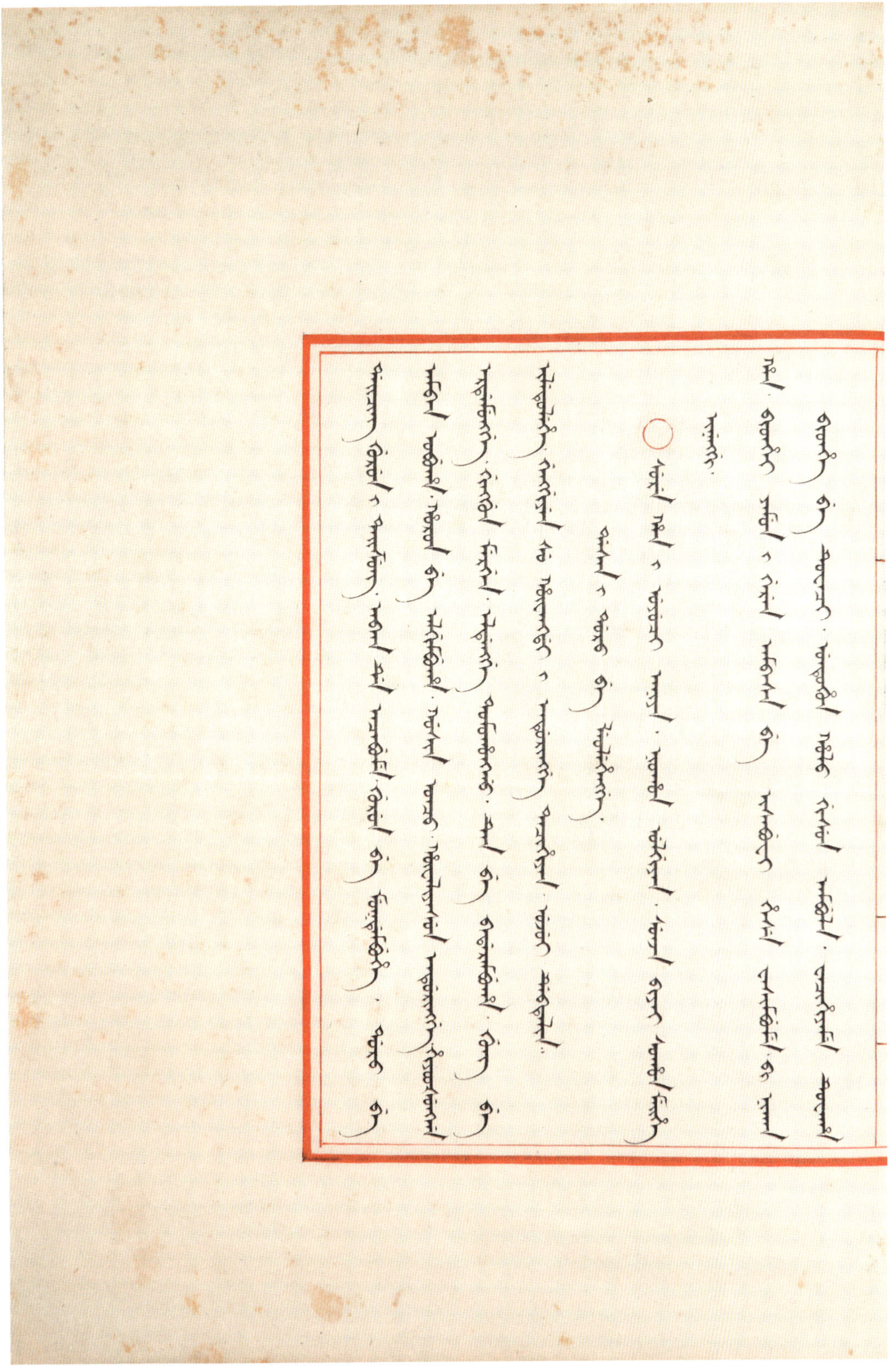

20961　大清太宗文皇帝聖訓六卷　清乾隆十一年（1746）實録館寫本

滿文　遼寧省檔案館

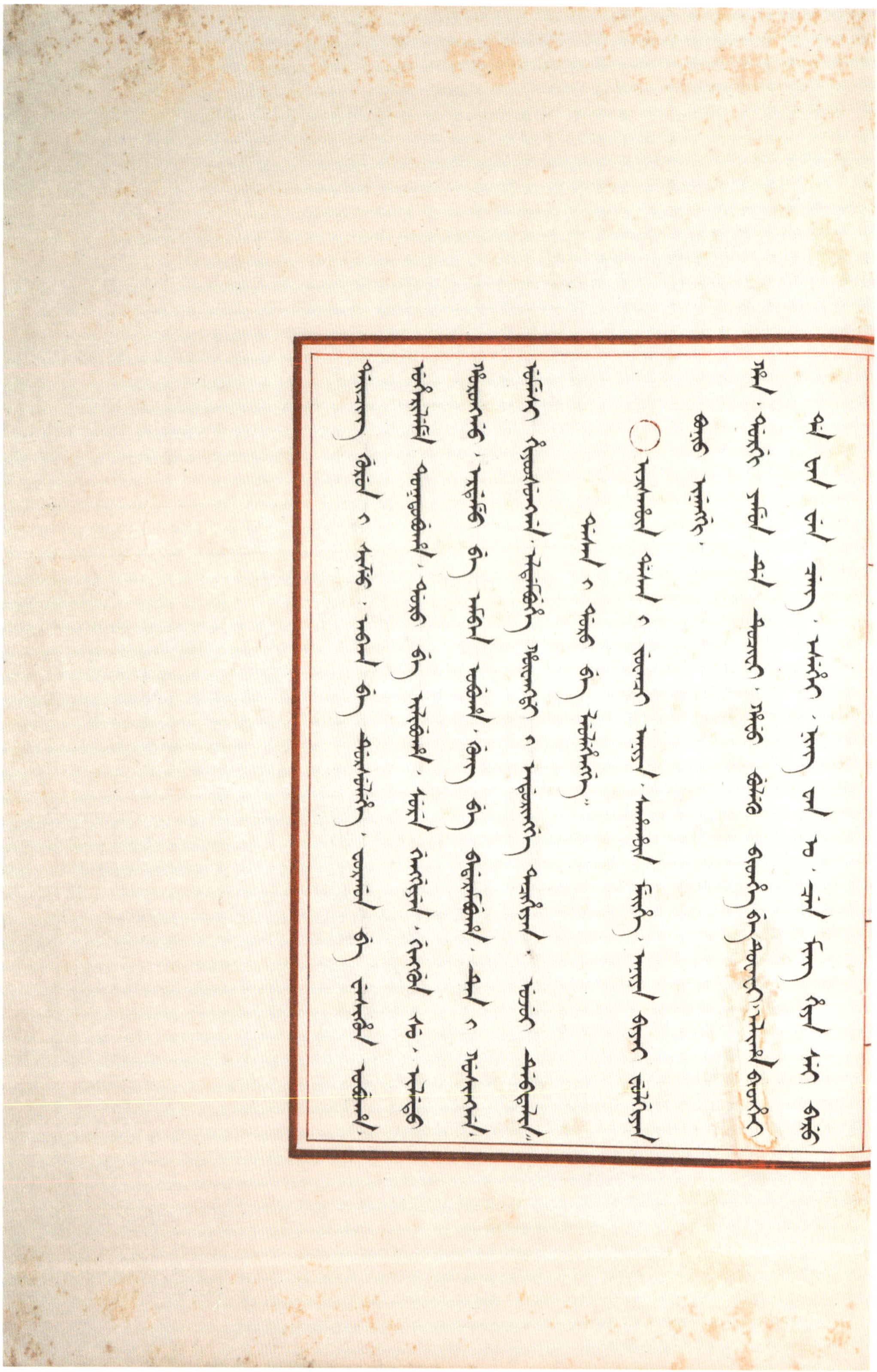

20962　大清世祖章皇帝聖訓六卷　清乾隆十一年（1746）實録館寫本

滿文　遼寧省檔案館

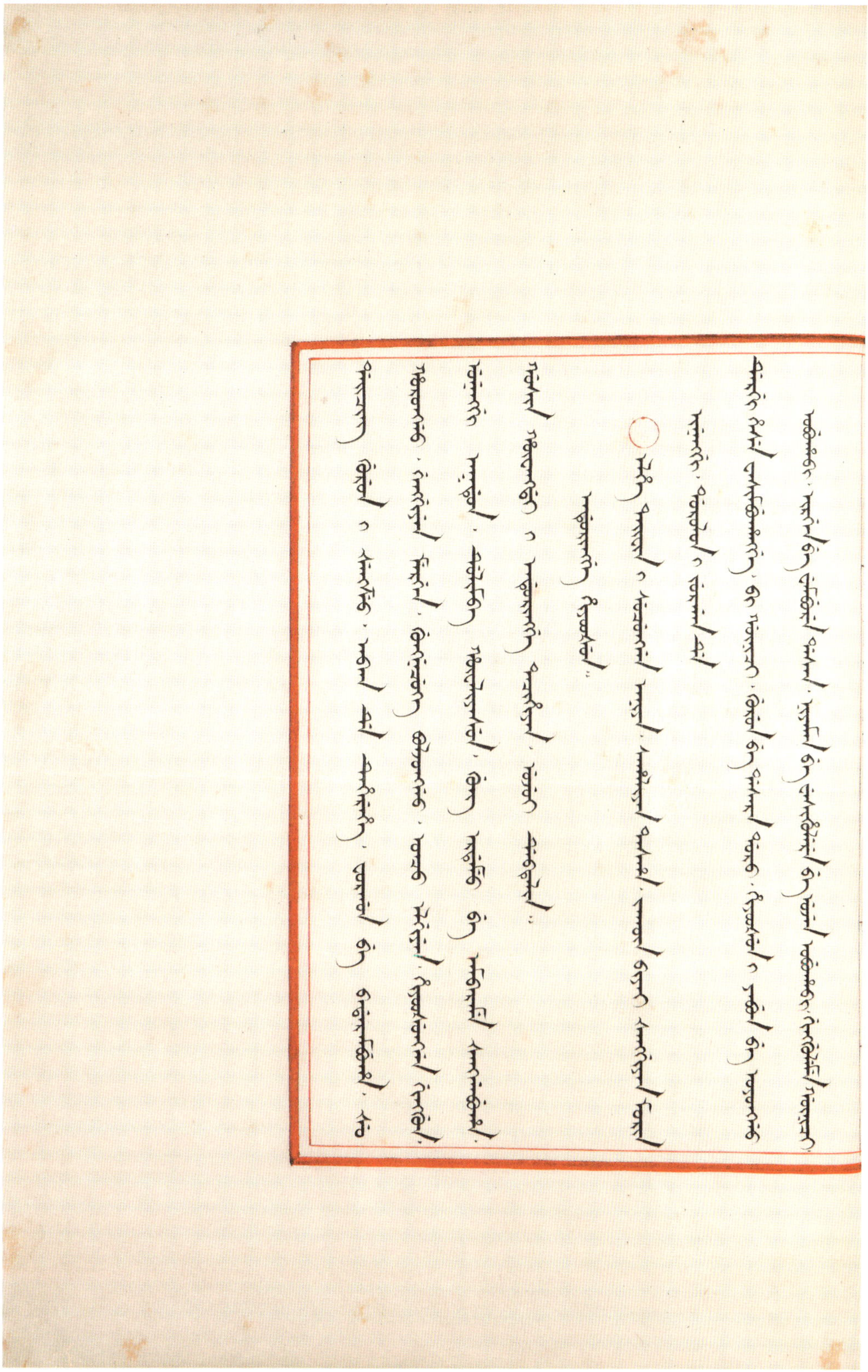

20963　大清聖祖仁皇帝聖訓六十卷　清乾隆十一年（1746）實録館寫本　滿文　遼寧省檔案館

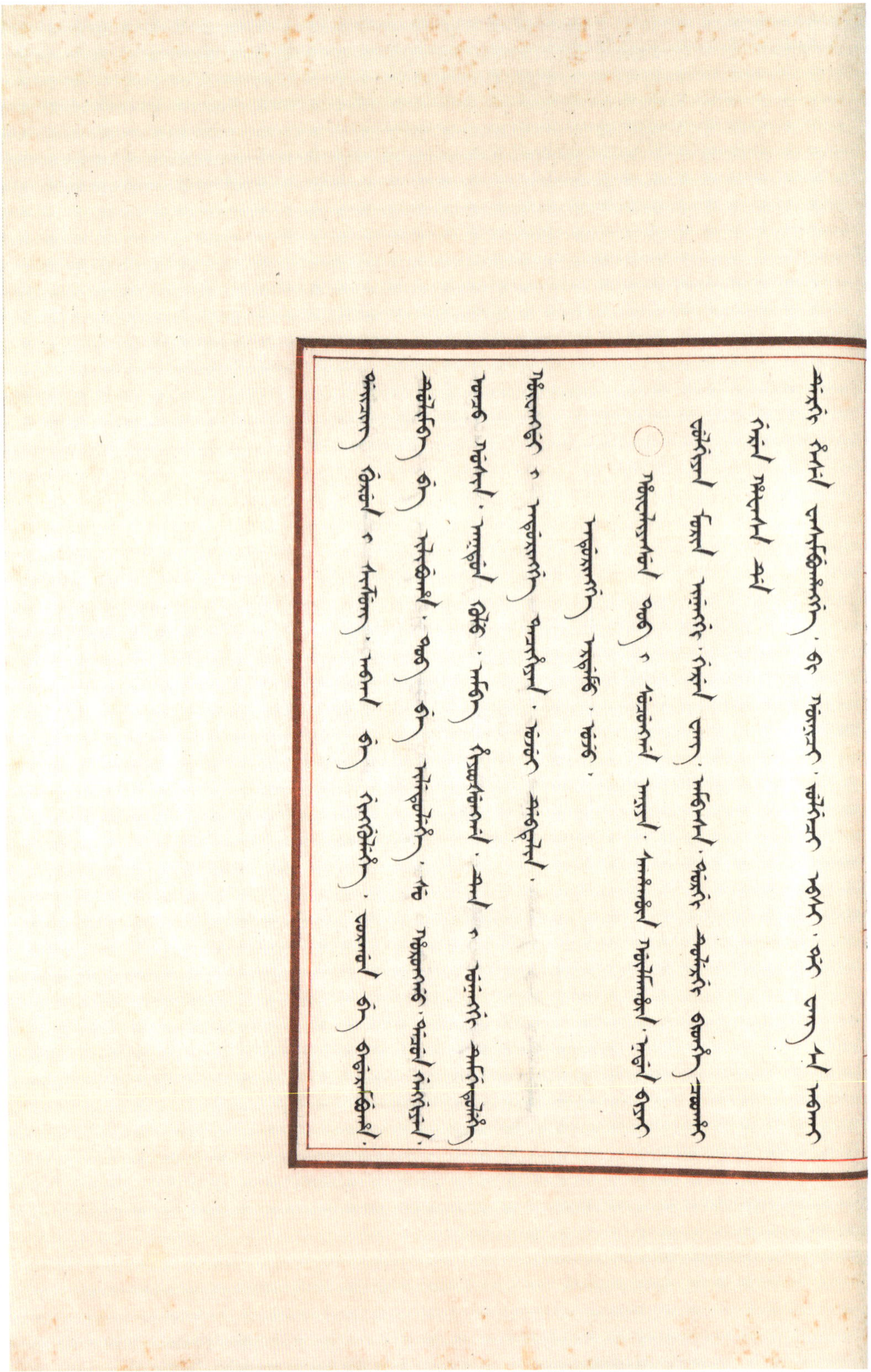

20964　大清世宗憲皇帝聖訓三十六卷　清乾隆十一年（1746）實録館寫本　滿文　遼寧省檔案館

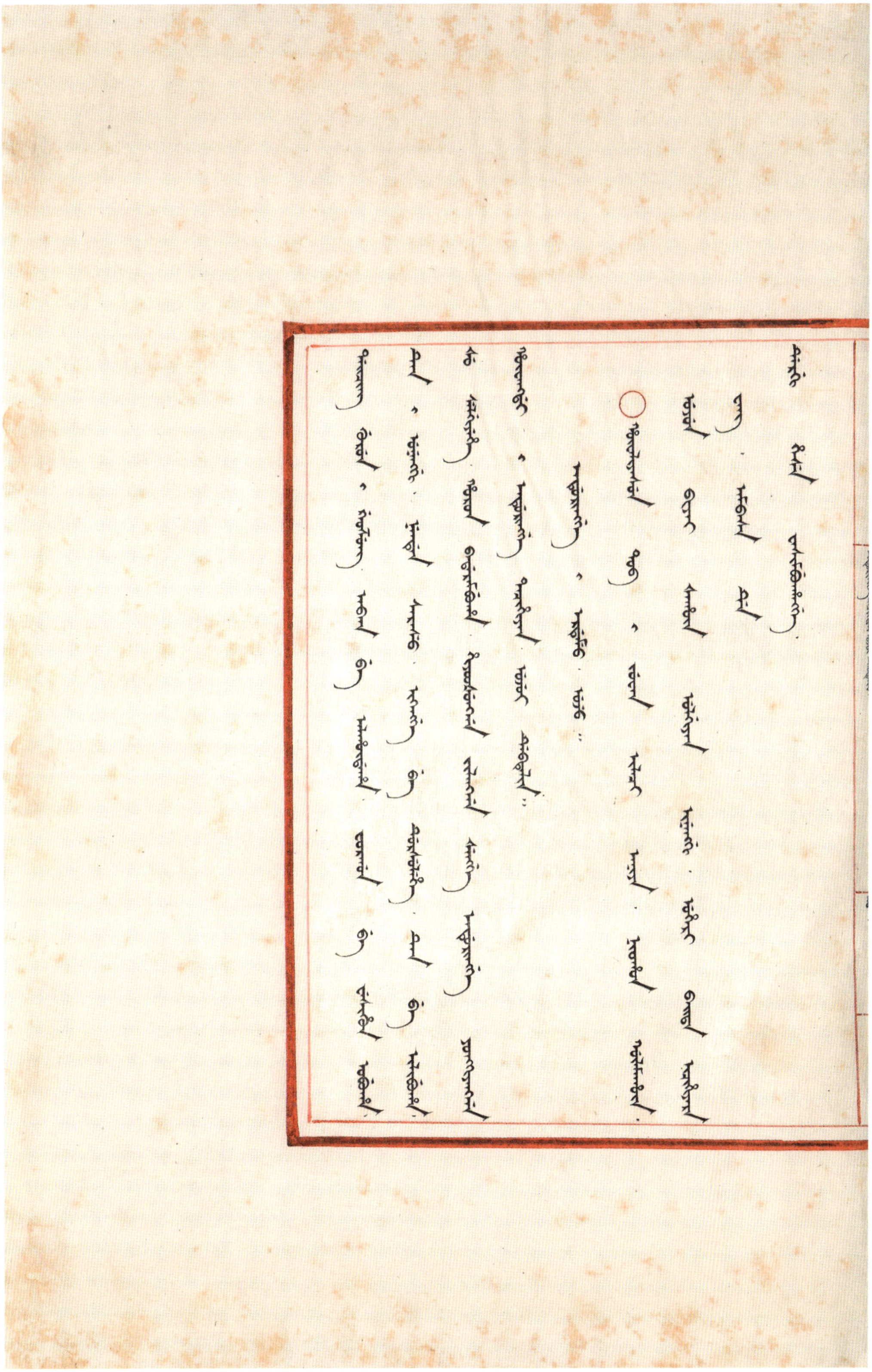

20965　大清高宗純皇帝聖訓三百卷　清嘉慶十二年（1807）實録館寫本　滿文　遼寧省檔案館

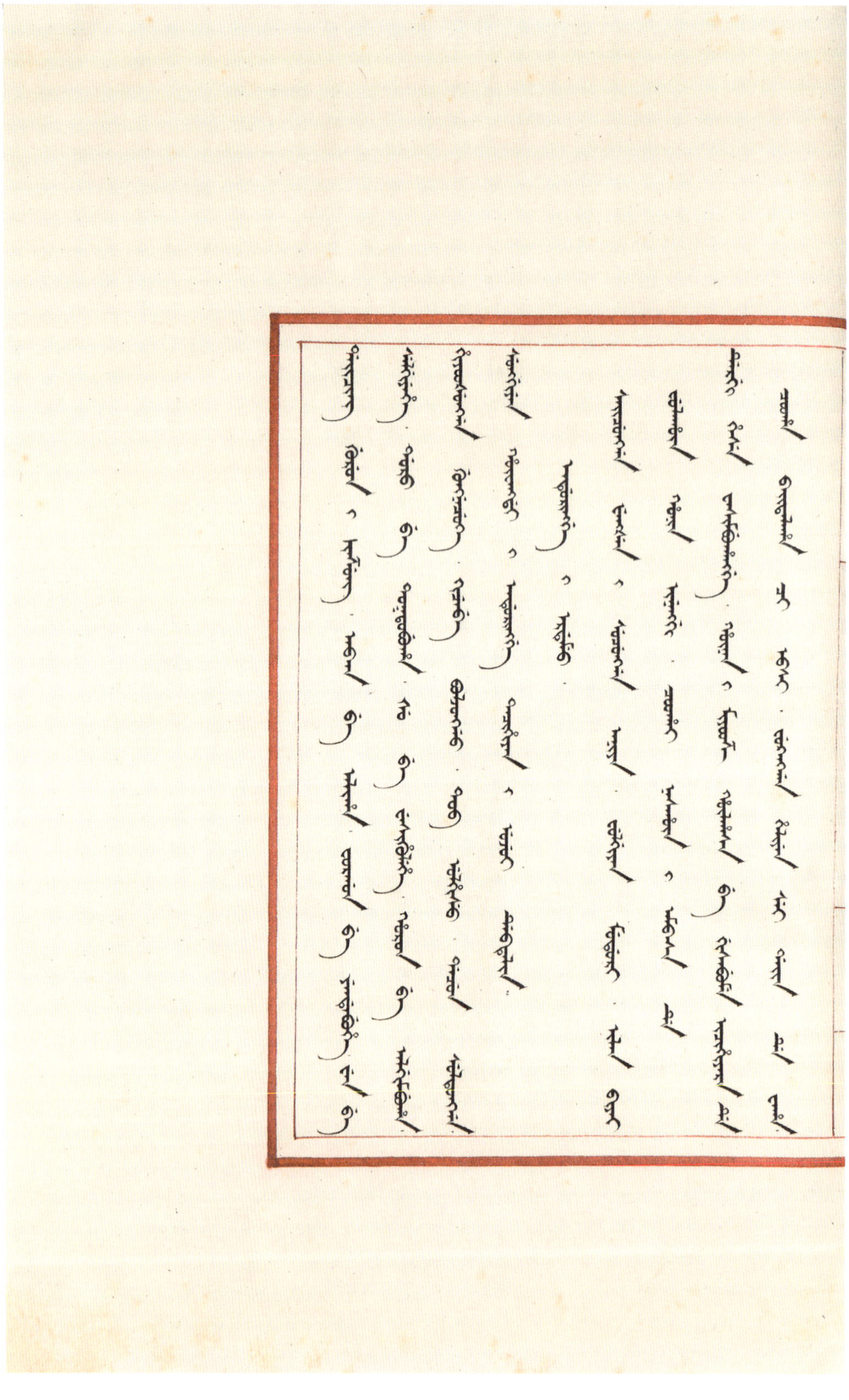

20966　大清仁宗睿皇帝聖訓一百十卷　清道光四年（1824）實録館寫本　滿文　遼寧省檔案館

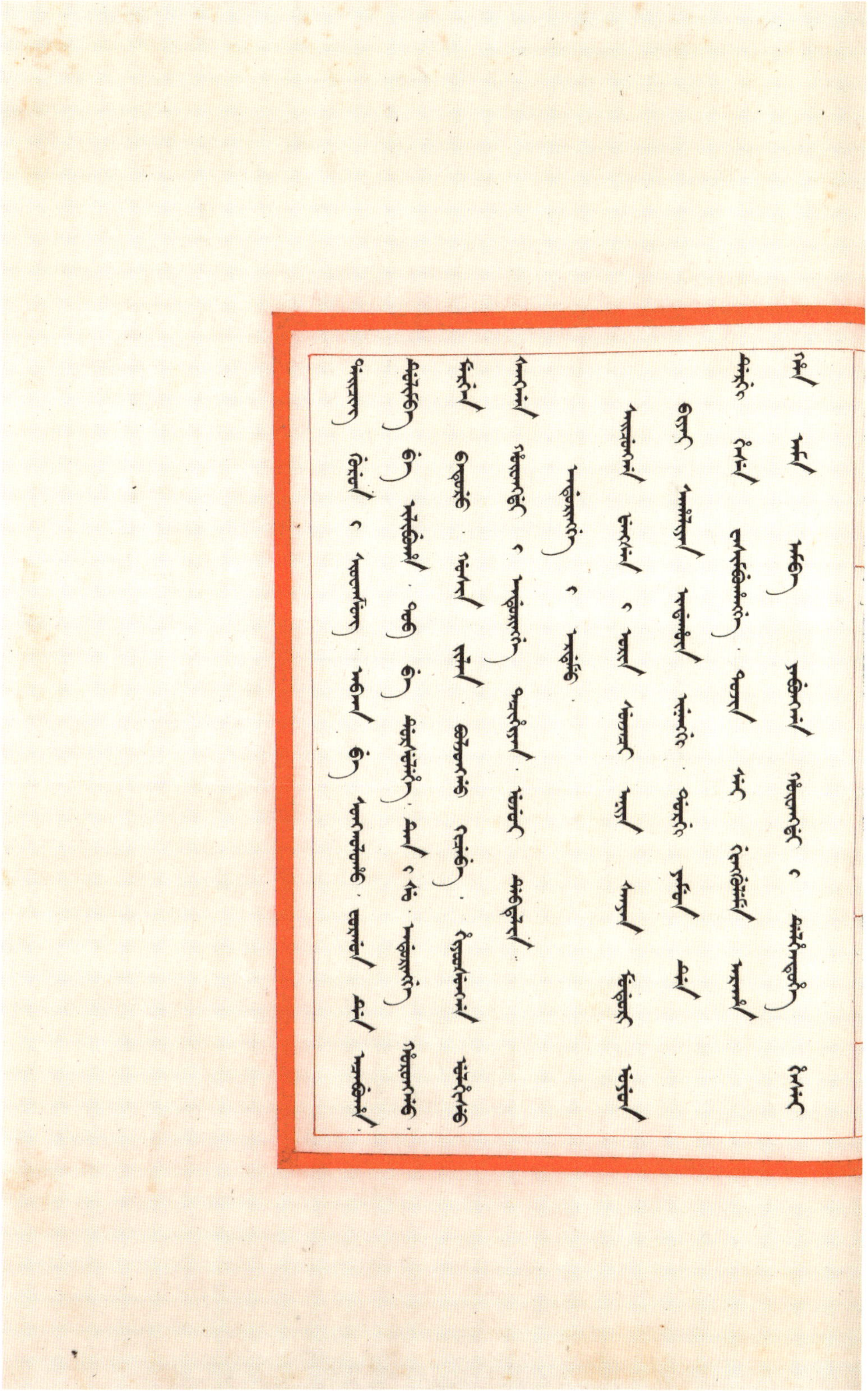

20967　大清宣宗成皇帝聖訓一百三十卷　清咸豐六年（1856）實録館寫本　滿文　遼寧省檔案館

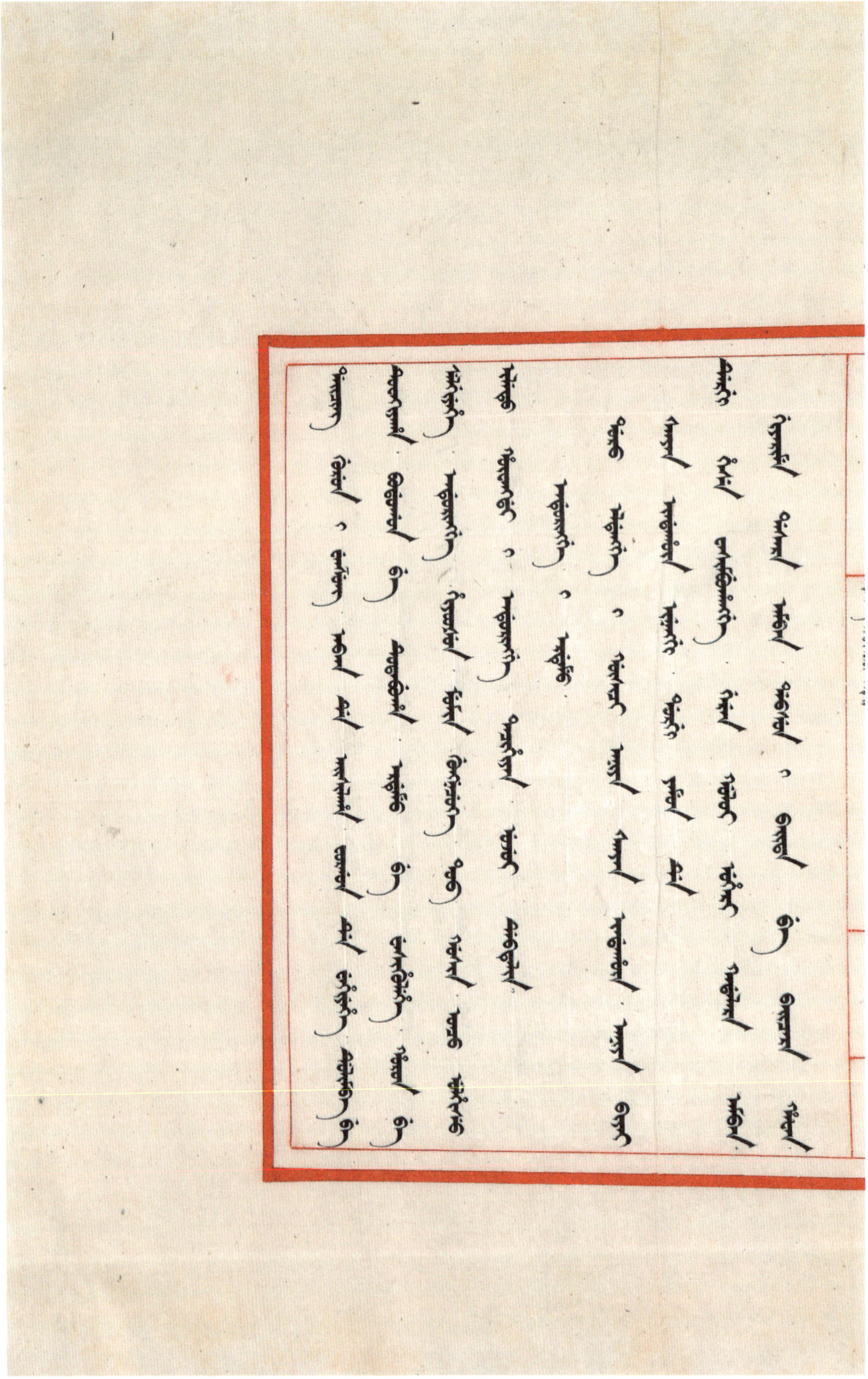

20968　大清文宗顯皇帝聖訓一百十卷　清同治五年（1866）實錄館寫本　滿文　遼寧省檔案館

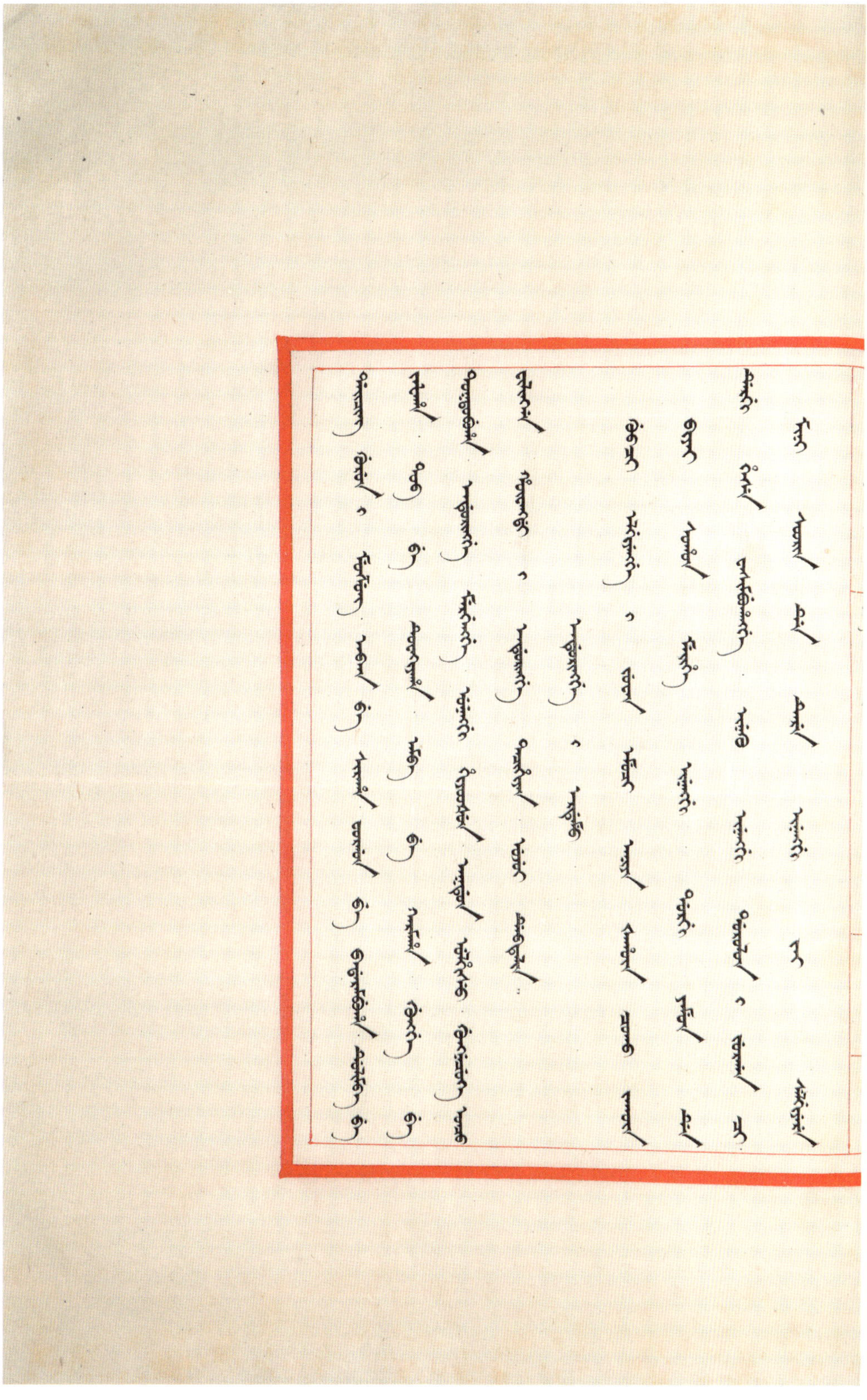

20969　大清穆宗毅皇帝聖訓一百六十卷　清光緒六年（1880）實録館寫本　滿文　遼寧省檔案館

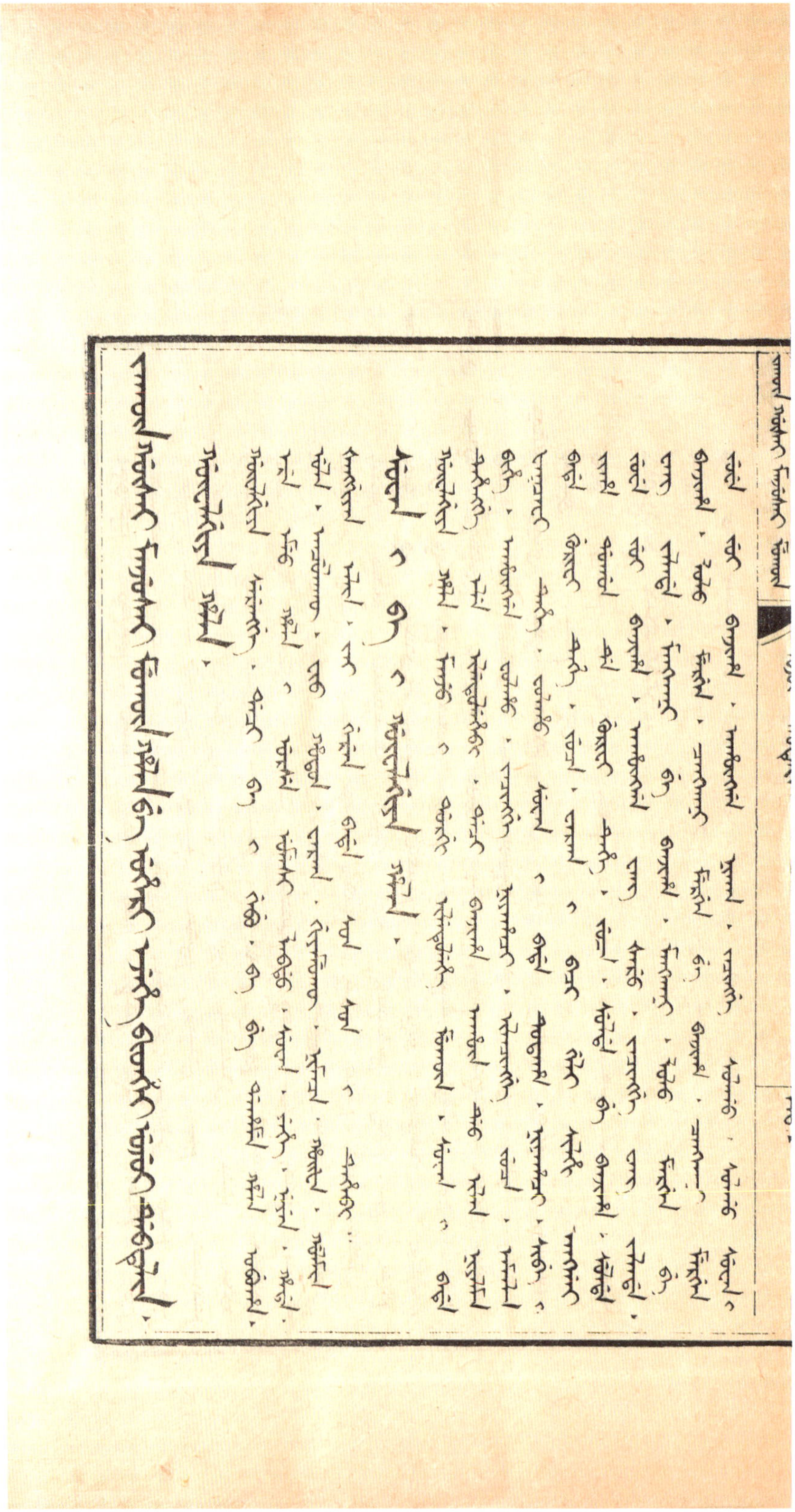

20970　八旗滿洲氏族通譜八十卷目録二卷　（清）鄂爾泰等纂　（清）塔爾布等譯　清乾隆九年（1744）武英殿刻本　滿文　遼寧省圖書館

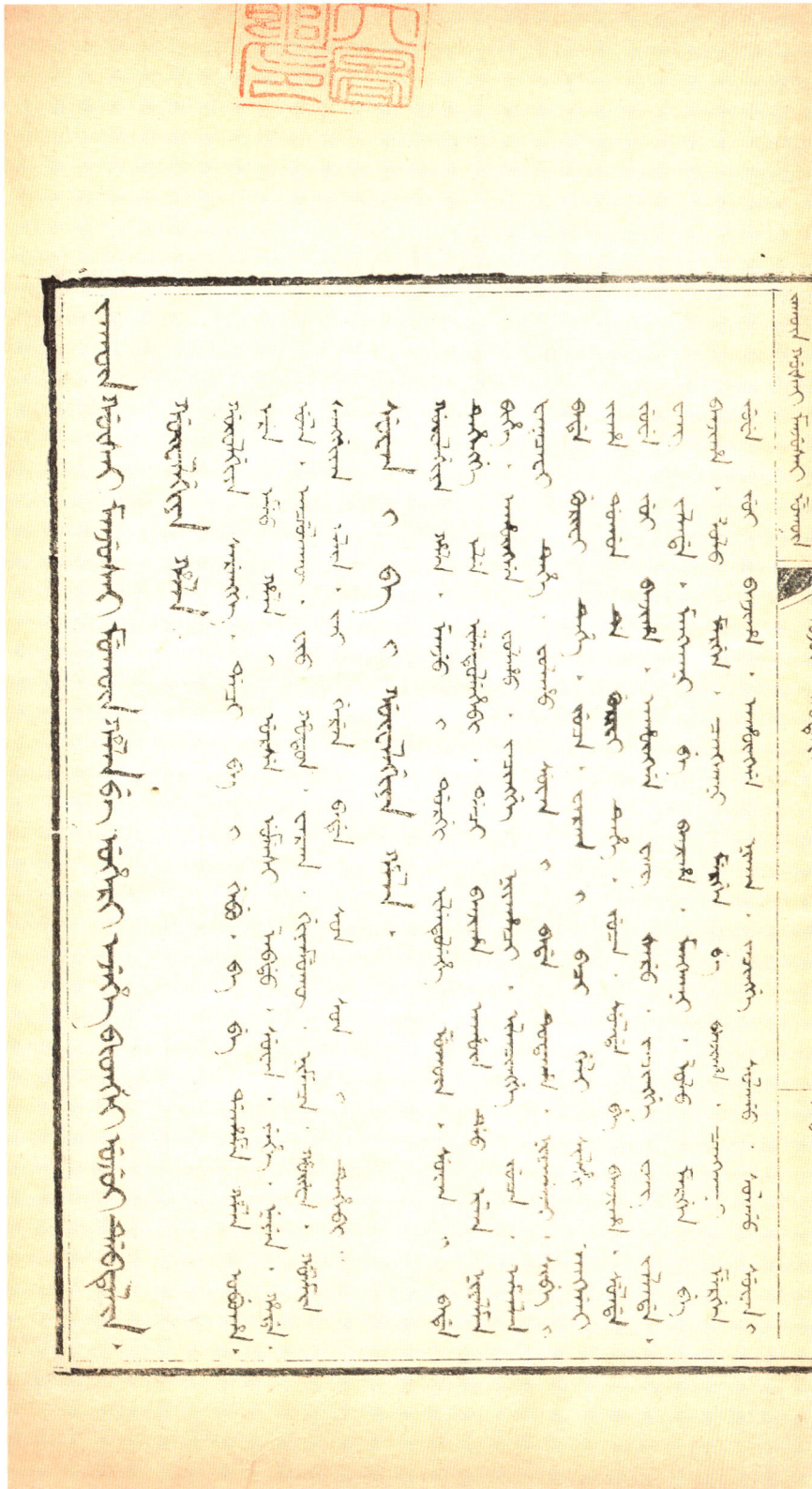

20971　八旗滿洲氏族通譜八十卷目録二卷（清）鄂爾泰等纂　（清）塔爾布等譯　清乾隆九年（1744）武英殿刻本　滿文　大連圖書館

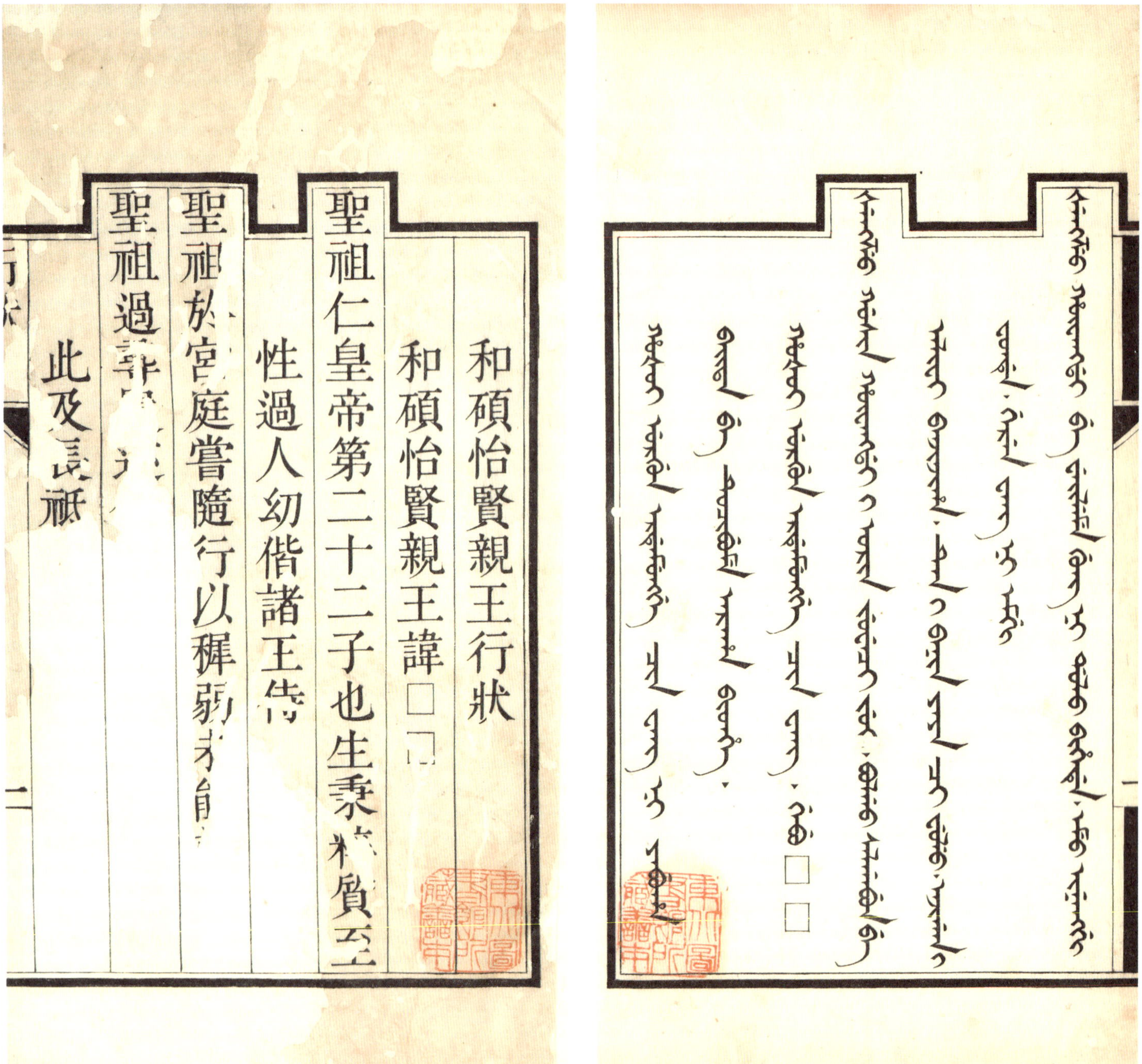
和碩怡賢親王行狀
和碩怡賢親王諱□□
聖祖仁皇帝第二十二子也生秉粹質天
性過人幼偕諸王侍
聖祖於宮庭嘗隨行以穉弱未能
聖祖過[illegible]
此及長祗

20972　**和碩怡賢親王行狀不分卷**　（清）張廷玉撰　清雍正刻本　滿漢合璧　遼寧省圖書館

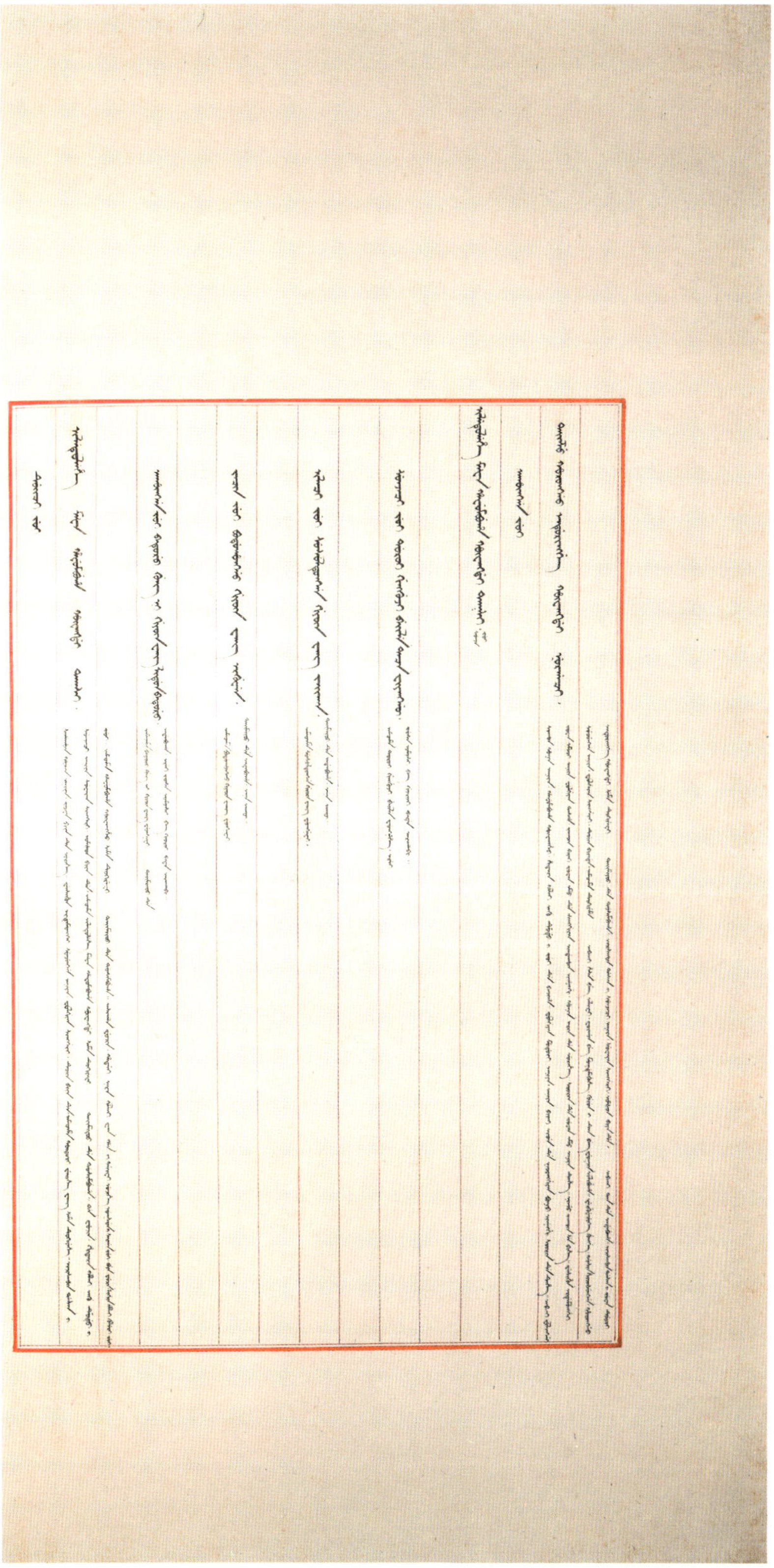

20973　列祖子孫宗室竪格玉牒一卷　清順治十八年（1661）玉牒館寫本　滿文　遼寧省檔案館

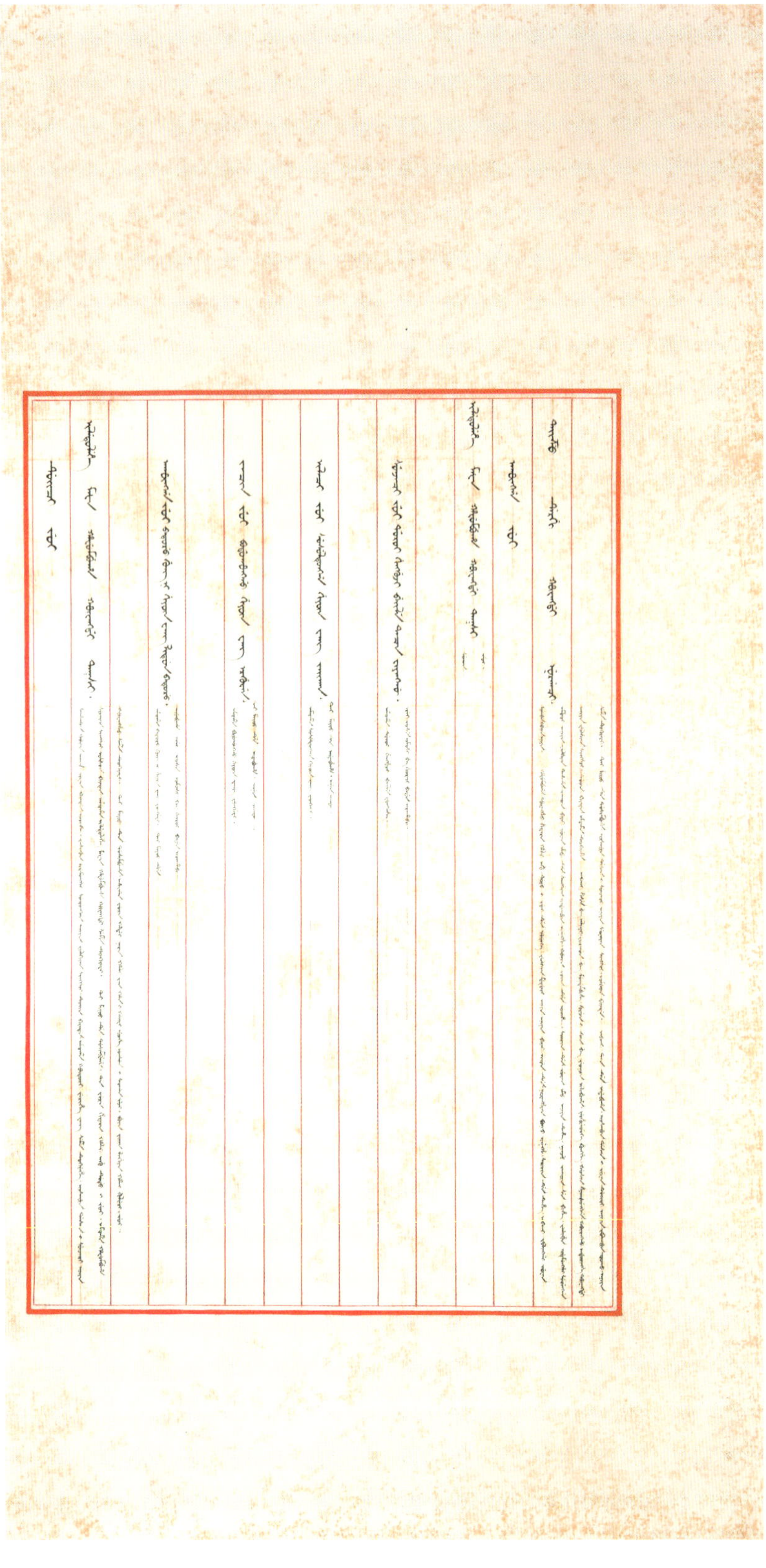

20974　列祖子孫宗室竪格玉牒一卷　清康熙九年（1670）玉牒館寫本
滿文　遼寧省檔案館

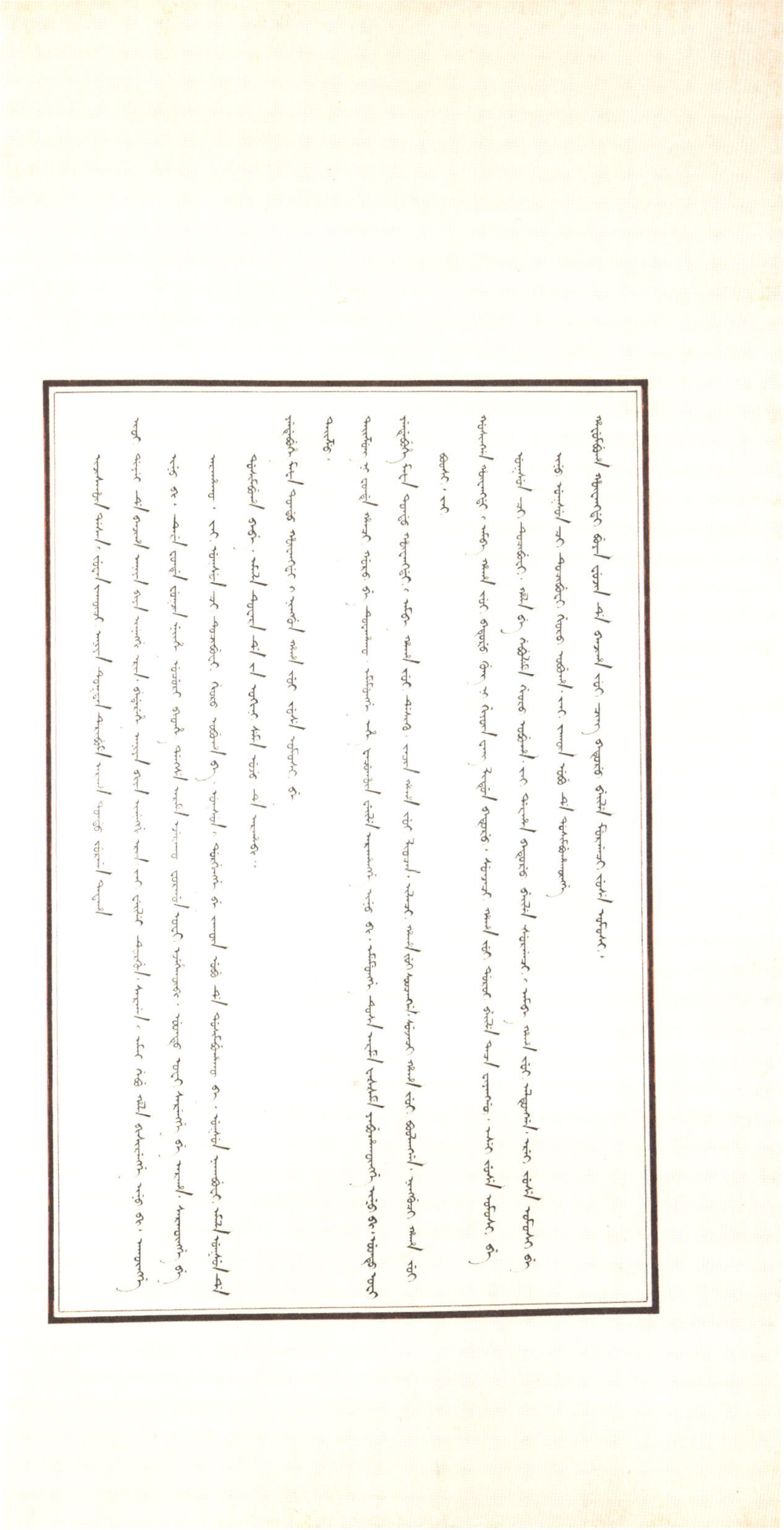

20975 列祖子孫宗室竪格玉牒一卷 清康熙十八年（1679）玉牒館寫本 滿文 遼寧省檔案館

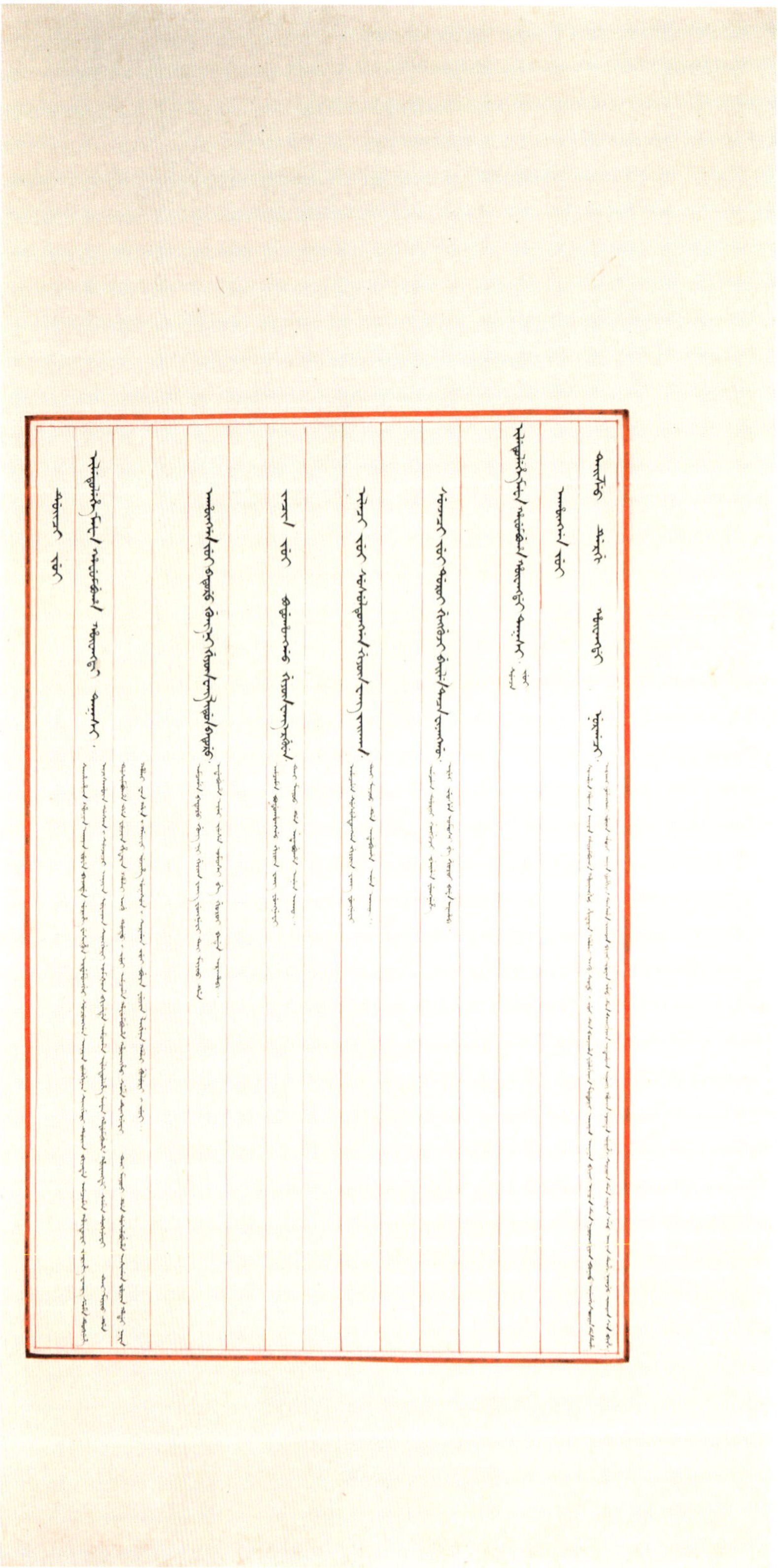

20976　列祖子孫宗室豎格玉牒一卷　清康熙二十七年（1688）玉牒館寫本　滿文　遼寧省檔案館

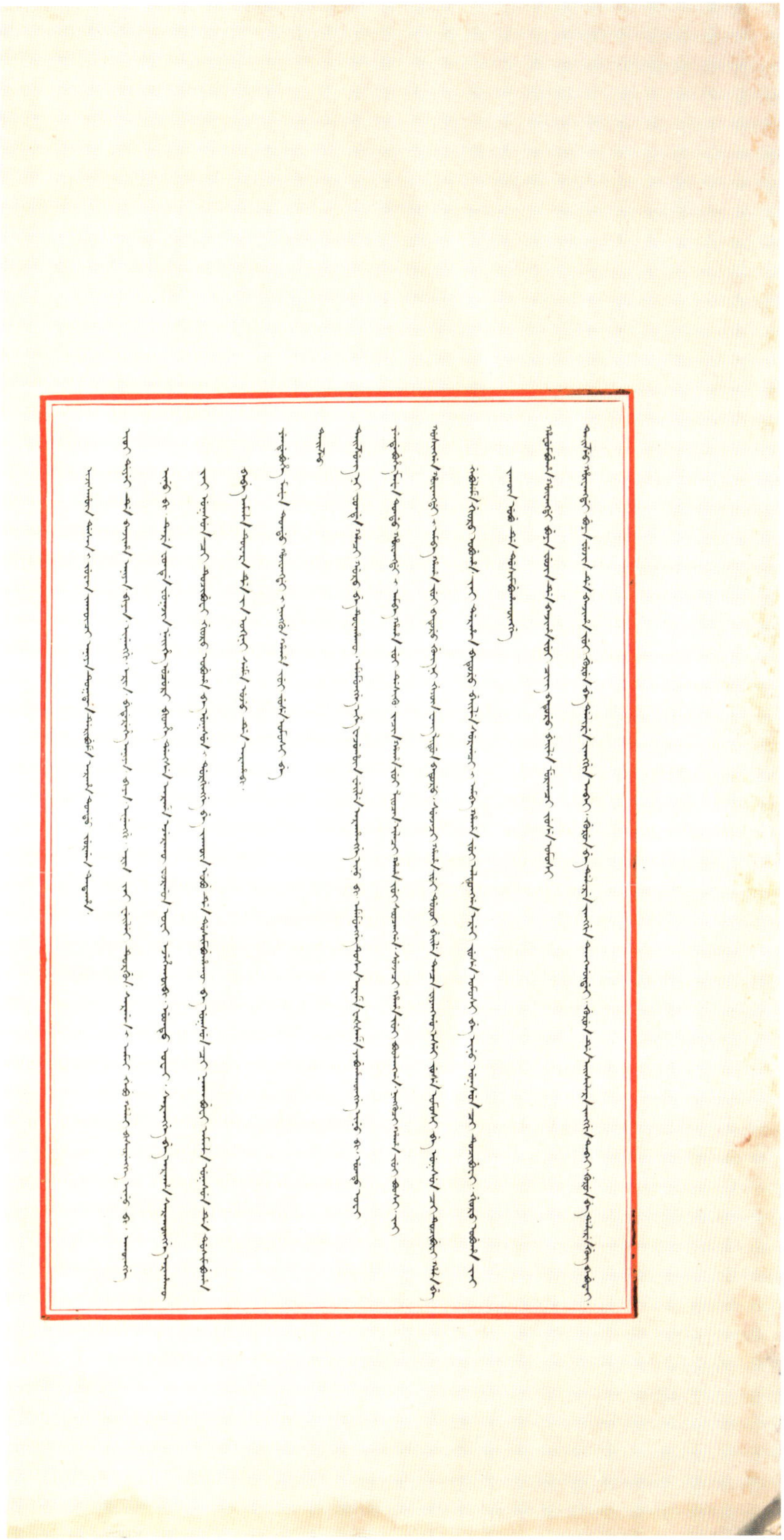

20977　列祖子孫宗室豎格玉牒一卷　清康熙三十六年（1697）玉牒館寫本　滿文　遼寧省檔案館

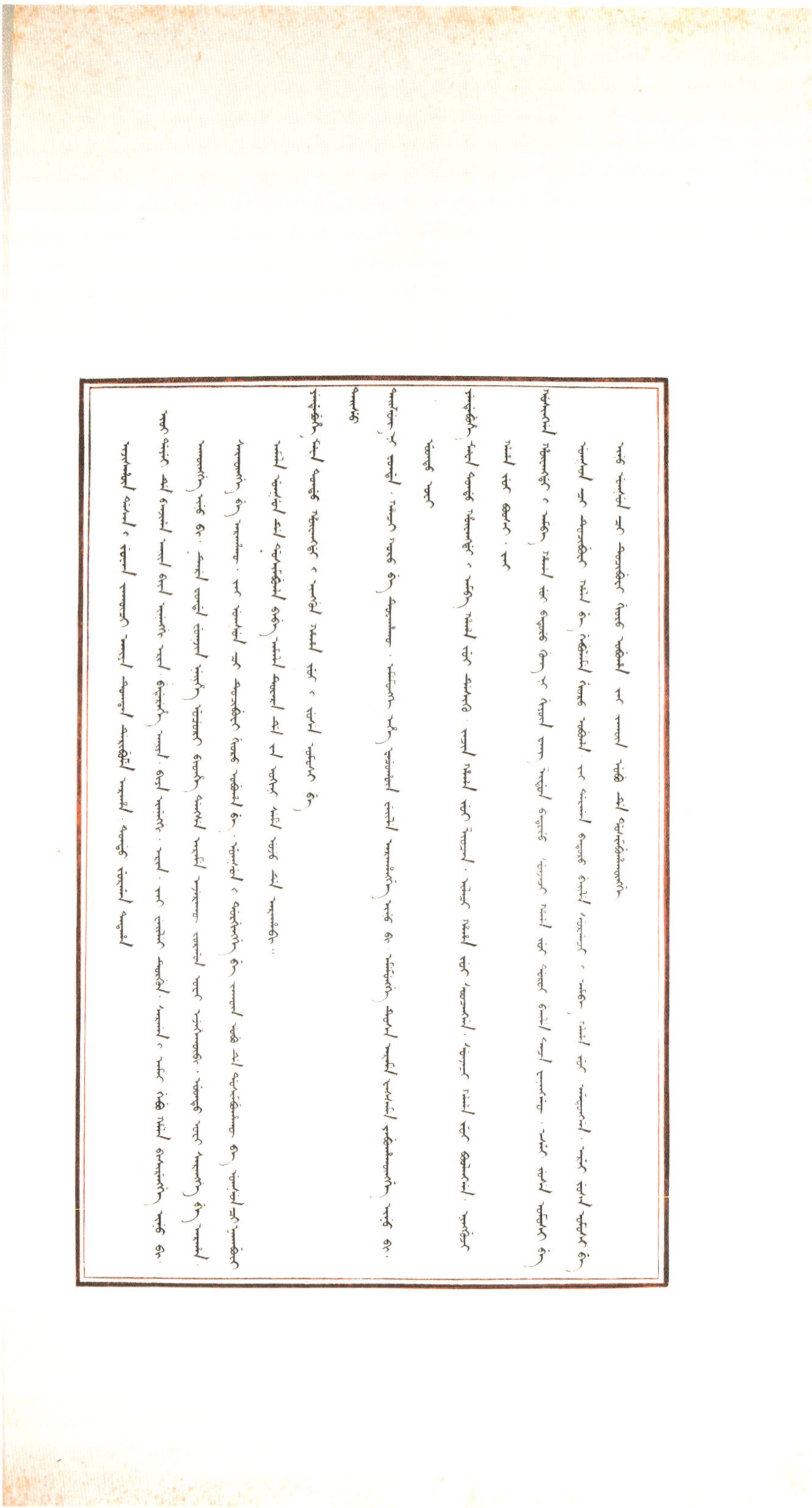

20978　列祖子孫宗室豎格玉牒　一卷　清康熙四十五年（1706）玉牒館寫本　滿文　遼寧省檔案館

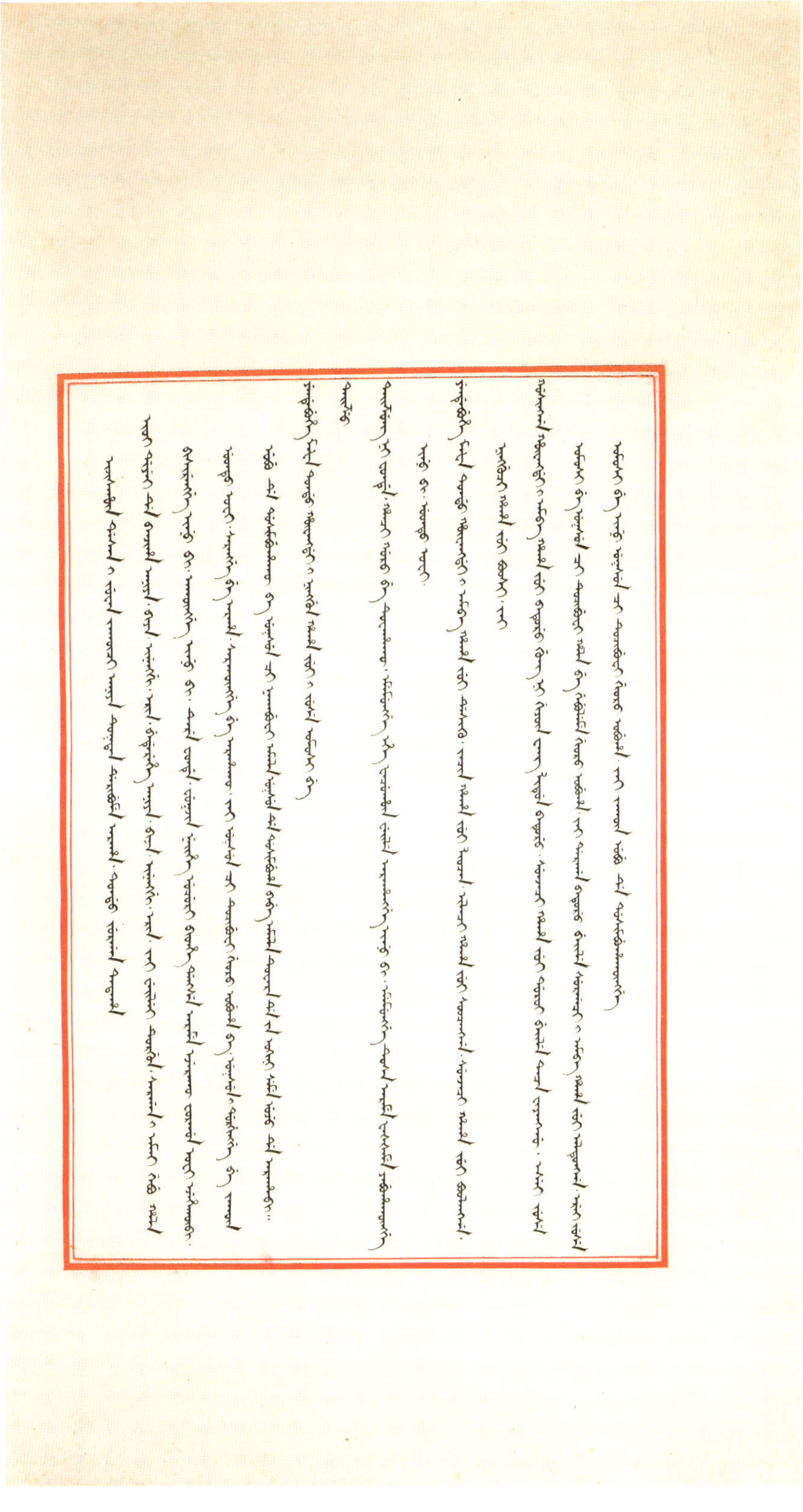

20979　列祖子孫宗室豎格玉牒一卷　清雍正二年（1724）玉牒館寫本

滿文　遼寧省檔案館

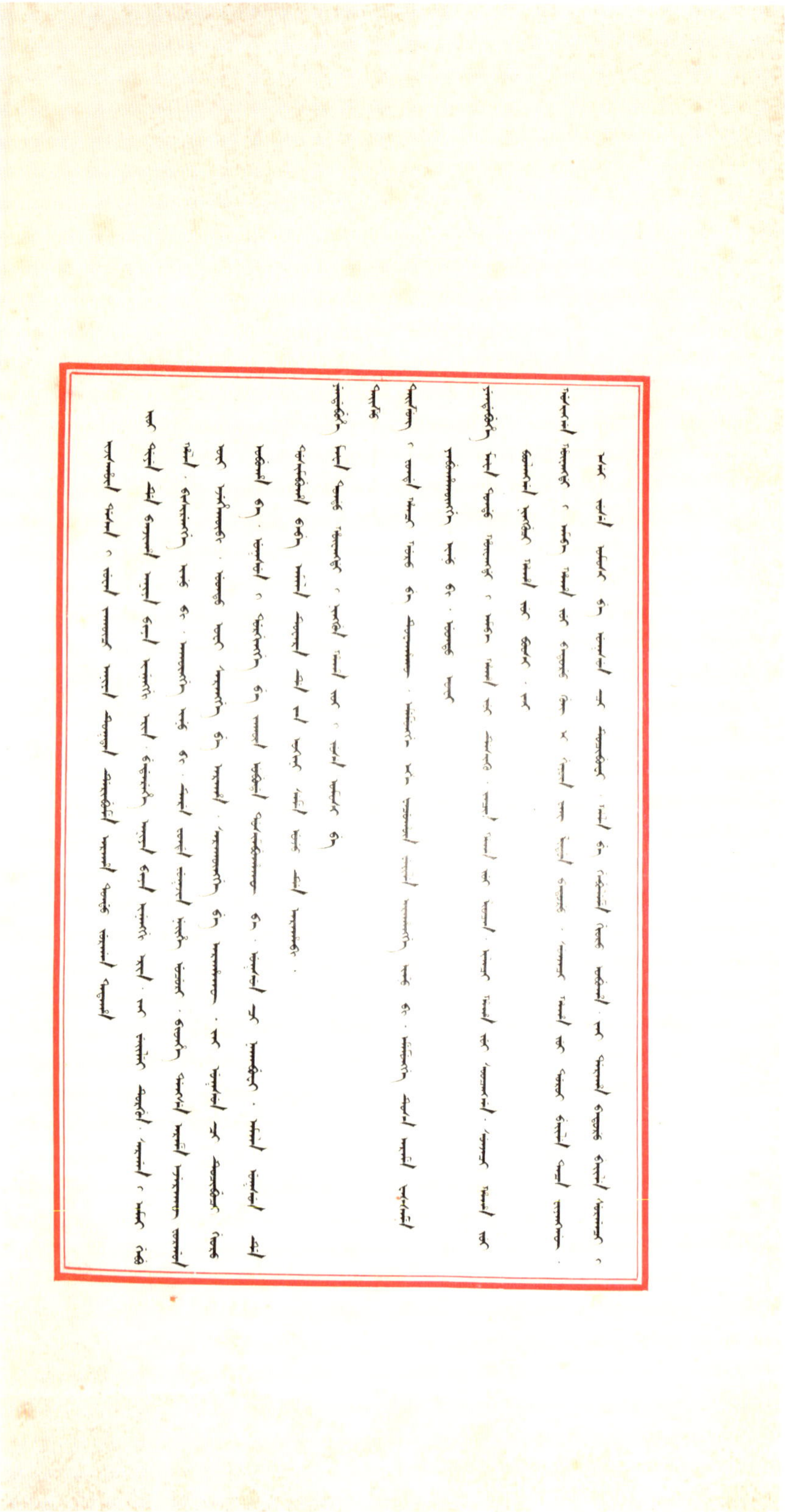

20980　列祖子孫宗室豎格玉牒一卷　清雍正十一年（1733）玉牒館寫本　滿文　遼寧省檔案館

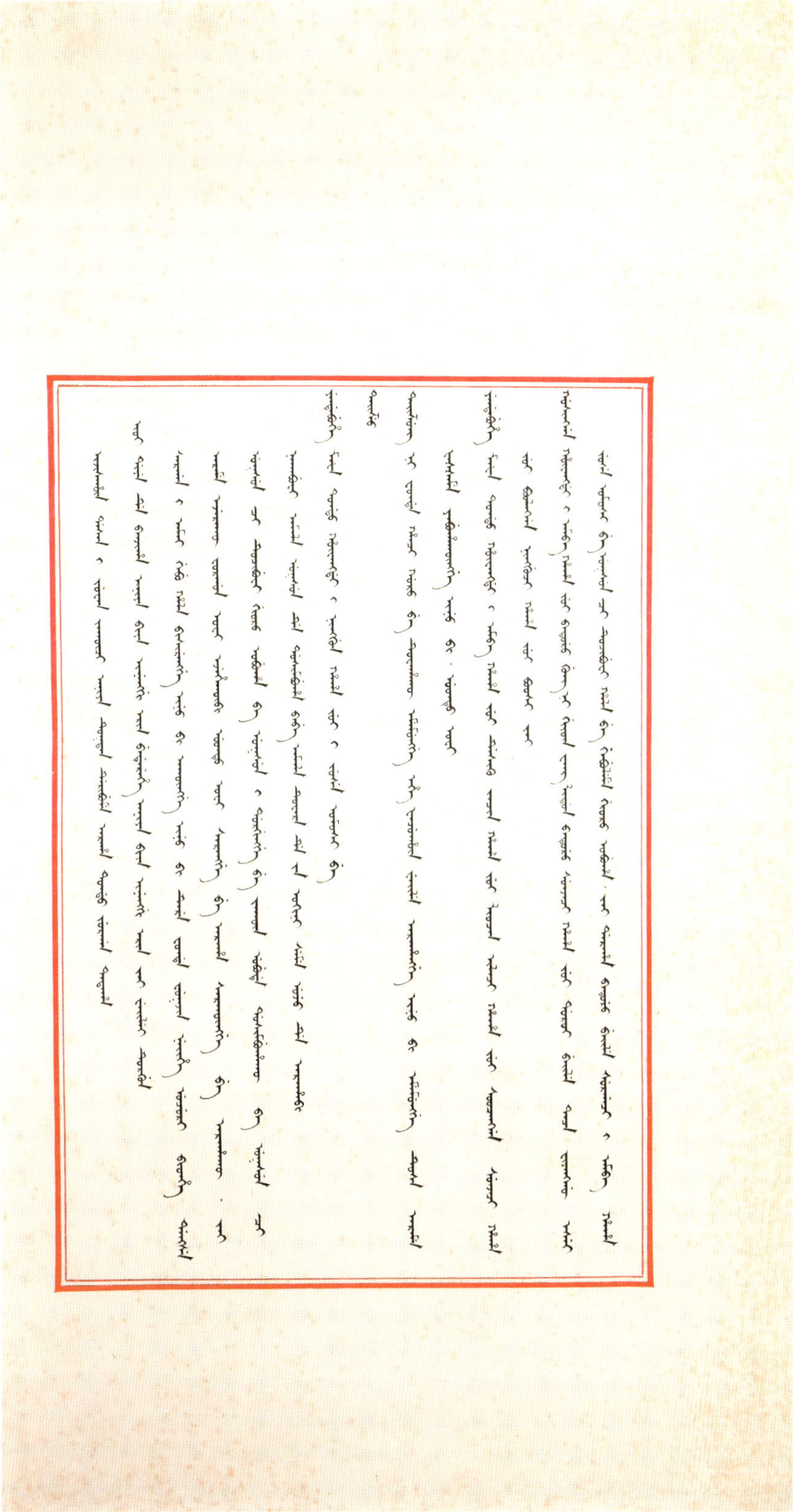

20981　列祖子孫宗室竪格玉牒一卷　清乾隆七年（1742）玉牒館寫本

滿文　遼寧省檔案館

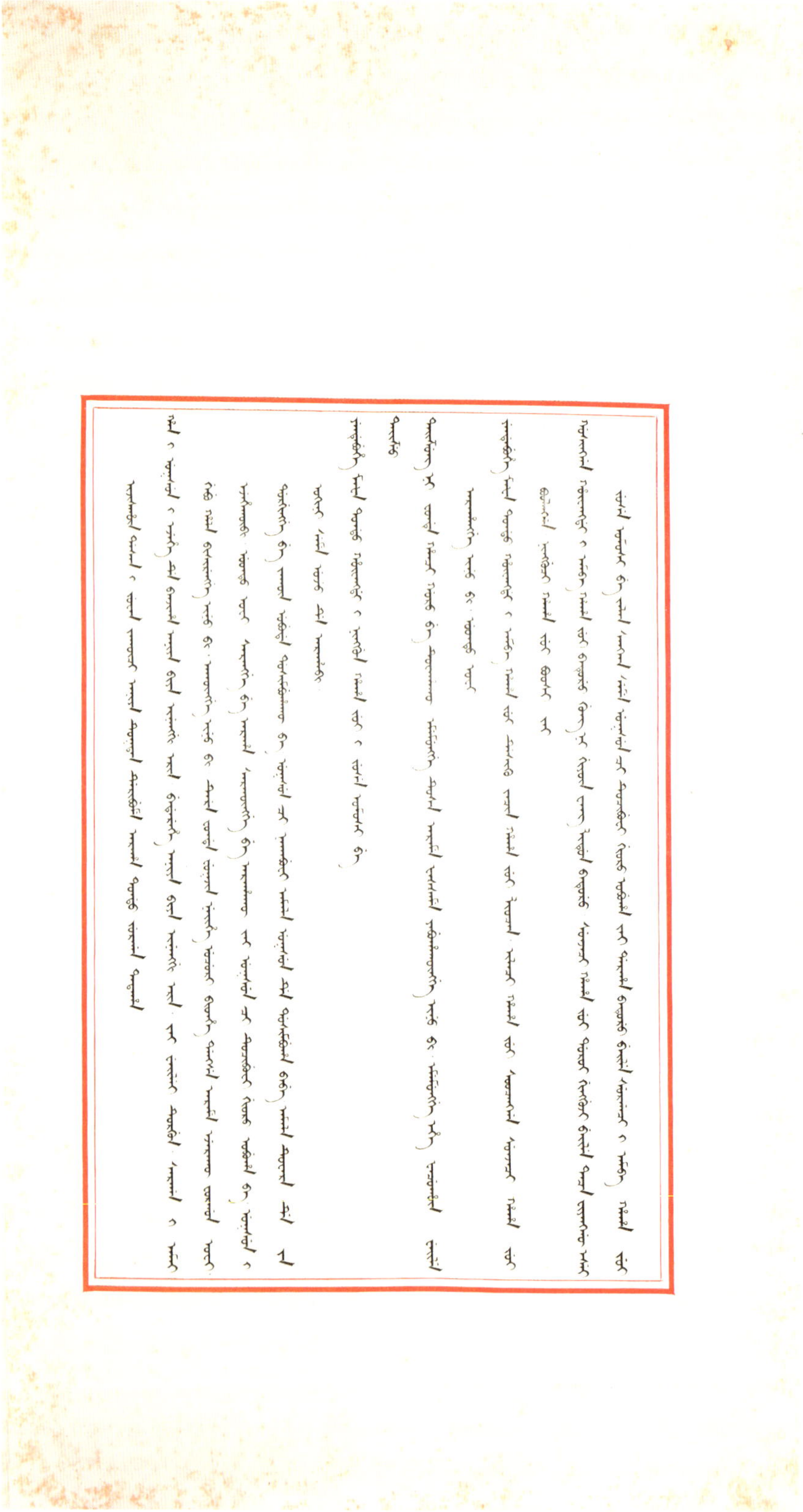

20982　列祖子孫宗室豎格玉牒一卷　清乾隆十四年（1749）玉牒館寫本　滿文　遼寧省檔案館

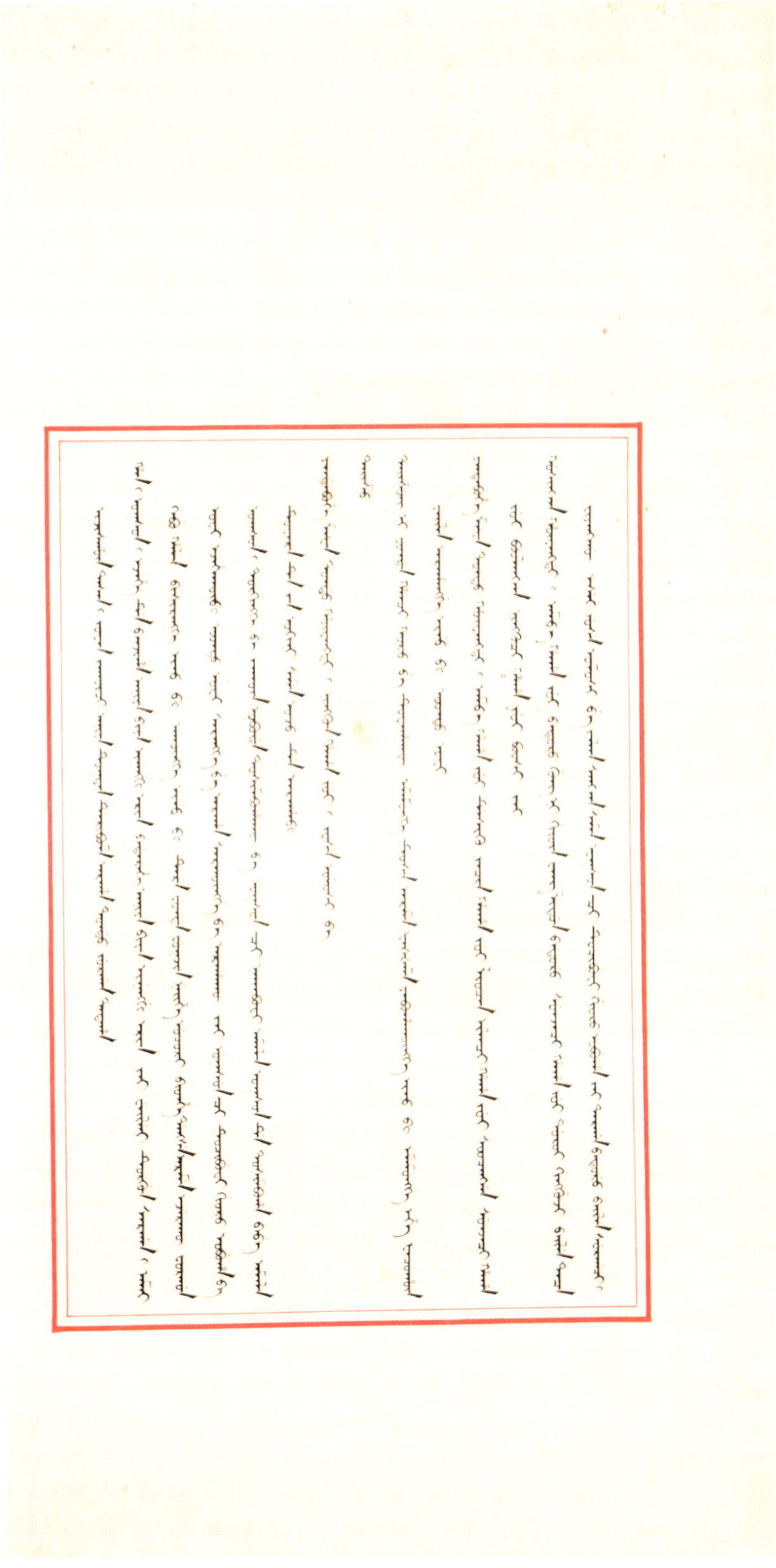

20983　列祖子孫宗室竪格玉牒一卷　清乾隆二十五年（1760）玉牒館寫本　滿文　遼寧省檔案館

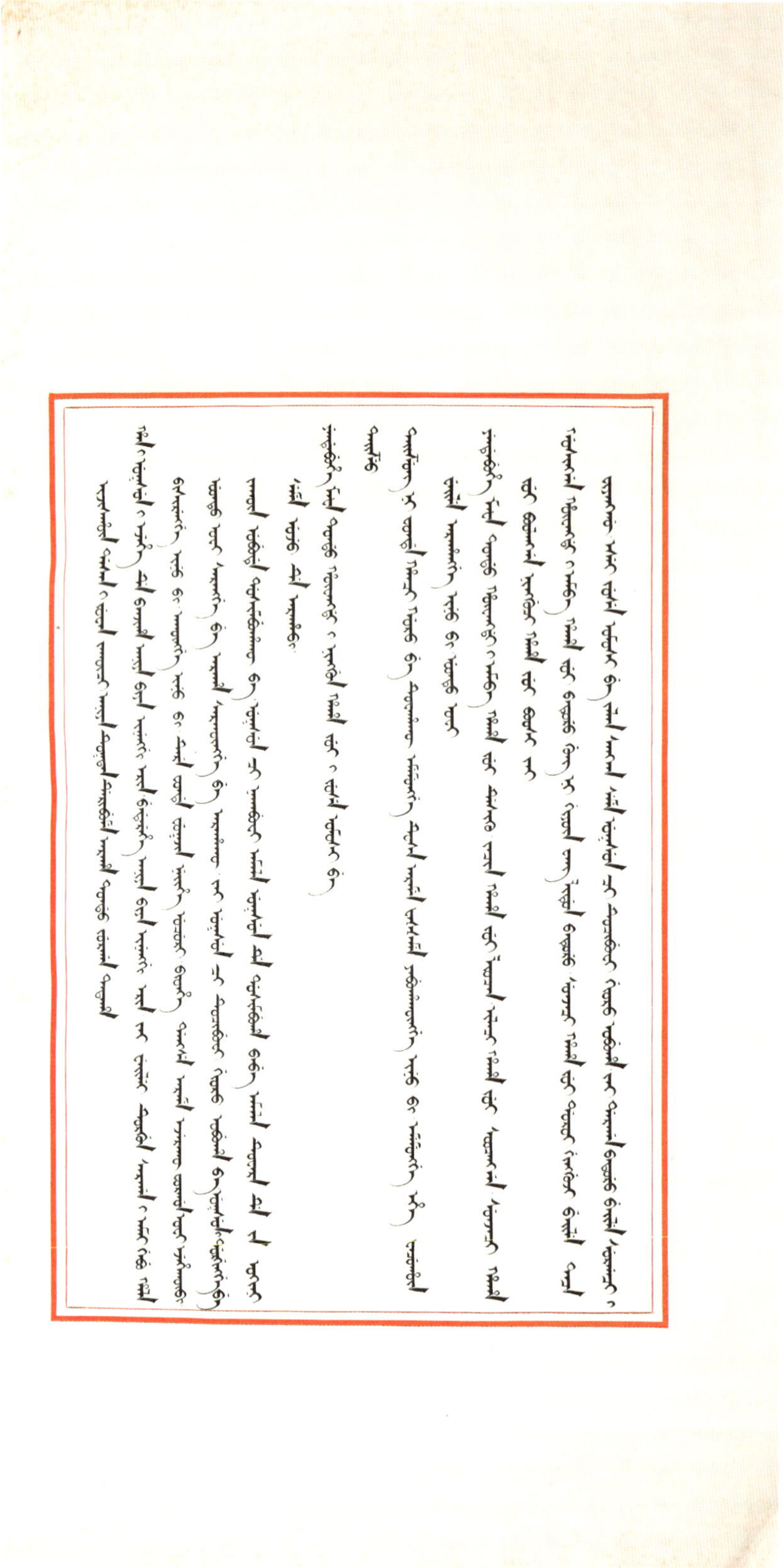

20984　列祖子孫宗室豎格玉牒一卷　清乾隆三十三年（1768）玉牒館寫本　滿文　遼寧省檔案館

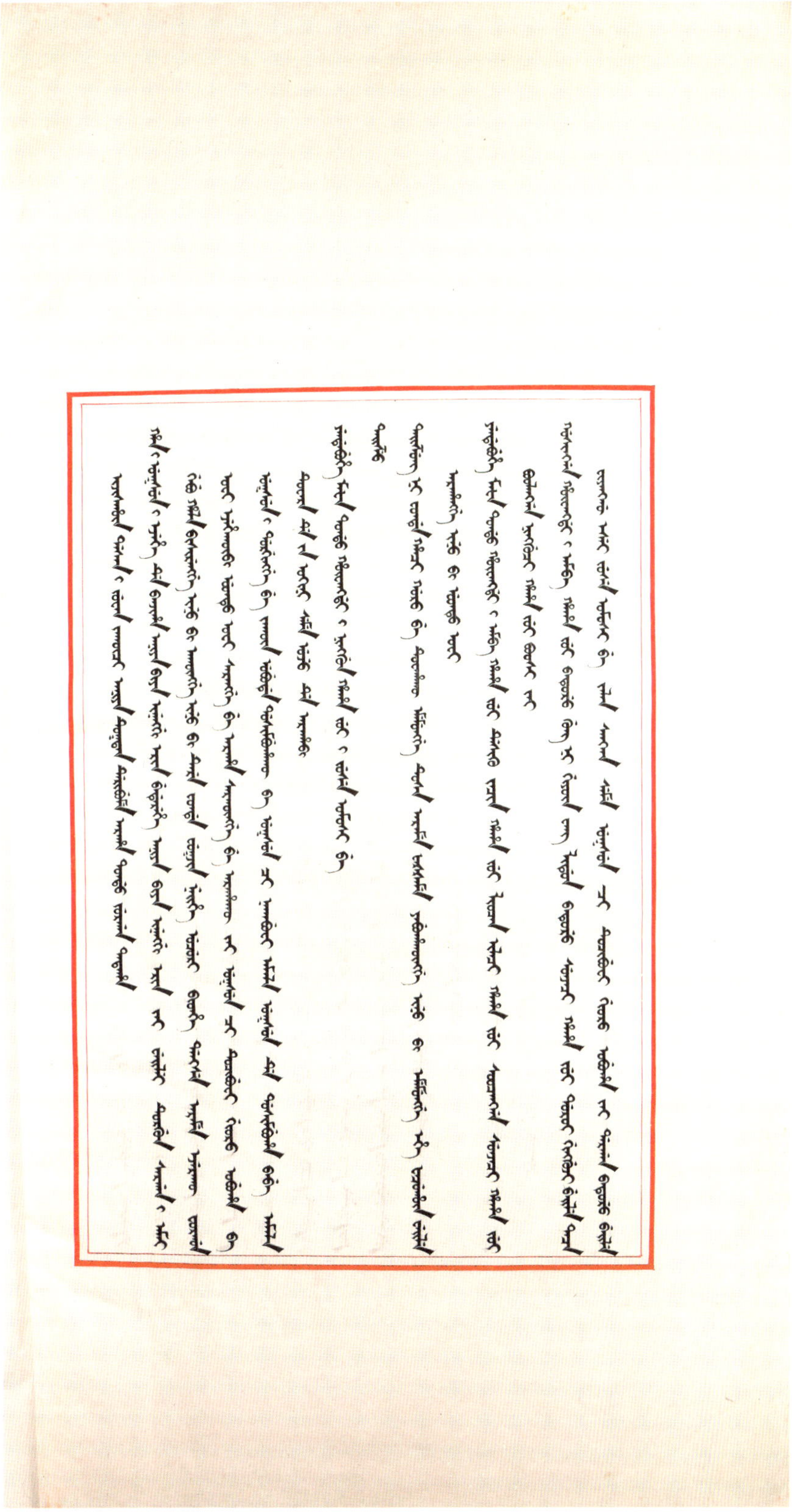

20985　列祖子孫宗室竪格玉牒一卷　清乾隆五十三年（1788）玉牒館寫本　滿文　遼寧省檔案館

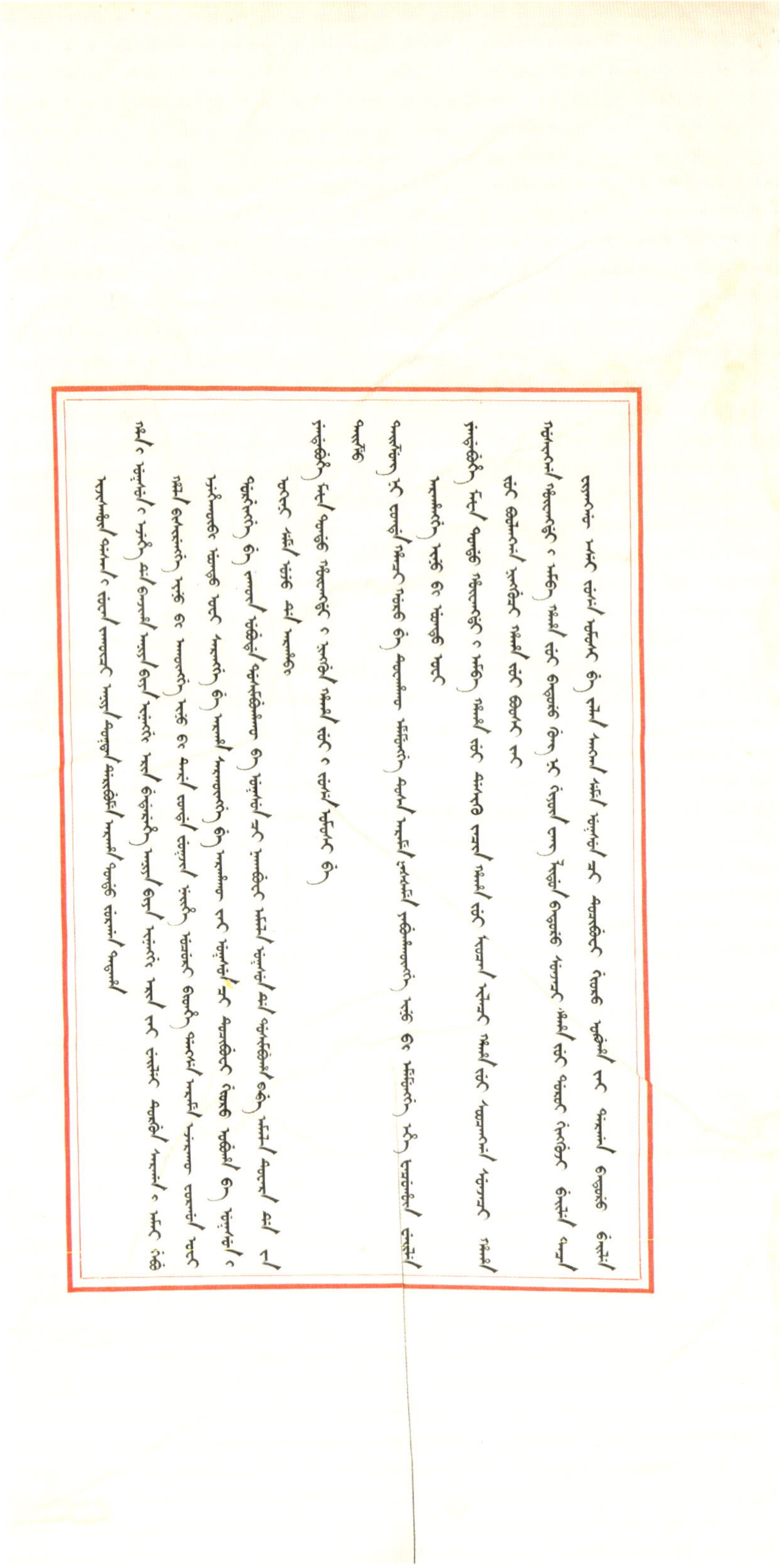

20986　列祖子孫宗室豎格玉牒一卷　清嘉慶三年（1798）玉牒館寫本

滿文　遼寧省檔案館

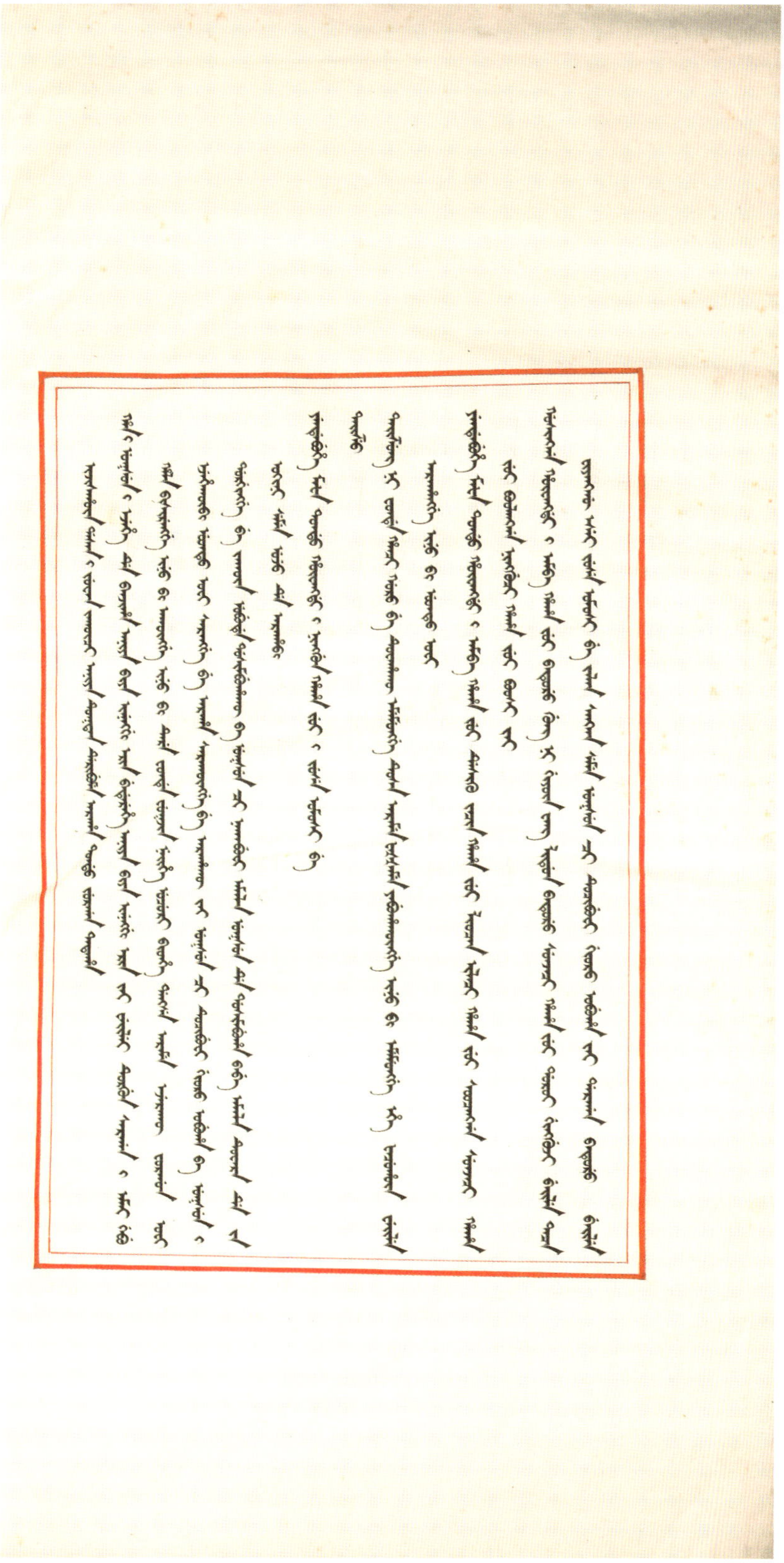

20987　列祖子孫宗室竪格玉牒一卷　清嘉慶十二年（1807）玉牒館寫本　滿文　遼寧省檔案館

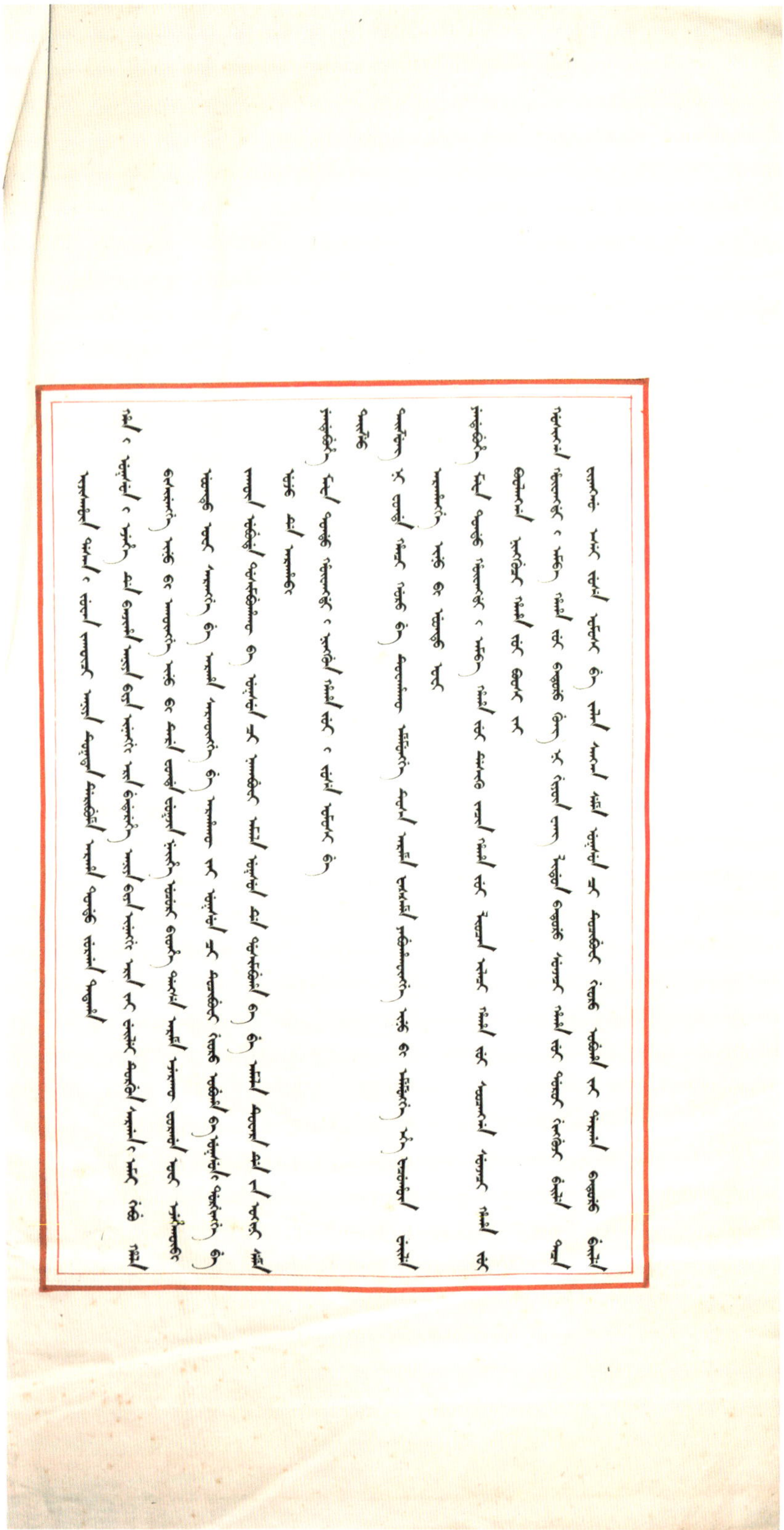

20988　列祖子孫宗室竪格玉牒一卷　清嘉慶二十三年（1818）玉牒館寫本　滿文　遼寧省檔案館

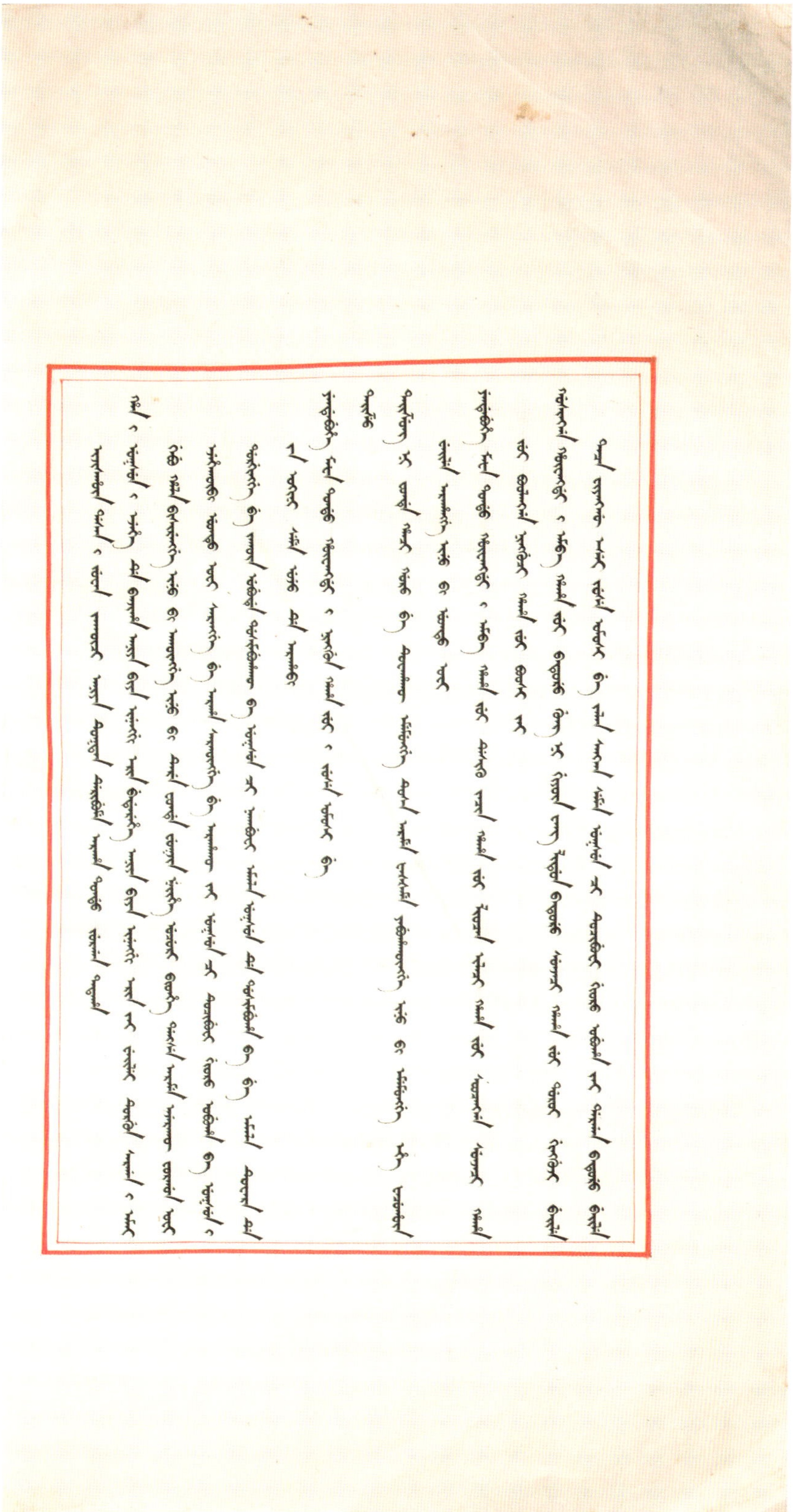

20989　列祖子孫宗室竪格玉牒一卷　清道光八年（1828）玉牒館寫本
滿文　遼寧省檔案館

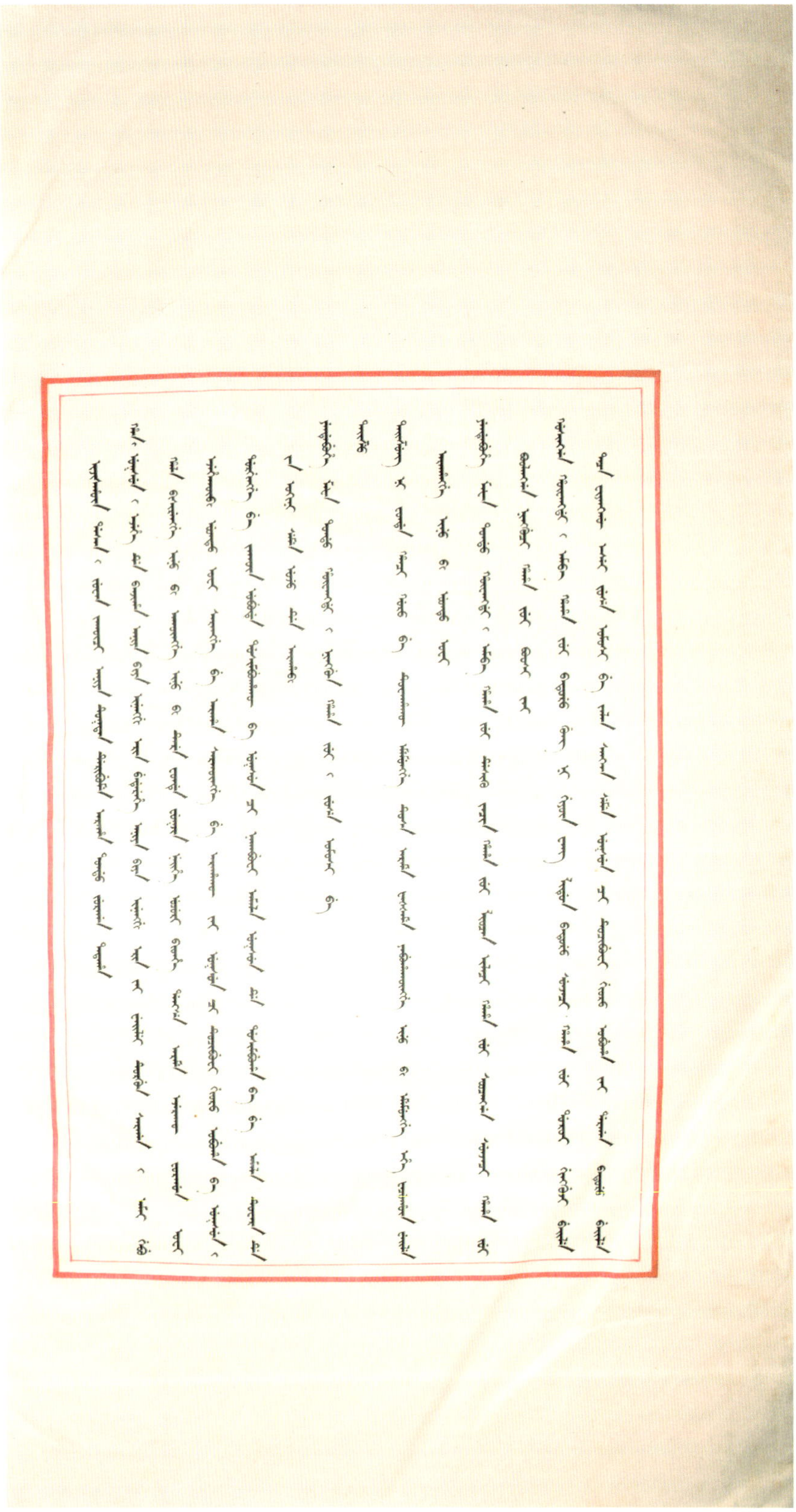

20990　列祖子孫宗室豎格玉牒一卷　清道光十八年（1838）玉牒館寫本　滿文　遼寧省檔案館

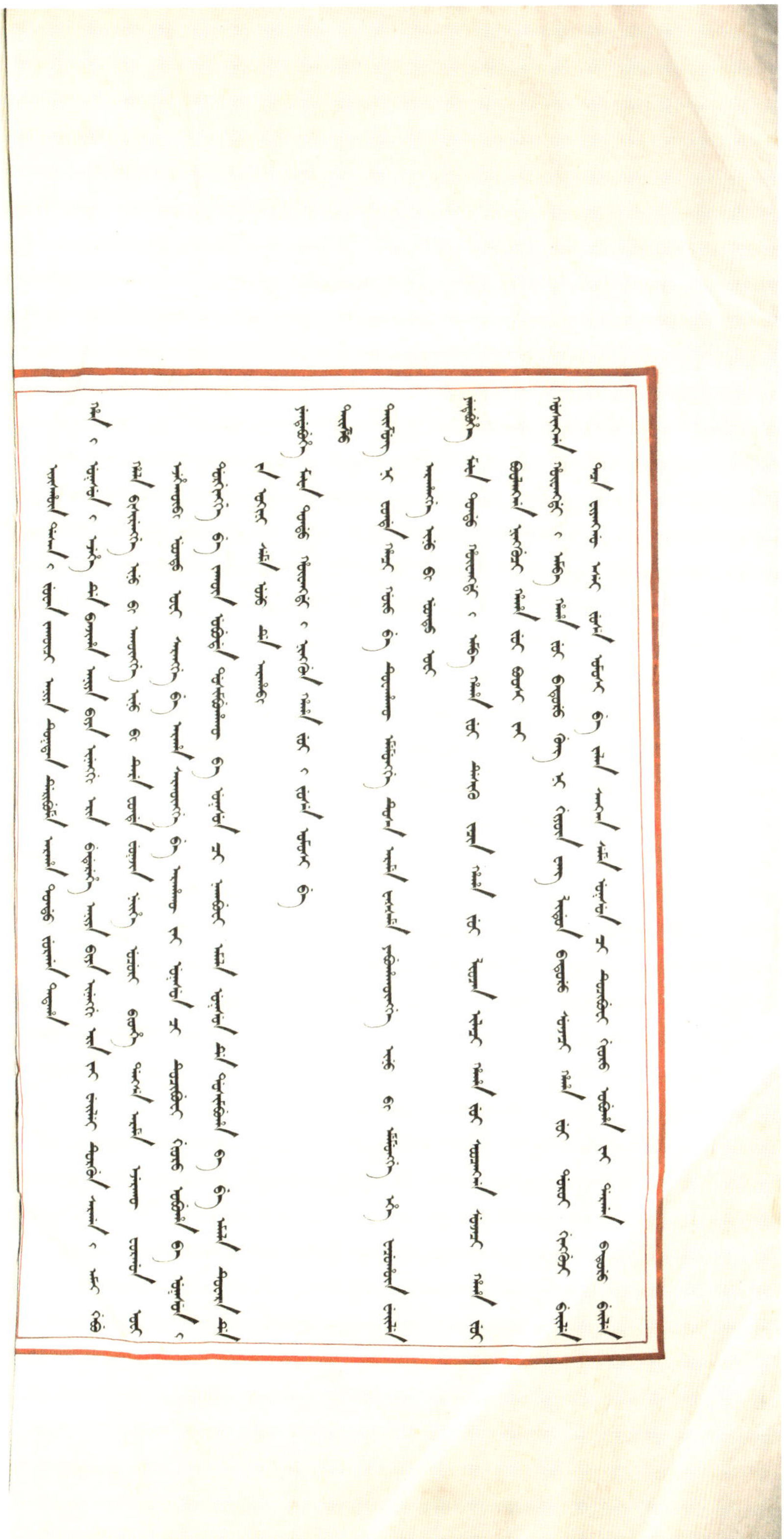

20991　列祖子孫宗室竪格玉牒一卷　清道光二十八年（1848）玉牒館寫本　滿文　遼寧省檔案館

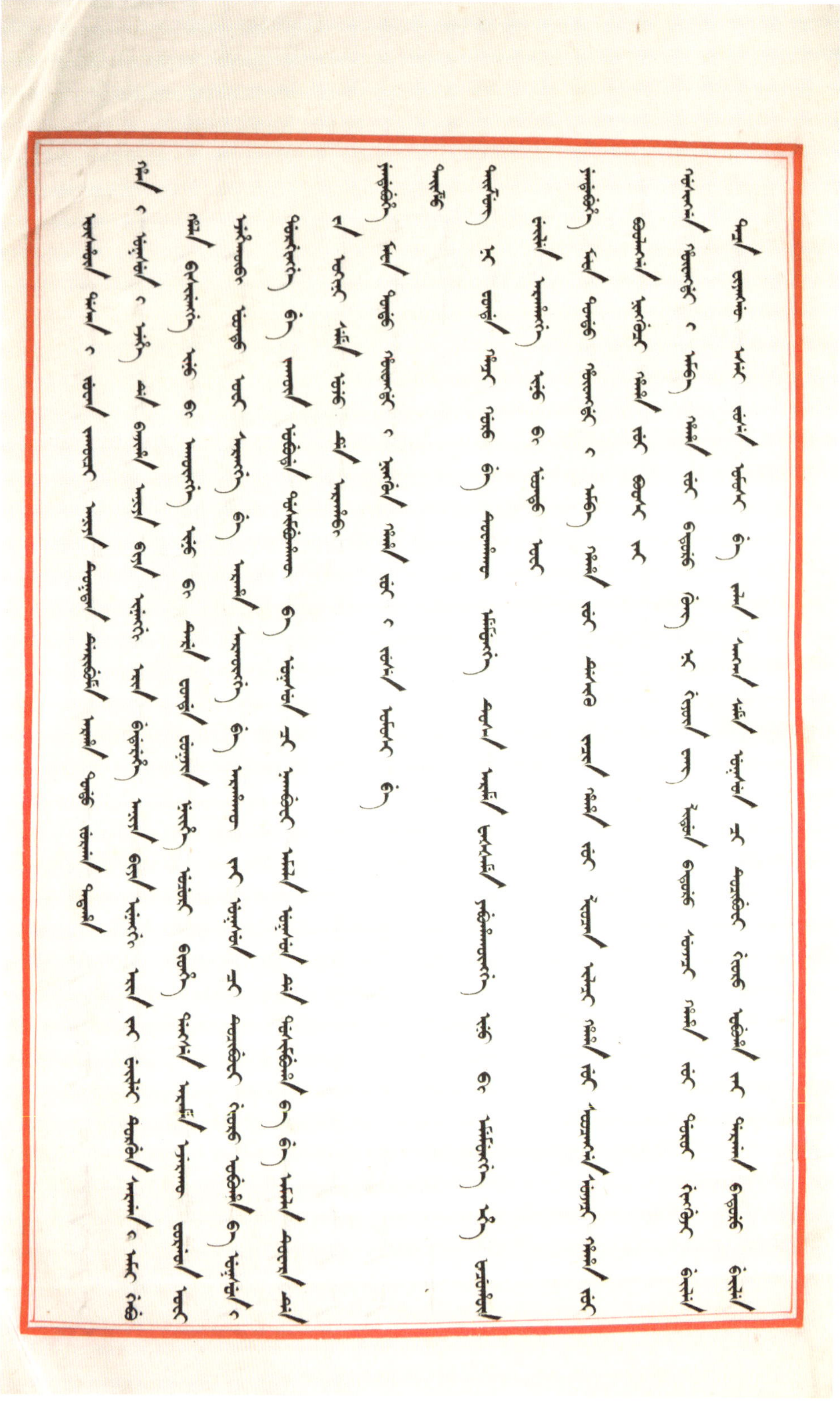

20992　列祖子孫宗室豎格玉牒一卷　清咸豐八年（1858）玉牒館寫本

滿文　遼寧省檔案館

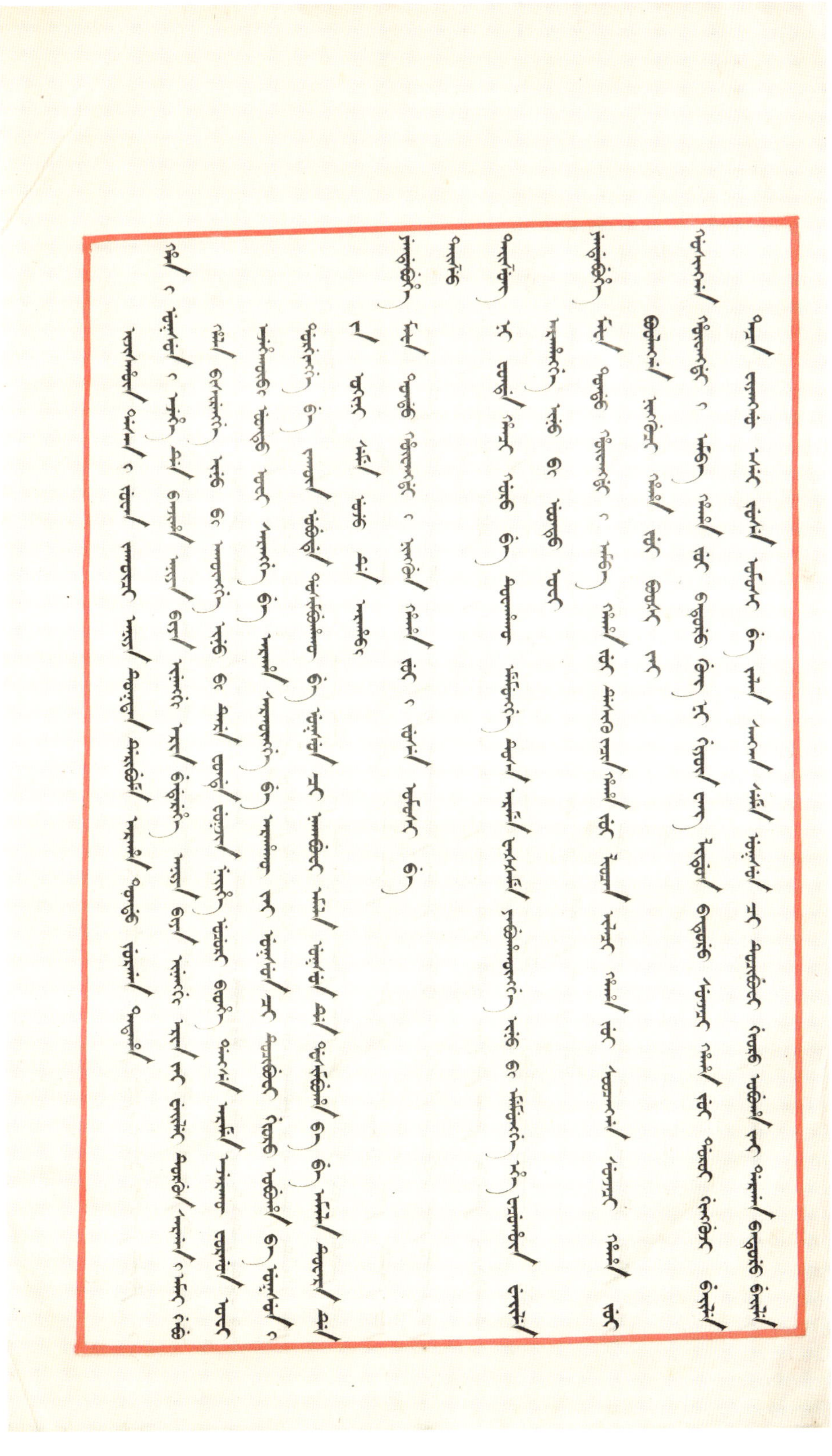

20993　列祖子孫宗室豎格玉牒一卷　清同治六年（1867）玉牒館寫本

滿文　遼寧省檔案館

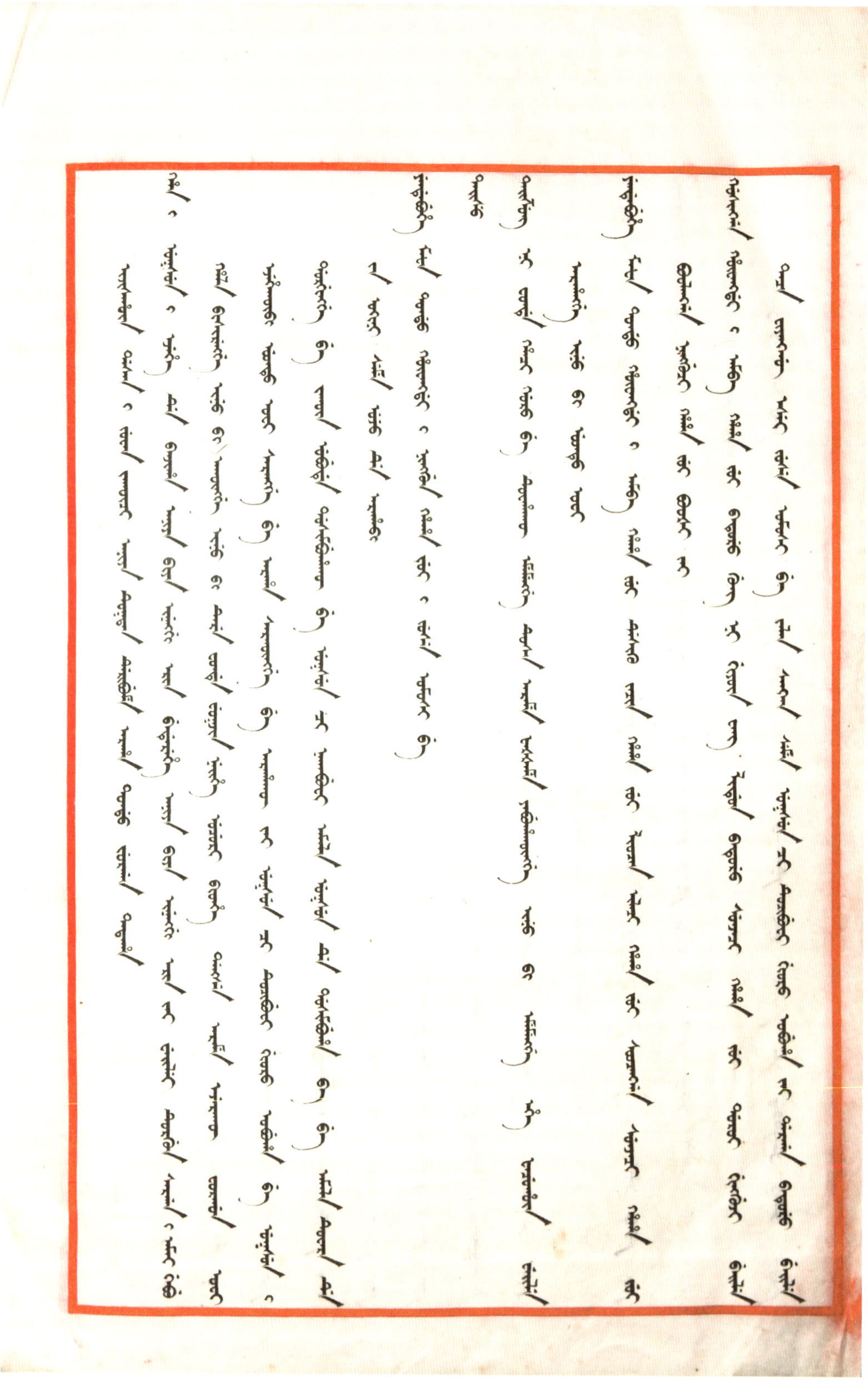

20994　列祖子孫宗室豎格玉牒一卷　清光緒三年（1877）玉牒館寫本

滿文　遼寧省檔案館

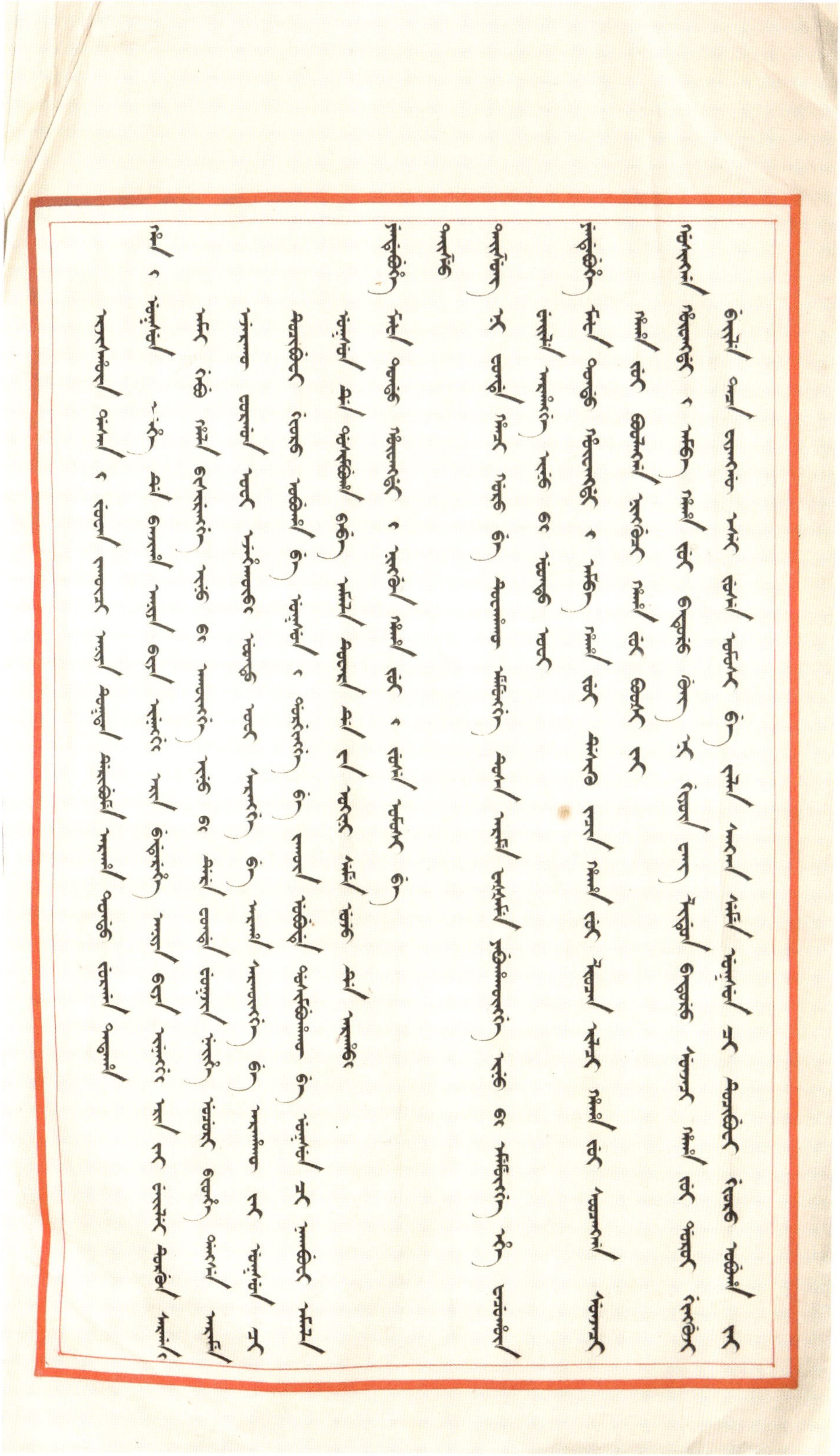

20995　列祖子孫宗室豎格玉牒一卷　清光緒十三年（1887）玉牒館寫本　滿文　遼寧省檔案館

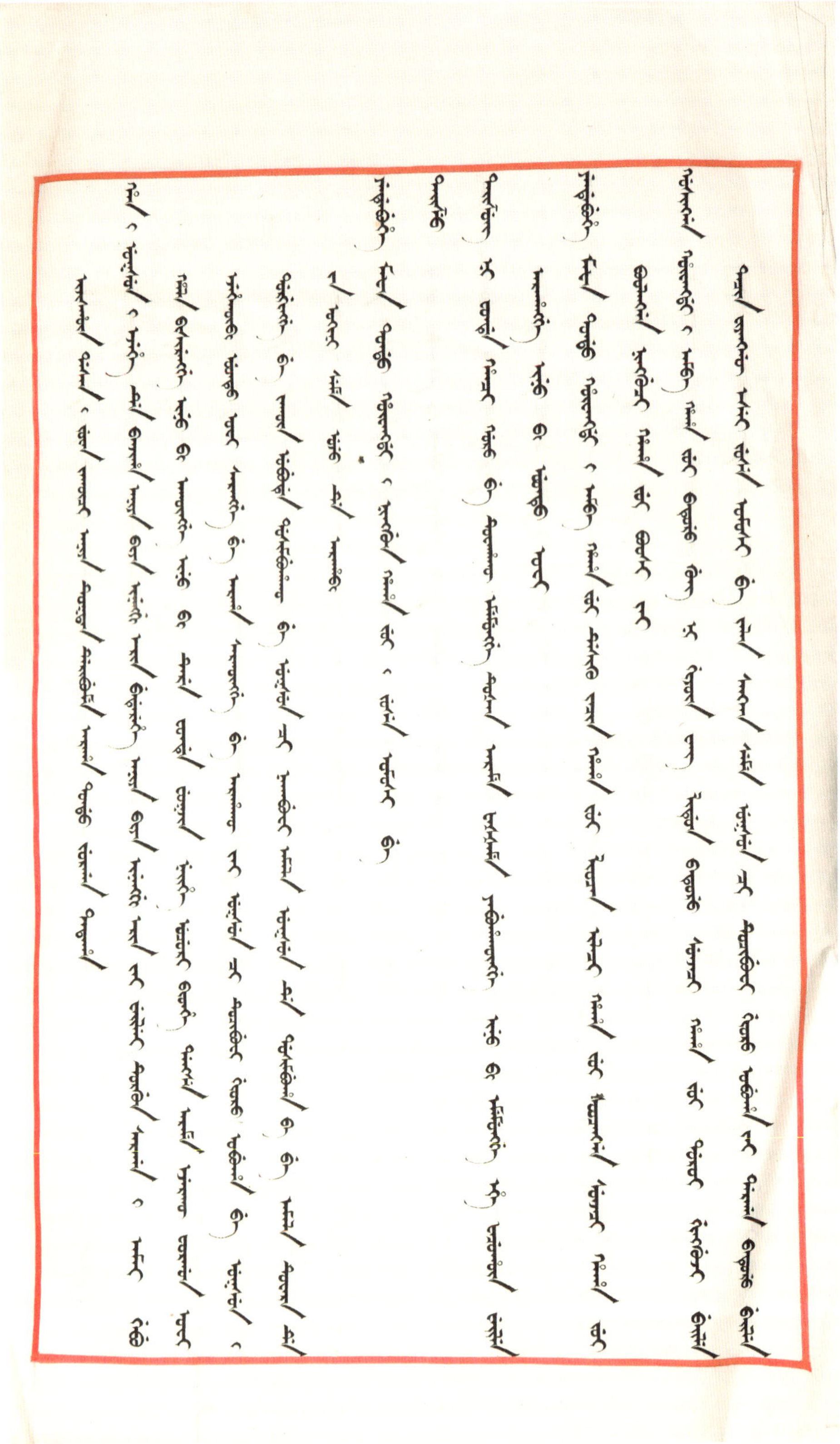

20996　列祖子孫宗室豎格玉牒一卷　清光緒二十三年（1897）玉牒館寫本　滿文　遼寧省檔案館

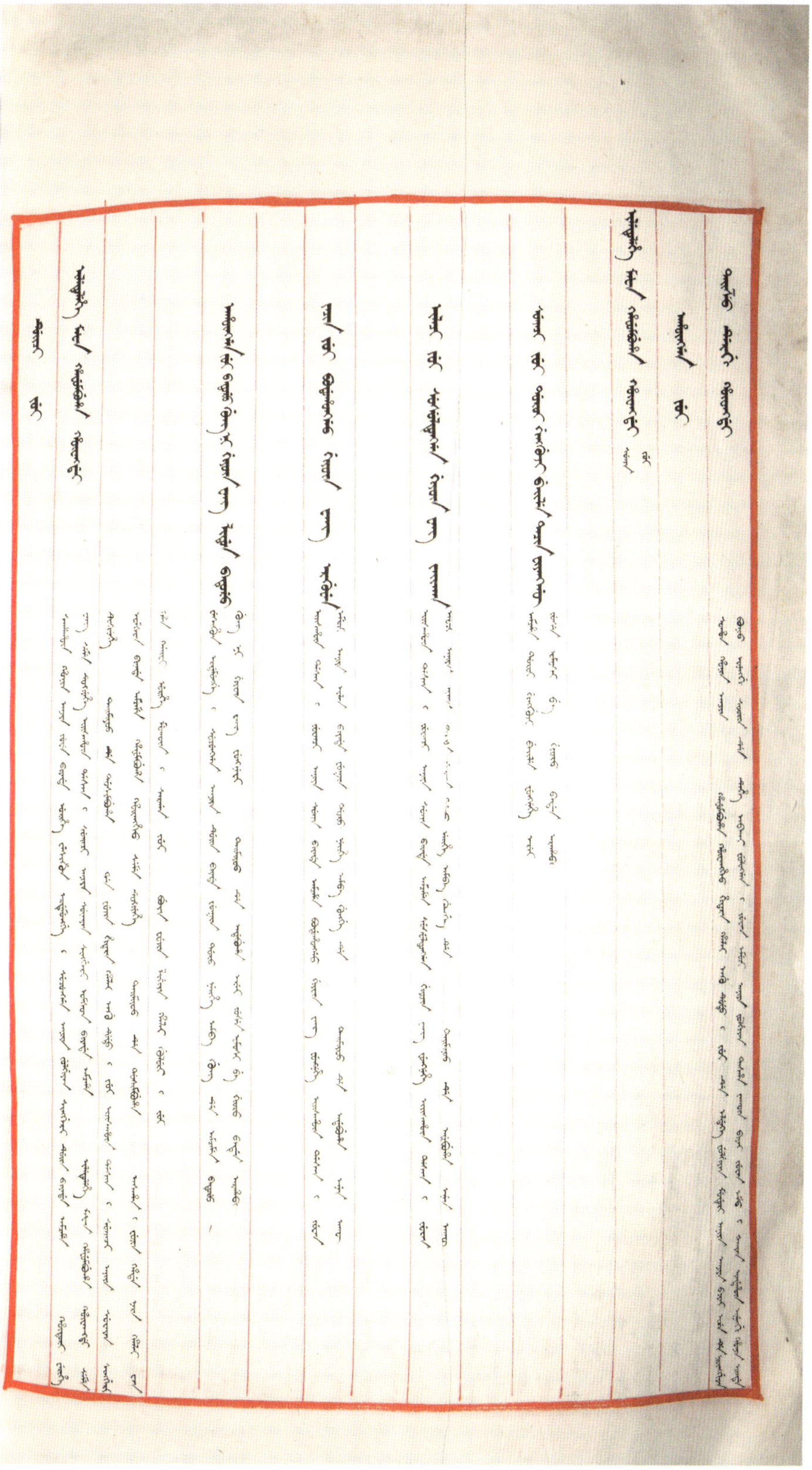

20997　列祖子孫宗室竪格玉牒一卷　清光緒三十三年（1907）玉牒館寫本　滿文　遼寧省檔案館

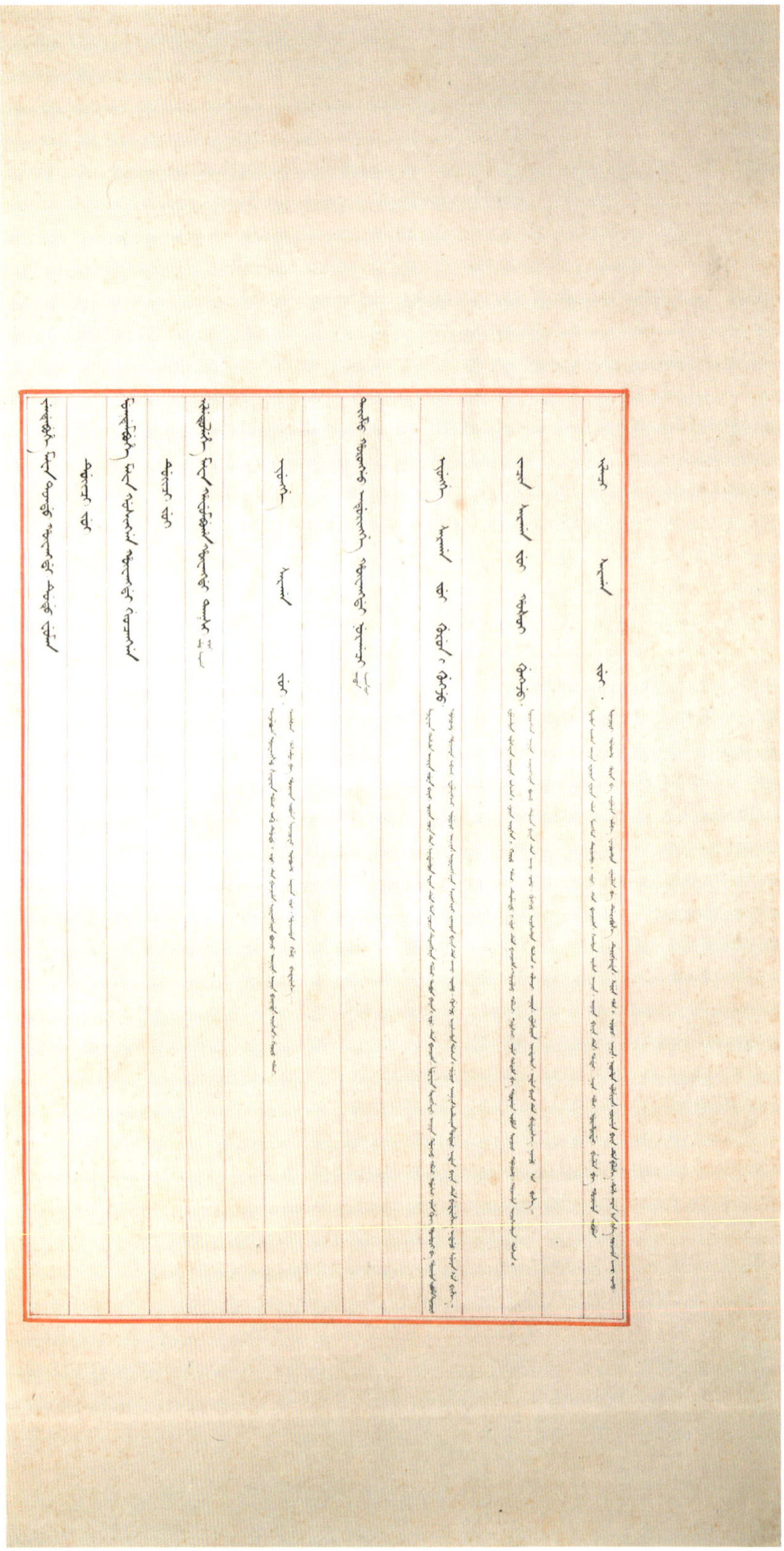

20998　列祖女孫宗室豎格玉牒一卷　清順治十八年（1661）玉牒館寫本　滿文　遼寧省檔案館

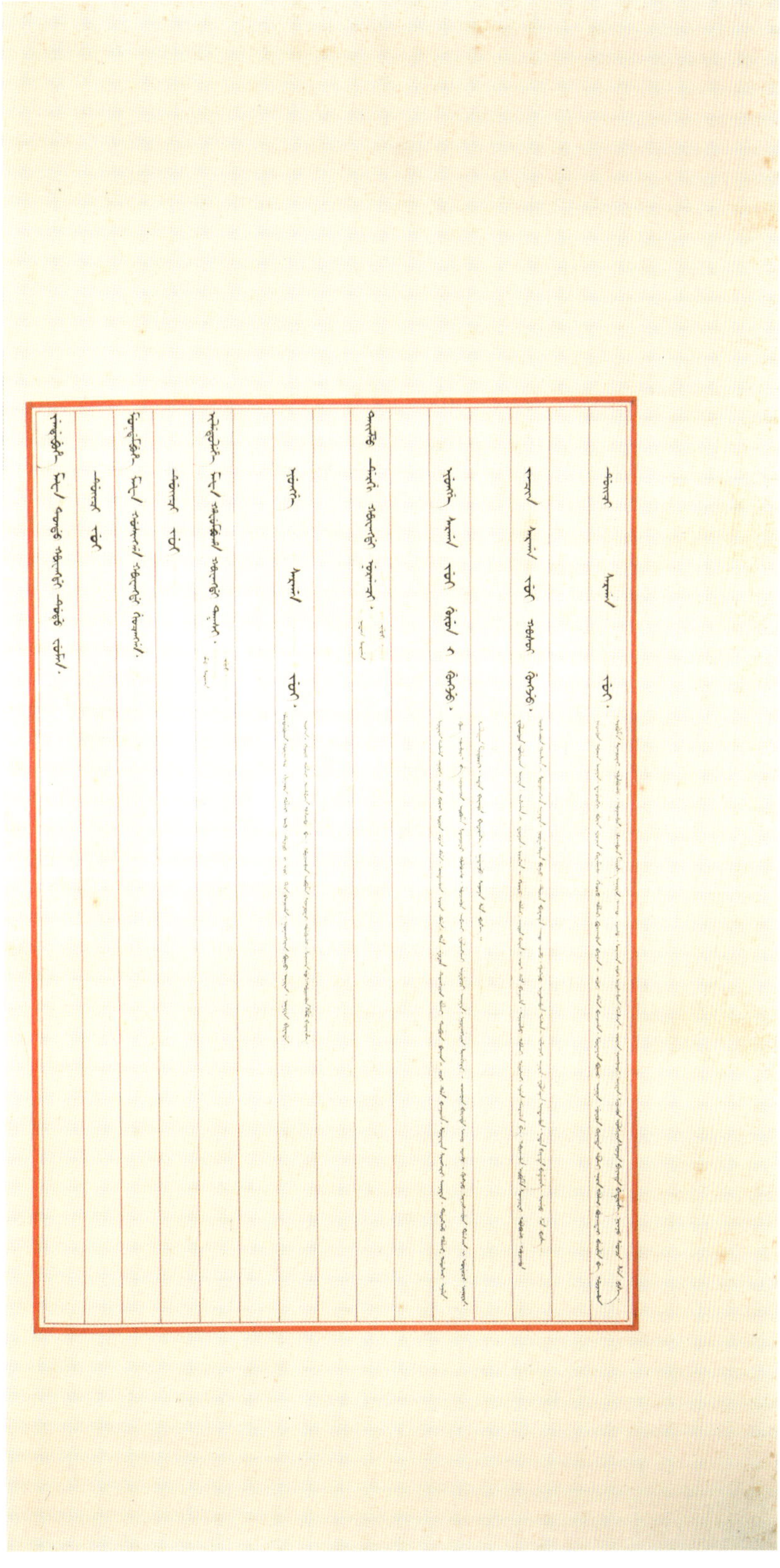

20999　列祖女孫宗室豎格玉牒一卷　清康熙九年（1670）玉牒館寫本

滿文　遼寧省檔案館

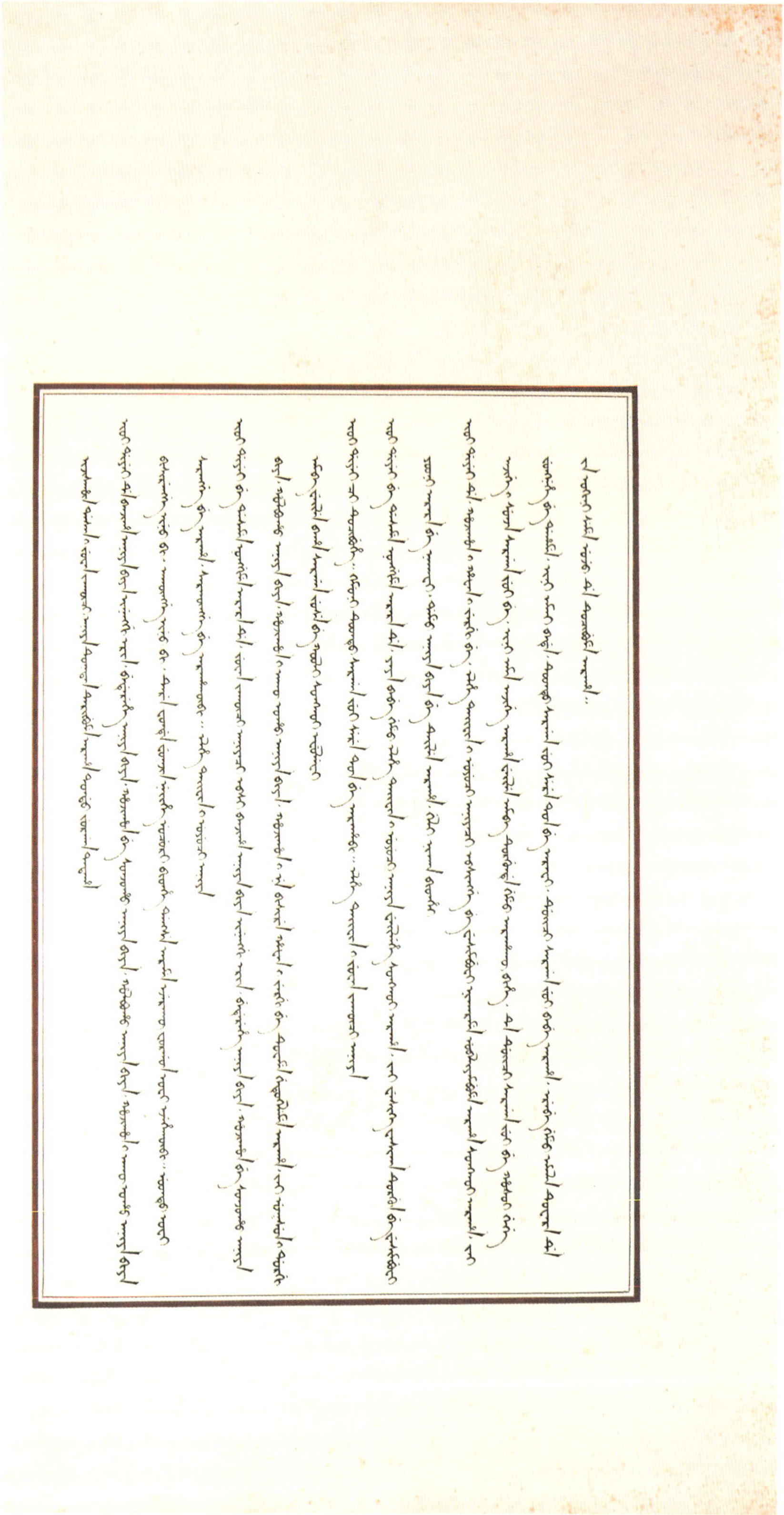

21000　列祖女孫宗室豎格玉牒一卷　清康熙十八年（1679）玉牒館寫本　滿文　遼寧省檔案館

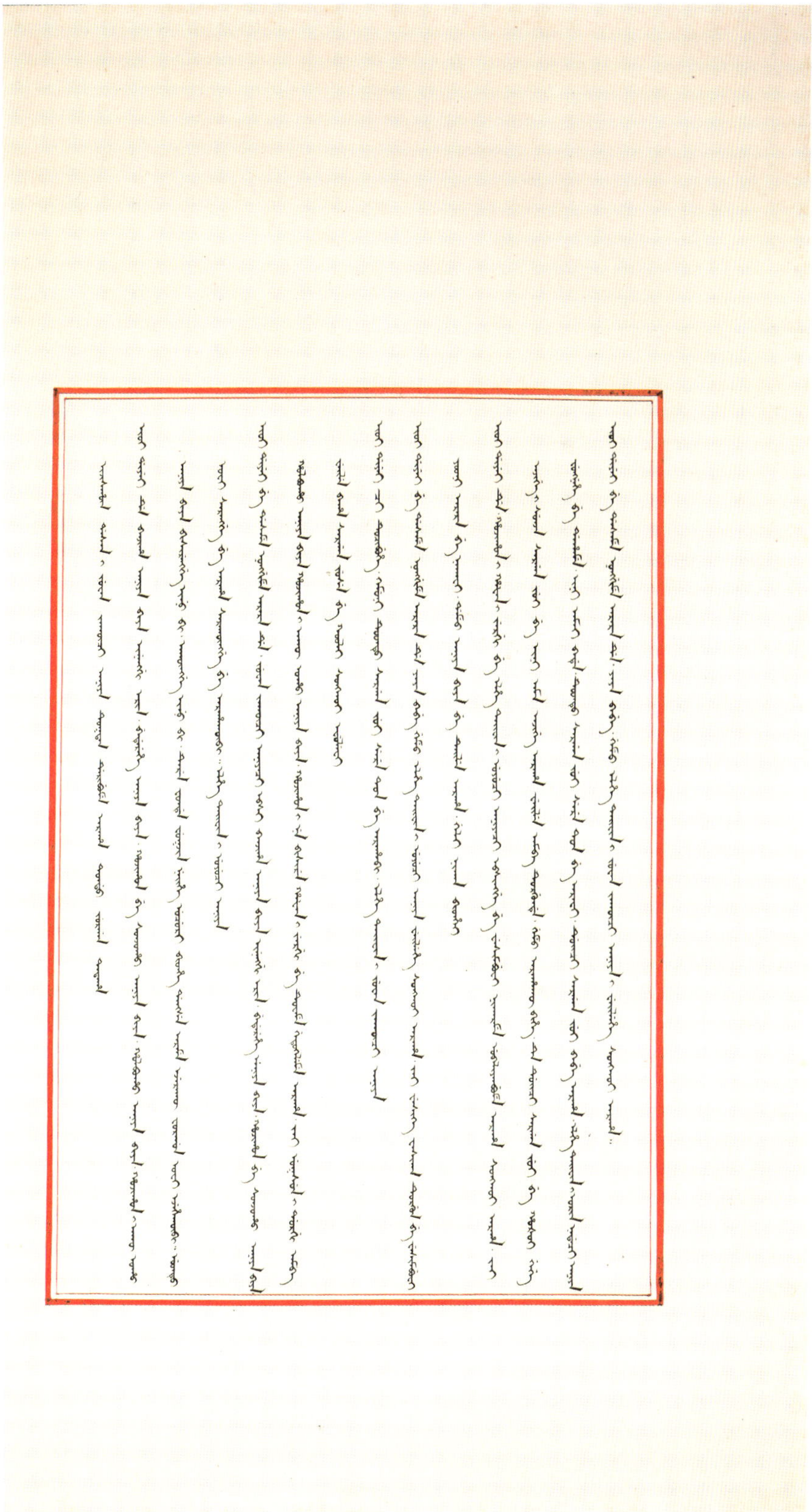

21001　列祖女孫宗室豎格玉牒一卷　清康熙二十七年（1688）玉牒館寫本　滿文　遼寧省檔案館

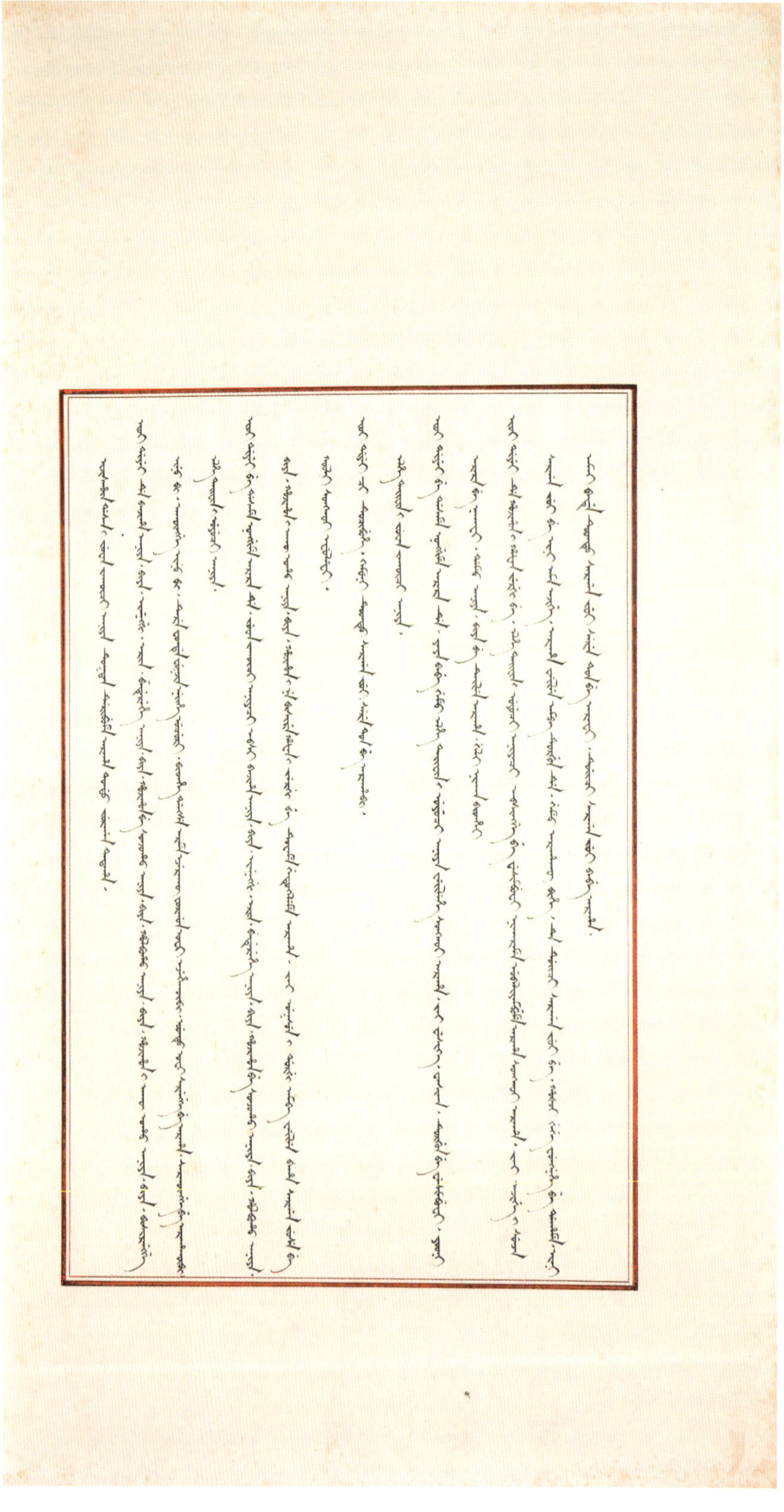

21002　列祖女孫宗室豎格玉牒一卷　清康熙三十六年（1697）玉牒館寫本　滿文　遼寧省檔案館

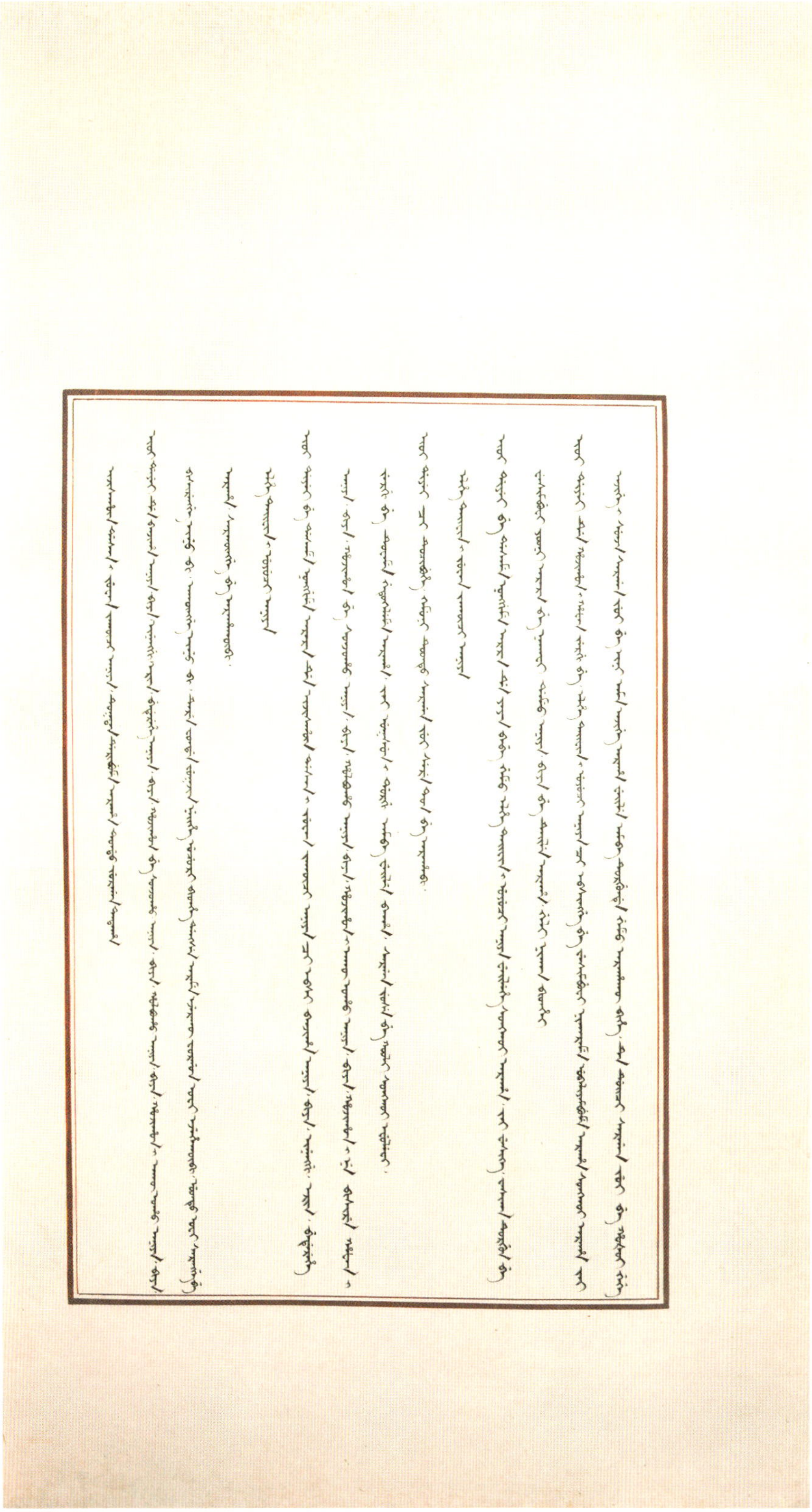

21003　列祖女孫宗室豎格玉牒一卷　清康熙四十五年（1706）玉牒館寫本　滿文　遼寧省檔案館

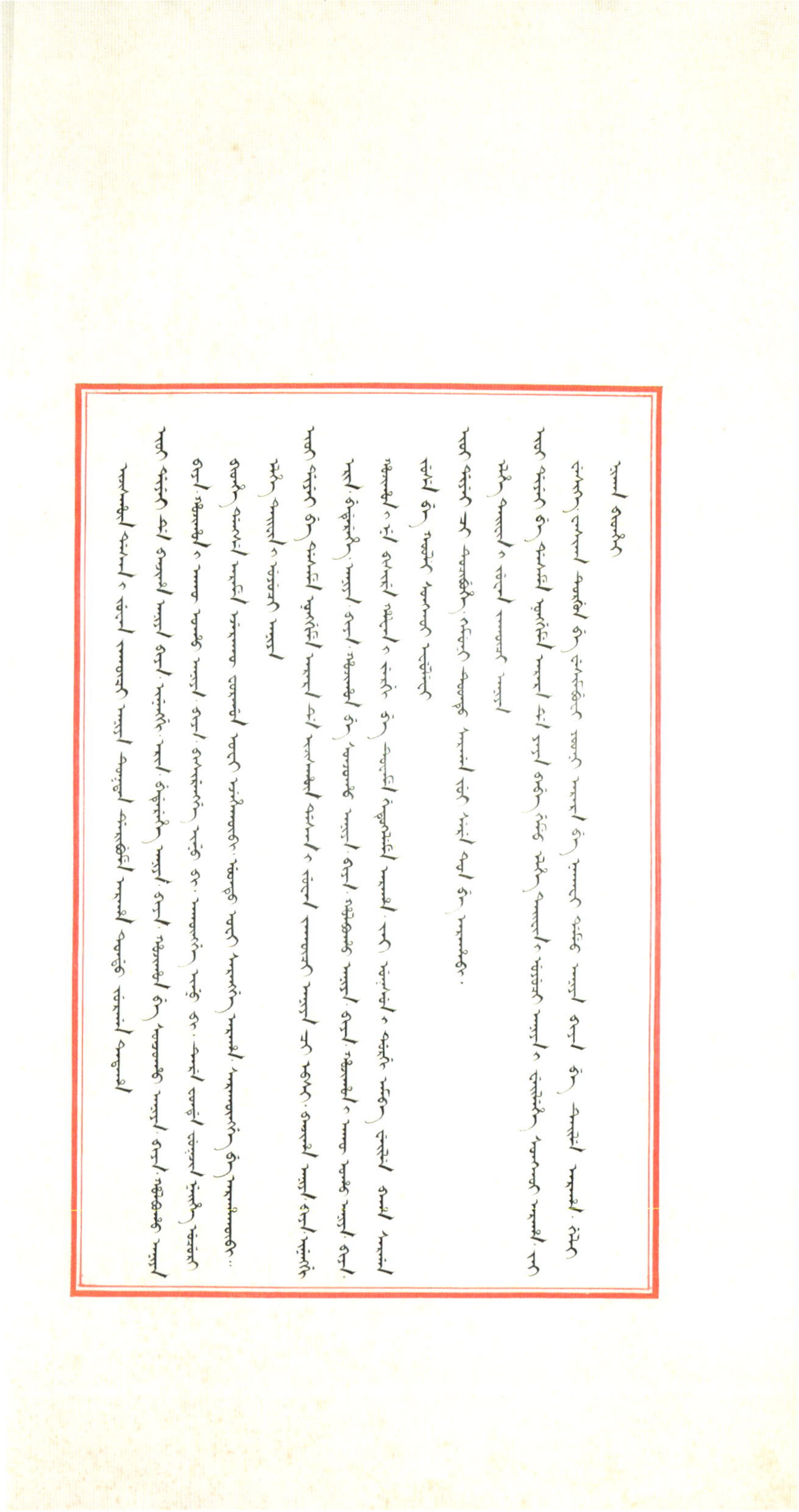

21004　列祖女孫宗室竪格玉牒一卷　清雍正二年（1724）玉牒館寫本

滿文　遼寧省檔案館

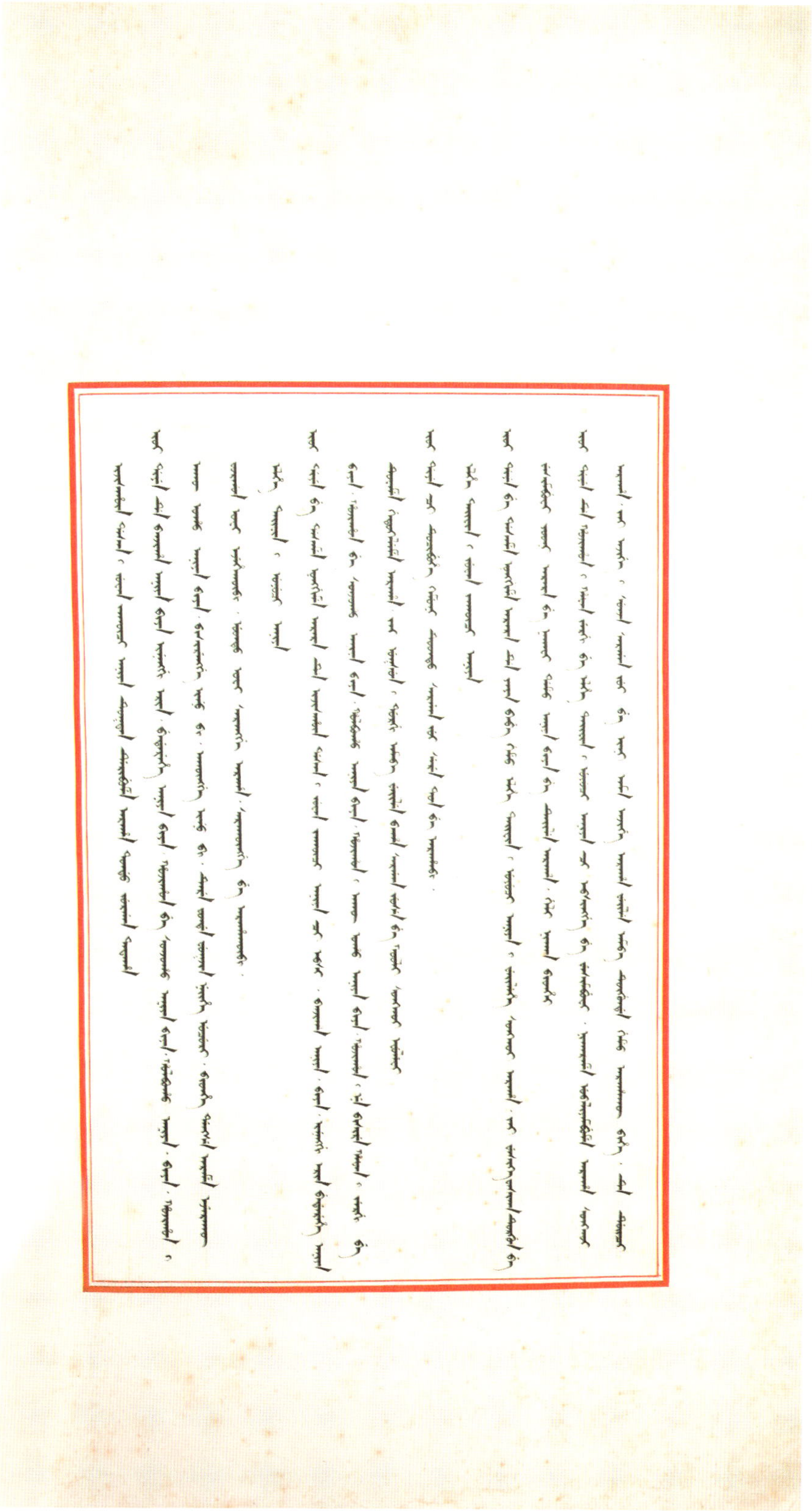

21005　列祖女孫宗室竪格玉牒一卷　清雍正十一年（1733）玉牒館寫本　滿文　遼寧省檔案館

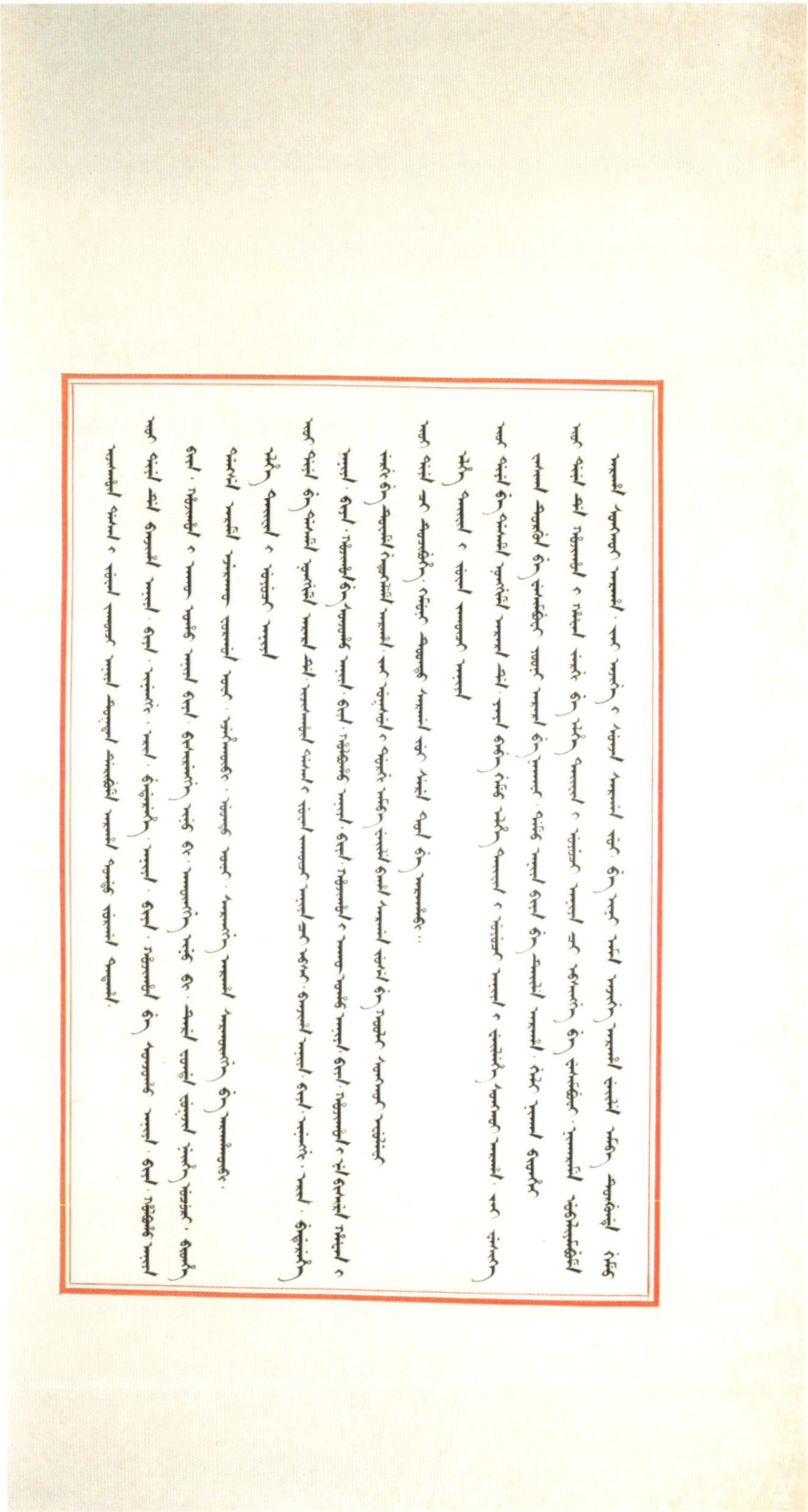

21006　列祖女孫宗室豎格玉牒一卷　清乾隆七年（1742）玉牒館寫本

滿文　遼寧省檔案館

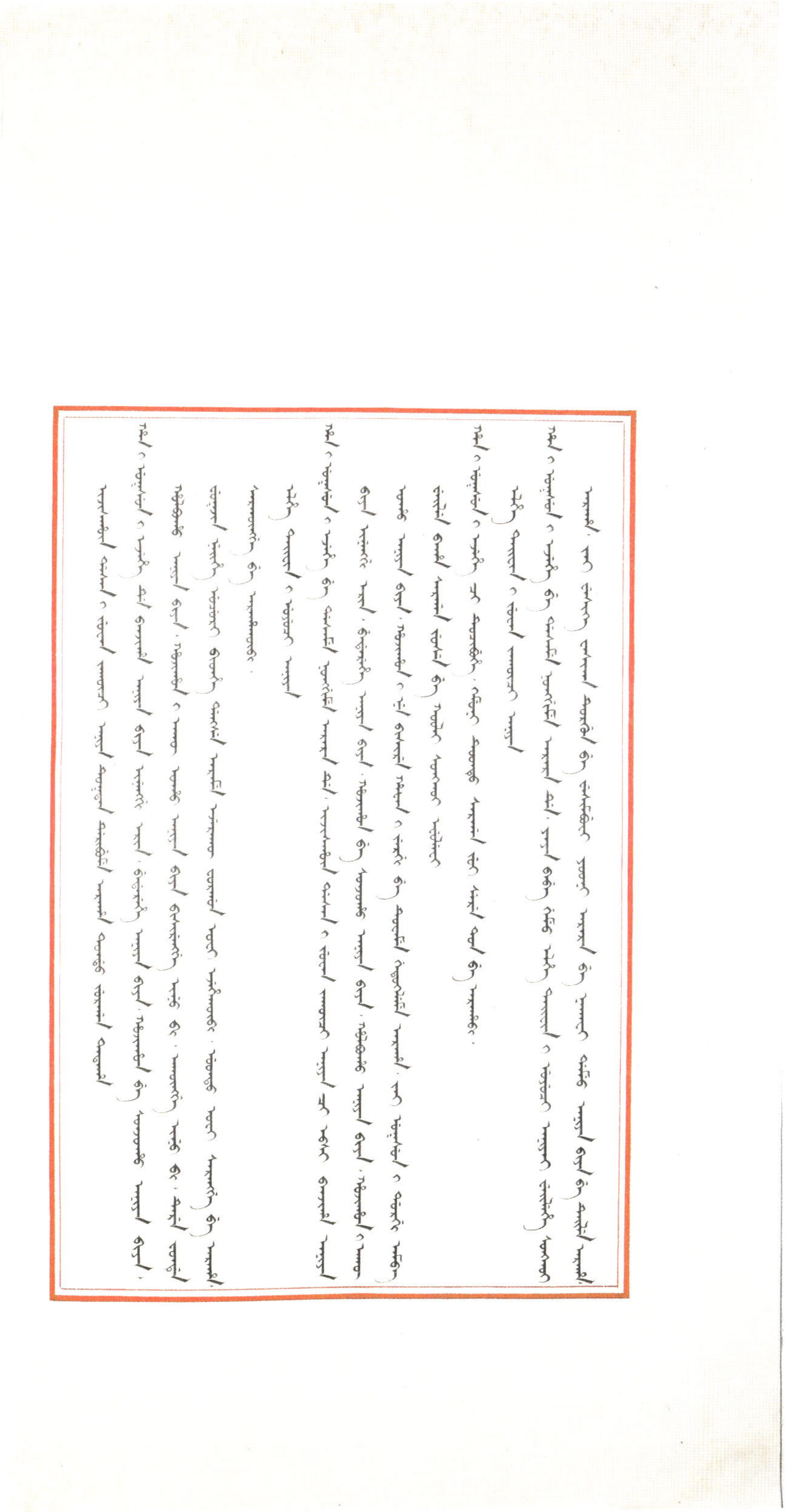

21007　列祖女孫宗室豎格玉牒一卷　清乾隆十四年（1749）玉牒館寫本　滿文　遼寧省檔案館

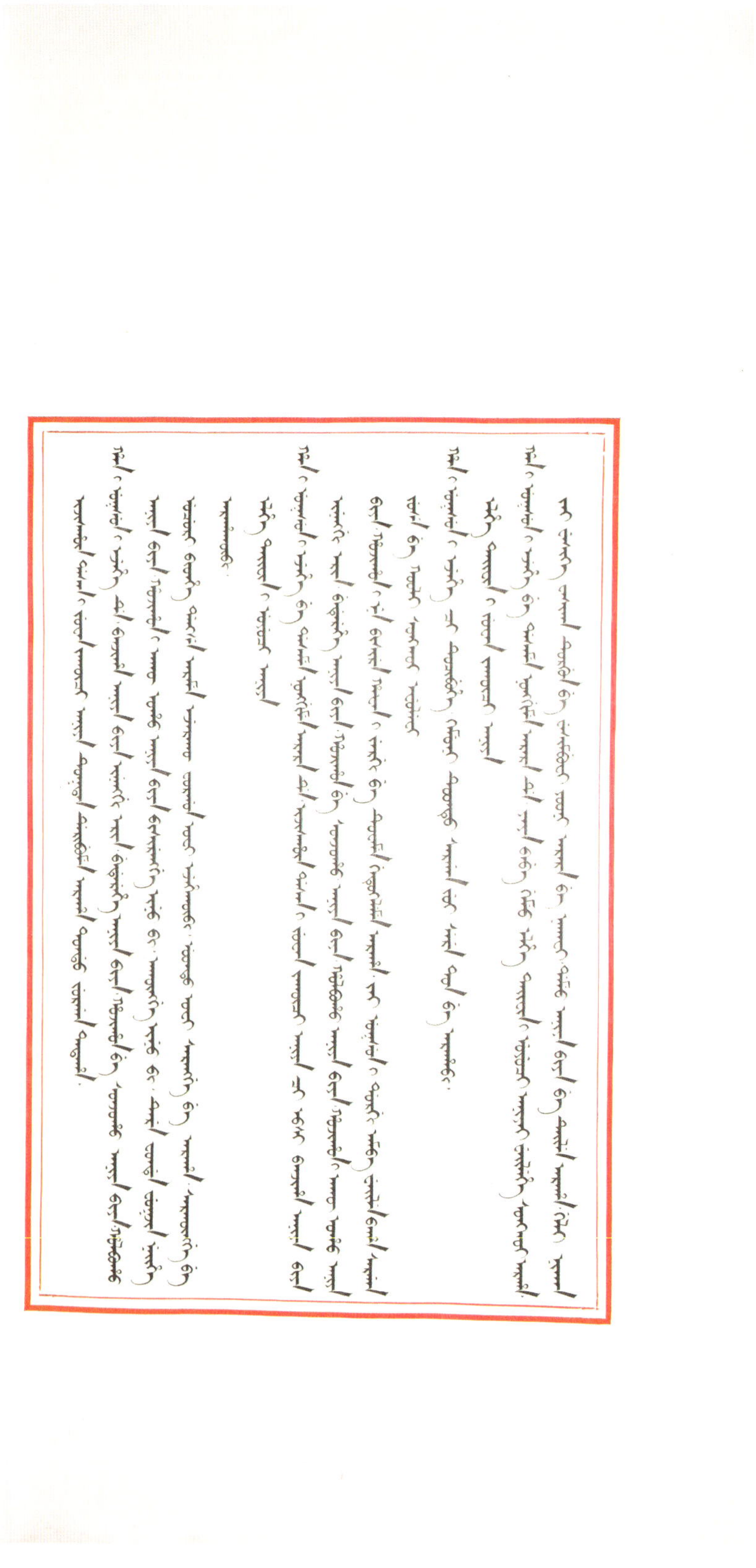

21008　列祖女孫宗室豎格玉牒一卷　清乾隆二十五年（1760）玉牒館寫本　滿文　遼寧省檔案館

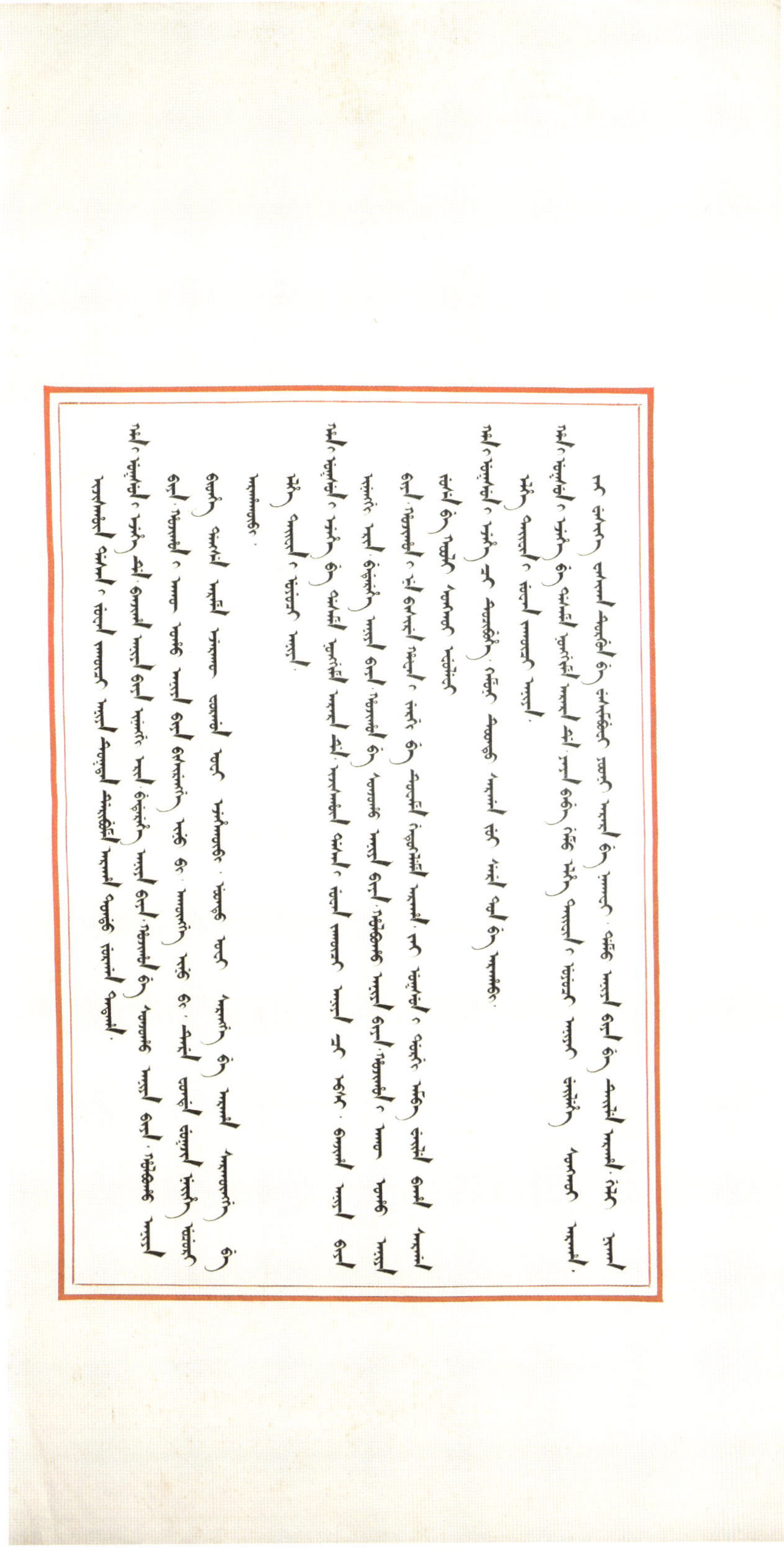

21009　列祖女孫宗室豎格玉牒一卷　清乾隆三十三年（1768）玉牒館寫本　滿文　遼寧省檔案館

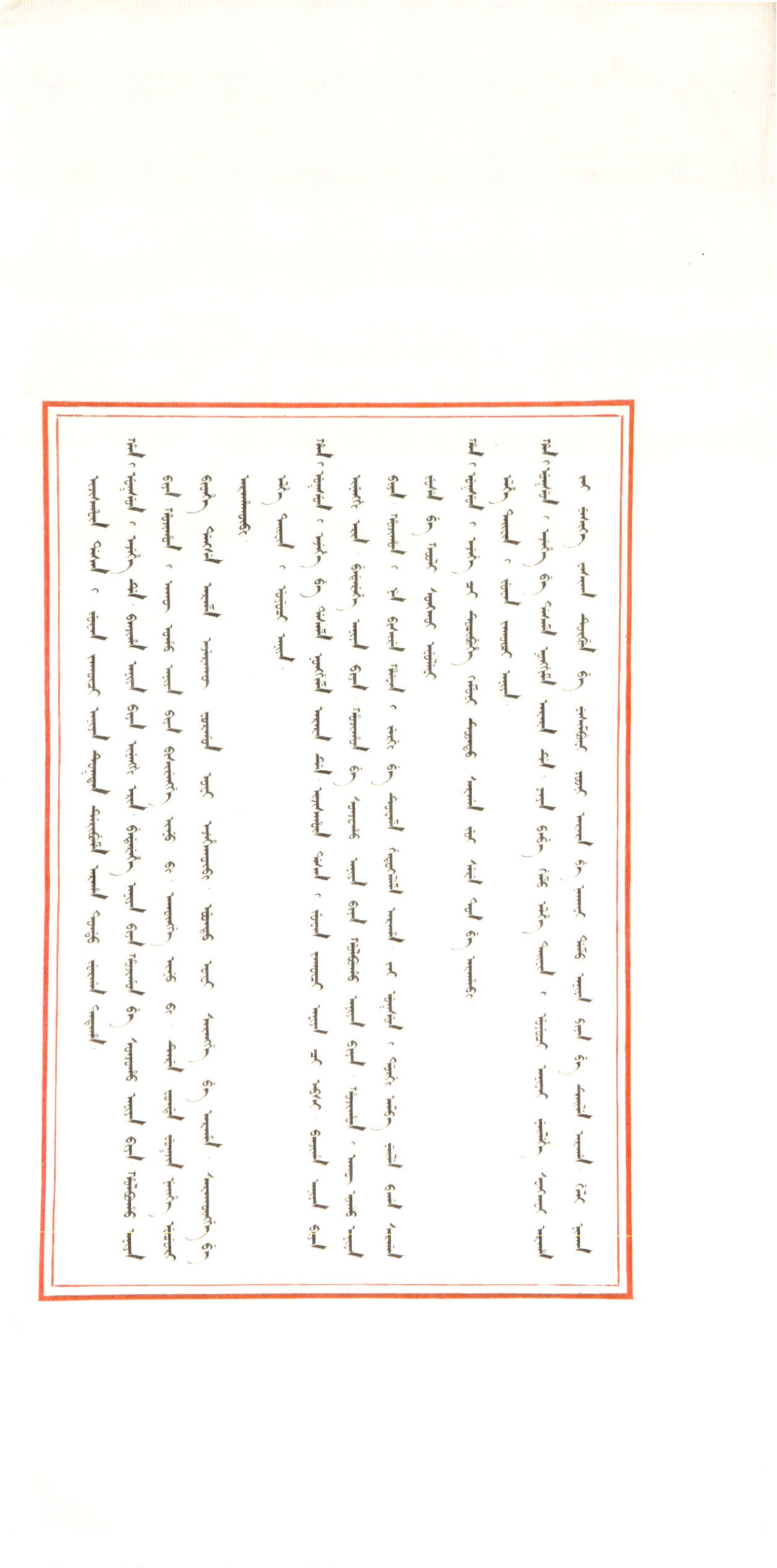

21010　列祖女孫宗室竪格玉牒一卷　清乾隆四十三年（1778）玉牒館寫本　滿文　遼寧省檔案館

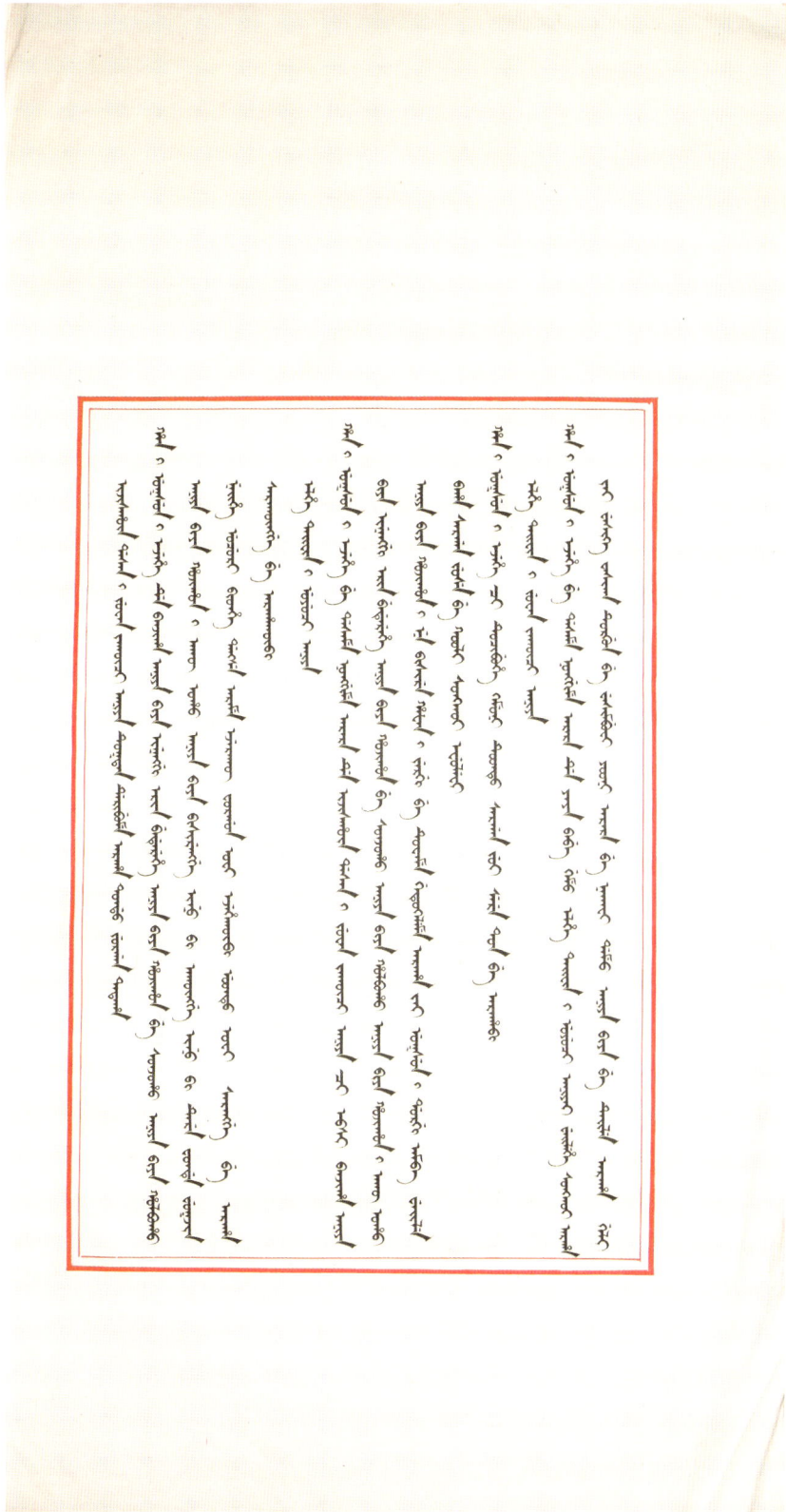

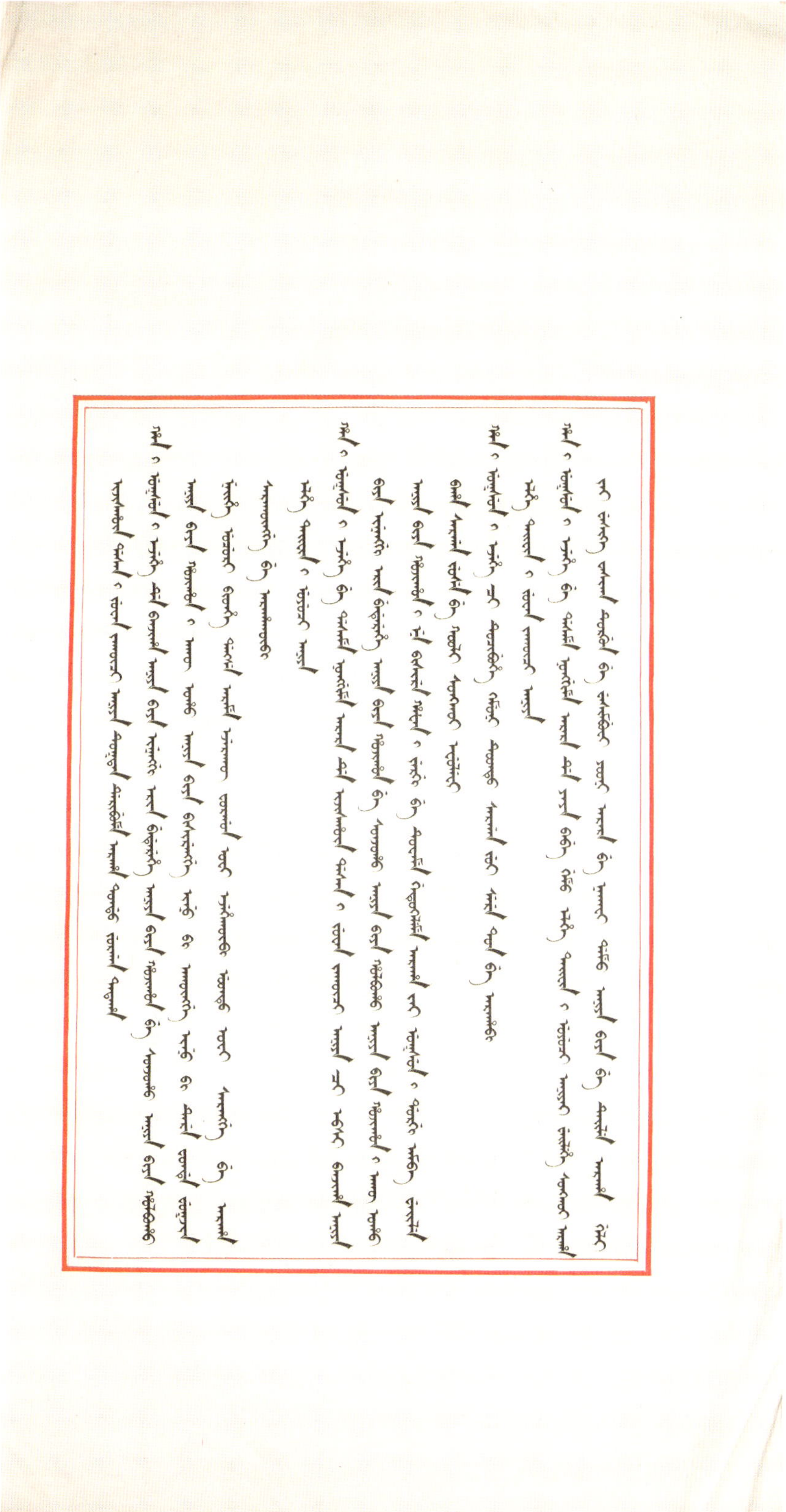

21011　列祖女孫宗室豎格玉牒一卷　清乾隆五十三年（1788）玉牒館寫本　滿文　遼寧省檔案館

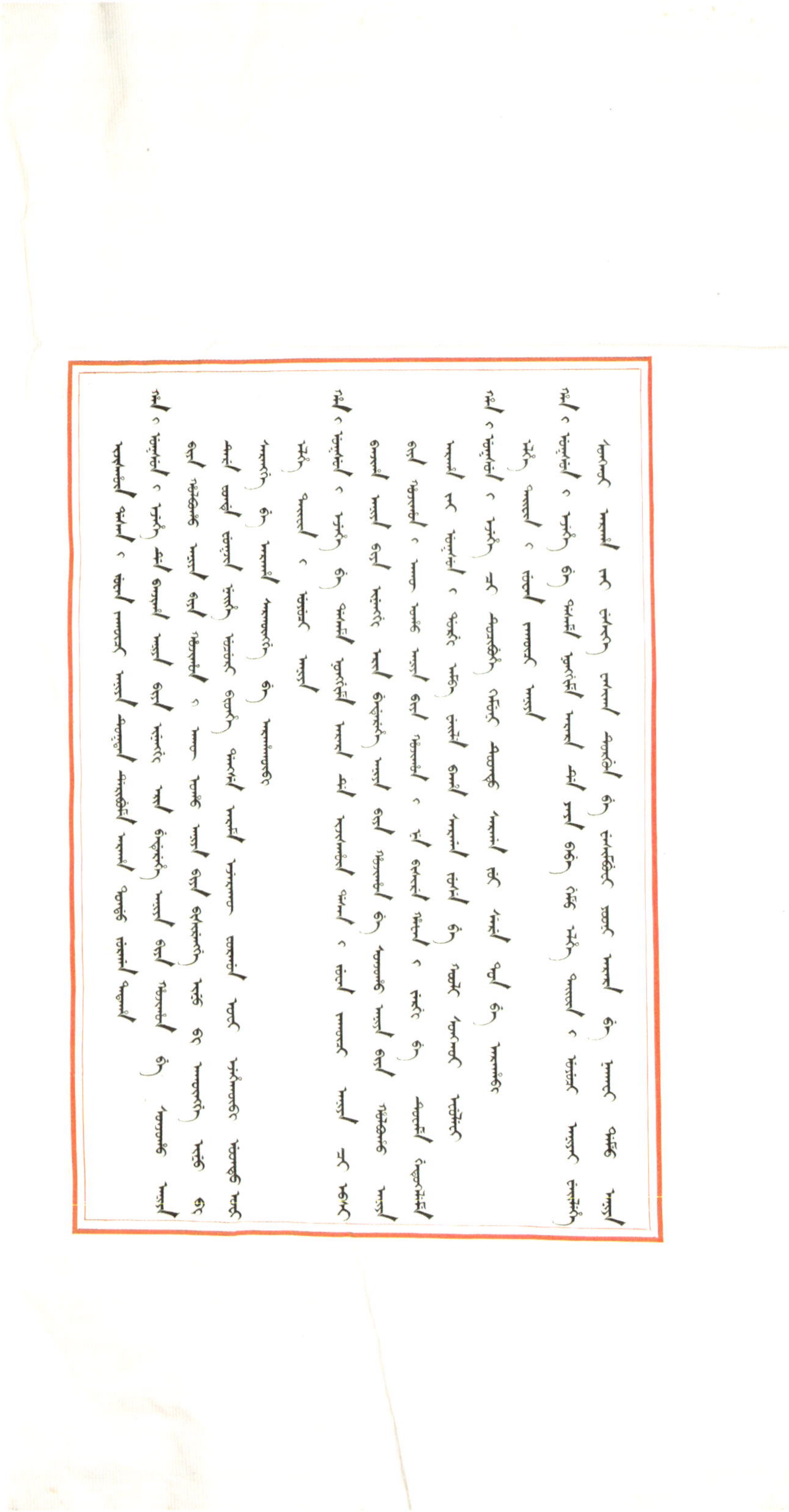

21012　列祖女孫宗室竪格玉牒一卷　清嘉慶三年（1798）玉牒館寫本

滿文　遼寧省檔案館

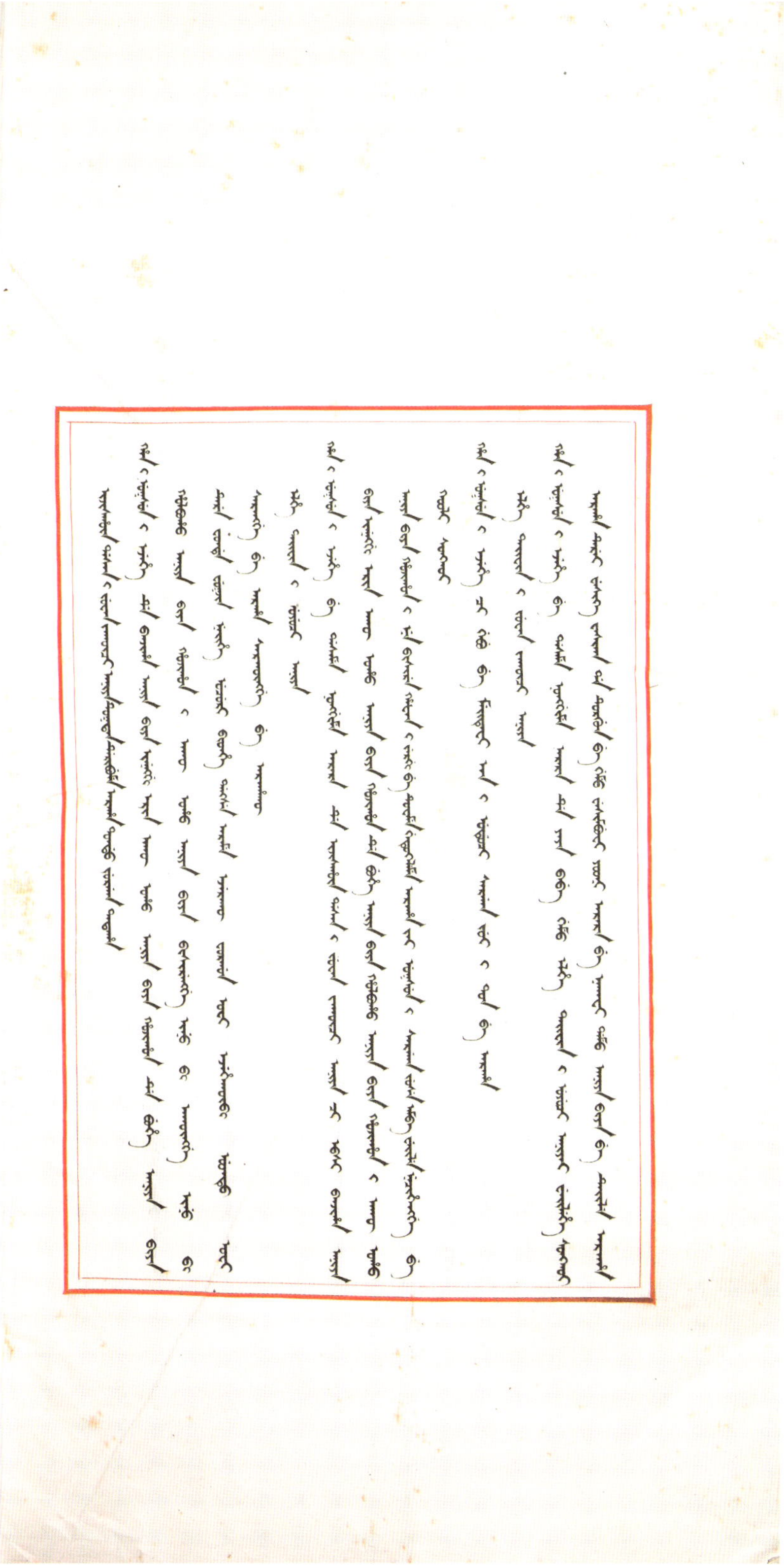

21013　列祖女孫宗室豎格玉牒一卷　清嘉慶十二年（1807）玉牒館寫本　滿文　遼寧省檔案館

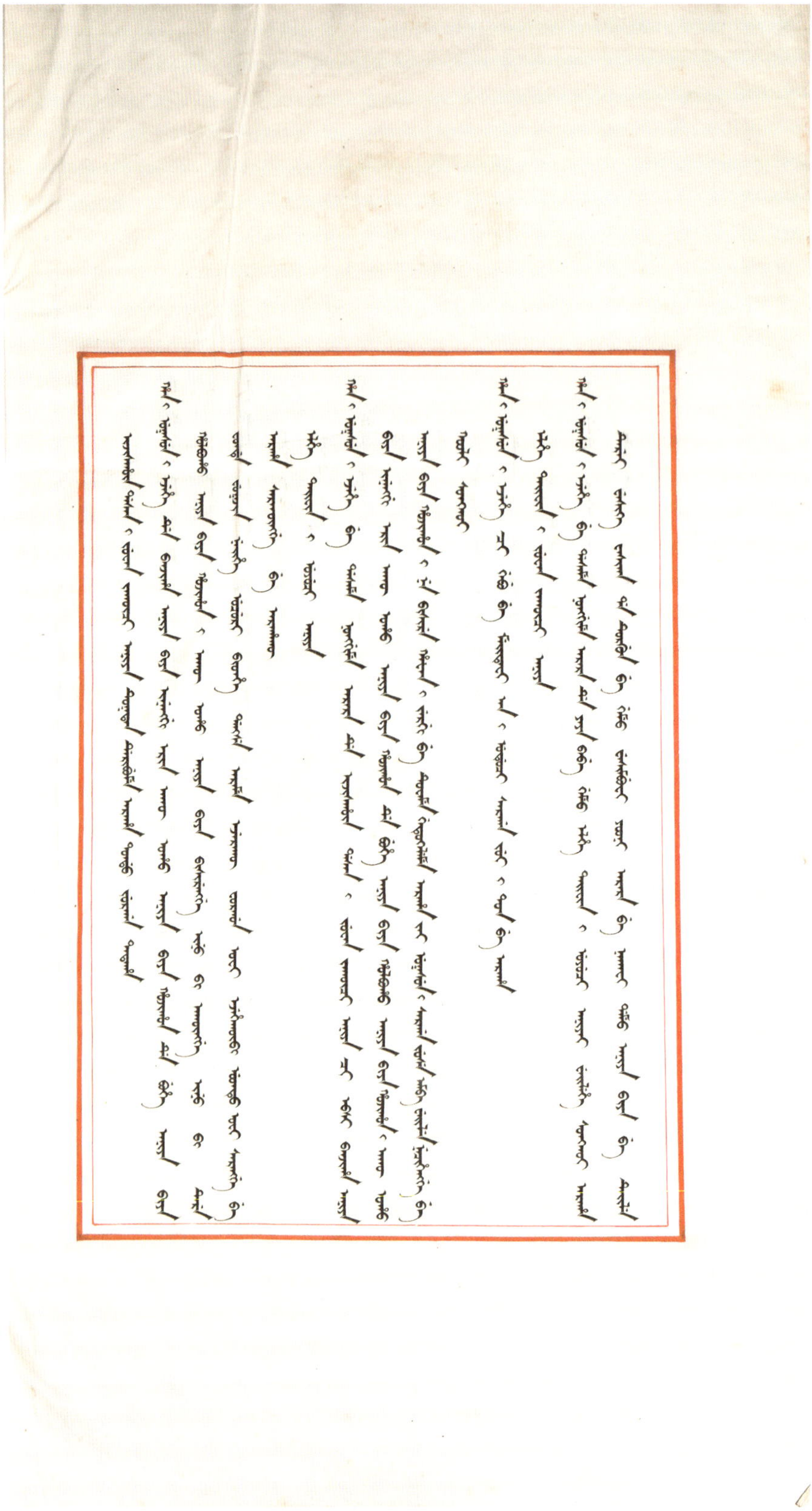

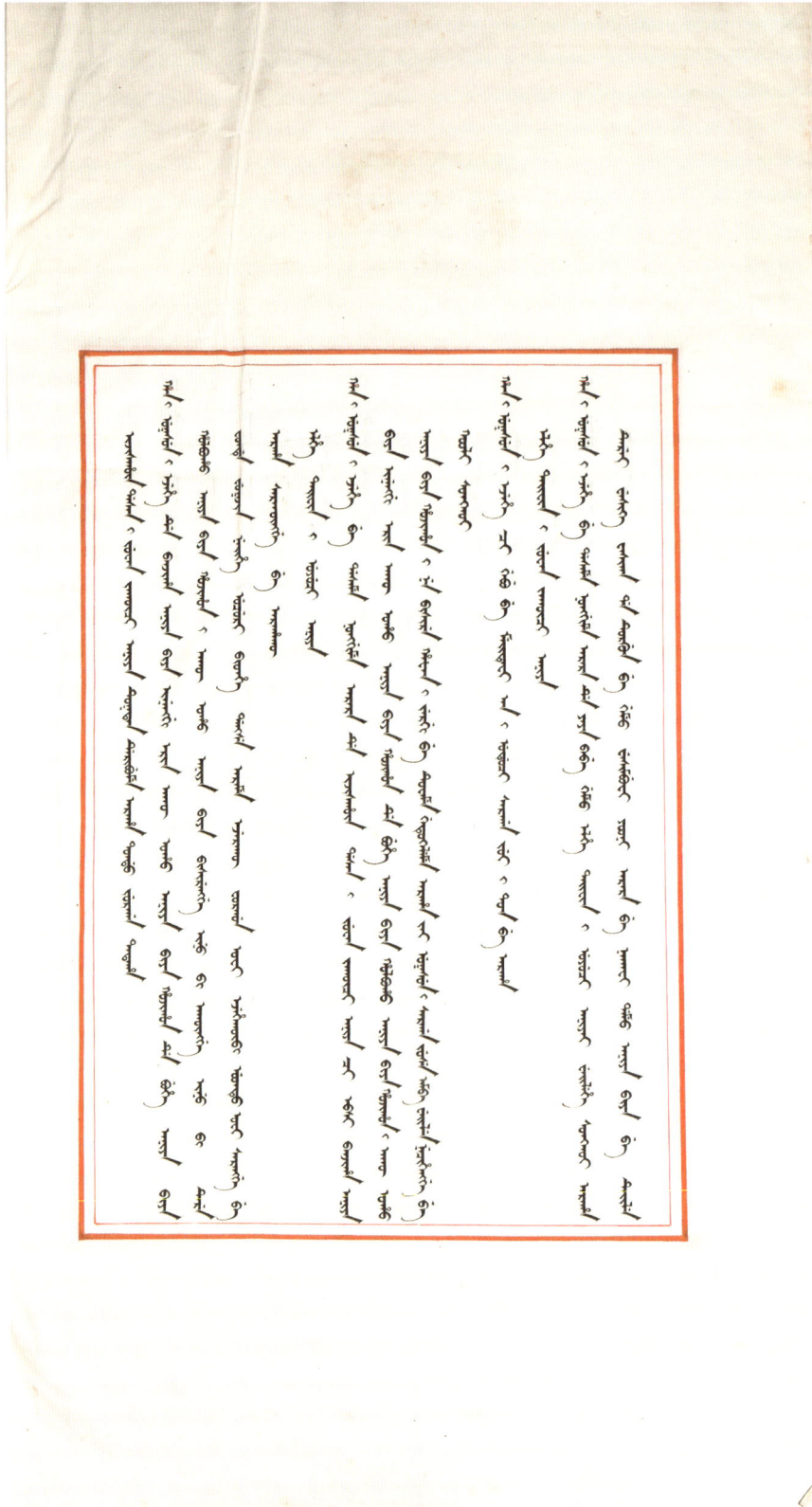

21014　列祖女孫宗室竪格玉牒一卷　清嘉慶二十三年（1818）玉牒館寫本　滿文　遼寧省檔案館

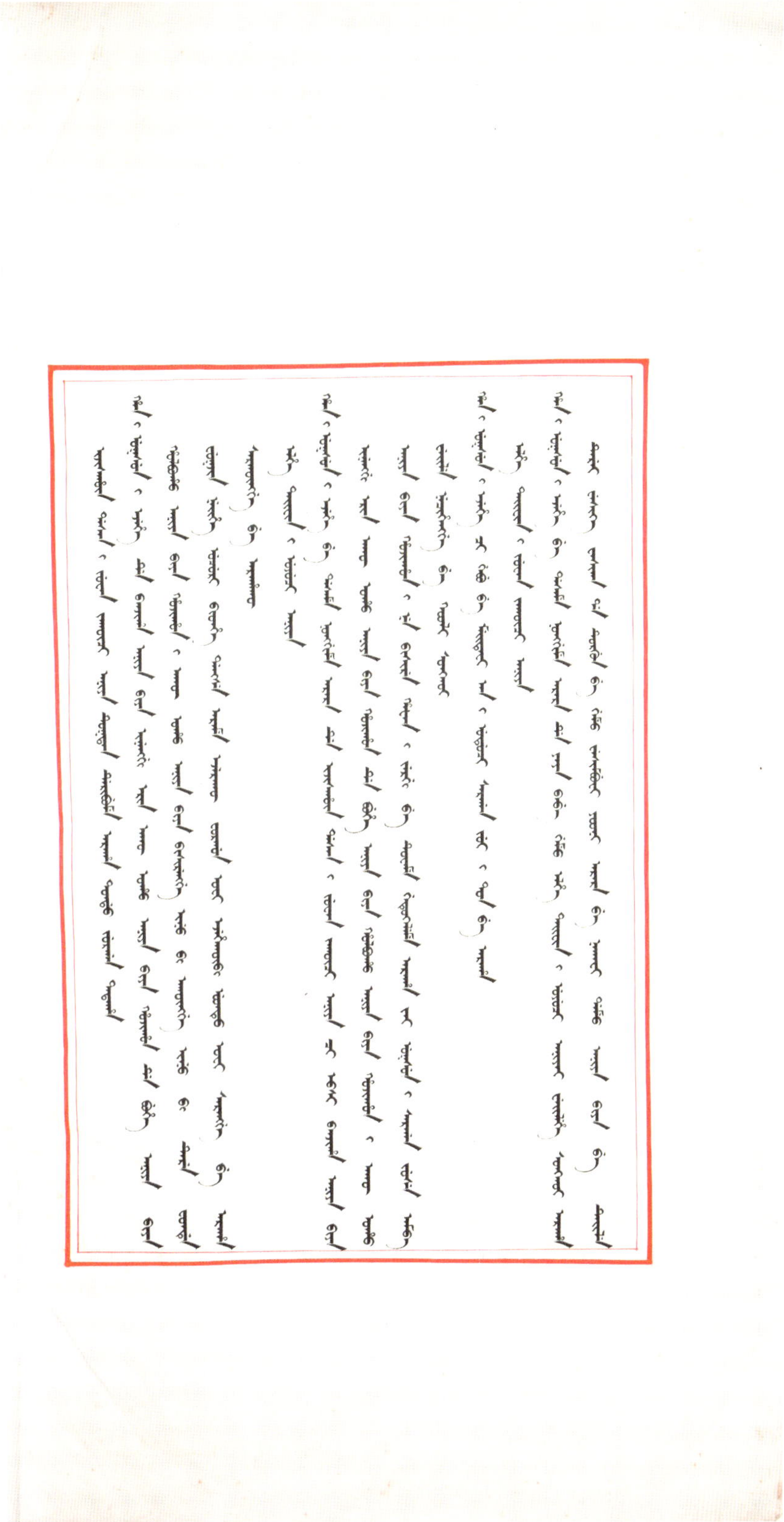

21015　列祖女孫宗室竪格玉牒一卷　清道光八年（1828）玉牒館寫本

滿文　遼寧省檔案館

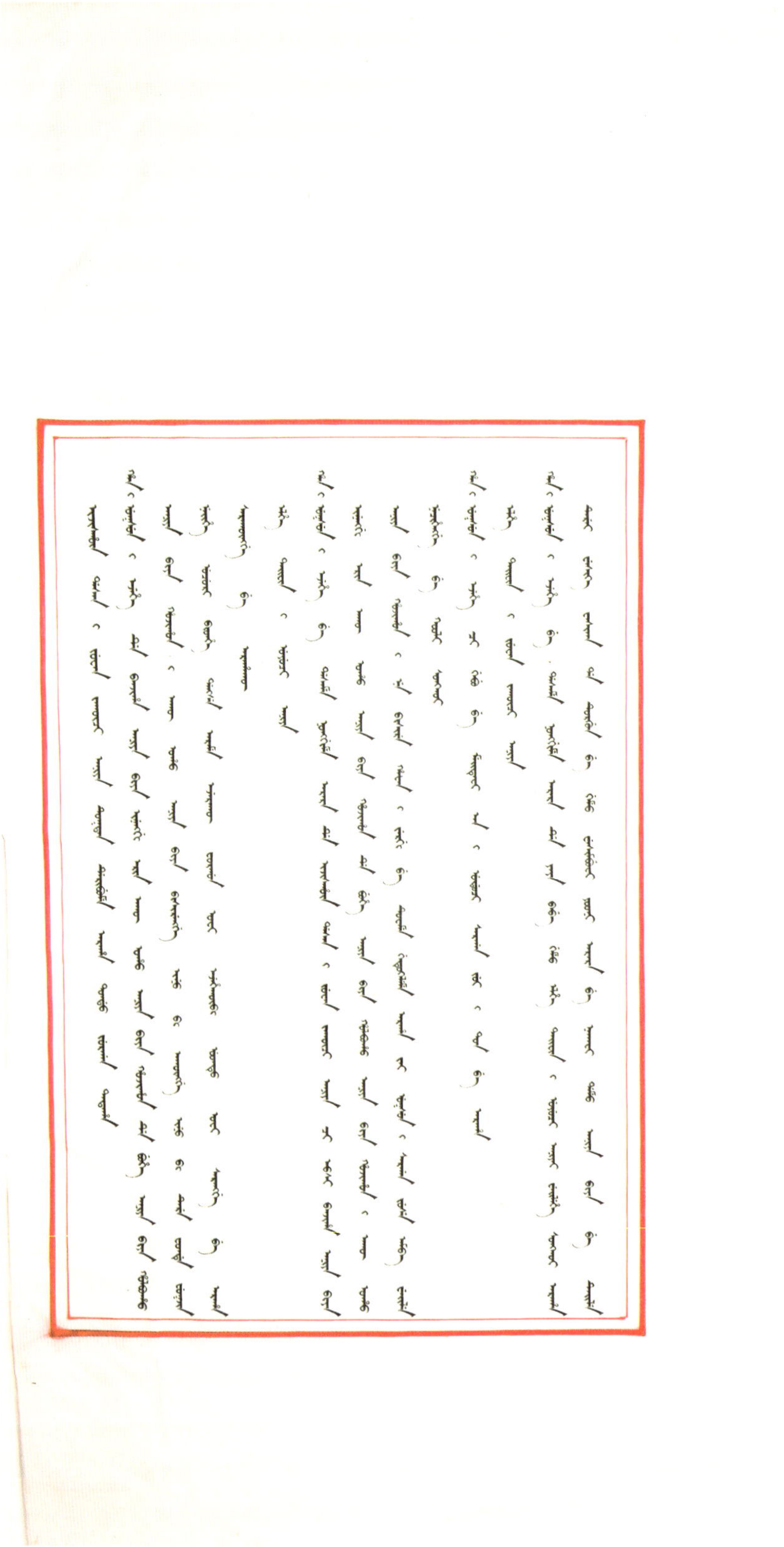

21016　列祖女孫宗室豎格玉牒一卷　清道光十八年（1838）玉牒館寫本　滿文　遼寧省檔案館

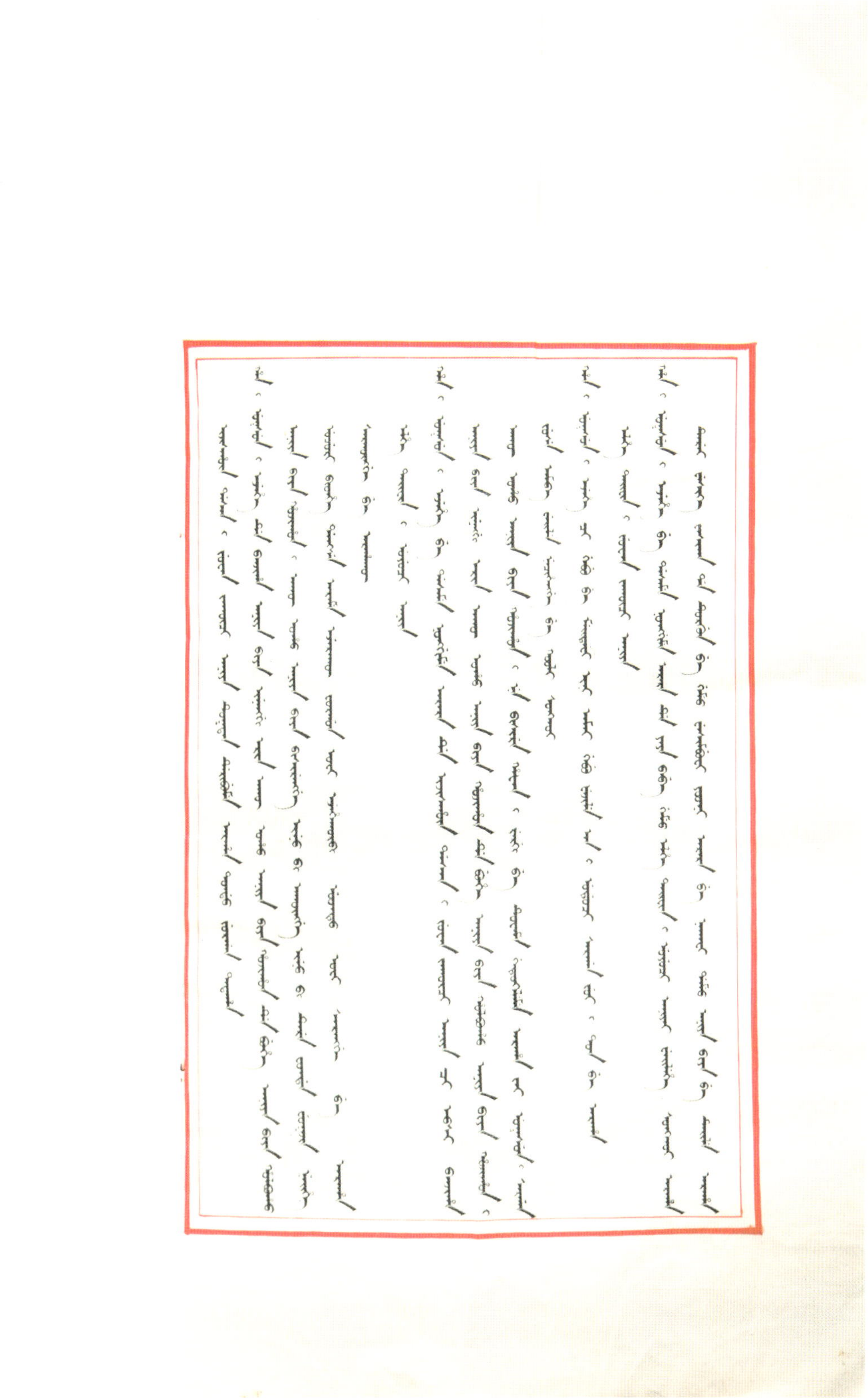

21017　列祖女孫宗室豎格玉牒一卷　清道光二十八年（1848）玉牒館寫本　滿文　遼寧省檔案館

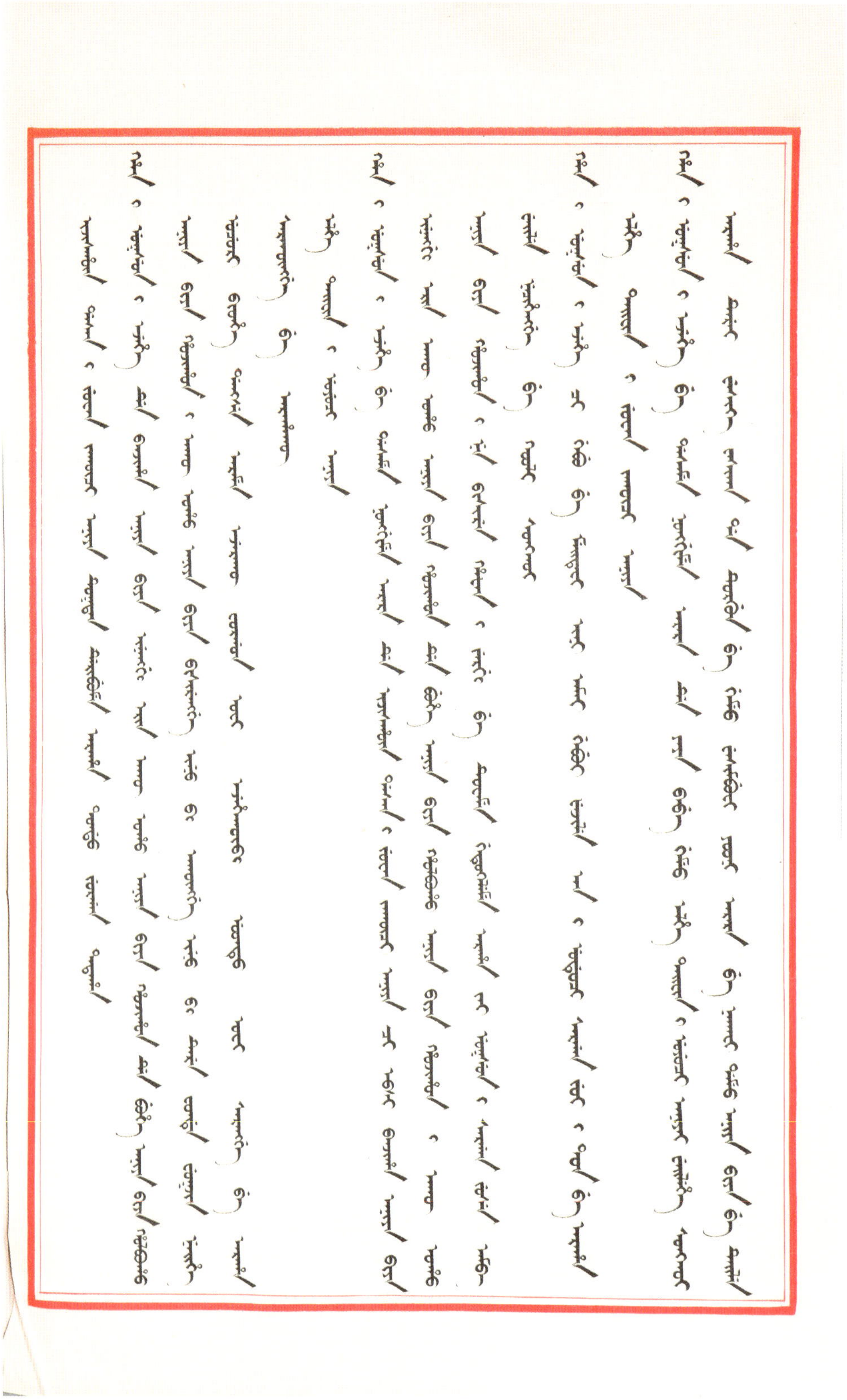

21018　列祖女孫宗室竪格玉牒一卷　清咸豐八年（1858）玉牒館寫本

滿文　遼寧省檔案館

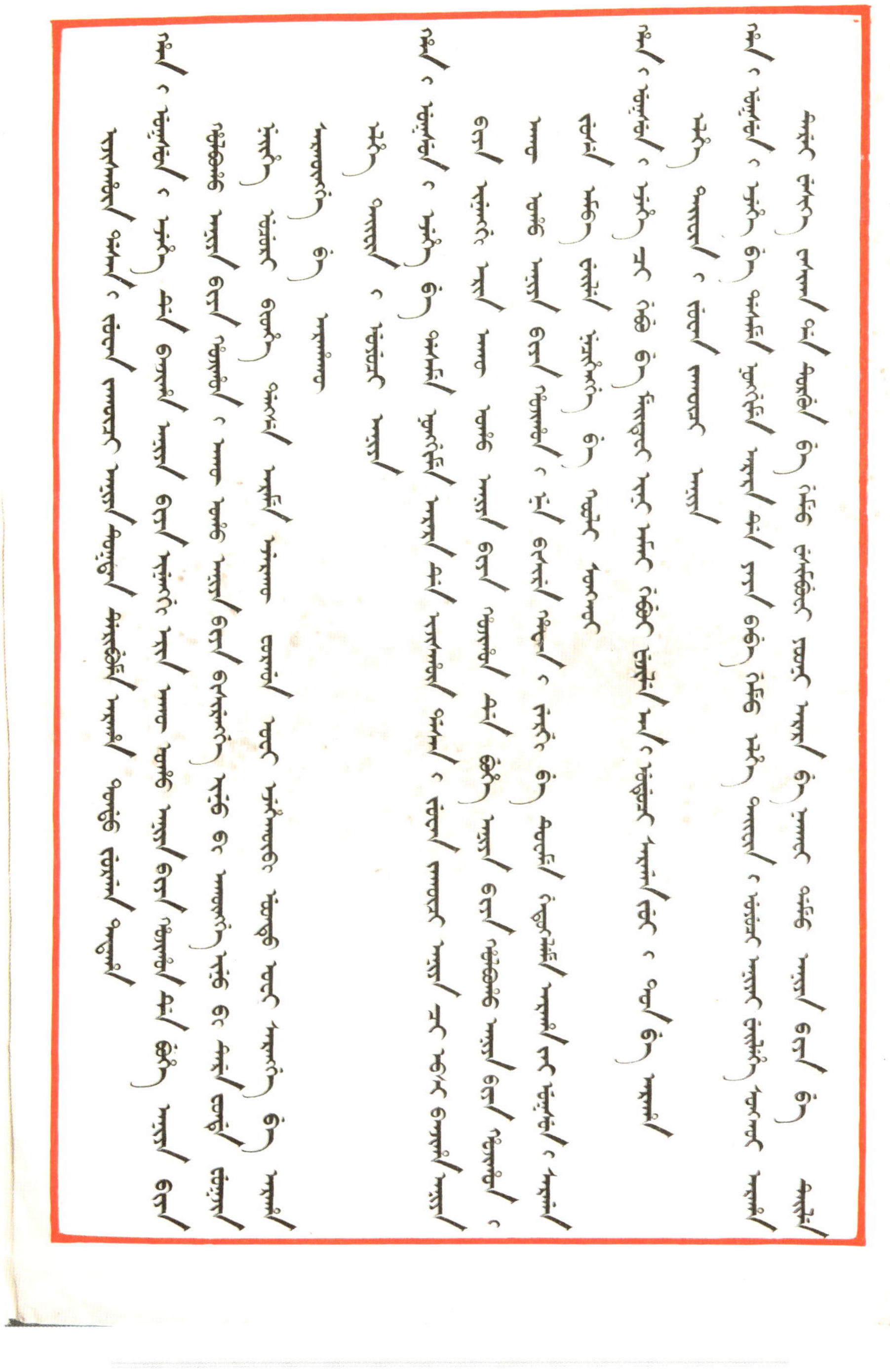

21019　列祖女孫宗室竪格玉牒一卷　清同治六年（1867）玉牒館寫本

滿文　遼寧省檔案館

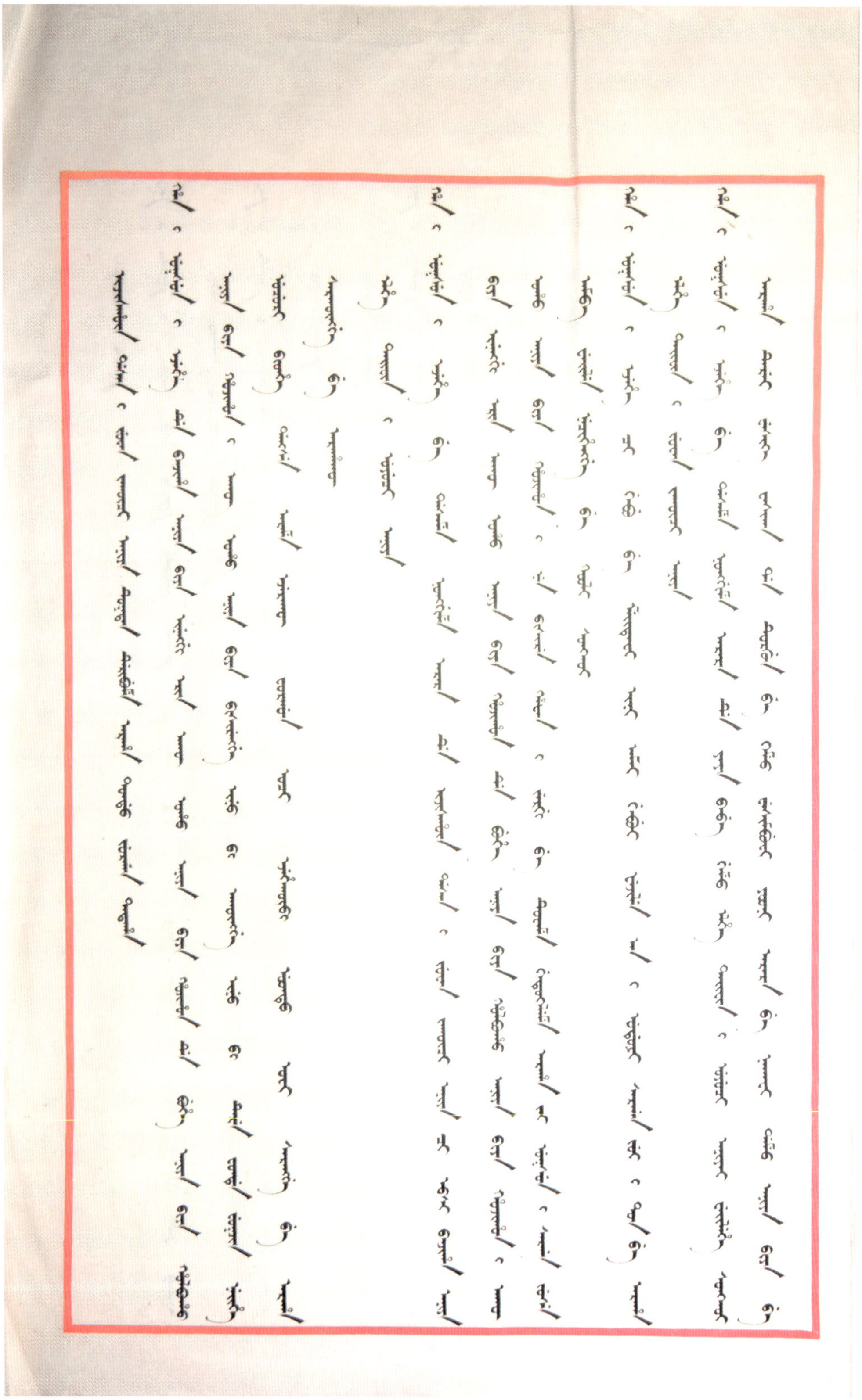

21020　列祖女孫宗室豎格玉牒一卷　清光緒三年（1877）玉牒館寫本
滿文　遼寧省檔案館

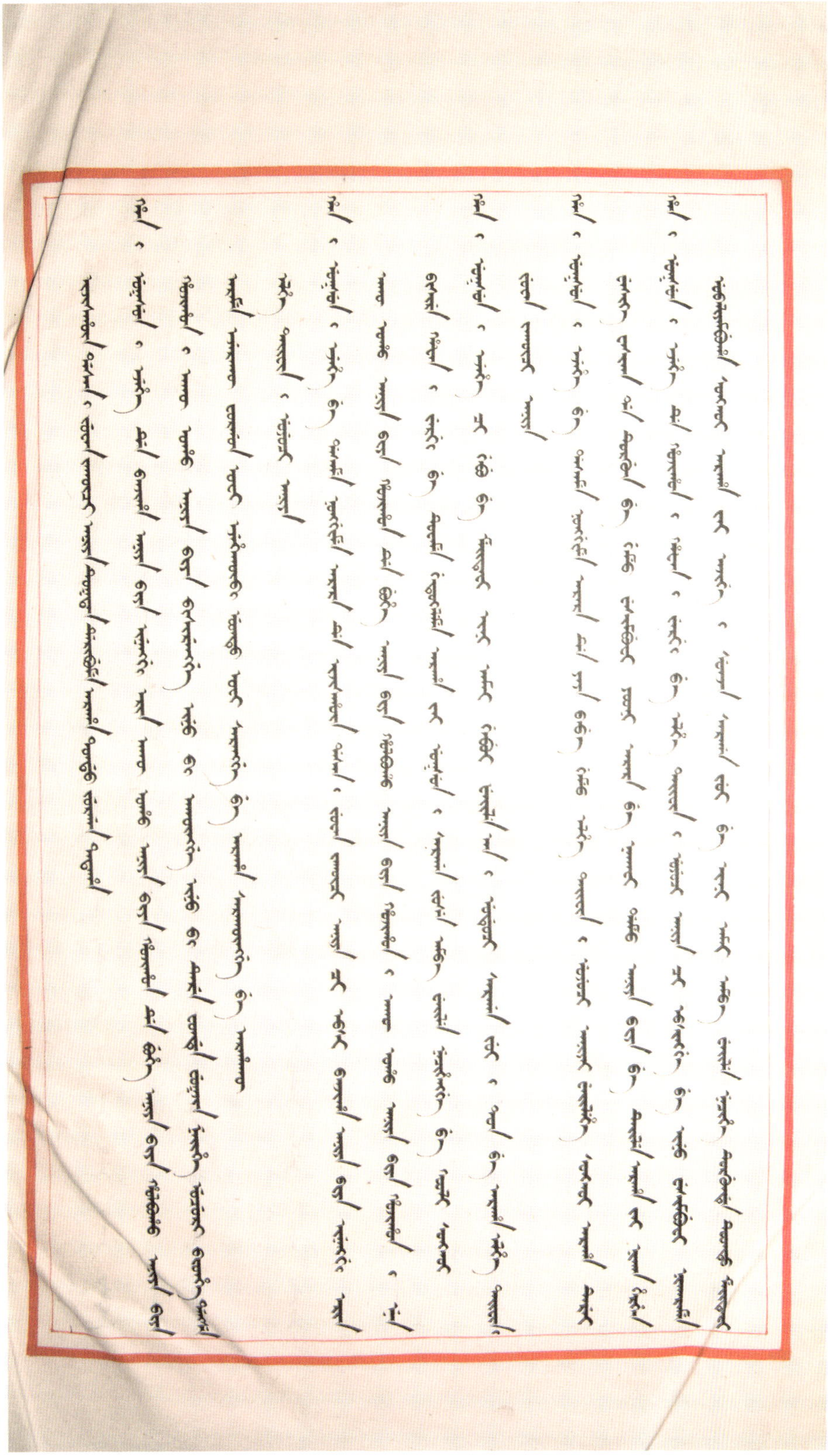

21021　列祖女孫宗室豎格玉牒一卷　清光緒十三年（1887）玉牒館寫本　滿文　遼寧省檔案館

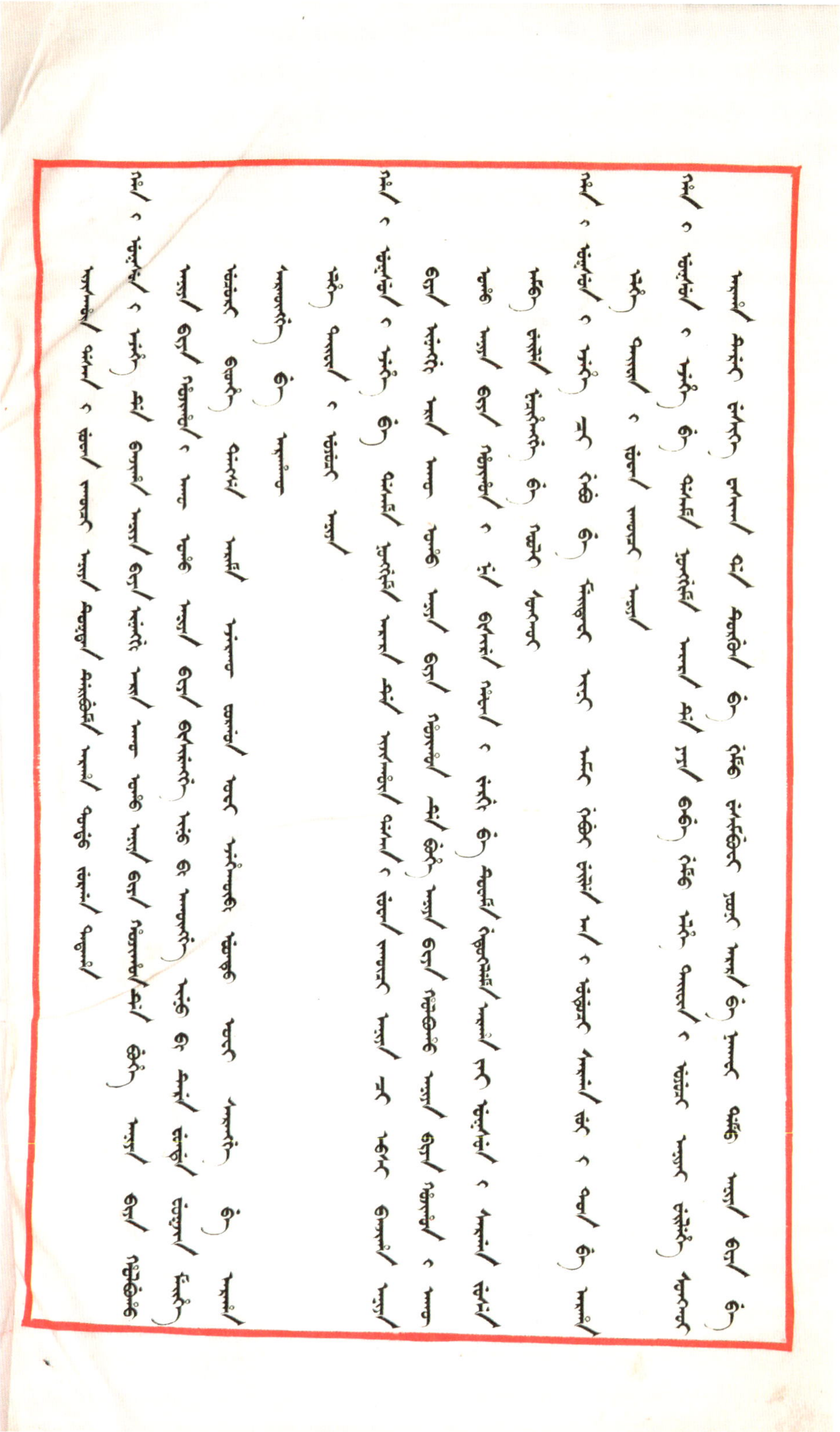

21022　列祖女孫宗室竪格玉牒一卷　清光緒二十三年（1897）玉牒館寫本　滿文　遼寧省檔案館

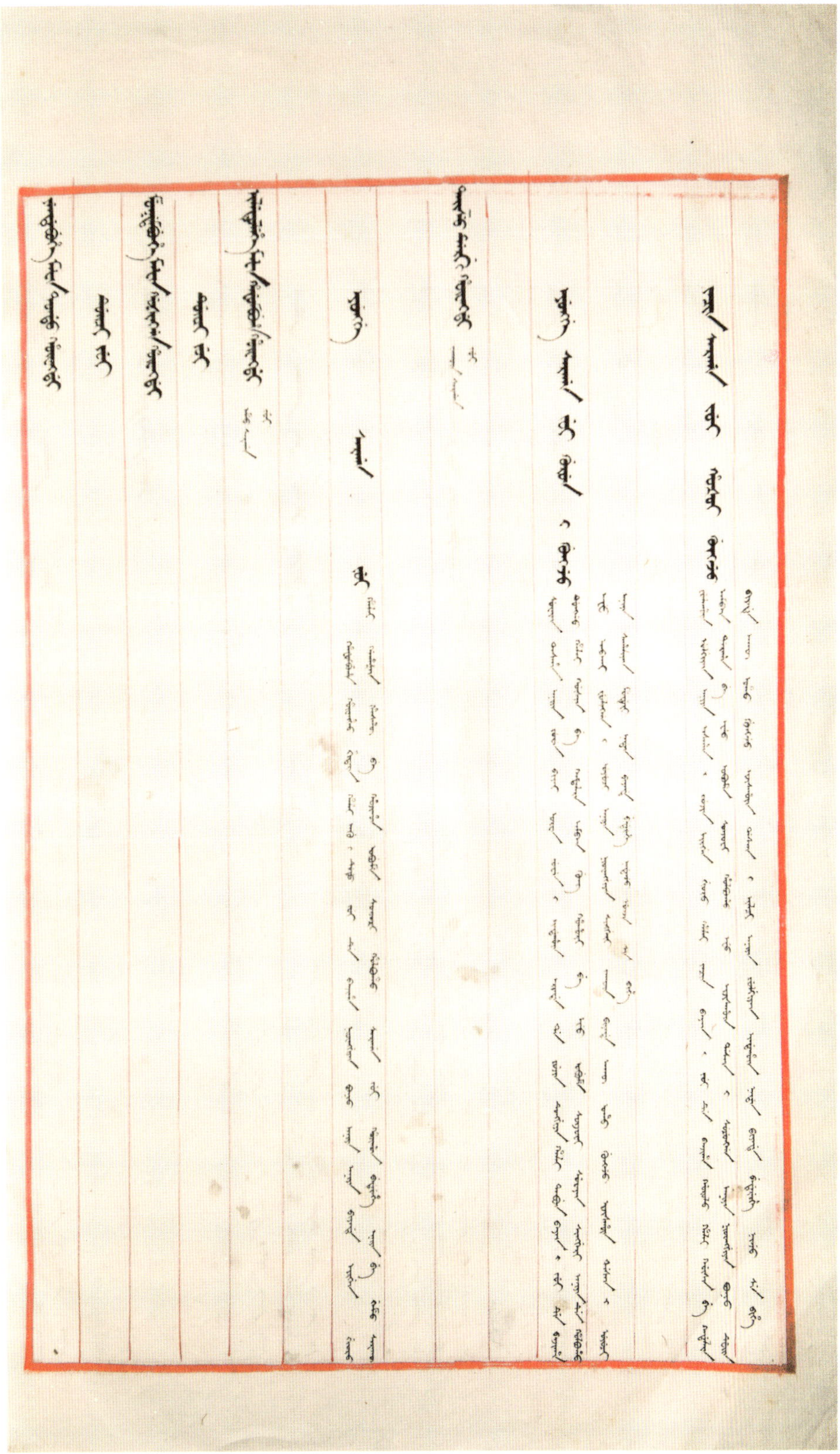

21023　列祖女孫宗室竪格玉牒一卷　清光緒三十三年（1907）玉牒館寫本　滿文　遼寧省檔案館

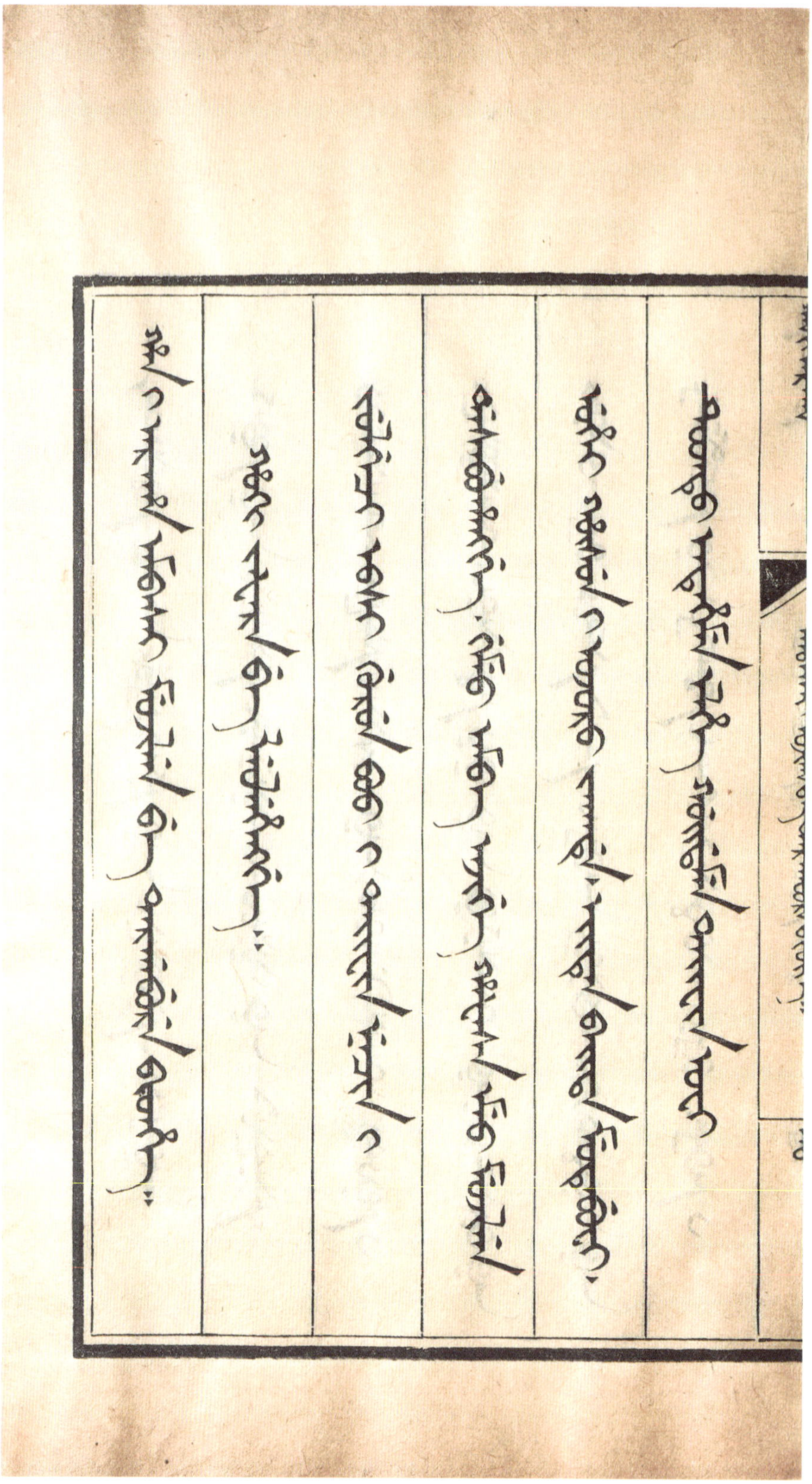

21024　御製人臣儆心錄不分卷　（清）世祖福臨撰　清順治十二年（1655）內府刻本　滿文　遼寧省圖書館

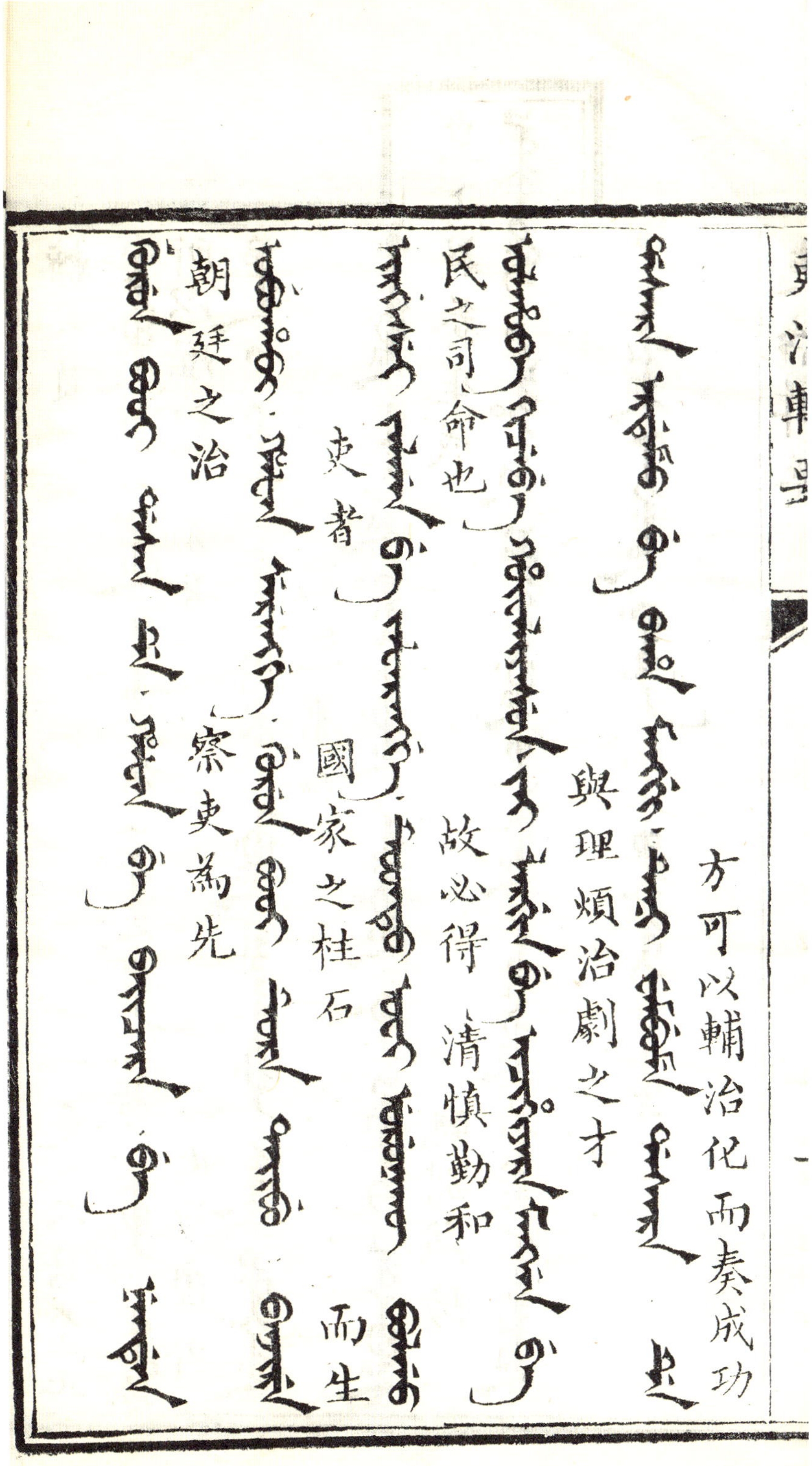
吏治輯要
方可以輔治化而奏成功
與理煩治劇之才
故必得清慎勤和而生
民之司命也
吏者國家之柱石
朝廷之治察吏為先

21025　吏治輯要不分卷　（清）高鶚撰　（清）通瑞譯　清道光二十四年（1844）三槐堂刻本　滿漢合璧　大連圖書館

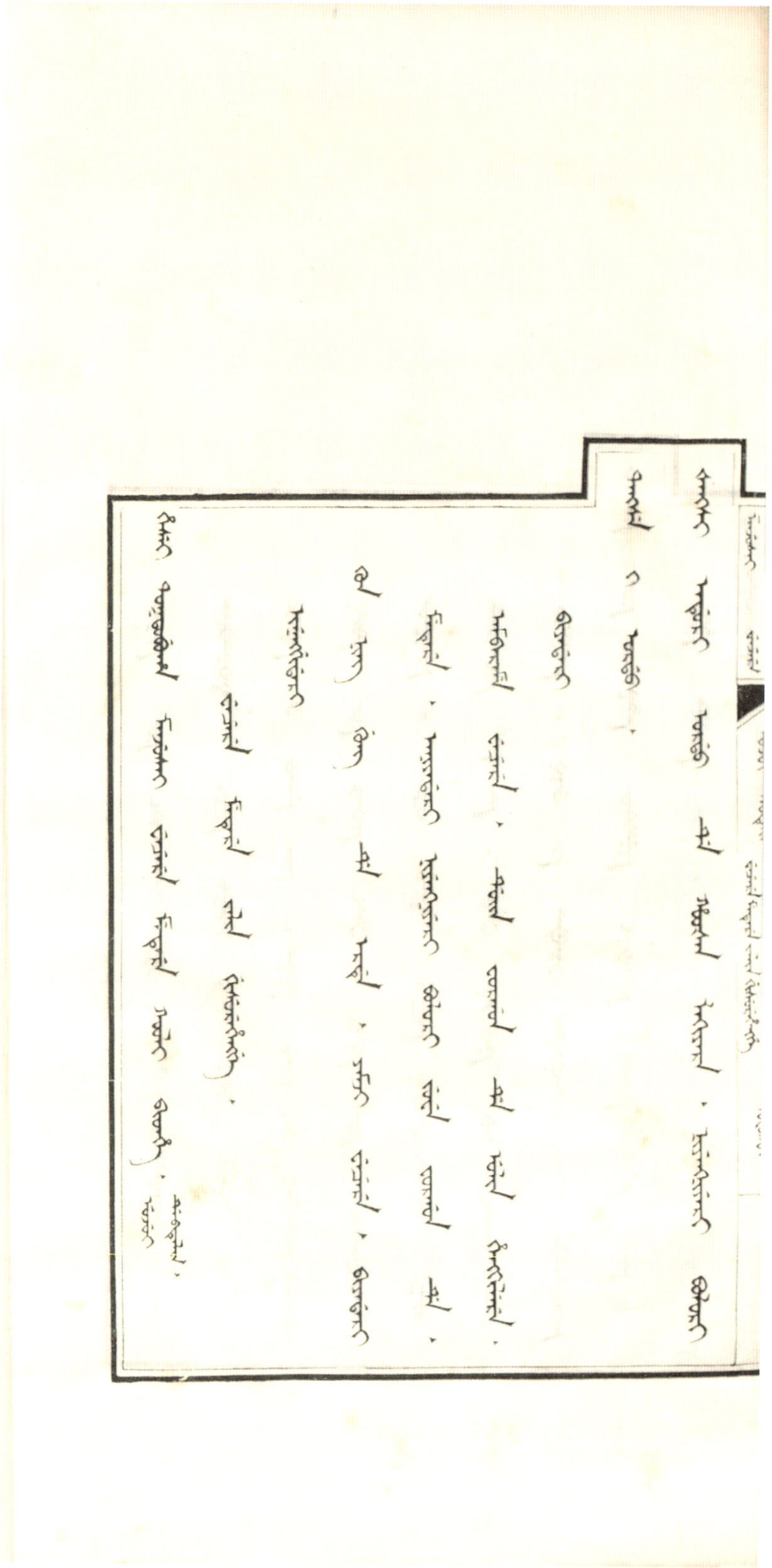

21026　欽定滿洲祭神祭天典禮六卷　（清）允禄等纂　清乾隆十二年（1747）武英殿刻本　滿文　遼寧省圖書館

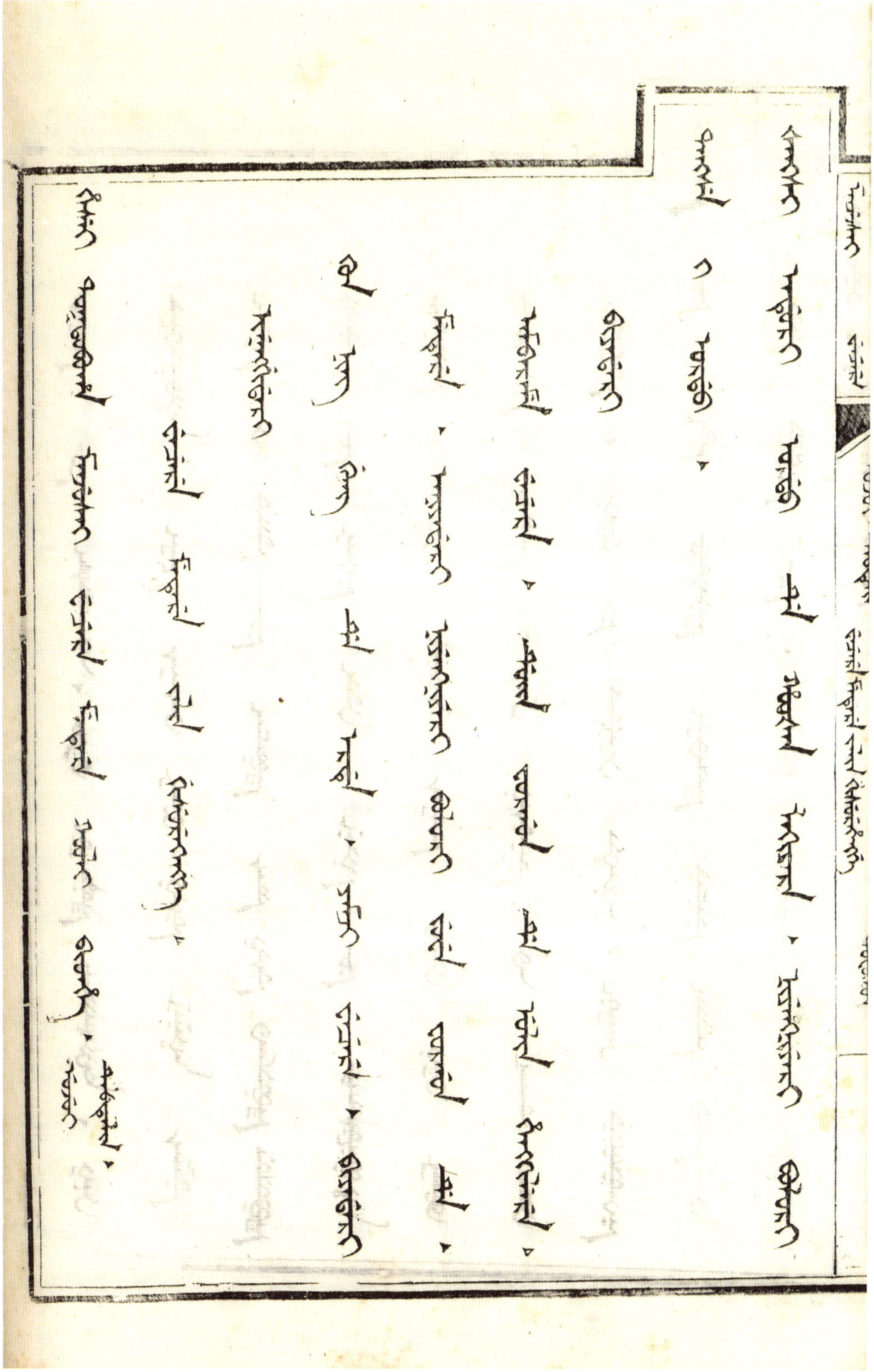

21027　欽定滿洲祭神祭天典禮六卷　（清）允祿等纂　清乾隆十二年（1747）武英殿刻本（有補抄）　滿文　大連圖書館

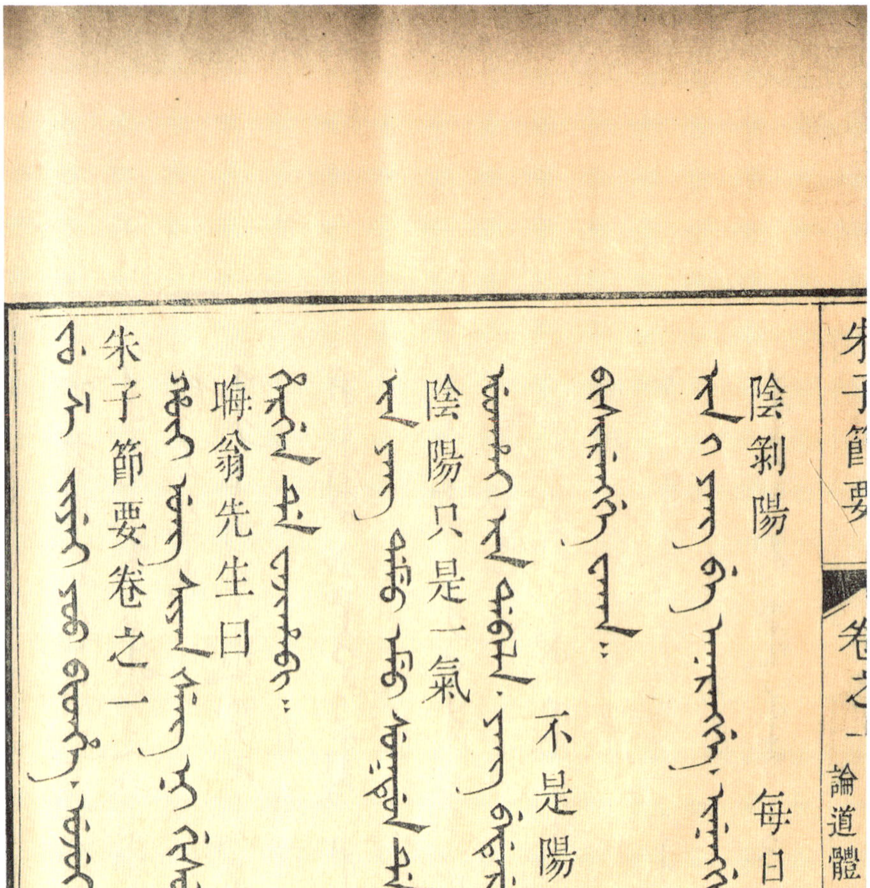
朱子節要 卷之一 論道體 一

陰剝陽 每日剝三十分之一

不是陽退了 又別有箇陰生

陰陽只是一氣 陽消處便是陰

晦翁先生曰 太極只是一箇理字

朱子節要卷之一

21028 朱子節要十四卷 （宋）朱熹撰 （明）高攀龍輯 清康熙十四年（1675）朱之弼刻本 滿漢合璧 遼寧省圖書館

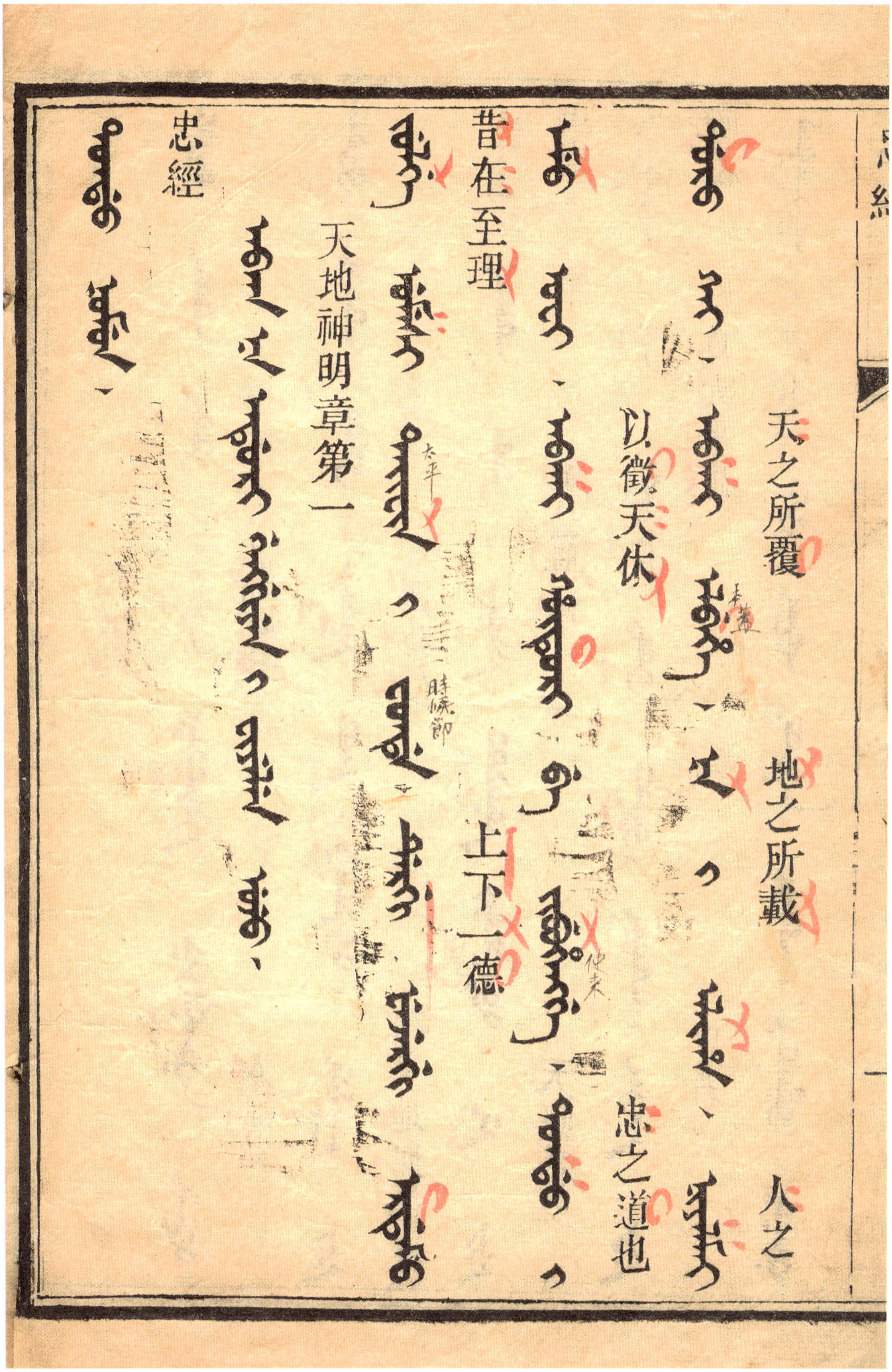

21029　翻譯忠孝二經不分卷　（清）孟保譯　清咸豐元年（1851）刻本
滿漢合璧　大連圖書館

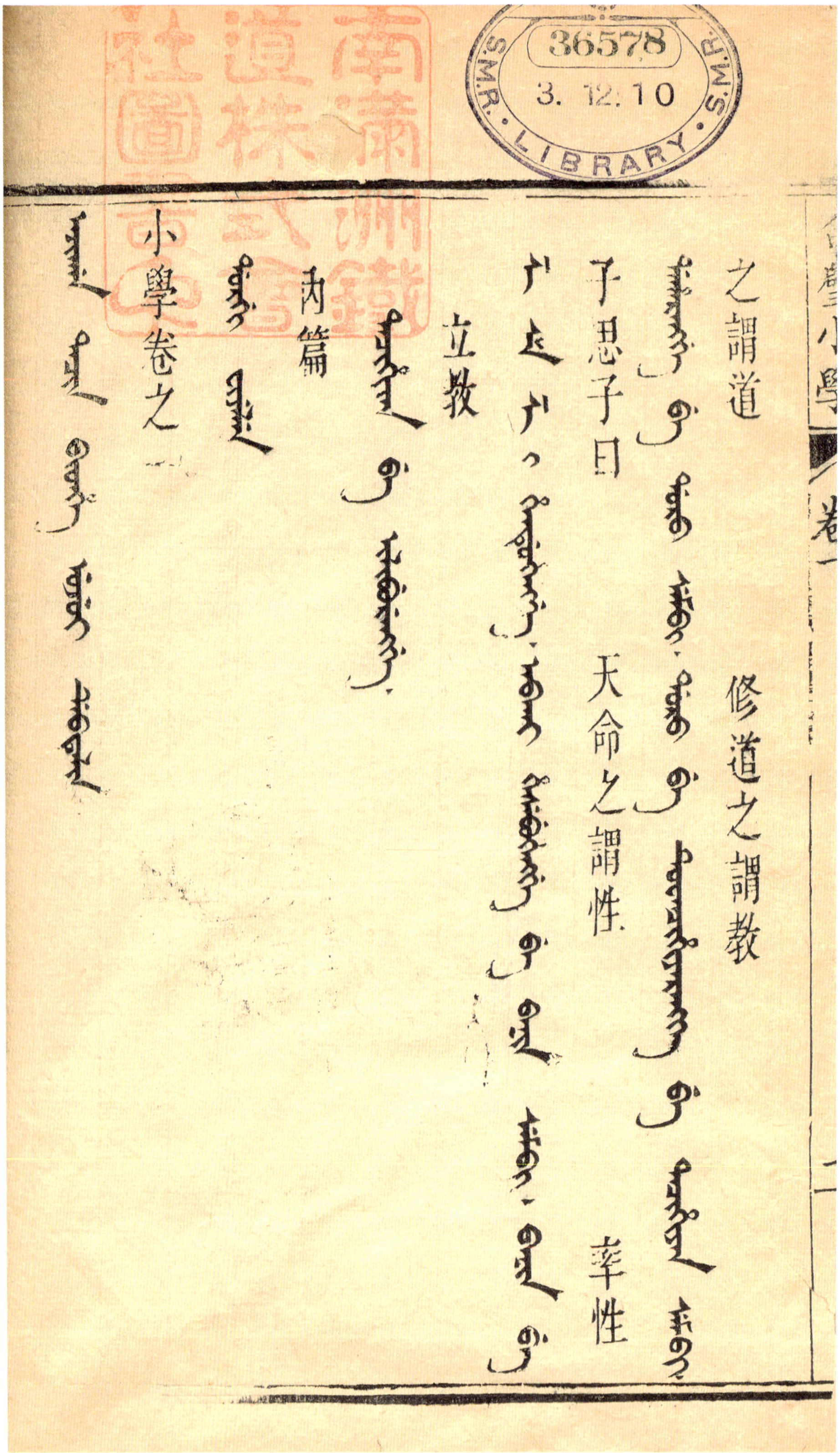

21030　小學十二卷　（清）孟保譯　清咸豐元年（1851）刻本　滿漢合璧
大連圖書館

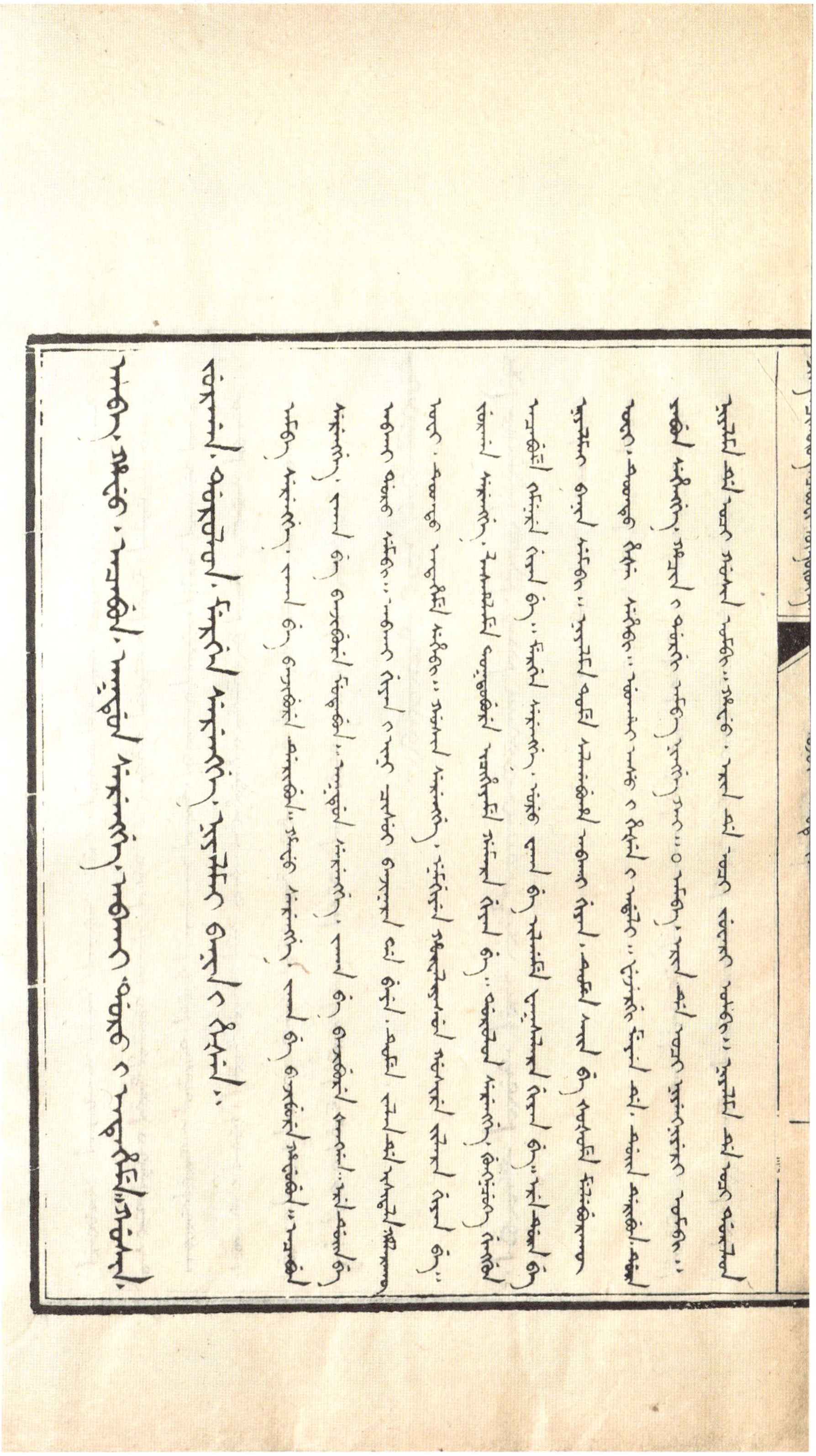

21031　小學集注六卷　（宋）朱熹撰　（明）陳選注　（清）古巴岱譯　清雍正五年（1727）武英殿刻本　滿文　遼寧省圖書館

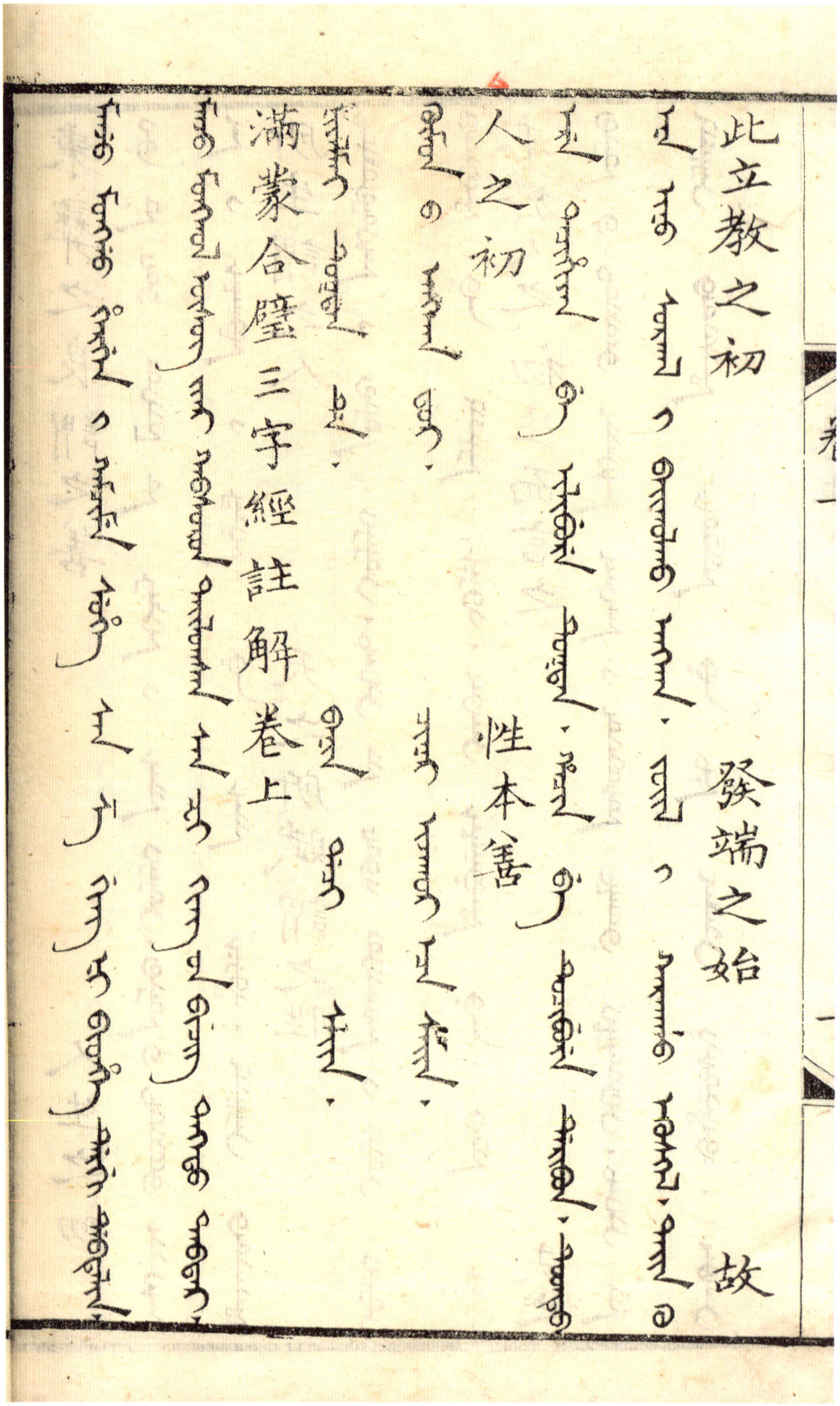
此立教之初 發端之始 故
人之初 性本善
滿蒙合璧三字經註解卷上

21032 滿蒙合璧三字經註解二卷 （清）陶格譯滿 （清）富俊英俊譯蒙 清道光十二年（1832）五雲堂刻本 滿蒙漢合璧 大連圖書館

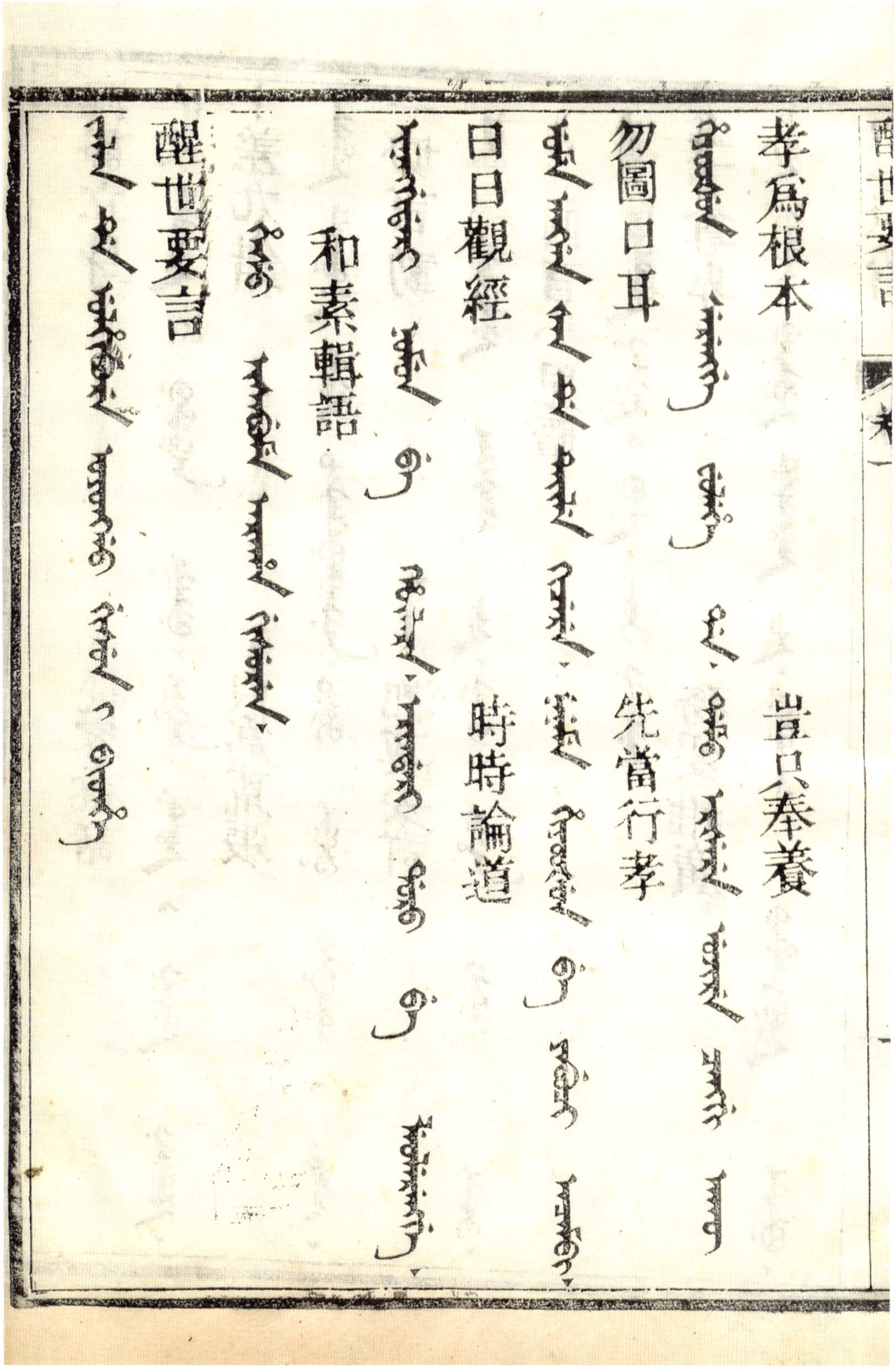
醒世要言 卷一
孝爲根本　豈只奉養
勿圖口耳　先當行孝
日日觀經　時時論道
和素輯語
醒世要言

21033　醒世要言四卷　（明）吕坤撰　（清）和素　孟保輯譯　清同治六年（1867）武英殿刻本　滿漢合璧　大連圖書館

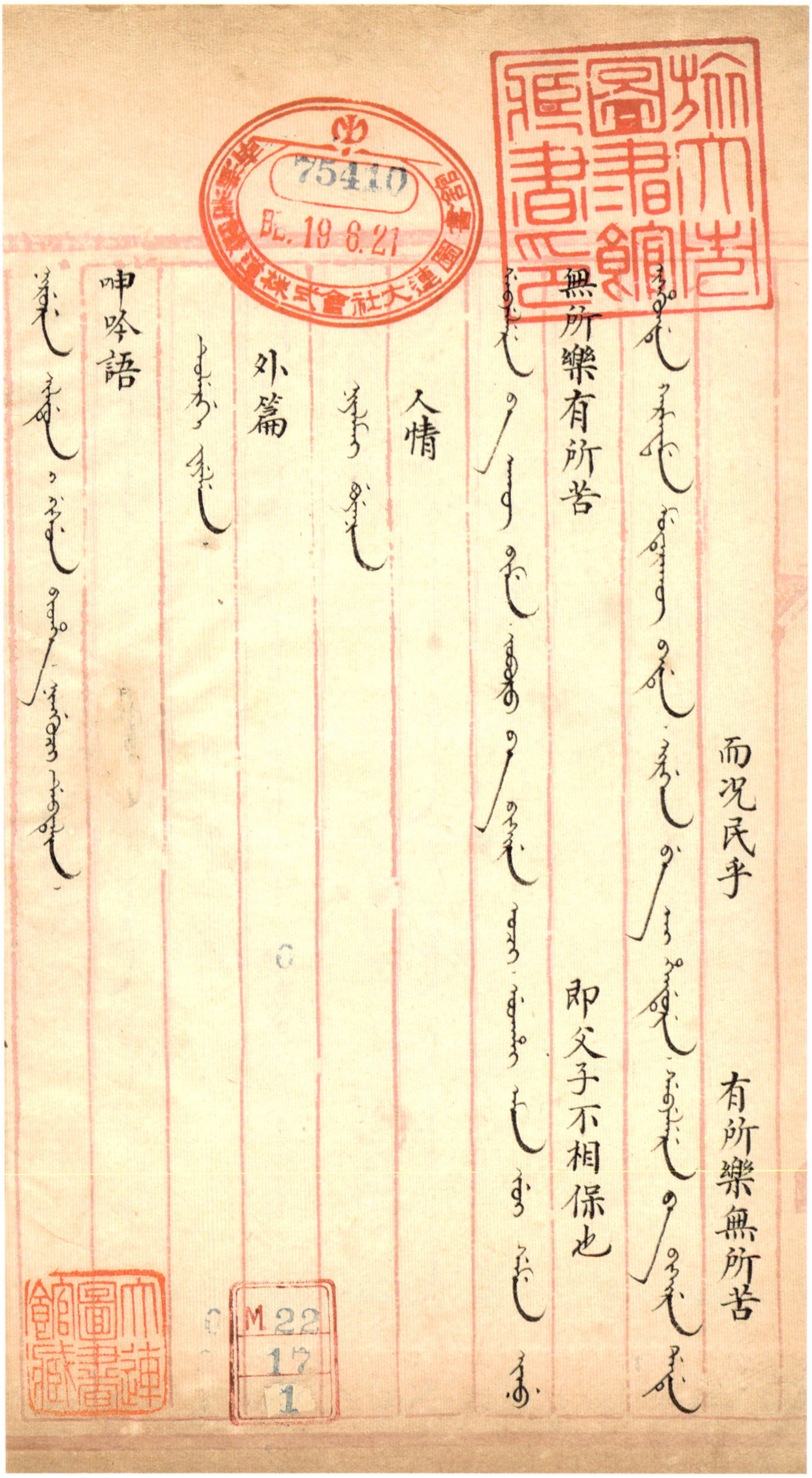

21034　呻吟語不分卷　（明）吕坤撰　清抄本　滿漢合璧　大連圖書館

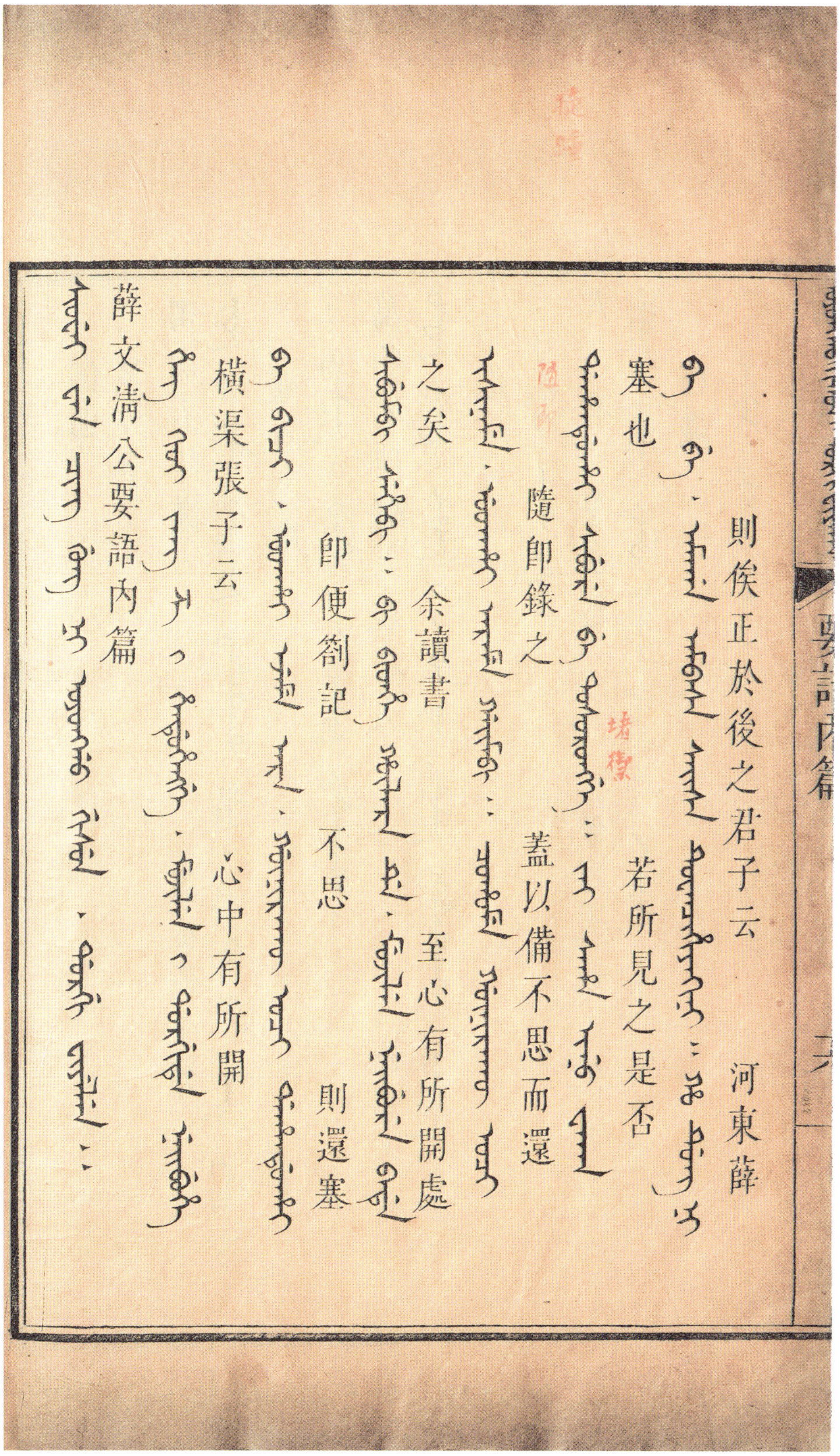

21035　薛文清公要語二卷　（明）薛瑄撰　（明）谷中虛輯　（清）富達禮譯　清康熙五十三年（1714）鄭洛刻本　滿漢合璧　遼寧省圖書館

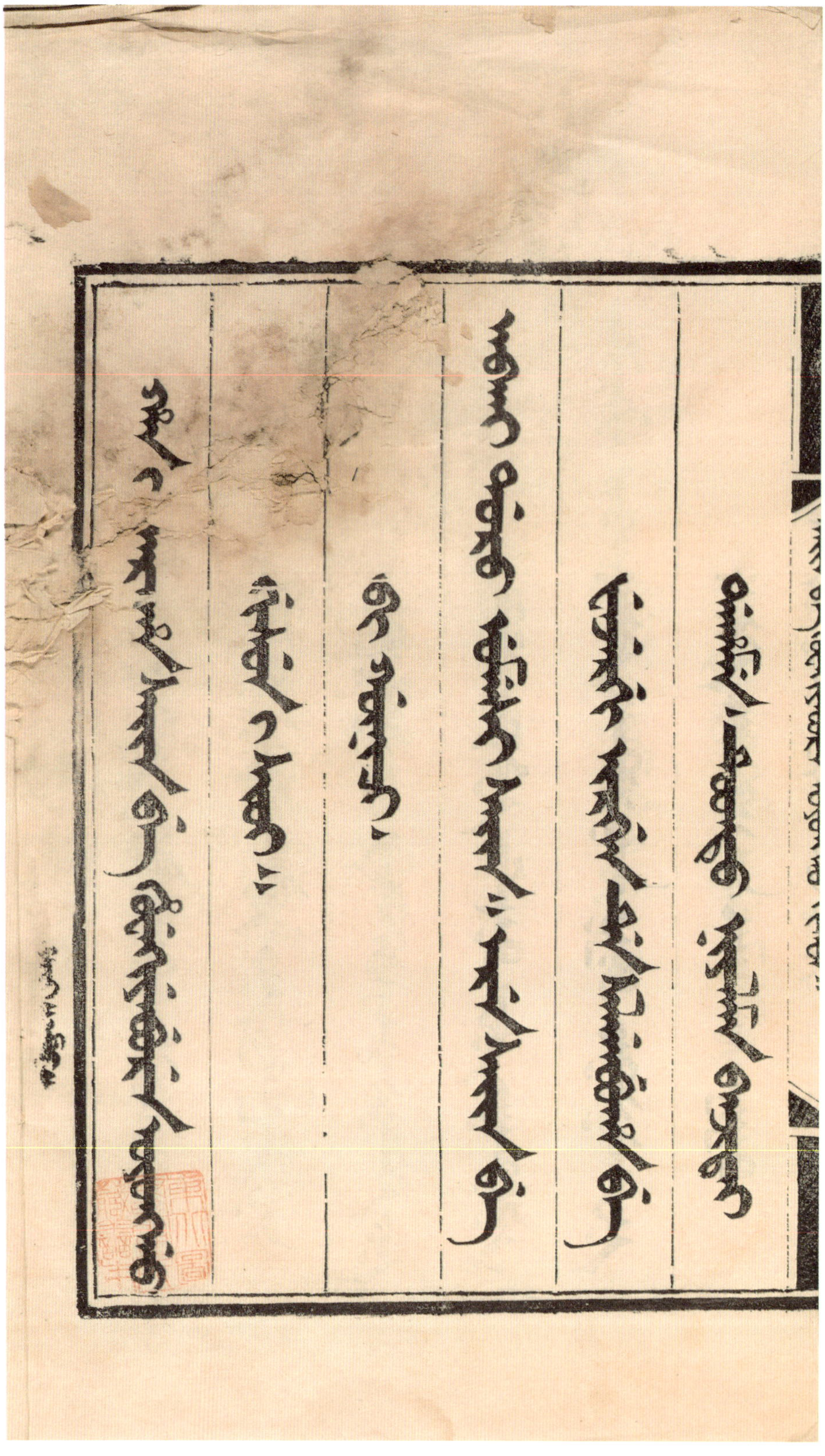

21036　御製勸善要言不分卷　（清）世祖福臨撰　清順治十二年（1655）內府刻本　滿文　遼寧省圖書館

21037　御製勸善要言不分卷　（清）世祖福臨撰　清順治十二年（1655）

内府刻本　滿文　大連圖書館

21038　訓諭八旗簡明語不分卷（清）仁宗顒琰撰　清嘉慶十六年（1811）拓印本　滿漢合璧　大連圖書館

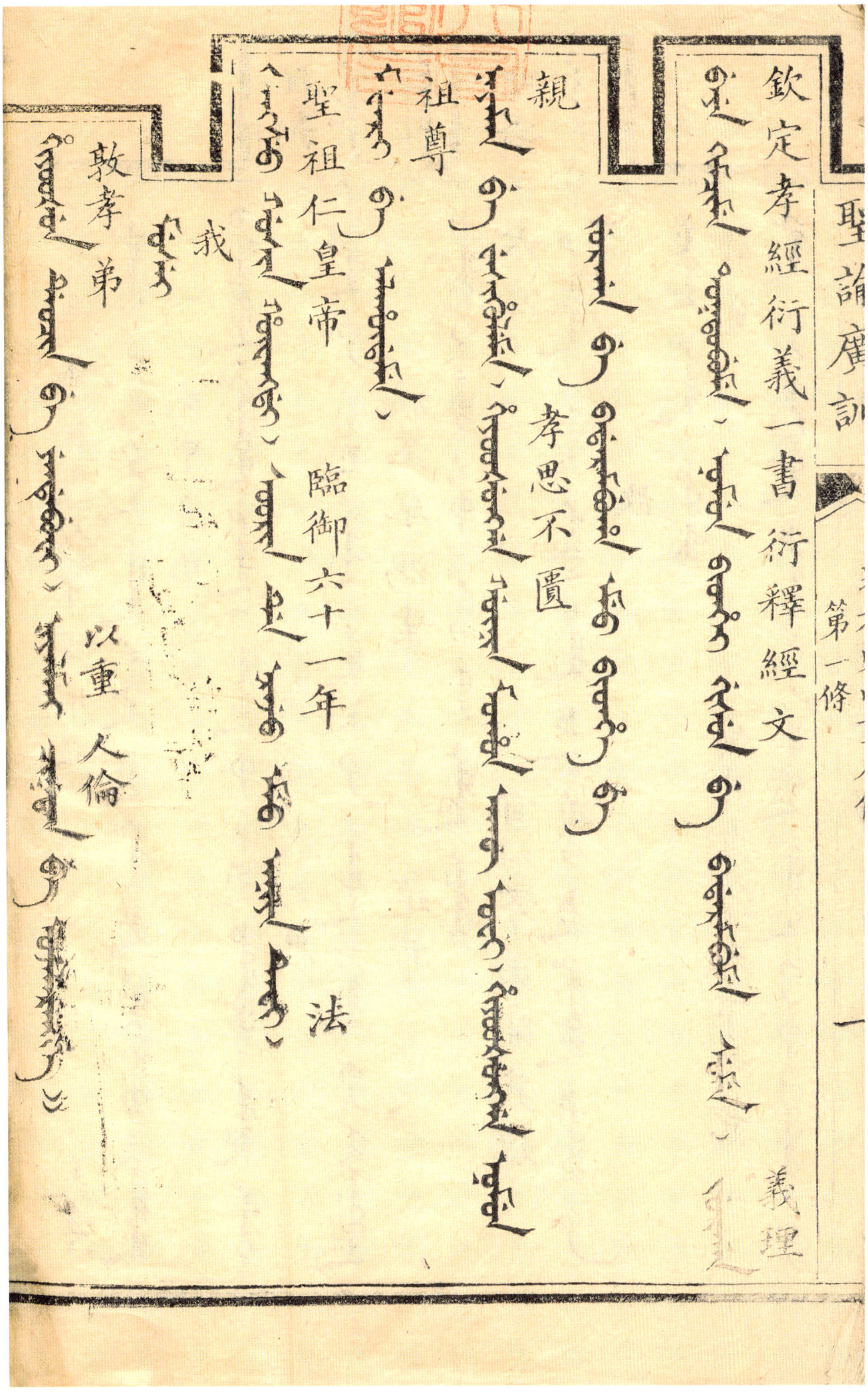

21039　聖諭廣訓不分卷　（清）聖祖玄燁撰　（清）世宗胤禛釋　清刻本　滿漢合璧　大連圖書館

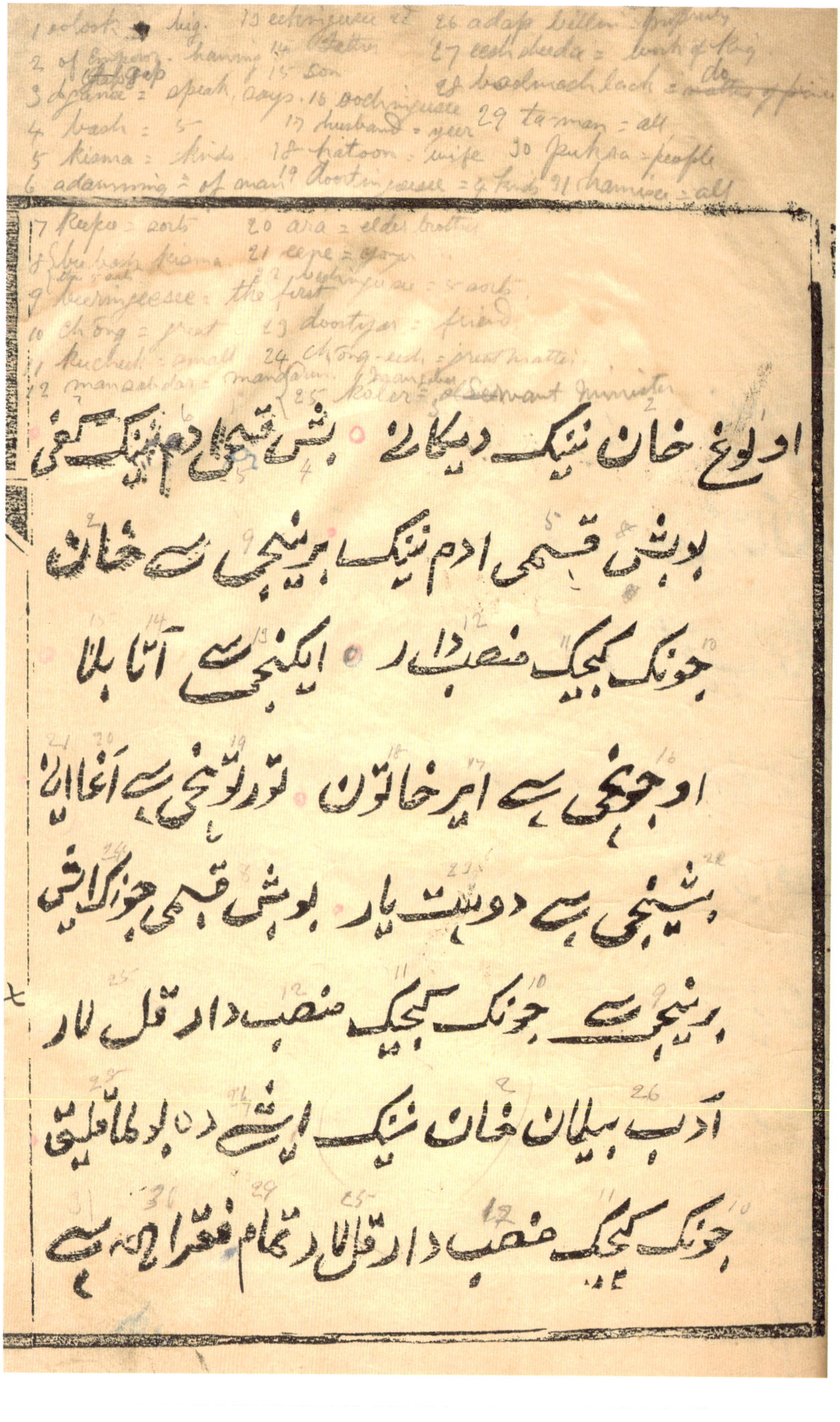

21040　回文聖諭廣訓不分卷　（清）聖祖玄燁撰　（清）世宗胤禛釋　清刻本　阿漢合璧　大連圖書館

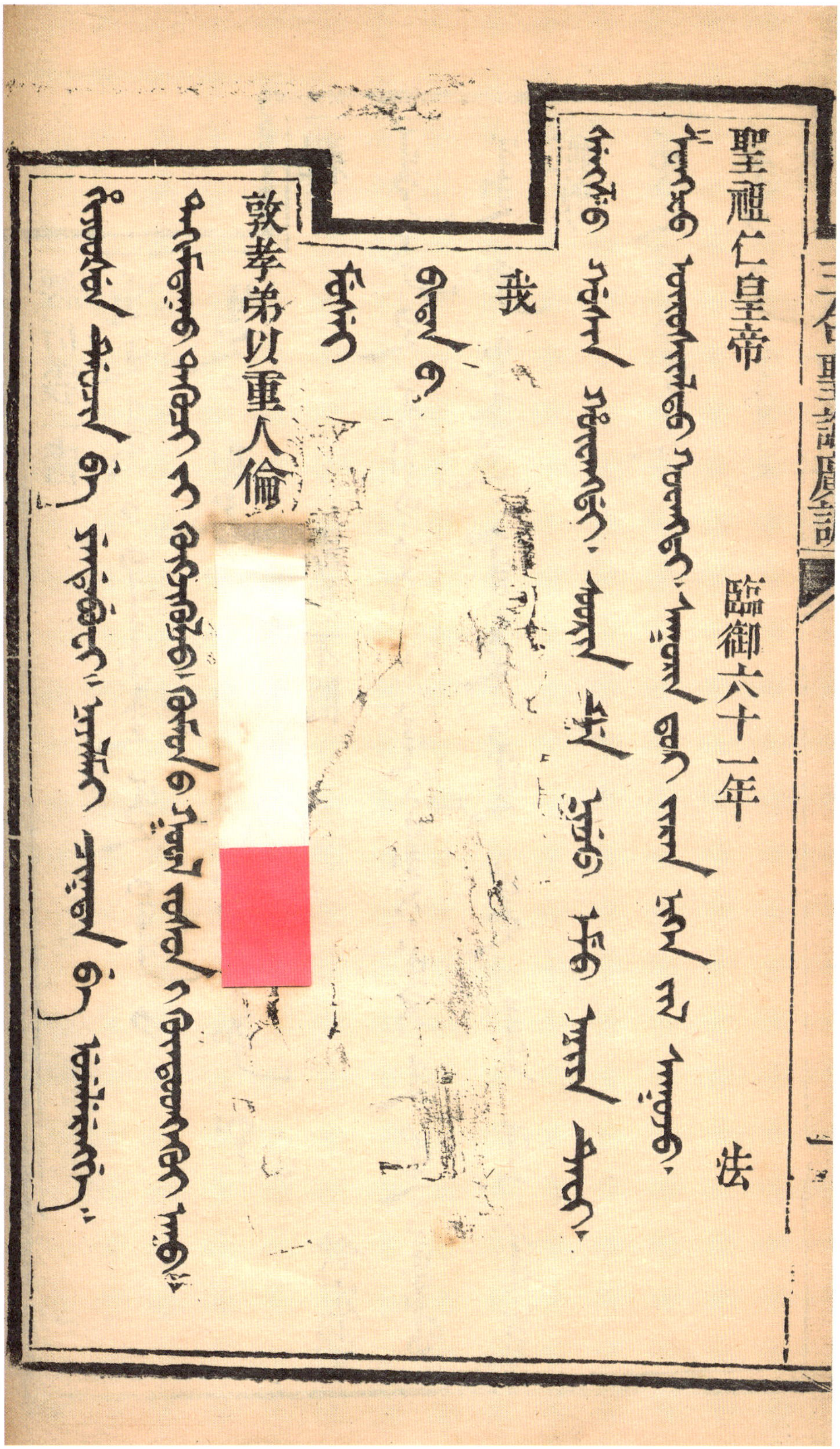
三合聖諭廣訓
聖祖仁皇帝 臨御六十一年 法
我
敦孝弟以重人倫

21041　三合聖諭廣訓不分卷　（清）聖祖玄燁撰　（清）世宗胤禛釋　清同治十三年（1874）刻本　滿蒙漢合璧　大連圖書館

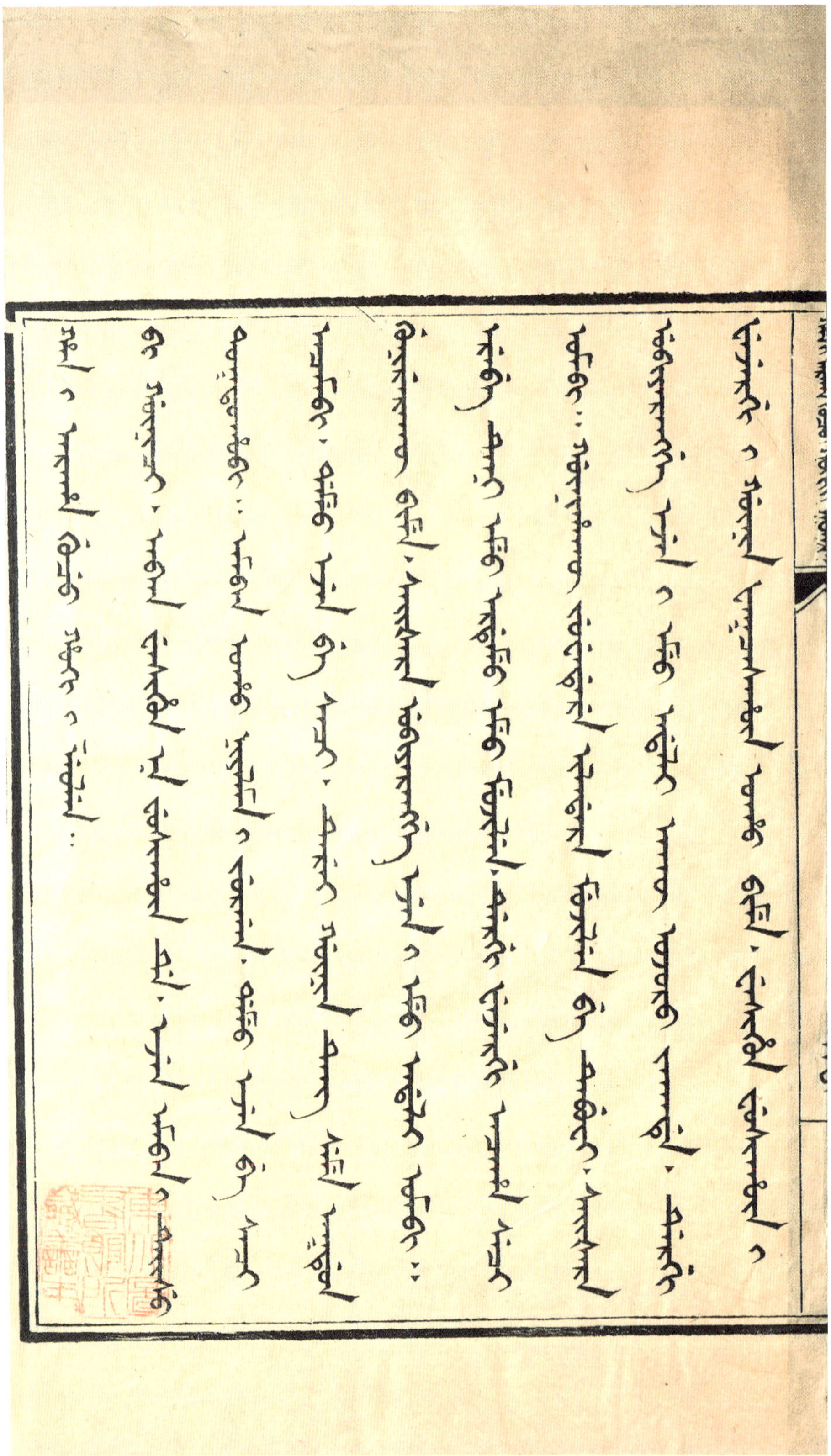

21042　御製朋黨論一卷　（清）世宗胤禛撰　清雍正二年（1724）内府刻本　滿文　遼寧省圖書館

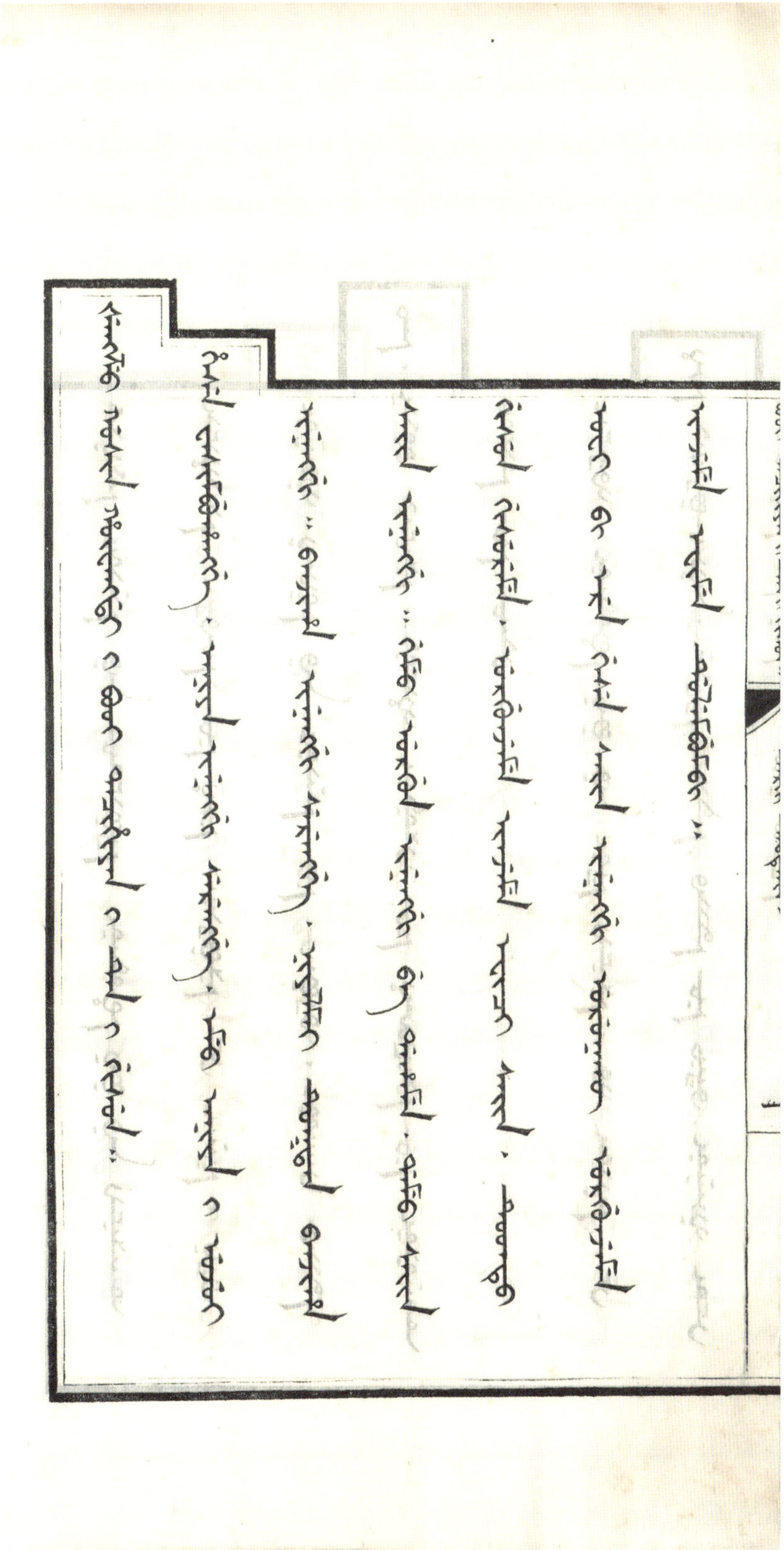

21043　聖祖仁皇帝庭訓格言二卷（清）世宗胤禛輯　清雍正八年（1730）
內府刻本　滿漢合璧　遼寧省圖書館

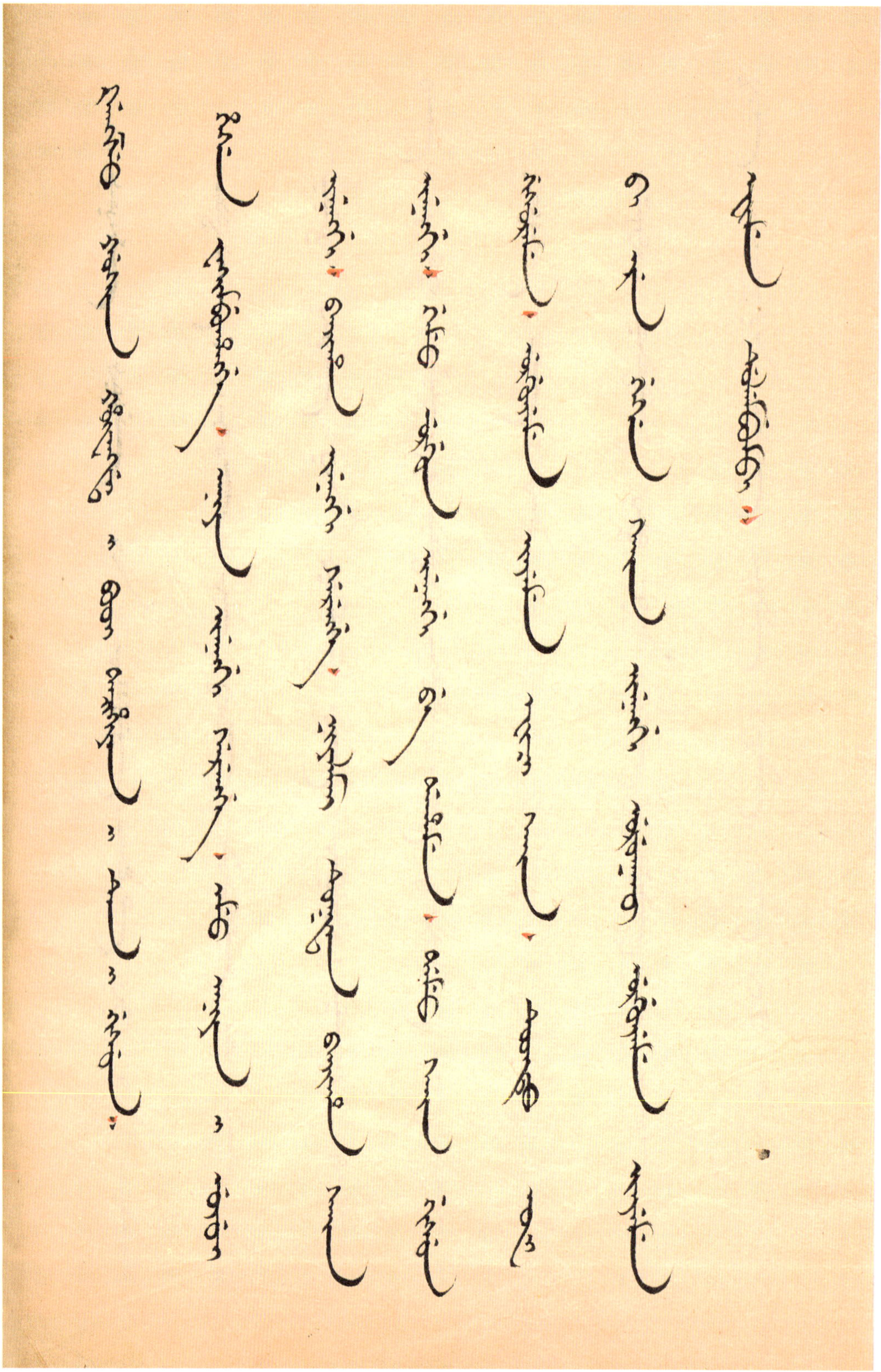

21044 聖祖仁皇帝庭訓格言十卷 （清）世宗胤禛輯 清内府抄本 滿漢合璧 大連圖書館

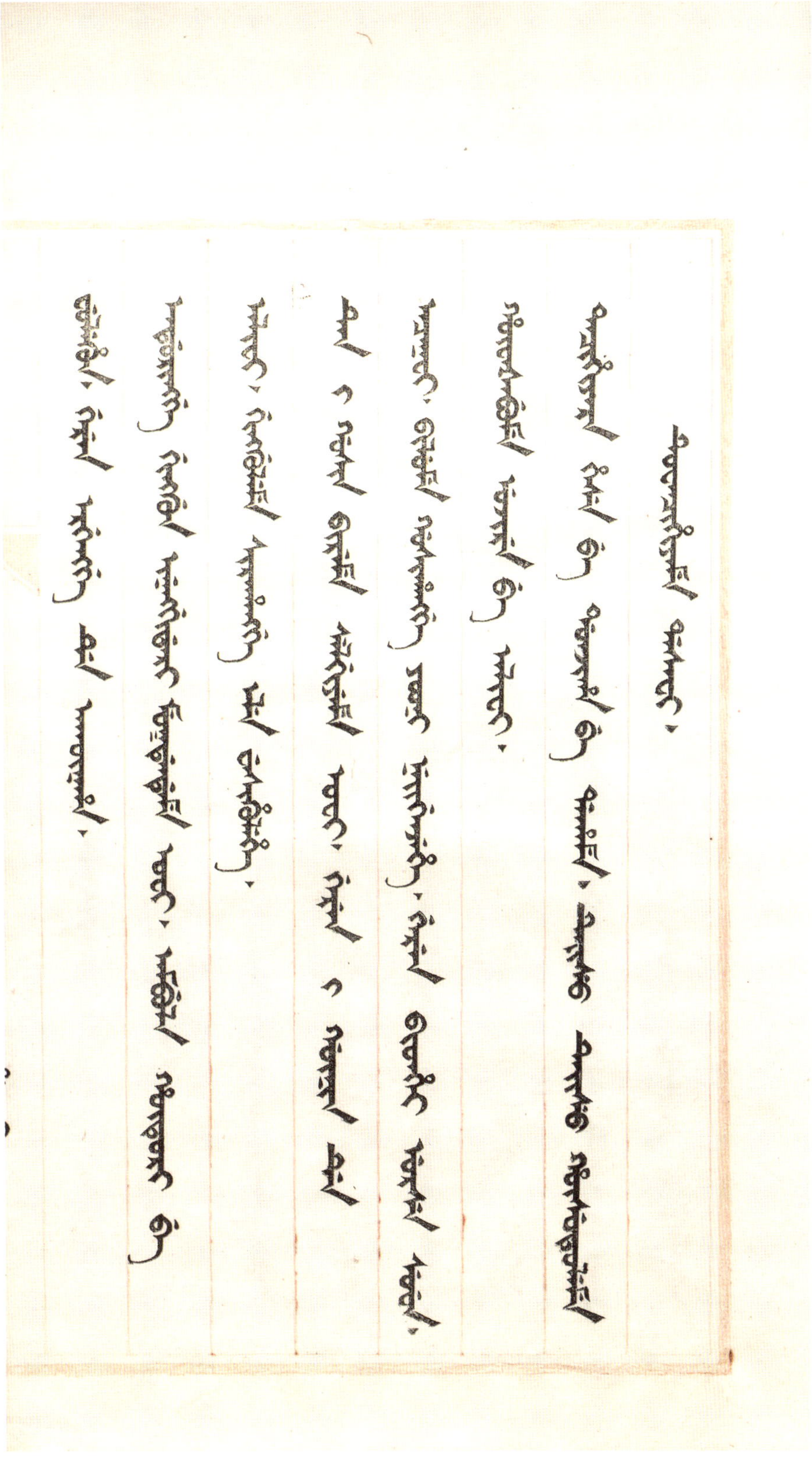

21045　御論不分卷　（清）文宗奕詝等撰　清内府朱墨印本　滿漢合璧

大連圖書館

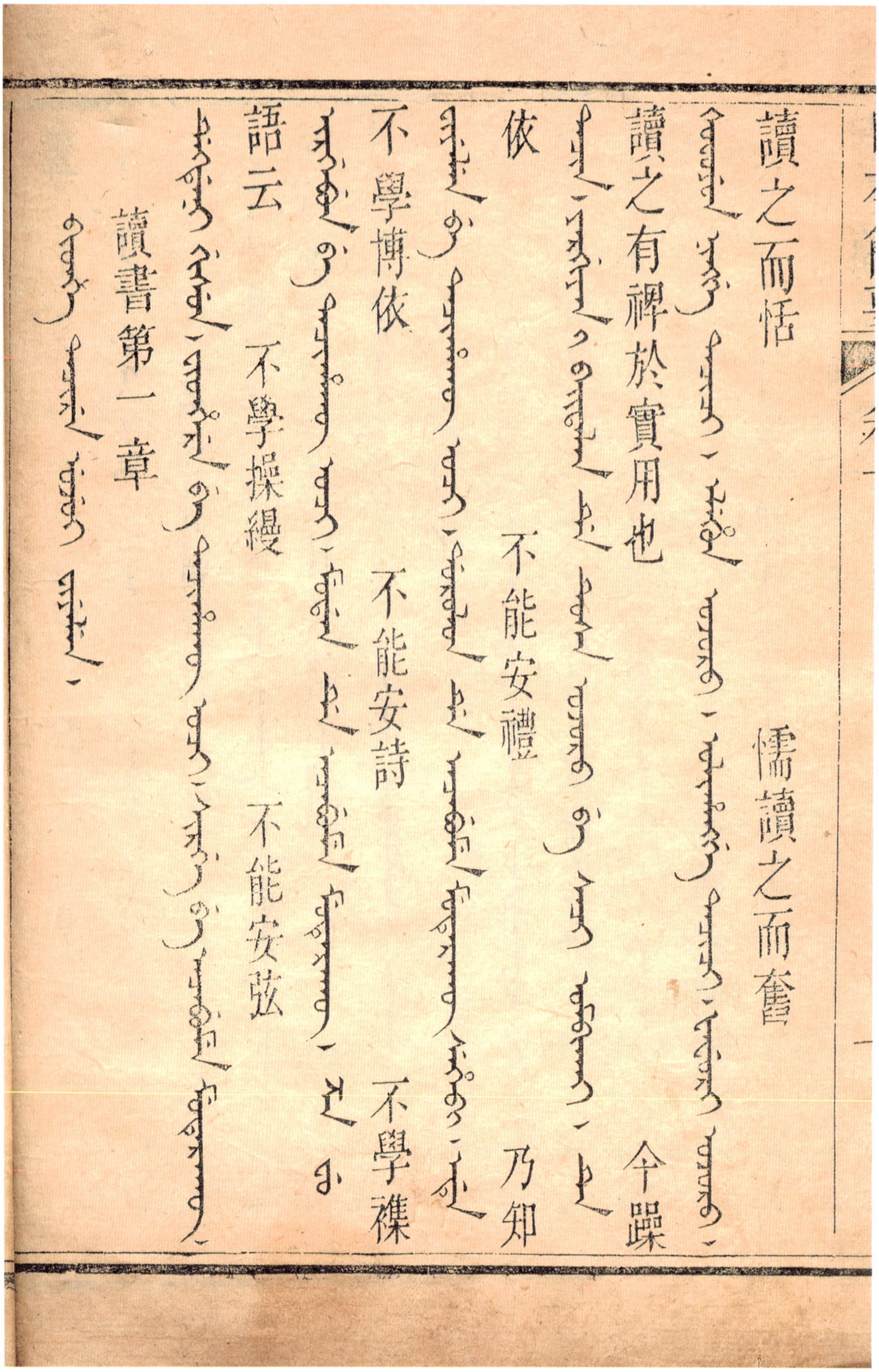
讀之而恬　儒讀之而奮
讀之有裨於實用也　今躁
依　不能安禮　乃知
不學博依　不能安詩　不學襍
語云　不學操縵　不能安弦
讀書第一章

21046　四本簡要四卷　（清）朱潮遠編　（清）富明安譯　清乾隆三十三年（1768）山西澄妙軒刻本　滿漢合璧　大連圖書館

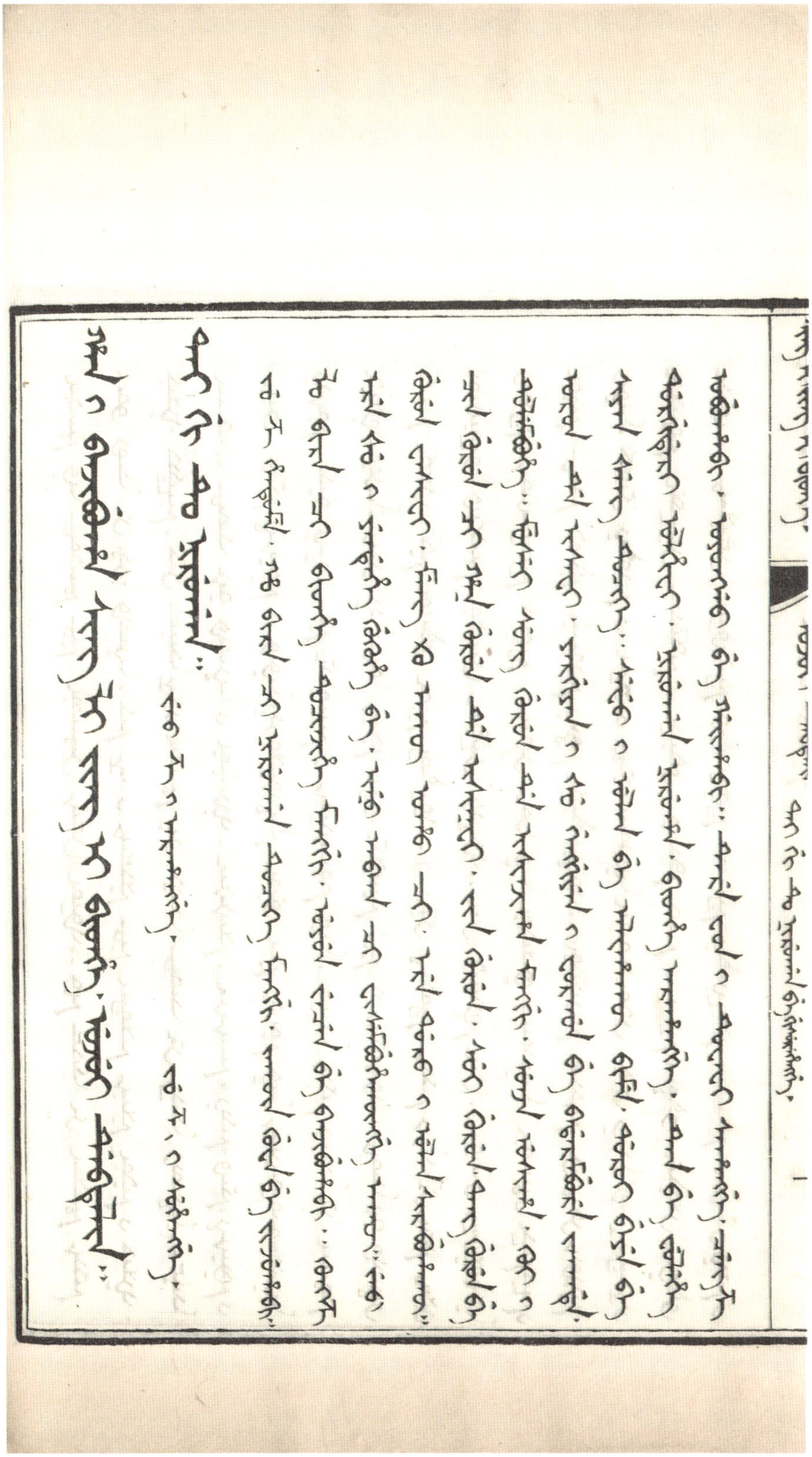

21047　御纂性理精義十二卷　（清）李光地等纂修　清康熙五十六年（1717）武英殿刻本　滿文　遼寧省圖書館

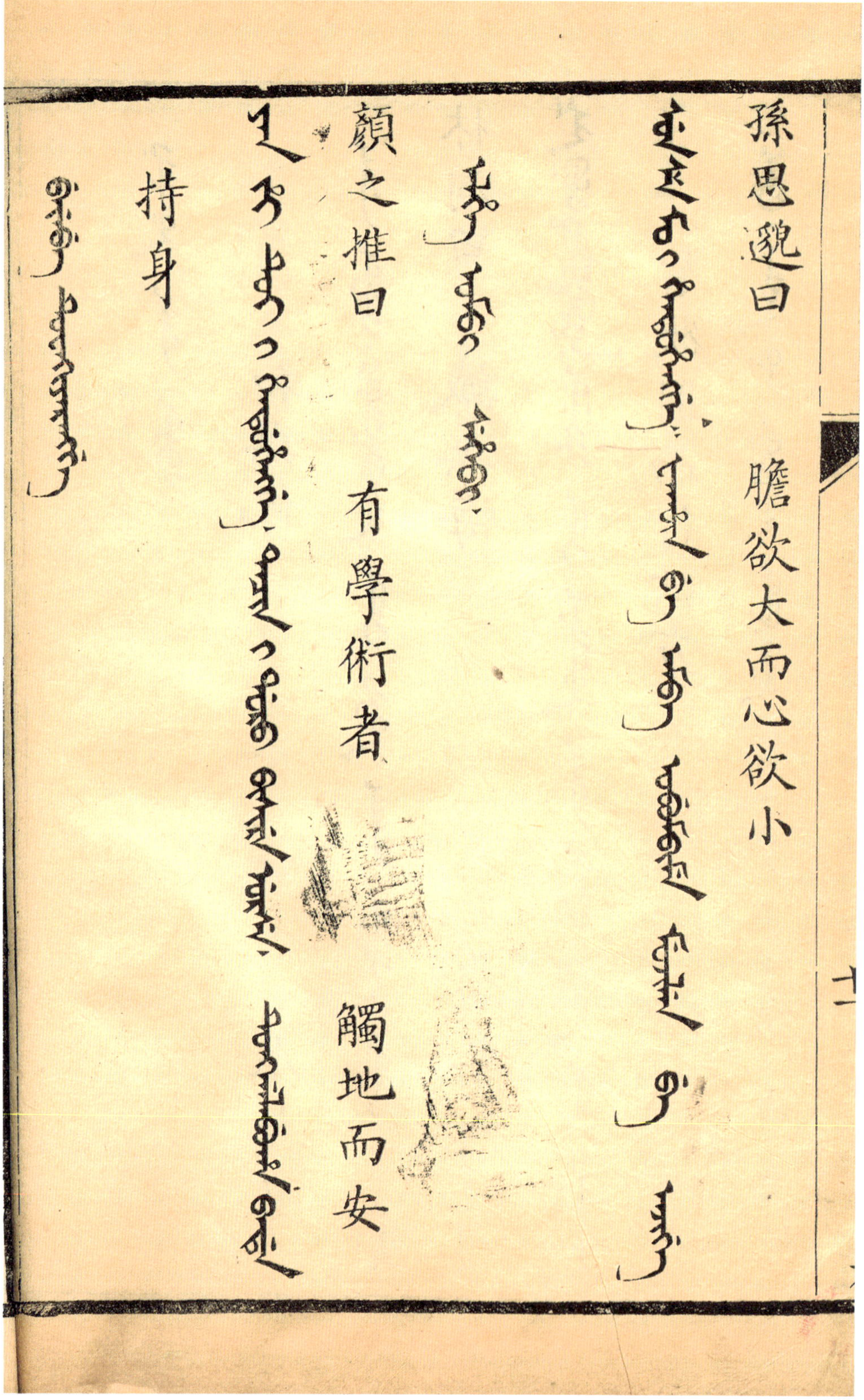
孫思邈曰　膽欲大而心欲小

顏之推曰　有學術者　觸地而安

持身

21048　翻譯六事箴言四卷　（清）葉玉屏輯　（清）孟保譯　清咸豐元年（1851）京都三槐堂刻文英堂印本　滿漢合璧　大連圖書館

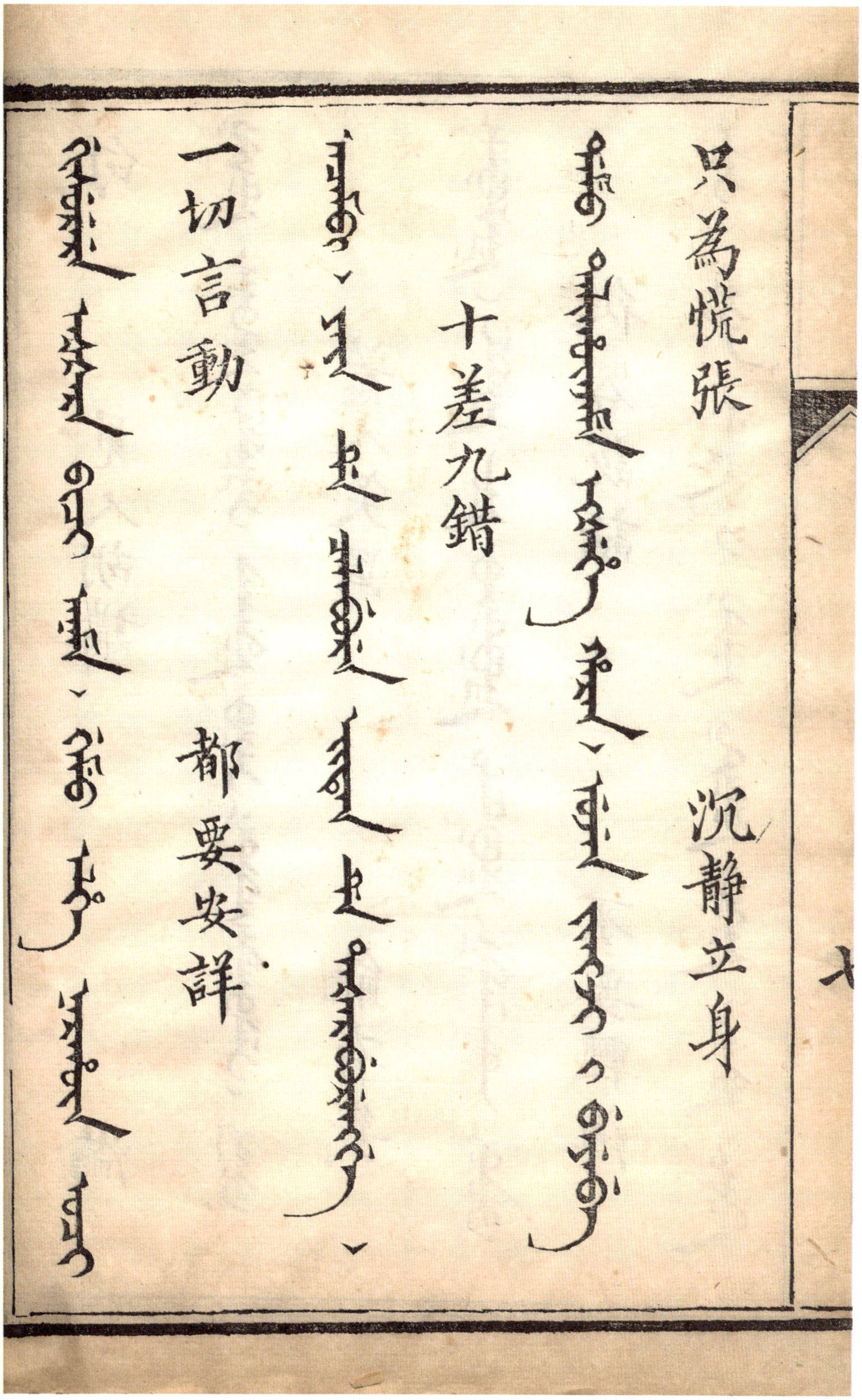
只為慌張　沉靜立身

十差九錯

一切言動　都要安詳

21049　翻譯童諺不分卷　（明）吕得勝撰　（清）禧恩譯　清道光二十五年（1845）刻本　滿漢合璧　大連圖書館

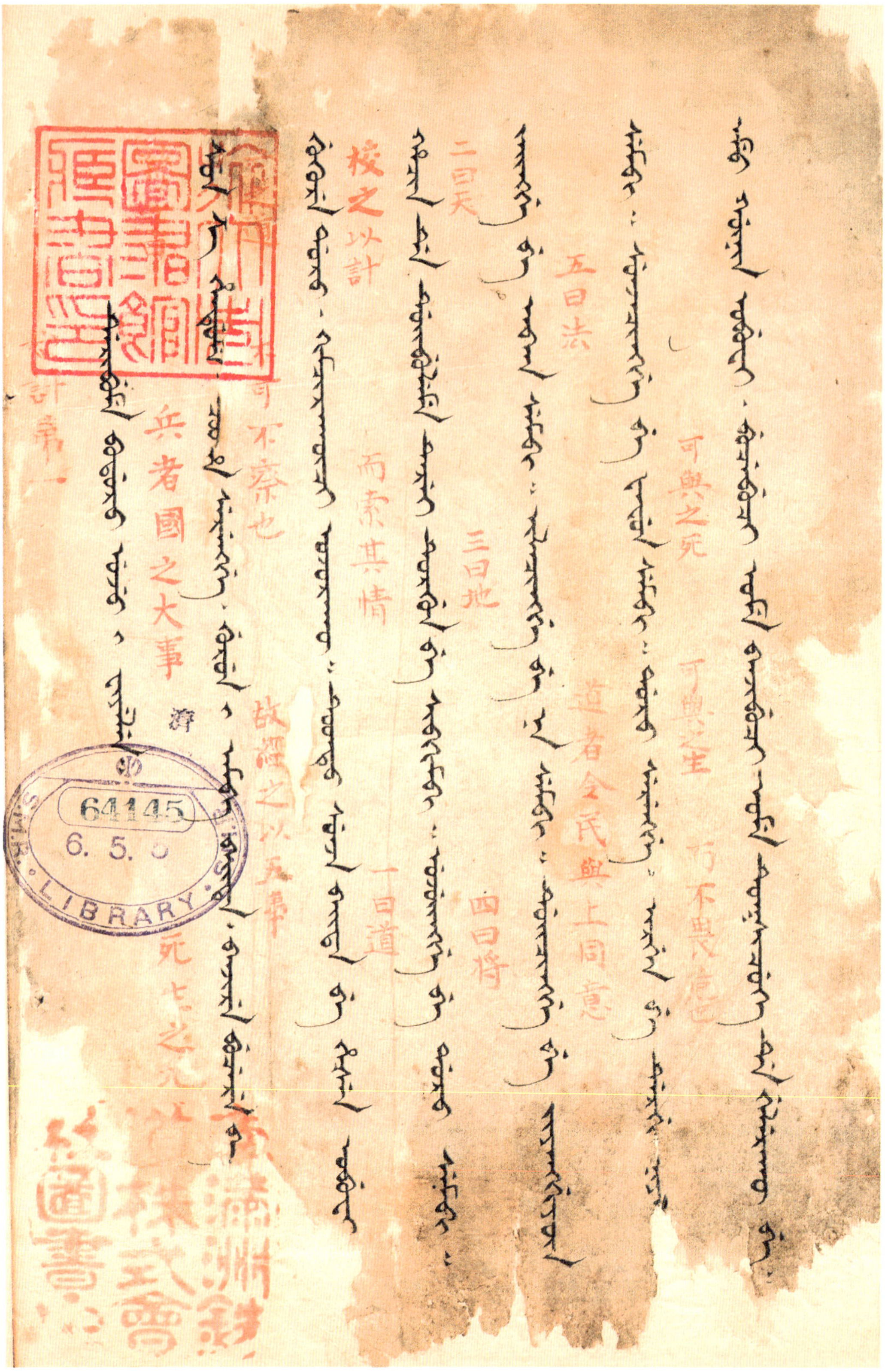

21050　孫子兵法四卷　（清）耆英譯　清道光二十六年（1846）京都聚珍堂刻本　滿漢合璧　大連圖書館

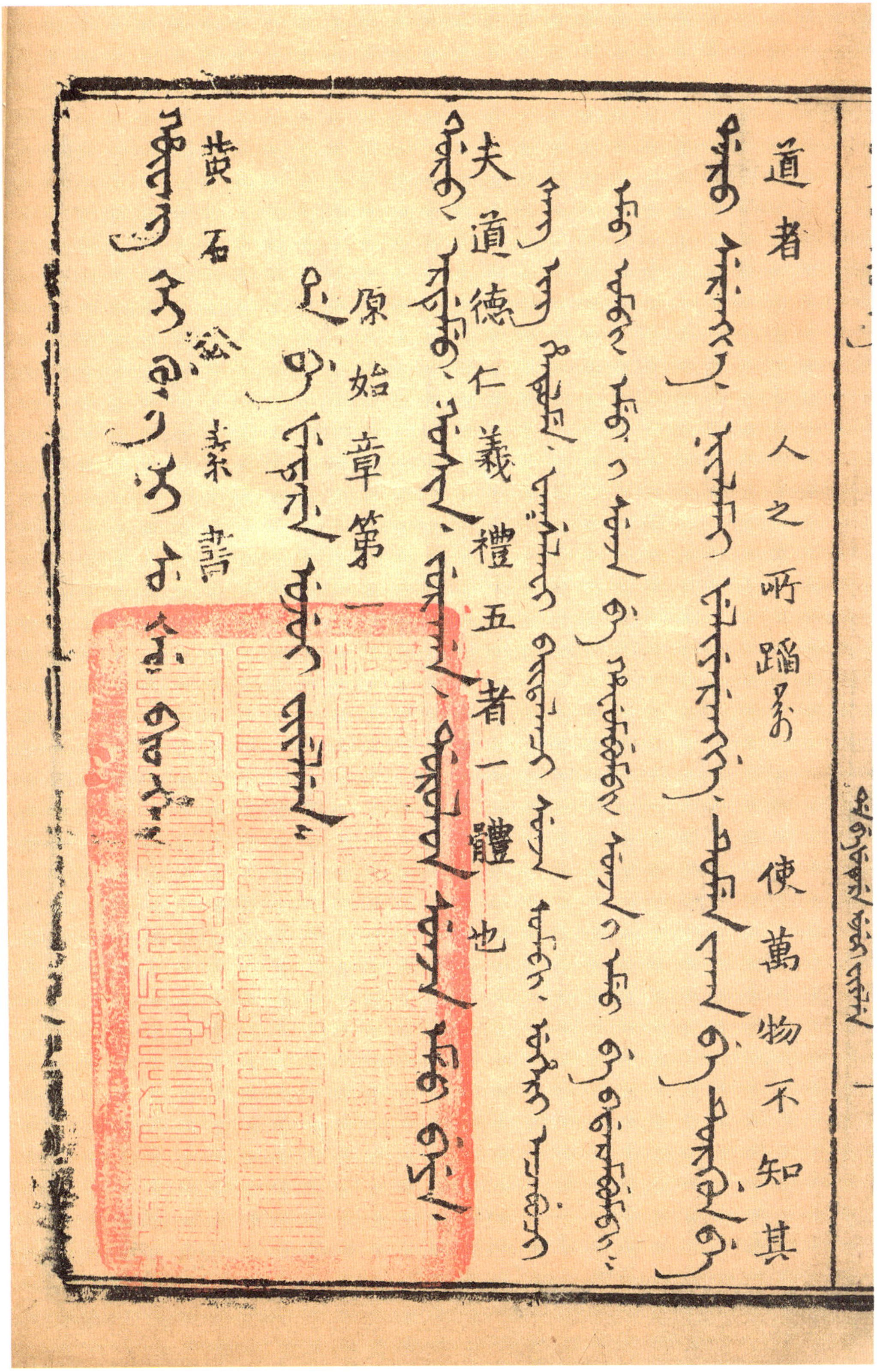

21051　黄石公素書不分卷　題（秦）黄石公撰　清康熙赫蘇刻本　滿漢合璧　大連圖書館

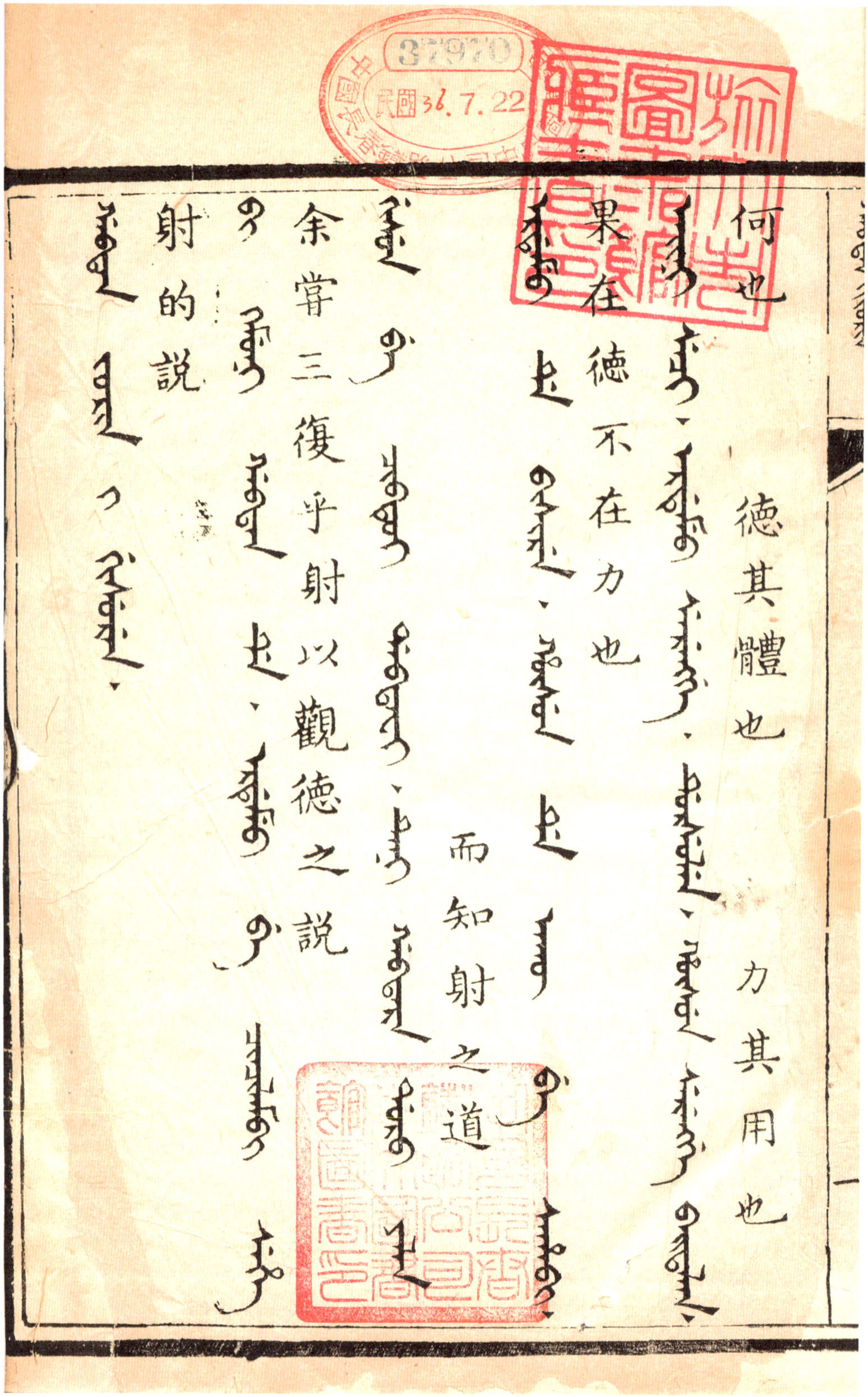
何也
德其體也　力其用也
果在德不在力也
而知射之道
余嘗三復乎射以觀德之說
射的說

21052　射的說不分卷　（清）常鈞撰　清乾隆三十五年（1770）刻本　滿漢合璧　大連圖書館

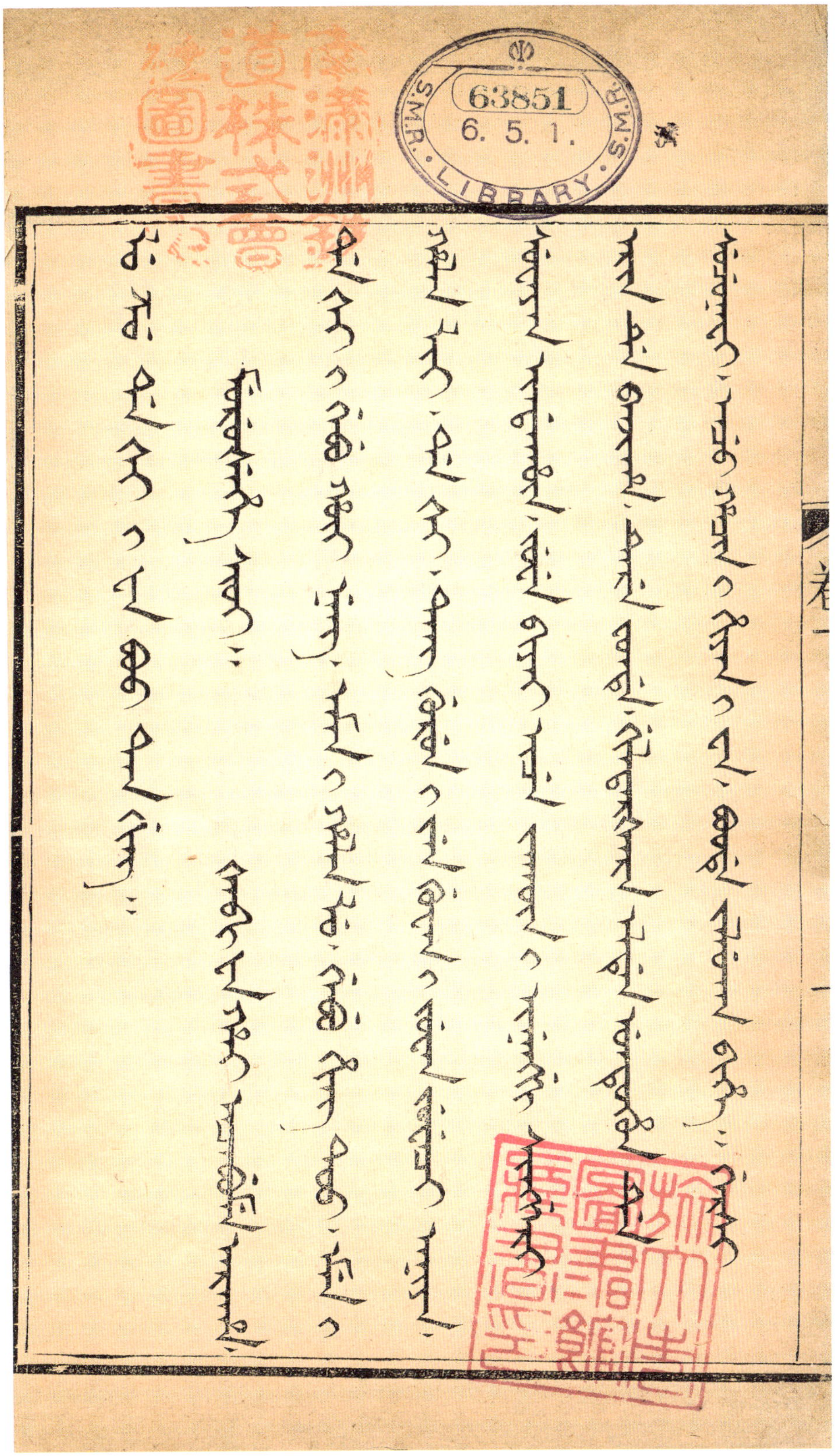

21053　六祖大師法寶壇經滿文三卷漢文一卷　（唐）釋法海集録　清刻本　滿漢合璧　大連圖書館

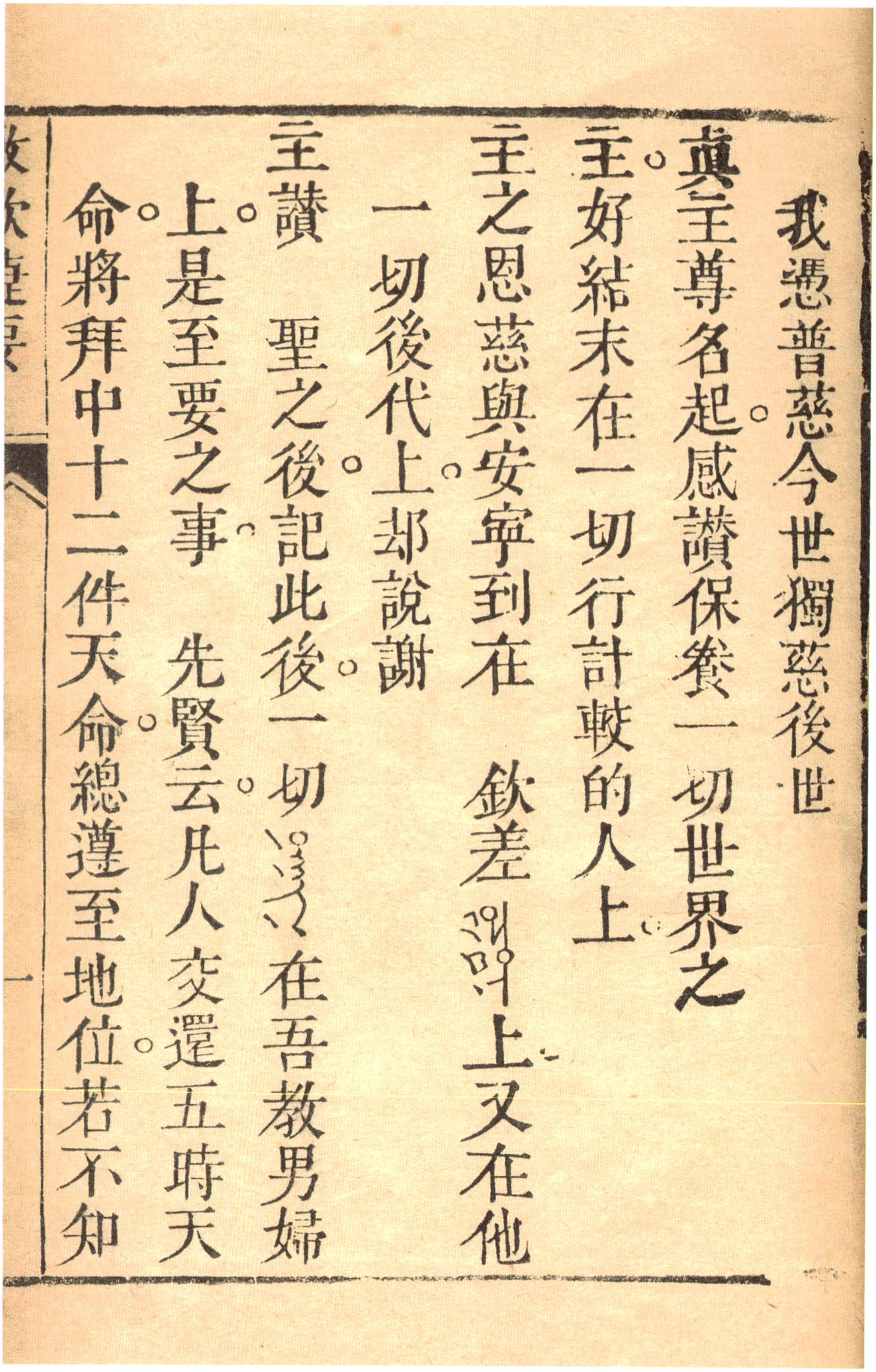

教款捷要

一

我憑普慈今世獨慈後世
真主尊名起感讚保養一切世界之
主好結末在一切行討較的人上
主之恩慈與安寧到在　欽差　上又在他
一切後代上却說謝
主讚　聖之後記此後一切　在吾教男婦
上是至要之事　先賢云凡人交還五時天
命將拜中十二件天命總遵至地位若不知

21054　教款捷要不分卷　（清）馬伯良撰　清嘉慶二十二年（1817）粵東省城刻本　阿漢合璧　大連圖書館

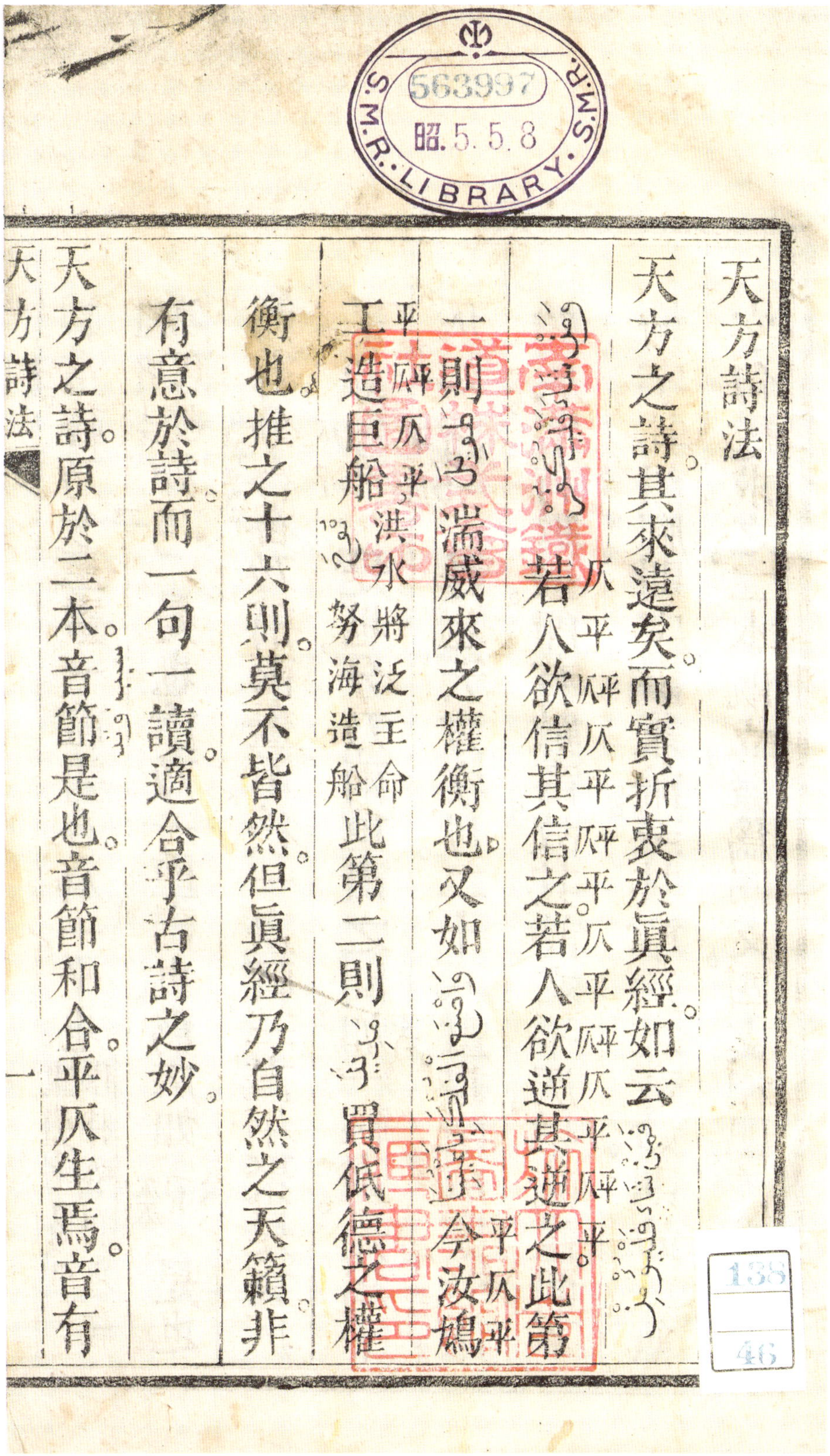
天方詩法
天方之詩其來遠矣而實折衷於眞經如云
若人欲信其信之若人欲逆其逆之此第
一則端威來之權衡也又如今汝鳩
工造巨船洪水將泛主命努海造船此第二則買低德之權
衡也推之十六則莫不皆然但眞經乃自然之天籟非
有意於詩而一句一讀適合乎古詩之妙
天方之詩原於二本音節是也音節和合平仄生焉音有
天方詩法 一

21055　天方詩法不分卷　（清）馬安禮譯　清同治元年（1862）刻本　阿漢合璧　大連圖書館

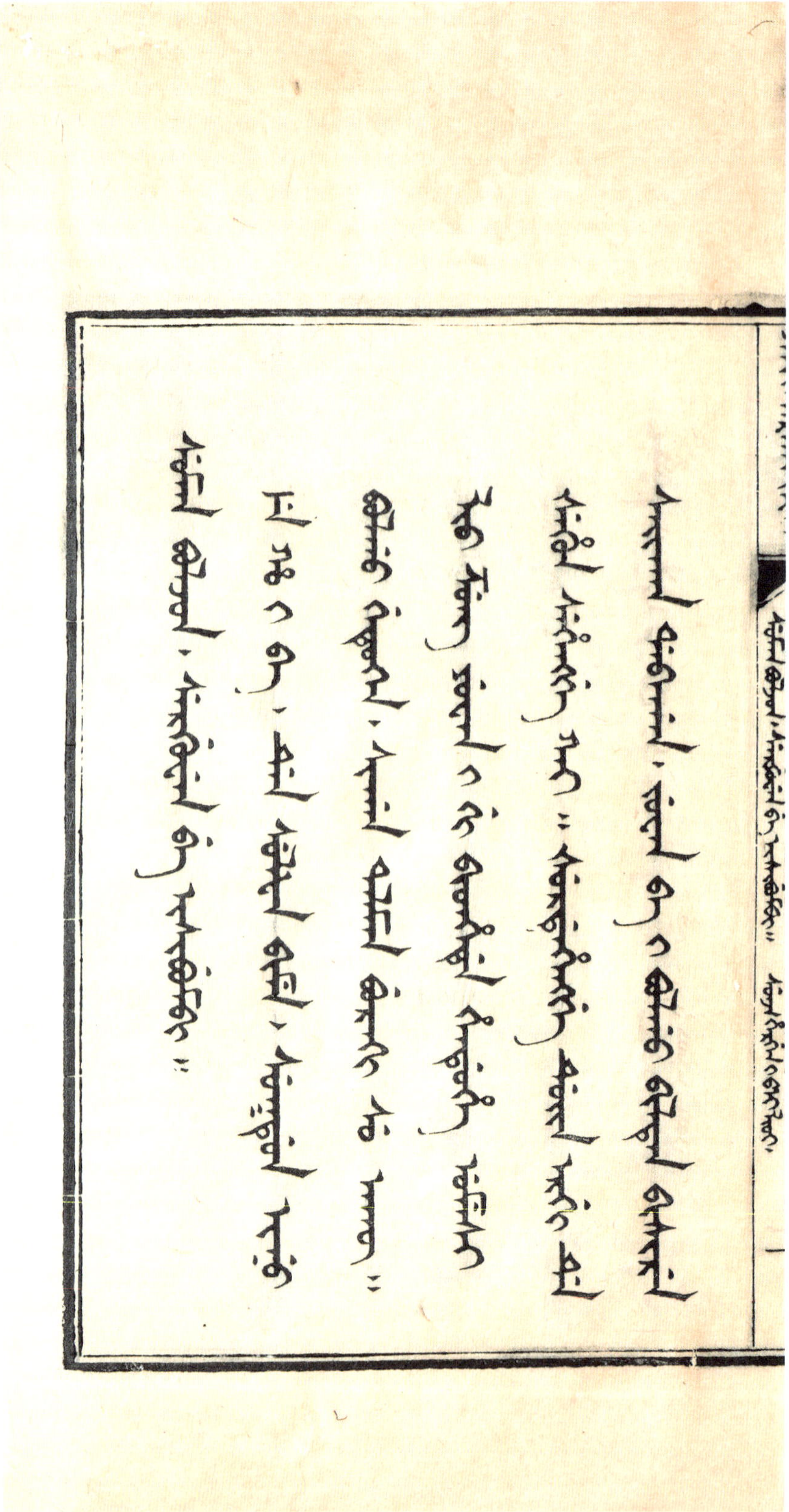

21056　御製避暑山莊詩二卷　（清）聖祖玄燁撰　（清）揆叙等注釋　（清）沈崳繪圖　清康熙五十一年（1712）内府刻本　滿文　遼寧省圖書館

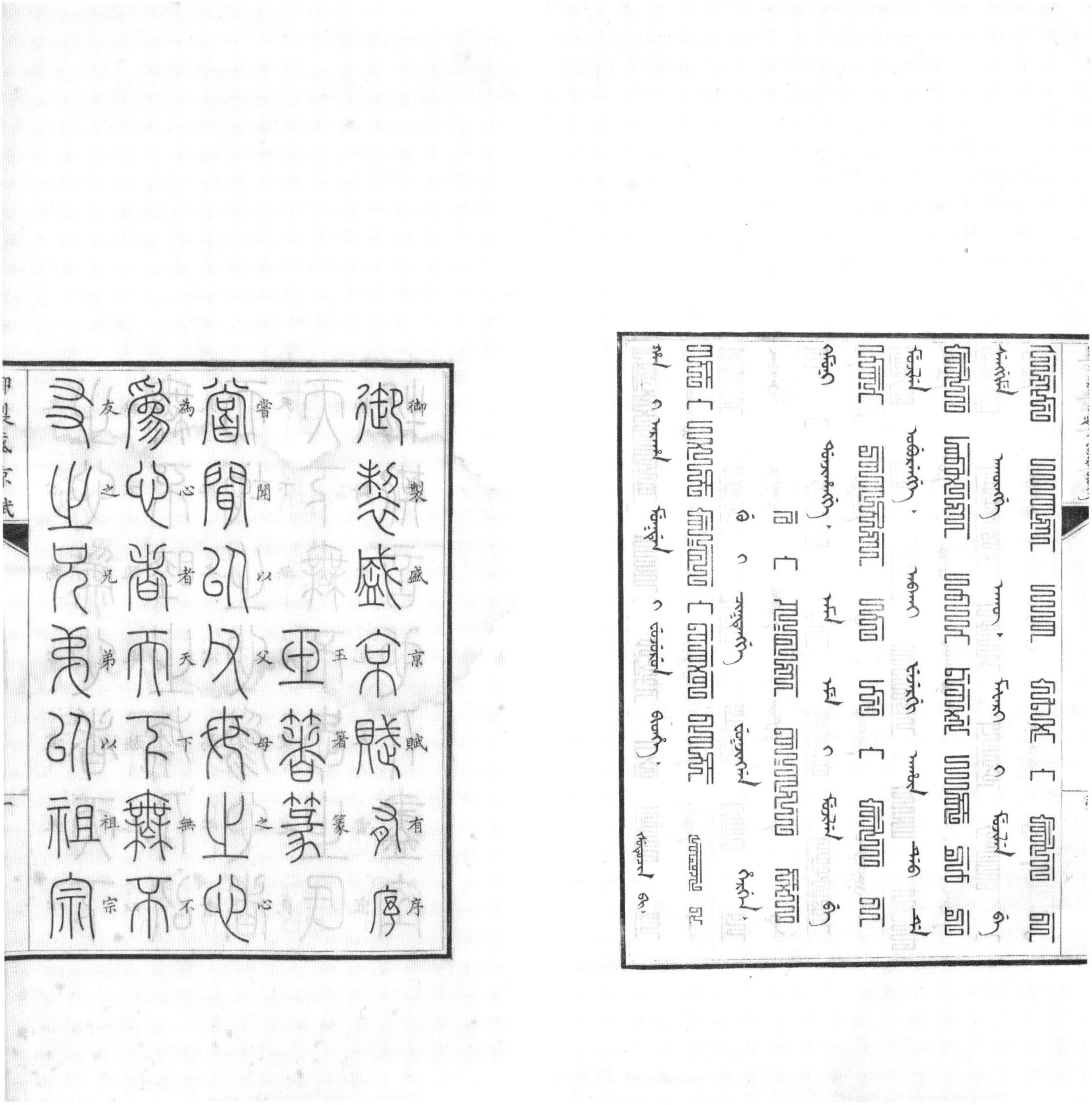

21057　御製盛京賦三十二卷　（清）高宗弘曆撰　清乾隆十三年（1748）

武英殿刻本　滿漢合璧　遼寧省圖書館

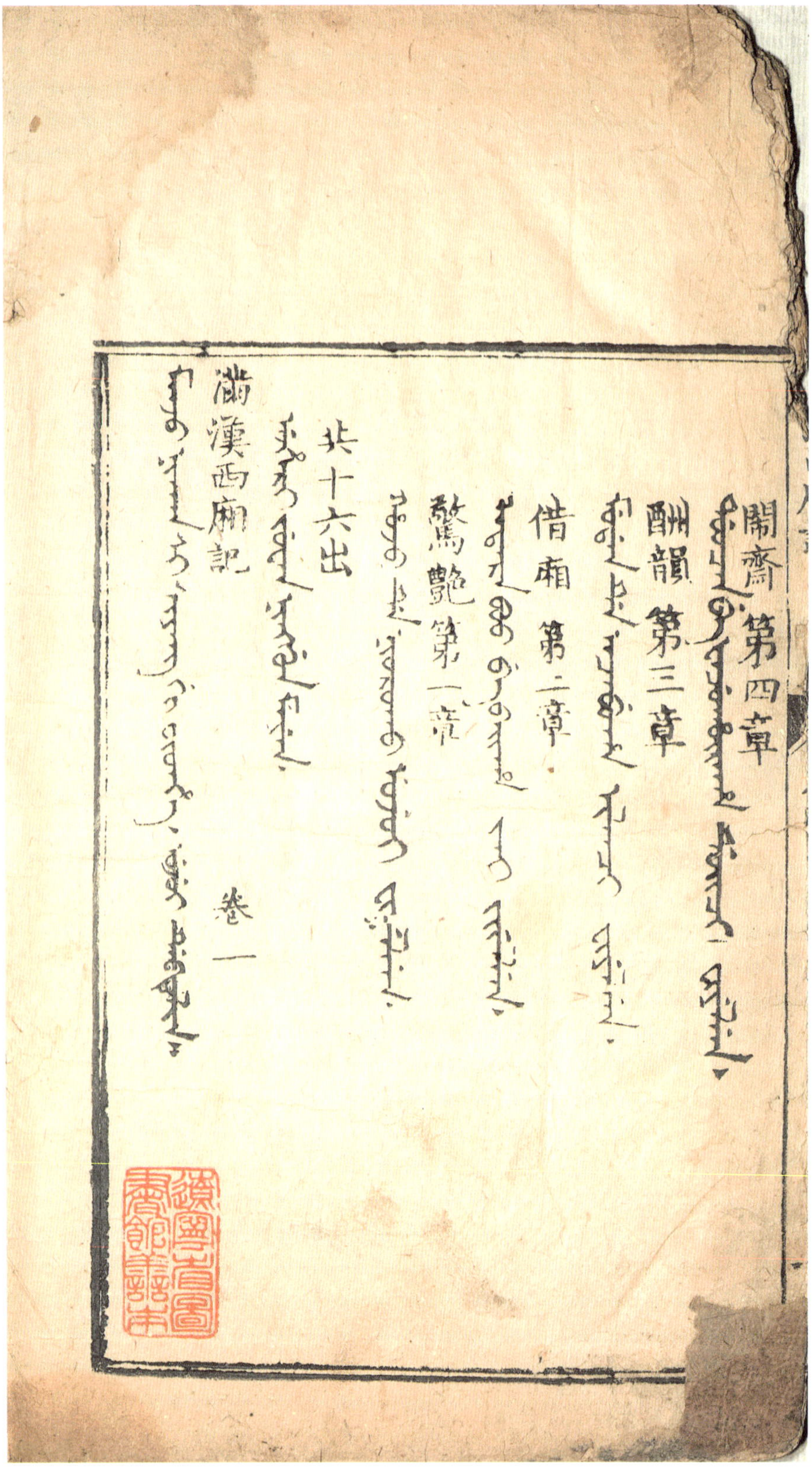

21058　滿漢西廂記四卷　（元）王實甫撰　清康熙四十九年（1710）刻本

滿漢合璧　遼寧省圖書館

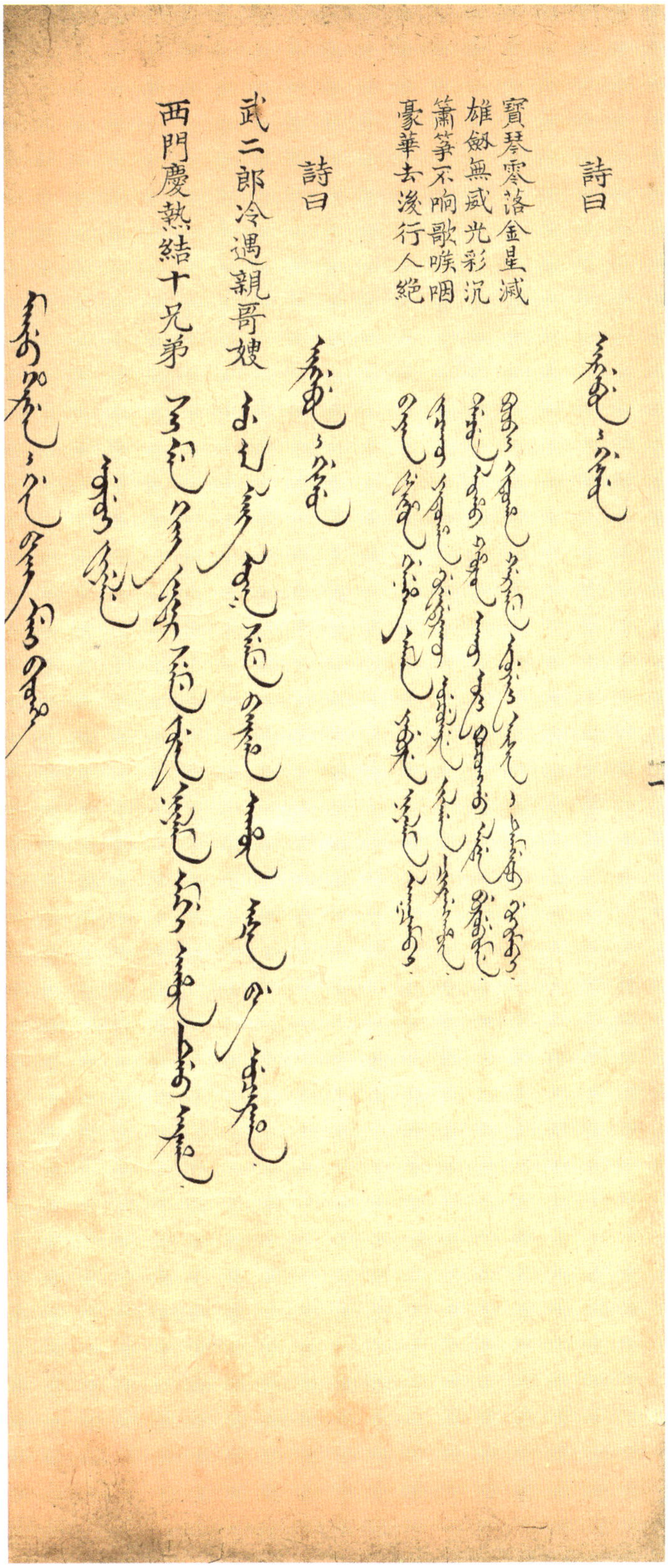

詩曰

寶琴零落金星滅
雄劍無威光彩沉
簫笋不响歌喉咽
豪華去後行人絶

詩曰

武二郎冷遇親哥嫂
西門慶熱結十兄弟

21059　世態炎凉一百回三十二卷　（明）蘭陵笑笑生撰　清抄本　松崎鶴雄跋　滿文　大連圖書館

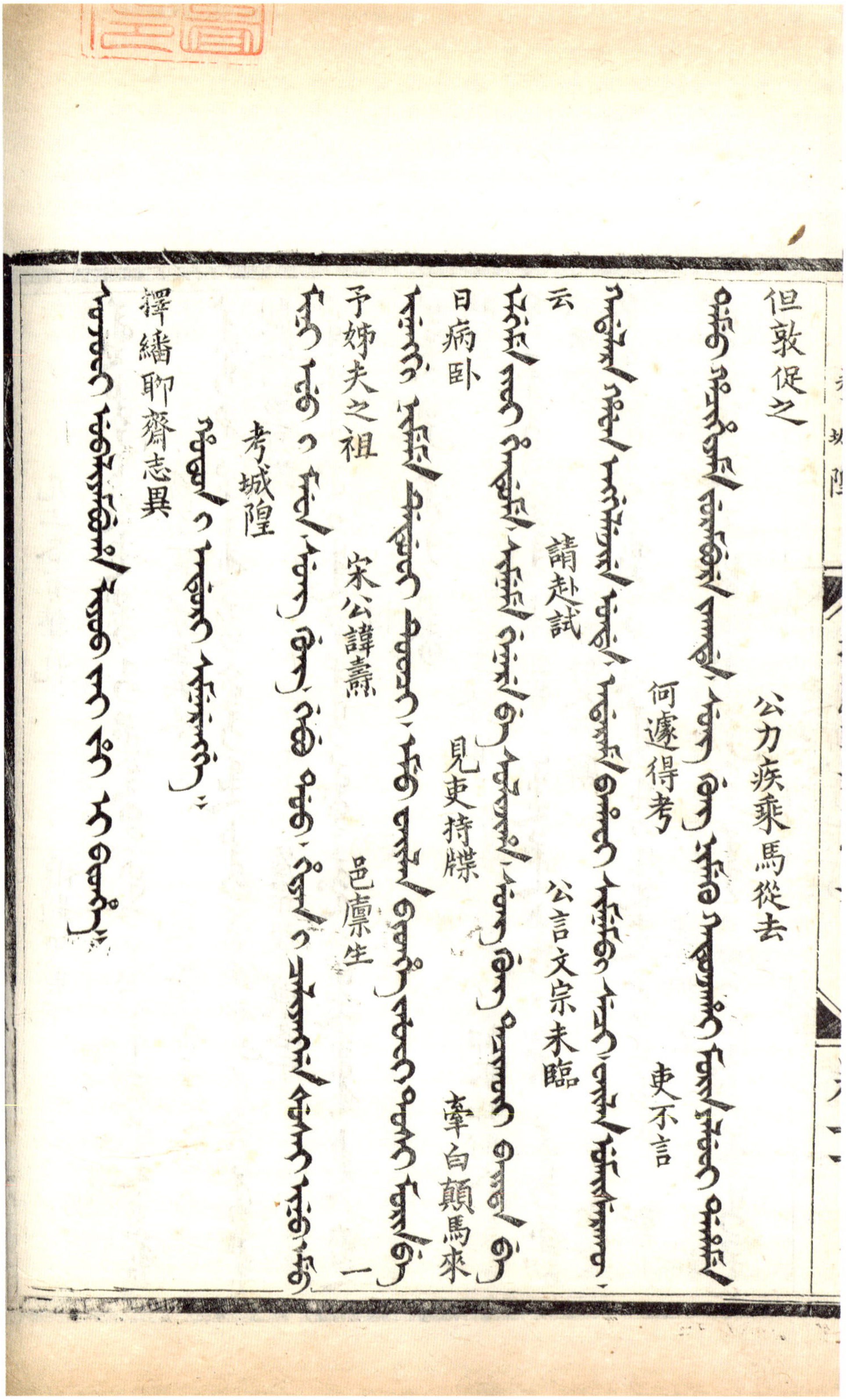

但敦促之 公力疾乘馬從去
何遽得考 吏不言
云 請赴試 公言文宗未臨
日病臥 見吏持牒 牽白顛馬來
予姉夫之祖 宋公諱燾 邑廩生 一
考城隍
譯繙聊齋志異

21060　翻譯聊齋志異二十四卷　（清）蒲松齡撰　（清）扎克丹譯　清道光二十八年（1848）五費居士刻本　滿漢合璧　大連圖書館